국가폭력 트라우마와 치유

통일인문학 연구총서 **030**

국가폭력 트라우마와 치유

초판 인쇄   2018년 10월 10일
초판 발행   2018년 10월 15일

지은이 김종군 · 임유경 · 전수평 · 남경우 · 박재인 · 한순미 · 김종곤 · 오동석 · 정원옥
펴낸이 박찬익 ┃ **편집장** 황인옥 ┃ **책임편집** 강지영
펴낸곳 패러다임북 ┃ **주소** 서울시 동대문구 천호대로 16가길 4
전화 02) 922-1192~3 ┃ **팩스** 02) 928-4683 ┃ **홈페이지** www.pjbook.com
이메일 pijbook@naver.com ┃ **등록** 2015년 2월 2일 제305-2015-000007호.

ISBN 979-11-963465-9-1 (93340)

* 책값은 뒤표지에 있습니다.
* 이 책은 2009년 정부(교육부)의 재원으로 한국연구재단의 지원을 받아 제작되었습니다.
  (NRF-2009-361-A00008)

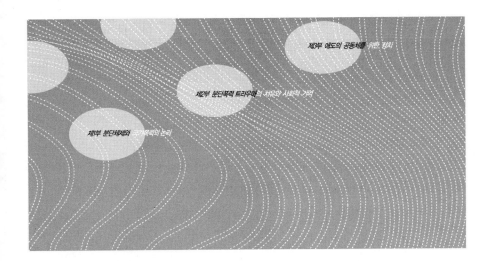

제3부 애도의 공동체를 위한 정치

제2부 분단폭력 트라우마의 치유와 사회적 기억

제1부 분단체제와 국가폭력의 논리

국가폭력
트라우마와 치유

건국대학교 통일인문학연구단 기획

김종군 · 임유경 · 전수평 · 남경우
박재인 · 한순미 · 김종곤 · 오동석
정원옥 지음

030
통일인문학
연구 총서

패러다임북

'통일인문학'은 분단된 한반도의 현실에 뿌리를 내린 인문학, 통일에 대한 새로운 패러다임을 모색하는 데에서 시작되었습니다. 기존의 통일 담론은 체제 문제나 정치·경제적 통합에 중점을 두거나 그것을 전제로 했기 때문에 남북관계의 변화나 국내정세의 변화에 따라 부침을 거듭해 왔습니다.

하지만 통일은 정파적 대립이나 정국의 변화를 벗어나 있어야 합니다. 통일은 특정 정치적 집단들이 다루어야 할 문제가 아니라 한반도에 살고 있는 모든 사람의 삶과 직간접적으로 연루되어 있는, 바로 그들이 다루어야 할 문제입니다. '사람의 통일'이라는 통일인문학의 모토는 바로 이와 같은 정신을 표현하고 있습니다.

통일은, 여기에 살고 있는 사람들의 삶 그 자체와 관련된 문제이자 그들이 해결해 가야 하는 문제로서, 남북이라는 서로 다른 체제에 살면서 서로 다른 가치와 정서, 문화를 가진 사람들 사이에서 소통과 치유를 통해서 새로운 삶의 체계와 양식들을 만들어가는 문제입니다.

통일인문학은 이와 같은 '사람의 통일'을 인문정신 위에 구축하고자 합니다. 통일인문학은 '사람의 통일'을 만들어가는 방법론으로 '소통·치유·통합의 패러다임'을 제안하고 이를 중심으로 한 연구를 진행하고 있습니다.

첫째, '소통의 패러다임'은 남북 사이의 차이의 소통과 공통성의 확장을 모색하는 것입니다. 이것은 '동질성 대 이질성'이라는 판단 기준에 따라 상대를 부정적으로 규정하는 것이 아닙니다. 그것은 차이의 인정을 넘어서, 오히려 '소통'을 통해서 차이를 나누고 배우며 그 속에서 민족적 연대와 공통성을 만들어가는 긍정적 패러다임입니다.

둘째, '치유의 패러다임'은 분단의 역사가 만들어낸 대립과 마음의 상처를 치유하는 패러다임입니다. 이것은 통일된 민족국가를 건설하지 못한 한민족의 분단이 만들어내는 다양한 트라우마들을 분석하고, 이런 마음의 상처를 치유하는 과정에서 상호 분단된 서사를 하나의 통합적 서사로 만들어가는 패러다임입니다.

셋째, '통합의 패러다임'은 분단체제가 만들어내는 분단된 국가의 사회적 신체들을 통일의 사회적 신체로, 분단의 아비투스를 연대와 우애의 아비투스로 전환시키는 것입니다. 이것은 남과 북의 적대적 공생구조가 만들어 낸 내면화된 믿음체계인 분단 아비투스를 극복하고 사회문화적 통합을 만들어내는 패러다임입니다.

이러한 방법론으로부터 통일인문학은 철학을 기반으로 한 '사상이념', 문학을 기반으로 한 '정서문예', 역사와 문화콘텐츠를 기반으로 한 '생활문화' 등 세 가지 축을 기준으로 사람의 통일에 바탕을 둔 사회문화적 통합을 실현하는 데 연구 역량을 집중하고 있습니다. 통일이 남북의 진정한 사회통합의 길이 되기 위해서는 정치·경제적인 체제 통합뿐만 아니라 가치·정서·생활상의 공통성을 창출하는 작업, 다시 말해 '머리(사상이념)', '가슴(정서문예)', '팔다리(생활문화)'의 통합을 필요로 하기 때문입니다.

그동안 통일인문학연구단은 이와 같은 새로운 패러다임 위에 새로운 연구 방법론과 연구 대상을 정립하는 한편, 다른 한편으로 이와 같은 연구를 통해 생산된 소중한 성과들을 사회적으로 확산하기 위해 노력해왔습니다.

통일인문학연구단은 1단계 3년 동안 인문학적인 통일 담론을 학문적으로 체계화하고 정립하기 위해 '통일인문학의 인식론적 틀과 가치론 정립'을 단계 목표로 삼고 이론적 탐색에 주력하였습니다. 이를 구체화하기 위한 방안으로 재중, 재러, 재일 코리언 및 탈북자와 한국인들 사이에 존재하는 가치·정서·문화적 차이를 규명하는 '민족공통성 프로젝트'를 추진하여 국내외에서 주목하는 성과를 산출하였습니다.

나아가 2단계 3년 동안에는 전 단계에 정립한 통일인문학 이론을 사회적으로 확산하는 한편, 다른 한편으로 민족공통성 프로젝트를 기반으로 하여 통일의 인문적 가치와 비전을 정립하는 데 주력하였습니다. 게다가 더 나아가 '통일인문학 세계포럼' 등, '통일인문학의 적용과 확산'을 단계 목표로 삼아 교내외는 물론이고 해외에까지 통일인문학 개념을 확산하고자 하였습니다.

마지막으로 지난 6년간 쉼 없이 달려온 통일인문학연구단의 성과를 3단계 4년간에는 1차적으로 갈무리하는 방향으로 목표를 설정하였습니다. '포스트 –통일과 인문적 통일비전의 사회적 실천'을 단계 목표로 설정하고, 통일을 대비하여 통일 이후의 '사람의 통합', '사회의 통합', '문화의 통합'을 위한 인문적 비전을 제시하고자 합니다.

앞으로 통일인문학연구단은 '민족적 연대', '생명·평화', '민주주의와 인권', '통일국가의 이념' 등과 같은 통일 비전을 연구하는 한편, 이러한 비전을 사회적으로 실현할 수 있는 방안들을 모색하고 그 실천에 나서고자 합니다.

그동안 통일인문학연구단은 통일인문학이란 아젠다의 사회적 구현과 실천을 위해 출간기획에 주력해 왔습니다. 특히 통일인문학 아젠다에 대한 단계

별·연차별 연구성과가 집약되어 있는 것이 바로『통일인문학 총서』시리즈입니다. 현재『통일인문학 총서』시리즈는 모두 다섯 개의 영역으로 분류되어 출간 중입니다.

본 연구단의 학술연구 성과를 주제별로 묶은『통일인문학 연구총서』, 분단과 통일 관련 구술조사 내용을 정리한『통일인문학 구술총서』, 북한 연구 관련 자료와 콘텐츠들을 정리하고 해제·주해한『통일인문학 아카이브총서』, 남북한 연구에 도움을 줄 수 있는 희귀 자료들을 현대어로 풀어낸『통일인문학 번역총서』, 코리언의 역사적 트라우마와 그것에 대한 인문학적 치유를 모색하는『통일인문학 치유총서』등이 그것입니다. 오랜 시간 많은 연구진들이 밤낮을 가리지 않고 만들어 낸 연구서들이 많은 독자들께 읽혀지길 소망합니다. 바로 그것이 통일인문학의 사회적 확산이 아닐까 생각해봅니다.

마지막으로 통일인문학의 정립과 발전을 사명으로 알고 열의를 다하는 연구단의 교수와 연구교수, 연구원들께 고마움을 전합니다. 아울러 본 총서에 기꺼이 참여해주신 통일 관련 국내외 석학·전문가·학자들께도 심심한 감사를 드립니다. 또한 통일인문학의 취지를 백분 이해하시고 흔쾌히 출판을 맡아주신 출판사 관계자분들께도 감사드립니다.

사람의 통일, 인문정신을 통한 통일을 지향하며
건국대학교 통일인문학연구단장 김성민

분단체제가 낳은 국가폭력 트라우마의 치유를 모색하며

근대영토국가는 대내·외적 위협으로부터 국민의 안전을 보장하는 최후의 보루로 여겨져 왔다. 그래서 흔히들 국가는 국민의 생명과 재산을 보호하는 정치체라 생각한다. 국가는 국민을 지킬 의무를 지니며 국가 안에서 부당하게 신체와 재산을 침해당하지 않도록 국가로부터 보호받는 것은 국민의 당연한 권리라 여겨졌다. 하지만 다른 한편으로 국가는 국민의 안전을 보장하고 보호하는 역할과 달리 '전쟁의 원리'를 도입하기도 한다. 지난 역사에서 "국가란 무엇인가?" 혹은 "이것이 국가인가?"라는 물음을 던졌던 시간을 돌이켜 본다면 국가는 자신이 지키고 보호해야 하는 국민을 적(敵)으로 삼아 총칼을 휘두르는 폭력의 주체이기도 하였다. 일찍이 막스 베버가 국가는 곧 폭력에 다름 아니라고 말한 것은 이 때문이다. 공권력을 독점한 국가는 필연적으로 단일한 정체성을 요구하기에 이질적이고 차이나는 것들은 국가에 대한 위협이자 경계 밖으로 배제되어야 하는 예외로 인식되었다. 따라서 그러한 차이와 예외에 대한 국가의 폭력은 필연적일 수밖에 없는 것이다.

물론 이러한 '국가=폭력'이라는 등식은 한반도에만 적용되는 것은 아니다. 그것은 여느 근대국가라면 대부분 지니고 있는 보편성이라 할 수 있다. 그리고 오늘날에도 한반도를 비롯한 세계 곳곳의 국가에서는 공권력에 의한 폭력이 자행되고 있으며 혐오의 이미지가 덧씌워진 자들을 향한 죽음의 정치가 여전히 진행 중이다. 하지만 한반도에서 국가폭력은 분단이라는 특수한 지형 위에서 자행되어왔다는 점에서는 차별성을 지닌다. 해방 이후 국민국가 형성 시기 발생하였던 제주4·3을 비롯하여 전쟁시기 국민보도연맹사건, 그리고 숱한 간첩조작과 납치·감금·고문 사건에 이르기까지 국가 안보라는 이름으로 자행되었던 폭력은 냉전적 이데올로기와 결합한 분단의 논리가 국가 내부에 작동한 결과였다. 그 시간 동안 국민의 안전을 본원적 목적으로 하는 국가는 근대성을 상실하였다. '살리거나 죽게 내버려두는' 것이 근대적 생명 정치 모델이라고 한다면 지난 국가폭력의 시간은 오히려 '죽이거나 살게 놔두는' 고전주의 시대의 생명 정치 모델이 그 자리를 대신한 듯 보이기 때문이다.

분단의 역사에서 바로 '빨갱이'라 불리는 사람들이 마치 박멸되어야 하는 세균으로 분류되어 국가폭력에 의해 죽임을 당하고 한반도 곳곳에서 피를 뿌리며 쓰러져갔다. 더욱 비극적인 것은 그들은 죽어서도 온전한 죽음을 갖지 못했다는 것이다. 빨갱이의 죽음은 인간의 죽음이 아니었다. 그들은 조르조 아감벤이 말했듯 단지 "죽음을 갖지 못한 시체들"이었다. 살해당한 육신은 산과 들, 그리고 강과 바다에 아무렇게나 매장되거나 버려졌다. 죽음을 애도하고 장사(葬事)의 도리를 다하는 것마저 가로막혔다. 인간답게 사는 것만이 아니라 인간답게 죽는 것 역시 인간으로서의 '존엄'(dignity)이라고 한다면 그들에게서는 그 존엄을 찾을 수 없다. 죽은 자는 산 자의 기억 속에서 다시 살아 현실 세계와 다시 관계를 맺지만 폭력의 주체였던 국가는 그마저도 허용하지 않았다. 그들은 현실 세계에서도 기억의 세계에서도 그 어디에도 존재해서는 안 되는 무(無)의 존재, 그래서 철저하게 비인간(非人間)이었다.

국가폭력으로 인해 죽지 않고 살아남은 '생존자들'이라 해서 다른 것은 아니었다. 간첩으로 몰려 모진 고문을 당하고 신체와 마음에 장애를 안고 살아가야 했던 사람들, 연좌제의 굴레 속에서 미래의 꿈을 꾸지 못했던 사람들, 공안권력에 감시당하면서 마을 공동체의 구성원으로 편입되지 못하고 주변을 배회해야 했던 이들은 살아있어도 산 것이 아닌 존재였다. 그들은 제대로 된 항변을 할 입과 사회적 소통 속에서 타인과 마주할 눈을 가질 수 없었다.

그들에게 삶의 공간은 곧 거대한 감옥이었고 죽음의 공간이었다. 그들은 입과 눈을 가리고 겨우 숨만 쉬는 '인간 껍데기'에 불과하였다.

오히려 인간이고자 한 것은 국가권력이었다. 국가폭력의 피해자들은 인간으로서 경험할 필요가 없는 극한의 공포와 고통 속에서 죽어갔지만 국가권력은 '빨갱이는 죽여도 된다'는 국가윤리에 기대어 '인간'으로서 당연한 일을 수행했다고 강변하였다. 생존자들은 상처의 시간으로 되돌아가기를 반복하면서 근근이 생명의 줄을 부여잡고 발버둥 쳐야 했지만 국가권력은 과거의 잘못을 시인하고 반성하면서 뼈아픈 반성을 하기보다는 왜곡·부인·망각의 정치술을 통해 마음의 고통이 주는 무게감을 짊어지지 않는 온화한 '인간'의 품위를 지켰다. 국가폭력은 비인간이 인간에게 자행한 것이 아니라 인간에 의해 비인간이 양산되고 유지되는 과정이었다.

비로소 죽은 자가 인간으로서 죽음을 맞이할 수 있었고 생존자가 명예를 회복하고 인간으로서 살아갈 가능성을 얻게 된 것은 87년 민주화 항쟁 이후에 와서이다. 과거사 진상규명은 1960년 4·19혁명 이후 제기되었지만 5·16군사정변으로 인해 그 시도는 좌절되었고, 그로부터 30여 년의 세월이 흐르고 나서야 깊이 묻혀 있던 과거사를 들추어낼 수 있었다. 피해자와 유족뿐만 아니라 학계와 정계를 비롯한 다양한 영역에서 문제제기와 아울러 진상규명을 위한 노력이 이어졌다. 그리고 그 결과 2000년대에 들어 대통령이 국가를 대표하여 희생자와 유족을 포함한 피해자들에게 사과하고 배·보상 규정을 담은 특별법이 제정되기에 이르렀다. 이는 적게나마 국가폭력으로 인해 고통 받아 왔던 사람들에게 마음의 위안이 되었을 것이다.

하지만 국가폭력의 시간은 완전히 끝났지 않았다. 이는 다만 해결해야 할 국가폭력 사건이 여전히 산적해 있다는 것만을 의미하지 않는다. 그것은 국가폭력을 정당화하였던 국민/비국민, 양민/빨갱이 등과 같은 구분 짓기의 논리가 우리 사회를 강하게 지배하고 있다는 의미에서 그렇다. 그래서 아직도 스스로 빨갱이가 아닌 선량한 양민이었다는 것을 입증하지 못하는 한 희생자 혹은 피해자로 등록될 수도 없다. 국가의 잘못이었다고 시인된 과거의 국가 폭력 조차 일부세력에 의해 부인(denial)되고 죽은 자의 위패마저 위령관에서 철거되기도 한다. 간첩조작사건의 피해자는 재심을 통해 무죄를 입증 받았지만 냉랭한 사람들의 시선은 아직도 그를 위험하고 불순한 자로 의심한다. 이런 조건 하에서 마음의 상처가 치유되기를 기대할 수는 없는 노릇이다. 아니 오히려 이러한 조건은 끔찍했던 과거의 기억을 떠올리게 하고 상처를 더욱 헤집어 놓는다. 직접적이고 물리적인 폭력은 과거에 끝났는지 몰라도 문화적이고 상징적인 폭력은 지속되고 있다. 국가폭력의 시간은 지금도 반복되고 있는 것이다.

그렇기에 국가폭력 트라우마의 치유는 결코 정신병리학적 차원으로 환원될 수 없다. '빨갱이는 죽여도 된다'는 폭력의 정당화 논리가 우리 사회를 강하게 지배하고 있는 한 트라우마를 지닌 사람들은 자신의 고통을 호소하거나 아픔을 인정받지 못한다. 또 인간으로서의 존엄과 명예를 회복하지 못할 뿐만 아니라 공동체의 일원으로 살아갈 수도 없다. 그래서 국가폭력 트라우마의 치유는 비극적인 사건을 경험한 몇몇 개인의 문제가 아니라 사회적 지지를 토대로 국가폭력의 논리가 더 이상 통용되지 못하는 조건을 창출해가는 지속적인 과정이라 할 수 있다. 그런 의미에서 국가폭력 트라우마 치유는 곧 '사회적 치유'이며 더 나아가 지금과 다르게 고통에 연대하고 국가폭력이 재발되지 않도록 사회적 장치를 마련하여 지금과 다른 공동체를 만들어가는 일련의 과정이다.

이 책은 바로 이러한 관점에서 출발한다. 총9개의 글이 실렸으며 주제에 따라 3부로 구성되었다. 이 책의 시작인 제1부에서는 우선 국가폭력의 논리를 분단권력을 유지하거나 재생산하는 분단체제 속에서 찾으면서 국가폭력의 양상과 아울러 그 치유가 사회적이어야 한다는 점을 확인한다. 이어서 제2부에서는 분단이데올로기와 반공논리에 바탕을 둔 분단국가의 역사서술을 넘어 고통의 연대를 가능케 하는 치유의 방안을 '사회적 기억'의 형성이라는 관점에서 제시한다. 마지막으로 제3부에서는 분단폭력 트라우마의 치유에 장애가 되었던 분단국가의 논리에 대항할 수 있는 사회 실천적 논리를 '정치'라는 이름으로 제안한다.

제1부 〈분단체제와 국가폭력의 논리〉 첫 번째 글은 김종군의 「분단체제 속 국가폭력과 분단 트라우마의 혼재—속초지역의 사례」이다. 이 글은 분단체제 속에서 정략적으로 가해진 국가폭력의 실상을 살피고, 그로 말미암아 발생한 트라우마의 혼재 양상을 고찰하고 있다. 필자는 우선 국가폭력의 개념을 "국가가 정략적으로 분단체제를 유지·활용하기 위하여 법률로써 국민의 기본권을 심각하게 침해하고, 나아가 법률 위반을 허위조작하면서 가한 폭력"으로 정의한다. 그리고 그는 이에 기반하여 세 부류의 속초주민들(속초 원주민, 아바이마을 실향민, 납북어부)에게 가해졌던 국가폭력의 양상을 살핀다. 글에 따르면 속초 원주민은 전쟁 전 북한체제 속에서 공산주의 교육을 받았고, 북에 가족을 둔 이유로 '잔재 공산주의자'로 감시 대상이 되어 연좌제의 규제를 받은 상처를 가지고 있다. 반면 표면적으로 유사한 조건이지만 아바이마을 실향민들은 초창기에는 감시의 대상이었지만, 1962년 이후부터는 '월남 귀순인'으로 환대를 받았다. 납북어부들의 경우는 북한을 경험하였다는 이유로, '반벙어리 반병신'의 처지로 철저한 감시를 받고, 국가의 필요에 따라 정략적으로 간첩으로 조작되어 국가폭력에 직접적으로 노출되었다. 이들 세 부류는 제 각각 국가폭력에 의한 트라우마를 간직하고 있으며, 서로가 간직한 트라우마에 대해 연민의 시선도 가지고 있다. 그러나 국가의 처우가 다름에

불만을 표출하면서, 국가보안법의 적용이 정략적이라고 비판하기도 한다. 그 가운데 국가는 지역민을 상호 감시의 대상으로 활용하면서 피해자를 사회적 죽음으로 몰아가고, 지역사회를 와해시키는 이중의 폭력을 가해왔다. 이러한 분석을 통해 끝으로 필자는 분단체제 속에 자행된 국가폭력 트라우마를 치유하기 위해서는 피해자의 고통에 공감하고 연대하는 마음의 자세가 필요하며 그럴 때 국가폭력의 고리를 끊어낼 수 있다고 주장한다.

두 번째 글은 임유경의 「낙인과 서명-1970년대 문화 검역과 문인간첩」이다. 이 글에서 필자가 '문인간첩단사건'을 비롯한 일련의 간첩단사건을 분석하고, 나아가 박정희 정권기의 문화 통제 방식을 새롭게 재해석하기 위해 '문화 검역'이라는 개념을 제시한다. 그에 따르면 박정희 정권기 문화 통제 방식은 특정한 텍스트에 대한 검열을 수행하는 국지적 처벌의 형태를 띠지 않았으며, 사건을 스펙타클화 하고 사회 전역으로 퍼트려 대중으로 하여금 소비하게 만들었다는 점에서 확산적인 성격을 가졌다. 당국은 '수사와 재판', 그리고 '공표와 보도'라는 방식을 통해 텍스트의 생산, 유통, 소비를 포괄적으로 관리하고자 하였으며, 텍스트의 창작자는 물론 매체의 편집자와 발행인을 구속 기소함으로써 문화적 생산물에 대한 통제 방식을 전환시켰던 것이다. 이러한 통제 방식은 텍스트에 대한 제재나 처분을 넘어 그것을 생산하고 유포하는 데 관여한 인물들의 일신을 구속하여 텍스트를 통해 형성되고 확산된다고 간주된 불온한 사상을 전방위적으로 관리한다는 목적을 가졌다는 점에서 검역의 형태를 띠었다. 또한 전범의 생산을 통해 처벌받는 자만이 아니라 처벌의 바깥에 있는 이들까지도 시선에 의한 불안과 히스테리를 경험하게 한다는 점에서 처벌적 기능과 함께 예방의 효과를 창출했다. 요컨대, 필자는 국가권력이 유관 담론과 지식의 생산에 적극적으로 관여함으로써 사건과 주체를 특정한 의미망 속에 포획하고 지배적 관점이나 해석의 모델을 창출하였다는 점을 1974년 문인간첩단사건을 통해 분석하고 국가폭력이 문화적 통제 방식으로 전환되어 자행되어왔음을 고찰하고 있다.

　세 번째 글은 전수평이 쓴 「붉은 방」에 드러난 국가폭력 양상 고찰」이다. 이 글은 임철우의 중편 소설 「붉은 방」 속에서 국가폭력이 어떻게 형상화되어 있는지를 살피고 있다. 그러면서 필자는 소설 속 등장인물들의 특성을 고찰하면서 피해자는 있으나 가해자가 없는 국가폭력의 문제를 해결할 방안이 바로 일상에 있음을 밝힌다. 「붉은 방」은 8장으로 구성되어 있는데 홀수장은 피해자인 오기섭의, 짝수 장은 가해자인 최달식의 서술이 교차하면서 이야기가 전개된다. 필자는 오기섭을 통해서 국가폭력의 가시성과 비가시성 및 일상성에 대해서, 최달식을 통해서는 역사적 사건의 경험이 폭력을 정당화 하는 과정에 대해서, 최달식과 수사관들을 통해서는 극단적 악과 악의 평범성에 대해서 밝히고자 한다. 즉, 최달식을 통해서는 평범한 사람들이 국가 권력의 작동기제 속에서 극단적인 악을 행하게 되지만 그 극단적 악이 기계화 과정을 거쳐 무감각하고, 무사유적으로 행해지게 되고 그 행위가 반복됨으로써 진부성과 상투성으로 둘러싸인 평범함만이 남게 된다는 점을 읽어낸다. 반면 오기섭을 통해서는 국가폭력 피해자가 겪은 육체적 · 심리적인 고통만이 아니라 일상적으로 양산되는 사회심리적 고통을 분석해낸다. 무엇보다 국가권력은 국가폭력의 행위를 정당화하려 하기 때문에 그 대상을 불순세력으로 바꾸고 귀책사유가 오히려 피해자에게 있다는 식으로 전치시킨다. 이는 곧 공동체 내부의 고립을 낳고 피해자에게 또 다른 고통을 줌으로써 급기야 자살에 이르게까지 만든다. 이를 통해 필자가 종국적으로 밝히고자 하는 것은 바로 일상이 국가폭력에 의해 억압되어 있으며, 다른 한편으로 국가폭력이 일상성을 띠고 있다는 점에서 그 국가폭력에 맞서 저항하는 것도 일상을 떠나서는 안 되는 것이다.

이처럼 제1부가 국가폭력의 논리와 트라우마의 양상을 분석하면서 사회적 치유의 필요성에 대해 논의하는 데에 집중하였다면 제2부는 그 치유를 위한 방안을 구체적으로 모색하는 글들로 구성되어 있다. 3개의 글로 구성된 2부 〈분단폭력 트라우마의 치유와 사회적 기억〉은 기념 공간과 영화, 그리고 문학을 통해 분단폭력 트라우마 치유를 위한 방안을 '사회적 기억'의 생산이라는 측면에서 살핀다.

그 첫 번째 글은 남경우의 「제주 4.3을 기억하는 방법-제주 4.3평화기념관을 중심으로」이다. 이 글은 우선 4.3을 기억하고 기념하는 대표적인 장소인 제주4.3평화기념관의 스토리텔링을 따라가면서 기념관이 4.3을 기억하는 방식을 분석한다. 필자는 평화기념관은 '화해와 상생'을 강조하는 담론틀로부터 완전히 벗어나지는 못하였다는 결론을 내린다. 문제는 4.3을 화해와 상생으로 기억하고자 하는 방식은 화해의 주체와 화해의 과정에 대한 고려가 없는 단계적 도약을 상정하고 있다는 점이다. 이러한 단계론적 화해와 상생 담론은 4.3을 기억하고자 하는 사람들에게 용서를 강요하는 것이며, 나아가 4.3의 기억을 현재가 아닌 과거에 묶어두고 단절시키는 결과를 야기한다. 그가 보기에 기념관이 말하는 것처럼 진정으로 화해와 상생, 그리고 평화로 나아가기 위해서는 오히려 4.3에 대한 부단한 '고발'과 '동정'의 목소리가 필요하며 이를 위해 4.3은 어떤 하나의 이름으로 고정되지 않아야 하는 것이다. 그래서 필자는 끝으로 4.3에 대한 다양하게 기억하는 방식, 다양한 이름과 다양한 목소리가 공존할 때, 4.3의 진정한 과거 청산과 치유, 나아가 분단체제라는 문제적 구조의 해체를 바라볼 수 있다고 주장한다.

두 번째 글은 박재인이 쓴 「분단체제 속 5.18과 국가폭력에 맞선 사람들의 얼굴- 영화 〈꽃잎〉, 〈화려한 휴가〉, 〈택시운전사〉를 중심으로」이다. 이 글은 5.18광주민주화운동의 역사가 왜곡되고 부인되는 오늘날, '5.18의 역사를 어떻게 기억해야 하는가'라는 물음에 상업영화들이 내놓은 답변을 분석하고 그것이 지니는 대중적 확산의 효용성과 사회 치유적 의미를 고찰하고 있다. 그가 분석대상으로 삼은 영화는 〈꽃잎〉, 〈화려한 휴가〉, 〈택시운전사〉이다. 이들 세 영화는 상업영화로서 화제성과 흥행정도로 보았을 때 5.18영화 가운데 가장 사회적 확산에 성공한 작품이라고 할 수 있으며, 사건과 직접 결부된 인물이 아니라 주변인을 다룬다는 점에서 5.18의 특정한 의미 전달에 목적을 둔 작품이라고 할 수 있다. 필자는 이 세 영화를 중심으로 영화사적 흐름을 분석한다. 그가 보기에 〈꽃잎〉의 경우는 5.18현장에 버려진 희생자들에 대한 죄의식, 〈화려한 휴가〉는 당시의 분노와 저항의지로 5.18을 기억하게 했다면, 〈택시운전사〉는 기억하는 일만으로도 5.18에 동참하는 참여의지라는 것을 깨우치게 하며 포용의 힘으로 5.18을 기억하게 한 것이다. 5.18 상업영화의 변천과정은 점차 5.18 상처를 고발하는 방식에서 분노와 저항의지를 담은 서사, 그리고 현재의 우리를 5.18 역사 쓰기에 참여하게 하는 서사로 발전되었다고 할 수 있다. 피해자에서 저항하는 시민군으로, 그리고 기꺼이 5.18 역사 쓰기에 동참하는 방어자의 모습들은 국가폭력에 대한 방어의 영화사적 흐름이자, 영화적 답변들이라 할 수 있다.

세 번째 글은 한순미의 「나무 – 몸 – 시체 – 5.18 전후의 역사 폭력을 생각하는 삼각 운동」이다. 이 글은 우선 나무—몸—시체, 이 삼각 구도를 오월 전후에 지속된 역사 폭력을 사유하는 근본 형식으로 삼고 있다. 이를 바탕으로 필자는 오월을 직 · 간접적으로 경험한 작가 임철우, 공선옥, 한강의 최근 작품들이 역사 폭력이 남긴 고통의 잔해를 어떻게 드러내고 있는지를 읽고 '증언'에 대해 고찰한다. 증언은 일차적으로 눈, 귀, 입을 비롯한 몸의 감각을 통해 이루어지는 것이며 보는 자, 듣는 자, 말하는 자를 전제한 발화 행위로 이해된다. 필자는 이 지점에서 증언이란 무엇이며 증언은 어떻게 가능한 것인가라는 물음이 제출될 수 있다고 말하고 소설에 자주 등장하는 소문, 이야기, 소리, 노래, 유령, 환상 등을 주의 깊게 독해할 필요가 있다고 주장한다. 왜냐하면 그것들은 기나긴 역사 폭력의 흔적을 증언하는 장치들이기 때문이다. 필자가 보기에 이러한 장치들을 포함한 소설 속의 증언은 증언과 사유의 영역을 넓힌다. 그래서 5.18 전후의 역사 폭력을 생각한다는 것은 그날 이전과 이후를 동시에 말함으로써 혹은 말하지 못함으로써 나아가 말하지 않음으로써 무엇인가를 계속하는 말하는 행위이며 이것은 어떤 발언의 시작으로 해석될 수 있다. 이런 맥락에서 '5.18 민주화운동'에서 '운동'은 단지 '정지'와 반대되는 말이 아니라 어딘가로 흘러갈 것인지 도무지 예측할 수 없는 저항의 몸짓이자 꿈틀거리는 생각을 뜻하는 현재진행형 동사로 새겨 읽어야 한다. 즉, 필자는 5.18의 애도는 끝이 있는 것이 아니라 계속 진행될 때에 진정한 애도가 되며 그것은 곧 결코 닿지 못할 그 거리의 풍경 속으로 들어가기 위해, 사라진 말들의 문턱에 이를 수 있을 때까지, 그 기약 없는 기다림 속에서 지속해야 할 사유의 운동에 다름 아니라는 점을 역설하고 있는 것이다.

끝으로 제3부는 〈애도의 공동체를 위한 정치〉라는 제목으로 구성되었다. 3부에서는 사회적 치유가 피해자의 고통에 연대하고 국가폭력의 논리를 사회적으로 용인하지 않는, 그래서 여전히 지금과 다른 '애도의 공동체'를 형성하는 것이라는 관점에서, 이를 위한 사회 실천적 논리를 탐색하고자 하였다.

첫 번째 글은 김종곤의 「분단폭력 트라우마의 치유와 '불일치'의 정치」이다. 이 글은 분단폭력 트라우마의 개념을 제시하고 그 치유가 '불일치'의 정치와 맥락을 같이 한다는 점을 밝히고 있다. 필자는 우선 분단폭력이 분단체제에 바탕을 둔 자생적인 메커니즘에 따라 재생산되며 따라서 분단폭력 트라우마의 치유는 개인이 아니라 사회구조의 문제라는 점을 지적한다. 이어서 필자는 병리학적 관점에서 치유에 접근하는 것은 피해자를 사회로부터 분리시키고 개별화하며 '설명 없는 치유'를 낳고 만다고 비판하면서 분단폭력 트라우마의 치유는 곧 사회적 치유가 되어야 한다는 점을 재차 강조한다. 하지만 필자가 보기에 여기에는 또 하나의 난점이 놓여 있는데 그것은 과거의 시간과 현재의 시간을 단절시키는 '정상화 담론'이다. 이는 분단폭력을 재생산하는 낡은 조건을 그대로 둔 채 의장을 두르고 새것으로 보이게 하는 환상공간을 창출하여 그 치유를 요원하게 만든다는 문제를 지닌다는 것이다. 그래서 이 글은 마지막으로 분단폭력 트라우마의 치유를 위해서는 시간의 단락을 통해 국가의 역사 속에 상처—들을 묻어버리는 것이 아니라 그것이 지속적으로 보이고 들리게 하는, 감각되게 하는 불일치의 정치가 필요하다고 주장한다.

두 번째 글은 오동석의 「사상·양심의 자유와 국가안보 : '불온할 수 있는 자유'를 옹호함」이다. 이 글이 다루는 대상은 여전히 한국 사회를 지배하고 있는 '불온의 잣대'이다. 필자가 보기에 한국 사회가 87년 민주화 이후 20여 년이 훌쩍 지났음에도 불온함의 콤플렉스에서 벗어나지 못한 까닭의 근저에는 '분단체제'가 자리 잡고 있다. 그 결과 헌법을 해석함에 있어서도 분단의 형성사적·현실적 의미가 과잉 또는 왜곡 반영·평가되어 헌법성문규범으로부터 일탈한 헌법해석규범이 창출되었다. 필자는 이것이 잉태된 대한민국정부의 수립, 그리고 남북분단과 한국전쟁을 거치면서 생사를 건 생살투쟁이 남긴 트라우마의 잔영이라고 분석한다. 그렇다고 사상·양심을 표현할 자유 자체가 절대적 기본권이라고 주장하는 것은 아니다. 정당하지 않은 폭력행위와 명백하고도 긴밀하게 연계되어 있는 사상·양심의 표현은 헌법 제37조 제2항에 따라 제한될 수 있음은 자명하다. 그러나 그렇지 않은 범주의 사상·양심의 자유는 '절대적 기본권'이어야 한다는 것이다. 그럼에도 '내전과 냉전, 그리고 전쟁'의 체험 때문에 그러한 기본권마저 제한해야 한다면 우리는 여전히 국가보안헌법체제에 있으며, 전시 헌법이 아닌 평시 헌법으로서 대한민국 헌법이 비로소 탄생하는 기점은 국가보안법을 폐지하는 때라고 말해야 한다고 주장한다. 필자는 끝으로 불온한 사상·양심의 평화로운 표현과 행위를 단순히 관용하는 것에 그치지 않고 그것을 권리로서 존중하고 그러한 권리를 누구나 향유할 수 있는 '평시의 정상적인 민주주의 헌법체제'로 회귀하여 '불온할 수 있는 자유'까지도 허용할 것을 주장한다.

3부의 마지막 글은 정원옥이 쓴 「다음세대에 의한 과거청산 : 의문사유가족 아카이브 작업을 중심으로」이다. 이 글은 과거청산의 책임을 국가에만 물을 수 없다는 문제의식으로부터 출발하여 시민사회 주도의 과거청산을 상상하고 모색하려는 목적을 지니고 있다. 필자가 우선 주목하는 점은 가족의 죽음이 민주화운동과 관련이 없는 의문사유가족의 경우에도 '민주화운동유가족'의 일원이 되어 진상규명운동을 전개해왔다는 점이다. 그는 그 이유를 시민사회가 의문사 문제에 대해 방관하였거나 침묵하였다는 점에서 찾고 있다. 의문사 사건이 집중적으로 발생했던 1980년대는 물론이고, 현재까지도 피해자인 유가족이 나서지 않으면 누구도 국가폭력 문제에 대해 책임을 지지 않는다는 것이다. 이어서 필자는 시민사회의 관심과 지지를 받지 못하는 유가족들만의 고립된 싸움의 결과는 의문사 진상규명운동 사례가 보여주듯, 법과 국가기구의 설립에는 성공하더라도 진실규명과 명예회복, 사건의 재발을 막는 후속조치들을 이끌어내는 데는 실패를 반복할 수밖에 없다는 점을 역설한다. 그렇기에 의문사진상규명운동 30주년은 국가 주도 과거청산의 한계를 더 이상 반복하지 않는, 시민사회 주도의 과거청산을 상상하고 모색하는 전환점으로서 의미가 있다고 할 수 있다. 마지막으로 필자는 의문사유가족 디지털 아카이브를 만들고 있는 이내창기념사업회를 소개하며 이 사례가 국가폭력 사건을 경험하지 않은 다음세대에 의해서도 '애도의 공동체'가 형성될 수 있고, 의문사 문제가 시민사회의 과제로 상속될 수 있는 가능성을 보여준다고 평가한다.

　이상에서 보았듯이 이 책은 분단체제가 낳은 국가폭력 트라우마의 치유를 사회적 치유라는 관점에서 살피고 그것이 곧 지금과 다른 공동체의 형성이라는 점을 제시하고 있다. 이는 통일 이후 한반도에 건설할 미래 공동체의 문제와도 긴밀하게 연관되어 있다. 70여 년의 세월 동안 서로 다른 정치·경제·문화적 체계 속에서 살아온 남과 북이 만났을 때 그 만남이 순조롭게만 진행되지 않을 것이라는 점은 쉽게 예측되는 바이다. 갈등 없는 사회는 없으며 더구나 너무나 다른 둘이 만났을 때 불협화음이 없다는 것은 어불성설이기 때문이다. 문제는 불협화음 그 자체가 아니다. 오히려 문제는 그러한 불협화음을 과거 국가폭력이 작동하였던 방식처럼 폭력과 죽음의 정치를 통해 그 해결책을 찾으려고 할 때이다. 우리가 분단체제 속 국가폭력 트라우마와 그 치유를 고민하는 이유는 바로 여기에서 찾을 수 있다. 불온함의 잣대로 누군가를 구분 짓고 그에게 폭력을 가하는 것은 부정의이며 폭력에 노출되어 고통스러워하는 비탄의 소리에 귀 기울이고 그들과 함께 고통의 시간을 버티는 것이 공동체라면 당연히 지녀야 하는 사회적 윤리라는 점을 확립할 때 예상되는 남북의 불협화음은 '평화로운 갈등'으로 이어지며 어느 일방이 배제되지 않는 새로운 질서의 확립을 기대할 수 있을 것이다. 그래서 이 책이 전제하고 강조하는 '사회적 치유'는 곧 미래의 새로운 공동체를 위한 이행기적 정의라는 점을 밝히고 있다는 점에서 그 의의를 찾을 수 있다.

　끝으로 이 책의 출판을 위해 바쁘신 와중에도 옥고를 다듬어 보내주신 여러 선생님들께 감사의 말씀을 드리고 싶다. 아울러 존경의 말씀도 전한다. 국가폭력이라는 주제도 무겁지만 누군가의 상처를 주제로 글을 쓴다는 것은 가슴 한쪽이 아리는 경험을 동반한다는 점을 잘 알기 때문이다. 그럼에도 분단된 한국 사회에서 살아가는 연구자로서의 책임을 다하기 위해 기꺼이 그 과정을 인내하였다고 감히 짐작해본다. 그래서 이 책을 내면서 더욱 숙연해지고 어깨가 무거워진다. 앞으로 그 무게감에 대한 책임을 다하기 위하여 더욱 진전된 연구를 선보이고자 노력하겠다는 약속을 드린다.

아울러 출판시장 상황 속에서도 이 연구서가 좀 더 나은 사회를 만드는 데 기여할 것이라는 격려의 마음으로 기꺼이 출판을 맡아준 패러다임북의 박찬익 대표와 권이준 상무, 편집부 선생님들께 고마운 마음을 전한다.

2018년 10월
정서문예팀장 김종군

| 차례 |

제3부 애도의 공동체를 위한 정치

제1부

분단체제와
국가폭력의
논리

분단체제 속 국가폭력과
분단 트라우마의 혼재
- 속초지역의 사례 -

김종군

1. 분단체제 속 정략적 국가폭력

우리 현대사는 격변의 역사임에 틀림이 없다. 조선왕조가 서구 열강의 입질에 흔들리다가 최종적으로 일제에 의해 강점당하자 3.1운동처럼 이민족의 통치에 대한 대대적인 항거도 있었다. 하지만 역부족임을 느끼고 일왕의 신민으로서 살아가는 것에 길들여질 즈음 해방은 찾아왔다. 해방의 희열을 몇 달 느껴보지도 못하고 소위 우리를 해방시켜줬다는 연합군에 의해 분단이 결정되고, 남과 북에서 각각의 정부가 수립될 3년간을 미군정과 소군정이 맡아서 우리를 통제하였다. 그리고 각각 다른 근대국가 체제가 남과 북에 도입되면서 서로간의 왕래는 막혀버렸다. 그리고 발발한 한국전쟁이 3년 남짓 이어졌고, 서로를 주적 또는 괴뢰(傀儡)로 이름 붙이며 군사적 긴장 상태로 65년을 살아오고 있다.

이러한 격변의 역사 한 가운데에 처한 사람들은 참으로 혼란스럽고 고통스러운 삶을 살아왔다. 역사의 주인으로 서지 못하는 좌절을 일제강점기와 민주주의라고 칭하는 분단체제에서 절감하면서 살아왔다. 남과 북이 편을 나누어 싸우는 과정 속에서 우리는 늘 어느 편에 서야하는지를 고민해야 했고, 통치 권력의 맞은편에 서는 순간 목숨을 위협하는 폭력을 눈앞에 맞이해야 했다. 전쟁이라는 극단의 상황 속에서 살인(killing)·근절(extermination)·대학살(holocaust)·대량학살(genocide)·부상(casualties) 등의 직접적 폭력에 내던져졌고, 전투가 누그러진 정전(停戰)의 상황에서는 조용한 학살을 초래한다는 가난이라는 폭력[1]에 노출되었다.

그 가운데서 우리는 아무것도 할 수 없었다. 폭력의 가해자가 개인이 아니라 국가나 그 국가보다 우위를 점하는 우방국, 국가의 비호를 받는 관변단체였기 때문에 정돈되지 않은 국가에서 살아가는 사람들은 폭력에 무방비 상태로 노출될 수밖에 없었다. 분단선인 38선 이남의 상황만 가지고 보더라도 정부수립 전 미군정은 자신들의 통치이념으로 우리 민족을 재단했고, 정부가 수립되고 난 후에는 반공이념에 따라 그에 반하는 생각을 가진 사람들에게 직접적인 폭력을 가했다. 그리고 발발한 한국전쟁은 전투 상황이므로 두말할 필요조차 없이 아군과 적군들이 모두 직접 폭력의 가해자로 군림했다.

그리고 정전과 함께 펼쳐진 분단체제는 분단국 국민을 통제하는 수단으로 정신적 죽음을 초래하는 소외와 정략적 필요에 의해 강제 억압, 구금, 추방, 불구화(maiming) 등의 폭력[2]을 자행하였다. 가해자인 국가는 종전이 아닌 정전이라는 전시체제이므로 북에 의한 적화를 피하기 위해 반공(反共)과 승공(勝共)이 국가의 통치이념이 되어야 하고, 그 가운데서 불가피하게 벌어진 폭력이라고 변론하기도 하지만 폭력의 피해자들이 보기에는 분단의 상태를 권력 유지를 위해 철저하게 이용한다는 의심을 떨치지 못한다. 정전협정 직

---

1   요한 갈퉁, 강종일 외 옮김, 『평화적 수단에 의한 평화』, 들녘, 2000, 415~416쪽.
2   요한 갈퉁, 강종일 외 옮김, 앞의 책, 415~416쪽.

후에는 전쟁 복구를 명분으로, 그 이후에는 가난으로부터 국가를 재건하고 경제 성장을 꾀하기 위해 불가피한 폭력을 감내해야 한다는 논리를 펼쳤다.

그렇게 30여 년을 참고 살면서 우리 사회는 피나는 투쟁으로 민주화를 이루었다. 그리고 다시 30년이 흐른 후에 국가가 분단체제를 이용하여 국민을 통제하면서 가한 폭력에 대해 여기저기서 고발하는 이야기들이 들려온다. 국가에 의해 조작된 간첩단사건들이 재심 과정에서 계속해서 무죄로 판결되고, 그 일련의 과정들이 공중파 다큐를 통해 고발되기도 한다.[3] 1980년대 민주화 운동 과정에서 국가가 가한 폭력[4]이나 근래의 탈북민을 간첩으로 조작한 사건들이 영화[5]로 제작되어 세상에 진실이 드러나면서 국민들을 경악하게 하고 있다.

분단체제 속에서 이와 같은 폭력을 가하는 국가의 법적 근거는 1948년에 제정된 '국가보안법'이다. 정전이라는 적대적 대치 상태에서 국가 안보를 유지하는 목적으로 국민들의 자유를 제한할 수 있다는 국가의 논리는 분단체제에 길들여진 분단국민들에게 어느 정도 공감대를 얻고 있다. 하지만 국가보안법에 저촉되는 범죄 사실이 국가에 의해 조작되었다는 것은 명확한 국가의 폭력행위이다.

이를 '국가폭력'이라는 포괄적인 용어로 주로 사용하여 왔다. 최근에는 분단체제에 근거하여 발생하는 폭력이므로 '분단폭력'이라는 용어로 사용하는 경우가 있다. 여기서 분단폭력은 "지리·체제·민족의 3중적 분단이 한반도 구성원들에게 자행하는 생명유린과 착취 및 정신적 억압행위"로 정의된다. 그리고 좀 더 구체화하여 "분단으로 야기된 폭력적 활동과 구조, 그리고 이를 뒷받침하는 문화와 담론"을 지칭한다.[6] 그리고 이러한 분단폭력의 일반화

---

3 SBS 〈그것이 알고 싶다: 그리고 아무도 없었다— 사라진 고문 가해자들〉, 2018. 01. 27. 방영.

4 장준환, 영화 〈1987〉, 2017.12.27. 개봉.

5 최승호, 다큐영화 〈자백〉, 2016.10.13. 개봉.

된 구조를 한국 사회에 만연한 군사문화에 주목하고 있다. 달리 "분단을 명분으로 가해하는 행위" 혹은 "분단의 이름으로 자행하는 수많은 인권유린과 억압의 행동"을 언급하고 있지만, 이 분단폭력에는 가해자가 명확하게 드러나지 않는다. 특히 '구조와 문화, 담론'까지를 포괄하면서 적대적인 분단이라는 사건을 빌미로 벌어지는 개인과 개인 간의 폭력, 사회 구성원들 사이의 이념갈등, 더 나아가 세대갈등까지도 포함할 수 있다.

여기서는 분단체제 속에서 국가가 가해자로서 저지른 폭력에 주목하고 있으므로 앞에 제한 어구로 '분단체제'를 명시하고 '국가폭력'으로 명명하는 것이 적절해 보인다. 그리고 그 개념을 "국가가 정략적으로 분단체제를 유지·활용하기 위하여 법률로써 국민의 기본권을 심각하게 침해하고, 나아가 법률 위반을 허위 조작하면서 가한 폭력" 정도로 정의할 수 있겠다.

이 글은 분단체제 속의 국가폭력이 정략적으로 적용되었음에 주목한다. 그래서 그 피해가 단일 지역사회에 복합적으로 집중되어 있는 속초를 사례로 삼아서 국가가 가한 폭력의 실태와 국가폭력이라는 외상으로부터 비롯된 트라우마를 피해자의 구술을 통해 확인하고자 한다. 속초지역은 한국전쟁 전까지 이북의 통치 권역이었고, 전쟁 후 월남한 함경도 실향민들이 대거 이주하면서 시로 승격된 특징을 가지고 있다. 그리고 어선 납북 사건들을 겪은 납북 어부들이 많이 거주하는 지역으로, 이들은 국가로부터 간첩 누명을 쓰고 고통 받은 경험을 다수 가지고 있다. 전쟁 전 이북 통치를 경험한 원주민, 전쟁 중 월남한 실향민, 납북어부들이 복잡하게 섞여 살아가는 지방 도시이다. 같은 공간에서 각기 다른 국가폭력의 사연을 간직하고 살아온 지역민들의 구술을 통해서 국가폭력과 분단 트라우마의 혼재 양상을 진단하고, 상호 불화를 넘어 더불어 살아가는 방안에 대해 고민하고자 한다.

---

6   김병로·서보혁 편, 『분단폭력』, 아카넷, 2016, 31~42쪽.

2. 속초지역민의 국가폭력 피해와 트라우마 양상

속초지역의 국가폭력과 분단 트라우마를 진단하기 위해 만난 구술조사 대상자 현황은 다음과 같다.[7]

구분	성명	생년	조사일시 및 장소	특이점
속초 원주민	노**	1942	2010.03.26. 속초문화원	속초문화원장 역임
	엄경선	1965	2010.03.26. 속초문화원	속초문화원 향토사연구위원
월남인	여**	1927	2010.03.26. 속초 아바이마을 식당	아바이마을 개척자
	박**	1933	2010.03.26. 속초 청호동 노인정	청호동 노인회장 역임
	신**	1933	2010.03.26. 속초 청호동 노인정	1947년 월남
납북어부	김춘삼	1956	2013.01.03. 속초 고려면옥	1971년 납북, 승해호 미성년 선원, 찬양고무죄 수형
	김창권	1950	2013.01.03. 속초 고려면옥	1971년 납북, 창동호 선장 아들, 부친 잠입죄 수형
	강준기	1950	2013.01.03. 속초 고려면옥	1971년 납북, 창동호 선원 아들
	안정호	1955	2013.01.04. 고성 가진 자택	1980년 납북, 1984년 간첩으로 수형

이 글에서 다룰 속초지역은 국가가 정략적 조작에 활용하기 쉬운 대상자들이 집결돼 있는 곳이다. 이 지역에는 표면적인 조건이 비슷한 세 부류의 사람

---

7 속초지역의 분단 트라우마 양상을 구술 조사한 결과는 김종군, 「구술을 통해 본 분단 트라우마의 실체」, 『통일인문학』 51집, 건국대 인문학연구원, 2011에서 속초 원주민과 아바이마을 월남인에 한정하여 분석하였다. 당시 납북어부들은 접촉이 불가능하여 구체적인 실상을 다루지 못하였는데, 이후 엄경선씨의 도움으로 구술조사가 이루어졌고, 그 내용을 이 논문에 반영한다. 엄경선씨께 고마움을 표한다.

들이 섞여 살아간다. 북을 경험했다는 공통점이 그것이다. 속초 원주민과 월남인, 납북어부들은 모두 북의 체제가 어떠한지 경험하였고, 북쪽 사람들의 성정, 북쪽의 풍광, 생활환경 등을 경험한 공통점을 가지고 있다. 그런데 이들을 대하는 분단체제 국가의 입장은 차이가 있다. 표면적인 사정은 유사하지만 그들이 현재 남쪽 땅에 거주하게 된 경위, 국가에서 정략적으로 활용할 가치의 측면에서 달리 대우한다는 말이다.

1) 잔재 공산주의자 : 속초 원주민

우선 속초지역 원주민에 대한 국가의 입장을 한 마디로 드러내는 용어가 '잔재 공산주의자'이다. 속초지역은 해방 후 분단될 당시 행정구역이 강원도 양양군 속초읍으로, 작은 어촌 마을에 불과했다. 38선으로 분단선이 그어질 때 그 이북이었으므로 자연히 북한정부의 통치를 받은 지역이다. 그리고 전쟁 이후에 휴전선이 강원도 고성지역으로 북상하면서 남한의 권역이 된 소위 수복지역이다. 이 지역에서 나고 자란 사람들은 남과 북 두 체제를 모두 경험하였다. 전쟁 전에는 인민학교를 다녔고, 전쟁 후에는 국민학교를 다녔다. 전쟁 중 인천상륙작전으로 북진할 때 북으로 피난을 간 주민들도 있고, 고향에 그대로 남은 사람들도 있었다. 그리고 지형적으로 태백산맥에 막힌 지역이므로 주요 생활권은 일제강점기 때부터 원산이나 평양이었다. 양양에서 원산으로 이어지는 철도노선을 통해 원산에 갔다가 평양으로 들어가고, 다시 서울로 가는 교통 여건이었으므로 교육이나 혼인 등의 생활문화권은 원산에 가까웠다. 이런 정황으로 전쟁 중 굳이 북으로 피난을 가지 않았더라도 휴전선 이북에 가족이 거주하는 사례가 있었다.

그런데 전쟁 후 남한정부는 이들을 월북자 가족으로 분류하였다. 북에 가족이 살고 있으므로 월북이라는 용어로 일반화 시킨 것이다. 문제는 연좌제가 적용되면서 발생했다. 월북자 가족이므로 공무원·사관학교·대기업 공채에 지원하면 신원조회에서 반드시 명시가 되고, 불이익을 받게 된 것이다. 이를 항의하는 과정에서 '잔재 공산주의자'라는 별칭으로 자신들이 국가 정보 기관의 감시를 받는 것을 확인하게 된다. '잔재'의 사전적 의미는 두 가지인데, 잔재(殘在)는 '남아 있음'의 일반적 상태를 지칭하고, 잔재(殘滓)는 '①쓰고 남은 찌꺼기, ②지난날의 낡은 사고방식이나 생활양식의 찌꺼기'로 지난 이력을 내포하는 의미이다.[8] 그러므로 국가 정보기관에서 속초 원주민을 지칭하는 '잔재 공산주의자'에는 ②의 의미가 강하게 반영된 것으로 진단할 수 있다. 이북 체제 속에서 교육받은 사회주의 사고방식과 생활양식을 습득한 존재로 보고 '의심받는 공산주의자' 개념으로 사용한 것으로 볼 수 있다.

피해 당사자들은 북으로 자발적으로 넘어간 것이 아니니 월북자 가족이라는 용어보다는 '재북자 가족'으로 불리기를 희망했지만, 우리 사회 어디에도 재북자 가족이란 말은 찾아볼 수 없으니 월북자 가족으로 분류되어 살아왔다.

국가폭력(간접적)	분단 트라우마
- 월북자 가족으로 낙인 - 연좌제 적용으로 사회 활동 규제 - 잔재 공산주의자로 감시	- 재북자 가족으로 인정 욕구 - 사회 활동에서 의기소침 - 아바이마을 사람들에 대한 피해 의식

2) 귀순 월남인 : 아바이마을 실향민

작은 어촌 마을인 속초읍이 시 규모로 급성장한 요인은 1950년 겨울 흥남 철수 때 대거 월남한 함경도 주민들의 이주 때문이다. 중공군 참전으로 철수 당시 연합군이 남쪽으로 피난을 하라고 권유하여 LST(전차상륙함, 일명 아가리배)를 탄 피난민들은 부산에 주로 정착하였다. 고향에서 선주로서 어선

---

8   민중서림 편집국 편, 이희승 감수, 『민중 엣센스 국어사전』, 민중서림, 2011.

을 운용하던 사람들은 자가 배(목선)에 가족이나 마을 사람들을 싣고 월남하였다. 자가 목선으로 월남한 선주들은 고향으로 서둘러 돌아가기 위해 전선을 따라 이동하면서 후방 물자 수송으로 수입을 얻었다. 그런데 전선이 고성 지역에서 형성되면서 정전이 되자 속초 모래밭에 판자와 양철로 집을 짓고 살기 시작하였다. 이 지역이 현재의 아바이마을(청호동)인데, 북의 고향 마을 단위로 골목에 정착을 하여 현재도 신포마을, 북청마을 등 고향 지명으로 불린다. 이후 부산 등에 흩어졌던 피난민들이 대거 유입되면서 인구가 급증하여, 1963년 시 승격 당시는 속초 인구의 70%를 월남한 실향민들이 차지하게 된다.[9] 이후 백사장을 개인들이 불하 받아 현재의 아바이마을을 개척하였다. 이들이 처음 아바이마을에 집결한 이유는 하루라도 빨리 고향으로 돌아가겠다는 귀향의식 때문이었다. 그러나 정전이 되고 난 후 생계를 꾸릴 정도의 안정을 얻고, 국가의 우호적인 태도에 만족하면서부터는 굳이 고향으로 돌아가지 않아도 된다는 의식을 표출한다. 다만 가족을 북에 두고 온 경우에는 가족 상봉의 의지를 강하게 드러냈다.

이들 중 북에서 자가 목선을 가지고 내려온 선주는 자본에 여유가 있어서 어선을 늘리고, 조선소를 운영하는 등 부를 축적하기에 용이하였다. 또한 가족이나 마을 사람들이 집단으로 내려와서 모여 사는 가운데 심리적인 안정감도 얻을 수 있어 정착이 쉬웠다. 정전 이후에는 이들도 북의 인공체제를 체험한 혐의로 속초 원주민들과 같이 교사 채용 과정에서 사상 검증을 받았다고 한다.[10] 그러나 이후에 이들은 북한 정권이 싫어서 귀순 월남한 사람들로 국가로부터 인정을 받아 연좌제에 저촉되지 않았고, 공무원 취업[11]이나 사업 확장에도 규제를 받지 않았다. '귀순(歸順)'이란 용어는 '적이었던 사람이 반항심을 버리고 스스로 돌아서서 복종하거나 순종함'이라는 뜻이다.[12] 분단체제

---

9   http://www.abai.co.kr/home/bbs/content.php?co_id=sokcho_01 (2018.05.18. 검색)

10   엄경선(남, 1965년생) 구술, 2018.03.24, 건국대 인문학관 401호, 학술대회 토론.

11   아바이마을 개척자 여**씨의 다섯 아들 중 세 명이 속초관내의 공무원으로 근무하였다.

34   제1부 분단체제와 국가폭력의 논리

에서 1962년 '국가유공자 및 월남귀순자 특별원호법'을 제정하면서 국가가 의도적으로 사용하기 시작한다. 속초지역 월남인들은 정전 이후에는 속초 원주민들과 같이 북에서 왔다는 이유로 감시를 받았지만, 이 법률이 제정되는 과정에서 월남귀순자로 입지가 급변된 것으로 보인다.

그래서 실제로 북에 가족을 두고 온 사람들도 그 사실을 굳이 밝히지 않음으로써 국가의 감시를 면하고자 했다. 또한 철저하게 북의 체제에 대해 비판을 가하면서 반공주의자로서의 면모를 드러내는 경향이 있다. 그러므로 이들에게 가해진 국가의 폭력이나 규제는 거의 찾아볼 수 없고 오히려 월남 귀순에 대한 환대가 이루어졌다.

국가의 입장	분단 트라우마
- 정전 후 초창기에는 취업시 사상 검증 - 귀순 월남인으로 포용 - 연좌제 미적용으로 사회 활동 자유로움 - 아바이마을 고향 공동체 형성 용인	- 반공주의자로 과도한 북 체제 비판 - 이산가족 상봉 신청 수용 불가 - 북한 주도 통일 후 북의 앙갚음 공포감

3) 반벙어리 반병신 : 납북어부

북한을 경험한 속초지역의 주민들 중 국가로부터 심각하게 규제를 받고 국가폭력에 노출된 부류는 납북어부들이다. 오징어잡이배나 멸치잡이배를 타고 나갔다가 귀항 중에 안개 속에 어선의 나침반이나 계기가 작동하지 않아 표박이나 표류하는 사이에 정체가 불분명한 함선이 와서 인도하거나 끌려가 보니 북의 조그만 포구였다는 것이 일반적인 납북 경위이다.

납북 후 북에서의 생활도 일정한 패턴이 있다. 지급한 옷을 갈아입고 금강산 온천에서 2개월 정도 조사를 받고, 원산이나 평양의 휴양소에서 1년여 정

---

12 민중서림 편집국 편, 이희승 감수, 『민중 엣센스 국어사전』, 민중서림, 2011.

도를 지내는데, 그 동안에 주체사상 교육도 있고, 북한 전역의 산업시찰, 명승지 관광 등도 이루어지면서 비교적 여유롭게 지낼 수 있었다. 1970년대 납북자들은 북에서 결혼을 해서 안착하라는 회유가 있었지만, 1980년대에는 그런 회유는 거의 없고, 산업시찰을 통해 체제를 선전하려는 의도를 주로 보였다고 한다. 1970년대에는 속초에 비해 북한 대도시인 평양이나 원산이 월등히 잘 사는 모습을 직접 확인할 수 있었지만, 1980년대에는 식량 사정이나 도로 사정, 의료 상황 등이 속초에 못 미쳐 보였다고 구술한다. 다만 사람들은 모두 인정이 있고 선량했다는 소감이다.

남북적십자회담을 통해 귀환할 때 북에서는 군중이 모여 환송을 하였다. 반면 속초항으로 돌아오면 간단한 환영식과 가족 상봉이 있고, 곧바로 북에서의 상황에 대한 조사가 이루어졌다. 이 과정에서 1차적인 폭력을 경험하면서 극도의 공포감을 갖게 된다고 한다. 속초항 인근의 여인숙에 감금하여 북에서의 일거수일투족을 모두 조사하는데, 우선 자진 월북을 염두에 두고 폭행과 고문이 행해진다. 국가보안법 6조에 의거 잠입 탈출의 혐의를 적용하고, 그 결과로 1970년대 납북어선의 선장은 대체로 납북이 아닌 월북으로 혐의를 자백하고 실형을 사는 경우가 많았다. 1980년대의 경우는 이 과정이 조금 누그러진 듯하다. 조사를 거치고 가족을 동반한 국내 산업시찰을 시켜서 북한보다 우리 경제력이 우위임을 주지시켰다고 한다. 강압적인 조사과정에서 납북어부 모두에게 북에서 본 상황을 절대 입 밖에 내지 말라는 함구령이 내려졌다.

그리고 일상으로 복귀하고 나면 거의 매일 속초경찰서나 국가정보요원들의 감시를 받게 되는데, 1970년대에는 속초를 벗어나 다른 곳으로 이동을 할 때도 반드시 관할 경찰서에 신고를 하고 통행증을 발급받아야 했다. 그리고 함께 납북됐던 사람이나 가까운 지인을 감시자로 배치하여 배신감으로 큰 상처를 받게 된다. 2차적인 폭력으로 감시와 이동의 자유를 박탈하는 것이다. 조사과정에서 폭력도 심하고, 간첩죄를 강요받으면서 고문에 노출되어 정상적인 생활이 불가능한 사례가 많았고, 그 결과 알코올 중독에 빠져 일상의 삶으로 복귀하지 못하고 사망하는 경우가 일반적이다.

젊은 사람들의 경우는 북한의 경험을 활용하기 위해 대북선전요원이나 북파공작원으로 차출하려고 시도했다. 이를 거부할 경우는 괘씸죄를 적용하여 간첩 혐의를 씌워 구속한 사례도 있다.[13] 대북선전요원에 응하면서 국가에 봉사하더라도 필요에 의해 간첩으로 조작된 경우도 있었다.[14] 일부 젊은 사람들이 부적응과 감시를 피하기 위해 속초를 떠나 전국을 떠도는 방랑생활을 하는 경우도 있는데, 그 동안의 언사가 감시자를 통해 모두 보고되어, 결국은 찬양고무죄를 적용하여 처벌을 받는 경우도 있었다.

납북어부 중 가정을 꾸리고 살던 중년의 선장이나 기관사에게는 납북과정을 북으로의 잠입으로 보고 간첩죄를 강요한다. 형을 살고 나온 경우에도 지나친 감시와 규제로 일상생활이 불가능하도록 만들어 폐인의 길을 걷도록 한다. 그래서 속초사람들이 납북어부를 지칭하는 용어가 '반벙어리 반병신'이다. 비슷한 처지 속에서 국가폭력의 공포를 잘 알기 때문에 연민의 정을 담아 지칭하는 용어로 보인다. 반면에 어린 나이에 납북을 경험한 사람들은 국가에서 대북요원으로 활용하고, 지속적인 감시를 통해 간첩으로 조작할 리스트에 등록하는 시스템을 구축한다. 그리고 대선이나 총선 등 국내 정치의 정략적인 필요에 따라 간첩으로 조작하여 구속하는데, 자백을 받기 위해 온갖 고문을 가하는 극단의 폭력을 행사한다. 이들은 수형을 마치거나 감형으로 출소한 후 국가에 대한 강한 배신감과 국가폭력에 대한 반항심으로 법정 투쟁을 벌이게 된다.

---

13 1971년 납북되어 1972년 귀환한 승해호 미성년 선원 김영수씨의 사례이다.
14 1980년 납북되어 1981년 귀환한 안정호씨의 사례이다.

국가폭력(직접적)	분단 트라우마
- 납북을 월북으로 강요, 고문, 간첩죄 - 감시와 이동권 제한 - 표현의 자유 제한 - 연좌제 적용으로 가족 통제 - 정략적으로 간첩죄, 찬양고무죄 조작, 　과도한 고문 폭행	- 심각한 사회 부적응으로 알코올 중독 - 고문 후유증, 언어 장애 - 동료 지인의 감시에 배신감, 대인기피증 - 가족 및 친척의 해체 - 가정생활이나 일상으로의 복귀 포기 - 사회적 죽음을 직면

3. 속초지역 분단 트라우마 혼재의 심각성

1) 상황의 유사성과 법 적용의 불공정

속초지역에서 만난 세 부류의 구술자들은 그들이 처한 외적 조건이 유사한데 국가의 처우가 다름에 불만을 가지고 있었다. 특히 국가폭력으로 고통을 당한 속초 원주민이나 납북어부들은 노골적으로 불만을 토로하였다. 국가폭력에 대한 억울함에 더하여 같은 지역에 거주하는 월남인들과의 비교에서 오는 상대적 박탈감까지 간직하고 있는 것이다. 그래서 국가보안법의 적용이 정략적이라고 비판하는 입장을 취한다.

이들의 외적인 처지는 거의 비슷하다. 우선 분단체제 속에서 경험하지 말아야 할 적국을 겪었다는 것이다. 남과 북의 체제를 함께 겪어 봤으므로 비교는 언제라도 가능한 존재들이다. 그들이 적대국 북한에 대해 긍정적으로 이야기한다면 분단국민인 남한 주민들의 반공의식에 영향을 줄 수 있다고 판단하여 감시의 대상으로 삼는다. 그리고 그 가족들이 북한에 거주한다는 조건도 동일하다. 가족이 있으므로 이를 빌미로 북에서 간첩으로 이용할 수 있다는 혐의를 두기도 한다.

속초 원주민은 분단으로 북한의 통치권역에 소속되었고, 전쟁 과정에서 연합군의 점령지역으로서 정전 후 남한의 통치권역에 편입되었다. 이 과정에서 본인들의 자율 의지는 크게 작용하지 않았다. 단지 전쟁 중 북으로 피난을 가지 않고 고향을 지켰을 뿐이다. 그런데 전쟁 전에 동일 생활권이었던 평양이나 원산 등의 북한지역에 형제가 혼인을 하여 살고 있었고, 정전으로 가족 이산을 겪게 되었다. 국가는 정전 후 수복지역 원주민들에게 감시의 눈길을 보냈다. 그런데 그 지역이 좁은 권역이 아니라 강원도 전역에 걸쳐 폭넓게 자리하고 있으니 강력한 감시 체제를 구축할 여력은 없었던 것으로 보인다. 그럼에도 1차적으로 북에 가족이 있고, 북한체제를 경험했으므로 월북자 가족으로 분류한다.

> 잔재적 공산주의는 뭐냐믄 이북치하에서, 그니까 똑같애 납북어부두. 그러니까 그 정권 속에서 살아남아 있던, 싫든 좋든 그 교육을 받은 사람들에, 그니까 납북어들두 한 일 년 이상의 과정을 하면은 북한식 사상과 북한식 교육을 받았다.[15]

구술자는 월북자 가족으로 연좌제가 적용되어 고통을 받던 중, 이를 항의하는 과정에서 자신들을 담당하는 공안부서가 있고, 이들이 자신들을 '잔재 공산주의자'라고 부른다는 것을 알고 경악한다. 그리고 그 이유가 북한체제에서 교육받은 공산주의 사상이 몸속에 남아 있을 것이라는 혐의에서 비롯되었다고 판단한다. 그렇다면 이 조건은 평균 1년 정도를 북에 감금당해서 주체사상을 교육받은 납북어부들에게도 적용될 것이라고 토로한다. 분단과 전쟁의 혼란기에 고향을 지키면서 두 체제의 교육을 받은 경험이 '잔재 공산주의자'의 낙인으로 남은 것에 강한 울분을 드러낸다.

국가가 이러한 논리로 국민을 대한다면 한국전쟁시기 인공치하를 겪은 남한의 거의 모든 지역 사람들에게도 적용이 가능한 혐의라고 할 수 있다. 비록 2개월 남짓의 기간이었지만 1950년 7월부터 9월까지 인민군의 점령지에서는 인민학교 수준의 교육은 이루어졌기 때문이다. 분단된 영토에서 적대적인

---

15 노**(남, 1942년생) 구술, 2010.03.26, 속초문화원, 김종군 외 조사.

체제를 유지하면서 전쟁이 발발하였고, 국가가 자국민을 보호하지 못한 것도 무책임한데, 수세에 몰려 적국의 교육을 접한 국민들을 잔재 공산주의자로 인식하는 것 자체가 국가폭력의 단초라고 할 수 있겠다.

그런데 이런 국가의 인식 잣대도 공평하지 않음이 문제이다. 구술자는 이를 바로 지적하고 있다.

> 그 사람들두 역시 잔재 공산주의 사상이념에 아까 저기 연좌제에 걸린 사람이란 말이, 북한측에서 또 반대로 생각하라고. 그 사람들은 김일성이 싫어가꼬 에레쓰티로, 자기들 자가배로 북한서 이짝 피란 나왔단 말이야. 거 가족들두 거기 남아 있으니까, 그 사람들두 거 잔재 공산주의였겠지. 그 담에 그 남한에서는 저기 뭐야 남한쪽에서는 거기가 싫어서 나왔다는 이유루 형제, 자녀들이 있겠지만 연좌제 대상이 안 된다고. 그러나 여기 사람들은 거 연좌제에 걸리는 거라고. 저기 전라도에도 옛날 빨치산관계로 사람들이 많이 갔거던. 거 다 연좌제야 연좌제 연관된단 말이야. 걔기 때문에 아직 남아 있는 공산주의자구. 그게 박정희 때 이 지역에 하나의 그거죠.[16]

구술자는 이러한 국가의 인식이 차별적으로 적용되는 것에 노골적 불만을 드러낸다. 북한체제에서 교육받은 것이 문제가 된다면 월남인들에게 더 심각하게 적용되어야 하는데, 그들에 대해서는 잔재 공산주의자라는 인식이나 연좌제를 적용시키지 않는 것에 대해 불공평하다는 인식이다. 그 이유를 '김일성이 싫어서 내려왔기' 때문으로 진단한다. 아바이마을의 월남인들이 분단체제 속에서 자신들과 동일한 조건임에도 국가로부터 환대를 받는 이유는 북한체제에 거부감을 가지고 '월남'했다고 판단하기 때문이라는 진단은 적절해 보인다. 체제 경쟁 속에서 월경 행위 자체가 체제 우월성을 드러내는 증표로 인식하는 분단국가의 체제 과시욕이 '탈북'을 '귀순'이라는 용어를 다시 호명하기도 하였고,[17] 어선 납북을 유도하기도 한 것이다.

---

16 노**(남, 1942년생) 구술, 앞 구술 상황.

이러한 동일 조건에 대한 국가의 법 적용의 불공평함에 대한 불만은 다른 대상으로도 확대되어 표출된다. 납북어부 김춘삼은 근래 급증한 탈북민들을 대하는 국가의 자세에 대해 비판하고 있다.

> 춥고 배고픈 사람에게 가장 중요한 게 뭡니까? 밥값, 편히 씻을 수 있는 안식처거든요. 돈 많은 거 필요 없습니다. 그것이 필요한 거지 누가 어쨌고 사회주의 국가가 어쨌고 누구 빨갱이로 몰고 그건 중요하지(않아요), 하나도 그거는. 정치하는 놈들이 자기들이 필요해서 만드는 소위 말하는, 뭐라 그러더라, 원색적인 표현을 빌리자면 아무 쓸데없는 일이죠. 저는 지금도 안타까운 게 뭐냐면은, 그 탈북자들, 좀 학습적인 차원에서 드리면, 그분들이 너무 설치는 것은 원치를 않아요. 그냥 조용히 국가에서 해주면 해주는 대로 조용히 살고 어떤 미디어에 나와 가지고 뭐라 할 자격이 없어요. 왜냐면은 그분, 그 그분들이 정말 앞에 이렇게 앉혀놓고 당신이 어떤 사람이 16살짜리 국가보안법 이렇게 해서 처벌을 받았다. 당신은 어떻게 생각을 하시냐고 우리 질문을 한번 던져볼 필요는 있다는 거죠.[18]

구술자는 분단체제 속에서 국가의 차별적인 법 적용에 대한 불만을 탈북민을 대상으로 확대하고 있다. 국민들의 생존 문제는 방치하고 체제 경쟁에 경도되어 있는 남북의 위정자들에게 일침을 가한다. 특히 체제 우위의 홍보 수

17　월남인이나 탈북자를 지칭하는 '귀순'이란 단어는 '국가유공자 및 월남귀순자 특별원호법'(1962년), '월남귀순용사 특별보상법'(1979년), '귀순북한동포 보호법'(1993년) 등에서 법률 용어로 쓰였다. 그러다 1990년대 탈북자 급증 탓에 이전의 '특혜적 지원'에서 '체계적·법률적 지원'으로 정책 전환의 필요가 커짐에 따라 1997년 '북한이탈주민의 보호 및 정착지원에 관한 법률'이 제정돼, '귀순'은 법률 용어의 지위를 잃었다. 이 법 2조 1항을 보면, '북한이탈주민'은 "군사분계선 이북지역(북한)에 주소, 직계가족, 배우자, 직장 등을 두고 있는 사람으로서 북한을 벗어난 후 외국 국적을 취득하지 아니한 사람"이다. 이 용어에는 가치판단이 배제돼 있다. 탈북자는 북한이탈주민의 약칭이다. 이런 사정을 고려할 때 '귀순'의 재등장은, 남북관계를 대하는 박근혜 정부의 집단심리가 2000년 남북정상회담 이전 대결 시대로 역진하고 있음을 방증한다(http://www.hani.co.kr/arti/politics/defense/757559.html, 2018.05.18. 검색).

18　김춘삼(남, 1956년생) 구술, 2013.01.03, 속초 고려면옥, 김종군 외 조사.

단으로 새롭게 부상한 탈북민들에게 국가보안법이 얼마나 정략적인가를 자신의 처지를 환기시키면서 경고하고 있다. 탈북민의 외적 조건이, 지금은 비록 국가로부터 환대를 받고 있지만 정치적인 필요에 의해 언제라도 국가보안법을 적용하여 간첩으로 몰릴 수 있다고 주의를 주는 것이다. 구술자가 비록 탈북민을 지칭하고 있지만 그 속내는 국가의 법 적용의 불공정에 대한 비판이다. 대북 송금이 명백한 위법 행위임에도 국가는 그들이 북한체제를 버리고 탈출한 존재라는 데 의미를 두고 묵인한다고도 비판한다.

구술자가 탈북민에게 충고하고 싶다고 한 말은 예언처럼 몇 년 후 현실로 드러났다. '탈북민 유우성간첩조작 사건'은 분단체제에서 국가가 정략적으로 필요하다고 판단이 되면, 혐의를 씌울 만한 조건을 갖춘 사람 어느 누구라도 간첩으로 만들 수 있다는 방증이다. 이 사례를 통해 정략적으로 필요하다면 체제 우위 선전의 좋은 수단이 된 월남인, 탈북민도 간첩으로 몰아갈 수 있다는 국가폭력의 극단을 확인할 수 있게 한다.

구술자는 자신이 겪은 경험과 함께 납북됐던 동료가 겪은 국가폭력의 상황을 보고 큰 깨달음을 얻었다고 폭로했다. 분단체제에서 남북은 서로 협약이라도 맺은 것처럼 권력 유지를 위해 국민을 상대로 폭력을 행사한다는 주장을 했다.

> 저희는 이쪽에서만 보내는 줄만 알았는데 이쪽에서도 넘어가서 이렇게 하는구나. 아ー(박수를 한번 치며) 이게 뭔가 분명히 서로가 괴뢰정부라고 하지만은 분명히 뭔가 거래가 이루어진다는 걸 그때 배워왔죠. 사실. 야, 재미있다. 어쨌든. 저는 거기 있으면서도 굉장히 재미있는 게 뭐냐면 어린 나이에도 야, 정말. 그런 와중에 있었는데도 재미있다라고 생각을 했죠. 남쪽으로 내려오니까 아, 남쪽에서도 계속 보낼 거야. 그래서 야, 열 명 올라오면은 사실 열 명 똑같이 보낸다는 거죠, 그 때. 적어도 박정희나 전두환이 정권 시절에는 북쪽에서 비행기가 다섯 대가 뜨면 남쪽에서 똑같이 다섯 대가 떠서 훈련을 한다는 거지. 자, 그러면 그게 뭐냐는 거죠. 권력자들이 결국은

서로 거래를 한다는 거지요. 재미있는 세상을 저는 살았어요.[19]

구술자는 납북되어 북한에 감금되어 있을 때 접한 북한의 신문에서 북파공
작원이 얼마나 잡히고 사살되는지를 기사로 봤고, 같은 어선을 타고 납북됐
던 동료가 군대에 가서 북파공작원으로 선발을 거부하자 간첩으로 조작해서
구속된 사실을 보고 깨우쳤다는 이야기이다. 국가폭력은 남과 북에서 독재자
들이 장기 집권을 위해 서로 협의한 것처럼 벌어지더라는 진단이다. 전적으
로 구술자의 생각이지만 분단체제에서 무지막지하게 국가폭력이 작동하는
시스템에 대한 비판으로 읽힌다.

결국 분단체제에서 국가는 국가보안법을 정해 두고, 그에 저촉이 될 만한
조건을 가진 사람들의 리스트를 미리 파악하여 정략적인 필요에 의해 그들을
찬양고무죄로, 간첩죄를 몰아갈 수 있는 무소불위의 폭력집단임을 비판하고
있다.

2) 피해자의 사회적 죽음과 지역사회의 와해

분단체제에서 적대적인 두 체제를 모두 경험한 속초지역의 세 부류는 국가
의 폭력적 처우와 환대를 경험하면서 섞여 살아가고 있다. 그 가운데서 그들
은 제 각각 국가폭력에 의한 트라우마를 간직하고 있으며, 서로가 간직한 트
라우마에 대해 연민의 시선도 가지고 있다. 이것이 분단체제의 비극으로 읽
힌다.

유사한 조건을 가진 속초 사람들이 국가로부터 당한 상처의 강도는 차이가
있다. 납북어부가 가장 직접적인 폭력 피해자이고, 그 다음 피해자가 속초
원주민들이다. 그리고 아바이마을의 월남인들은 피해라기보다는 환대를 받
았다고 볼 수 있다. 납북어부들은 간첩으로 조작되는 과정에서 강력한 육체

---

19 김춘삼(남, 1956년생) 구술, 앞 구술 상황.

적·정신적 폭력에 시달렸고, 원주민들은 잔재 공산주의자, 월북자 가족이라는 멍에와 연좌제에 걸려 사회적 차별과 정신적 고통에 시달려야 했다. 그래서 이들에게는 공통적으로 국가폭력 트라우마가 내재하는 것으로 보인다. 아바이마을에 거주하는 월남인들은 국가폭력에 직접적으로 노출되지 않았고, 오히려 환대를 받았으므로 트라우마는 존재하지 않을 것으로 예측할 수 있지만 서로를 바라보는 시선 속에서 그들에게도 분단체제에서 비롯된 트라우마를 발견할 수 있었다.

이들은 서로가 간직한 트라우마를 묵묵히 지켜보기도 하고, 더러는 비난하기도 하였다. 그 비난은 당사자가 빌미를 제공했다기보다는 국가의 처우에서 비롯되었음도 확인할 수 있었다. 이렇게 무덤덤하게, 혹은 약간의 질시 속에 섞여 살아가는 속초 사람들의 모습이 분단체제의 우리가 살아가는 모습의 한 단면으로 보인다.

속초 원주민들이 간직한 국가폭력 트라우마는 국가가 그들을 월북자 가족, 잔재 공산주의자라고 보는 인식에서 비롯된다. 그것의 표면화된 폭력 양상인 연좌제 적용에서 좌절감과 욕구불만의 트라우마 증상이 발현되는 것으로 보인다. 그리고 같은 지역에 거주하는 월남인들에게 반감도 드러낸다.

세월이 좋으니까 내가 이런 얘기 하지 난 당대 이런 얘길 못하거던요. 못하죠. 그니까 세월이 좋으니끼 이런 얘기 하죠. 그 다음에 구술사를 조사하였을 때 가장 애로사항이 많은 거이 이거였단 말이야. 북한에 두구 온 가족 누구누구 있으며, 응... 그런 거들을 자신네들이 얘길 해줘야, 그 사람들 6. 25때 겪은 얘길 갔다 쭉 들어야 되는데 그 사람들 얘길 안 해.

근데 짐 그 사람들이 다 감춰서 이야기 못한 사람들이 많구, 그러기 때문에 못하는 거야. 나중에 통일이 되었을 때에, 만약에 통일이 안 되면 할 얘기가 없지마는 혹시나 적화통일이 되면 그 사람들이 아까 이야기한 사상과 이념 쪽에 연좌제에 다 걸려서 잔재공산... 잔재 뭐... 인민... 뭐 민주주의 국가기

때문에 그 적용을 받기 때문에 감춰서 얘길 안합니다.[20]

구술자는 속초의 원주민으로서 지역의 문화 사업에 많은 역할을 수행하면서 월남인들의 구술조사를 수행한 경험이 있다. 그 과정에서 안 사실은 그들이 전쟁 시기 월남하면서 겪은 일들에 대해 밝히기를 꺼려한다는 것이다. 분명 가족을 남겨두고 온 사실을 알고 있는데 솔직하게 말하지 않는다는 것이다. 그리고 그 내막을 북한이 주도한 통일이 이루어졌을 때 그들도 북한의 연좌제에 저촉이 될 것이고, '잔재 민주주의자(?)'로 적용받을 것을 두려워해서 그럴 것이라고 진단한다. 지나친 해석이고, 월남인들이 갖는 모호한 정체성에 대한 불만을 토로한 것으로 보이지만, 달리 보면 국가로부터 당할 만큼 당하고 산 원주민들이 바라보는 월남인들의 분단 트라우마의 한 징후로 읽힌다. 월남인들이 남한 사회에서 가지는 정치적 입장은 다분히 보수지향적이고, 이북5도민회와 같은 조직의 구심점이 '반공'이라[21]는 진단이 이를 뒷받침한다고 할 수 있다.

속초지역 사람들에게는 원주민들과 달리 국가로부터 환대받기 위해서 북한체제에 대해 과도하게 비판을 가하고, 고향에 두고 온 가족에 대한 그리움도 숨기고 살아가는 월남인들에 대한 반감이 분명 존재한다. 하지만 한편으로는 귀향의지와 이산의 한을 속 시원하게 풀어내지 못하고, 반공으로 중무장한 속내에 감추어진 이들의 트라우마에 대한 연민의 시선으로도 볼 수 있다. 이러한 진단은 당사자인 월남인들의 구술에서도 찾을 수 있다.

> 이 아바이마을이 이산가족 상봉한 사람이 한 사람도 없어요. 딴 데는 다해
> 도 이 동네 (아바이마을) 사람들은 면회를 안 시켜줘. 그게 왜 그런 문제가
> 나오냐면, 우리가 북에서 남쪽을 나올 때 자기들 정치를 싫어해서 나온 사람들

---

20 노**(남, 1942년생) 구술, 2010.03.26, 속초문화원, 김종군 외 조사.
21 조은, 「전쟁과 분단의 일상화와 기억의 장치―월남 가족과 월북 가족 자녀들의 구술을 중심으로」, 『전쟁의 기억 냉전의 구술』, 선인, 2008, 66~70쪽.

이거든? 안 그래요? 자기네 그런 사람들을 상봉을 시키겠어요? 북에서 안 받아 주는 거지. 남에선 안 받아 주겠어요? 그래가지고 도지사 뭐 다 저쪽해가지고... 여기서 살다가 북쪽 체제가 좋아서 올라간 사람들은 해주고, 그 사람들은 가.

지금 하는 게 그 얘긴데, 속초에 말이야 있던 사람이 이북에 살고 있으문 그 북에 있는 가족들이 속초에 있는 가족들 만나고 싶다, 그러면 상봉되는 거에요. 거기서 사는 사람들이 해야 되는거지, 여기 있는 사람들은 신청해도 안 돼요. 우리도 뭐 국회에도 제출하고 도민회에서 말야 많이 했어요.[22]

속초 아바이마을 사람 중에는 남북이산가족 상봉을 한 사람이 전무하다는 구술이다. 그 이유는 북한에서 받아들여주지 않기 때문인데, 북한 정치가 싫다고 나온 사람들이기 때문에 수용되지 않는다고 진단한다. 고향을 두고 월남한 이들이 체제가 다른 남한에서 환대 받으며 적응하기 위해서 과잉된 의식으로 북한을 비판하였는데, 그것을 북이 알고 가족 상봉을 받아주지 않는다고 하니 괘씸하기도 하고 불안하기도 한 심정을 드러냈다. 이 자체가 그들이 갖는 분단 트라우마의 한 징후가 아닐지?

그런데 더하여 속초 원주민이 북한에 거주하면서 고향인 속초의 가족을 상봉 신청하면 상봉이 이루어진다고 상황을 반전시킨다. 외형적 처지가 유사한 원주민과 월남인들이 서로의 처지를 설명하는 과정에서 트라우마를 이해하는 듯하면서도 더불어 반감을 표하는 미묘한 심리를 읽어낼 수 있다. 가족 이산의 아픔을 간직한 두 부류가 서로의 상처를 알고 연민의 정을 보이다가도 불쑥 반감으로 돌아서는 양상을 보인다. 이 역시 유사한 조건의 두 부류를 국가가 정략적으로 폭력 또는 환대의 차별을 가한 데서 비롯된 위화감으로 볼 수 있다.

납북어부들에게 국가가 가한 폭력의 트라우마 증상은 무수히 많다. 그 가운데서 지역 주민의 유대를 와해시킨 폐해는 개인 차원의 폭력을 넘어서 피해자

---

22 박**(남, 1933년생) 구술, 2010.03.26, 속초 청호동 노인정, 김종군 외 조사.

를 '사회적 죽음'으로 몰아가고,[23] 지역사회로까지 확대된 폭력으로 볼 수 있다. 납북어부들은 모두다 국가 정보기관의 감시를 10년 이상씩 받는다고 한다. 감시 업무를 부여받은 지역의 경찰이나 형사는 일상에서 일거수일투족을 감시하면서 폭력적인 언사를 행사한다. 그런데 감시가 풀리고 나면 그 부담스럽고 두려운 존재를 치안의 담당자로 지역사회에서 계속 보고 살아야 하는 스트레스는 트라우마라고 진단할 만하다. 그러한 부담스러운 감시자 역할을 친한 친구가 수행했다는 사실을 알았을 때 갖는 배신감은 어떠하겠는가?

> 정보기관에서 그 예비군 중대장, 통장, 반장, 또는 나와 같이 있던 선장, 그 주변의 아저씨들을 월 몇 만원씩 주고 상대를 감시했다는 거죠. 어떤 북에 특이 동향이 있는지. 그래서 그런 것도 있었고. 그래서 저도 깜짝 놀란 게 뭐냐면 저가 뭐 그 당시에 오리 배를 타면서 울진에 가면 도고 온천이라는 데가 있어요. 그때는 교통이 되지 않기 전에 버스가 일찍 끊겨갖고 저희가 같이 아는 분하고 목욕을 갔다가 버스를 놓쳤어요. 해가 지는데. 걸어 나오니까 3시간 걸리더라고요. 그때 당시 전자시계 있죠, 카시오가 굉장히 좋았어요. 저는, 잊어버린 당사자는 그냥 가만히 있는데, 어느 날 그 기록에 보니까 말이죠, 저가 목욕 가서 시계 잃어버린 것까지 다 기록이 되어 있더라는 거죠.
>
> 잃어버린 당사자는 그냥 편안히 생각을 가지고 있는데 저 시계 잃어버린 것까지 다 그런 기록들이 있더라고요. 그래서 야, 참 무섭구나. 정말 그 사회주의 국가 세포조직이라는 것은 허가 난 조직이지만, 민주주의 국가에서 누군가를 감시한다는 건 정말 사회주의 독재보다 더 무서운 게 민주독재라는 것을 저는 그 전에도 알았죠, 뼈저리게 느꼈어요, 그때부터.[24]

납북어부인 구술자가 자신을 감시하는 눈길이 많다는 것은 인지하고 있었지만 함께 납북됐던 어선의 선장이나 주변의 지인들도 몇 만원에 매수되어

23 한성훈, 『학살, 그 이후의 삶과 정치』, 산처럼, 2018, 285~292쪽.
24 김춘삼(남, 1956년생) 구술, 2013.01.03, 속초 고려면옥, 김종군 외 조사.

자신을 감시했다는 사실을 찬양고무죄 수사를 받으면서 알게 되었다는 내용이다. 자신의 처지를 잘 알고 친하게 지낸 지인과 온천을 갔다가 시계를 잃어버렸는데, 누구에게도 이야기하지 않은 사실이 자신의 감시 기록에 남겨져 있었다. 결국 함께 간 지인이 감시자였음을 알고 정말 무서운 세상임을 절감하게 되었다고 한다. 국가 정보기관은 납북어부들을 감시하는 임무를 경찰로 채용된 아들의 친한 친구에게 맡기기도 하고,[25] 간첩을 조작하기 위해 유인하는 임무를 함께 납북되었던 친구에게 맡기기도 하였다.[26] 국가의 폭력이 납북어부를 간첩으로 몰아 가족을 해체하는 단계를 넘어서 지역사회를 와해하는 방식으로 전개되었음을 알 수 있다. 결국 피해자에게는 지역사회에서 교류했던 지인들에게 처절한 배신감을 느끼게 하여 사회적으로 고립시켜 사회적 죽음을 맞이하도록 하는 더 간악한 폭력을 행사하고자 한 의도라고 할 수 있다.

이 같은 비겁한 폭력 구조는 피해자에게는 지인에 대한 배신감의 트라우마를 남기고, 매수되어 감시를 수행한 지인은 죄책감의 트라우마를 간직하도록 하여, 좁은 지역에서 불화와 반목을 조장하게 된다. 국가폭력은 결국 정략을 달성하기 위해 피해자에게 강력한 트라우마를 남기고, 지역사회에까지 패악을 끼치고 있음을 확인하게 된다.

수복지역과 해안도시라는 특수한 여건을 갖춘 속초지역에 거주하는 사람들은 결국 분단체제 속에서 국가폭력의 정략적 희생물처럼 섞여 살아가고 있다. 그 가운데는 같은 처지라는 연민의 정도 존재하지만 국가의 불공평한 처우로 서로에 대한 반목과 질시도 혼재하고 있다. 이러한 요인들이 지역사회의 화합과 발전을 가로막는다는 진단은 주목할 필요가 있다.

이쪽이 이제 접경지역이다 보니까 특히 이제 또 바다에서 어부들 같은

---

25 1971년 납북되어 1972년 귀환한 창동호 선장 김봉호씨의 아들 김창권씨의 구술 내용이다.
26 1980년 납북되어 1981년 귀환한 안정호씨의 구술 내용이다.

경우 납북사건을 갖고 간첩사건으루 누명 쓴 사람들이라든지, 또 이제 실제 국가보안법위반이나 반공법위반이나 그런 거에 낙인 찍혀가지고 그냥 돌아가신 분들이 많습니다. 아직도 그걸 안고 있는 분들 이런 문제들이 전혀 사실 해결이 지금 못 되고 있는거구요. 그리구 또 과거만 얘기를 할뿐만 아니라 또 지역 같은 경우는 지역적 정체성에 인제 치유의 과정이라면은 사실은 이 이북출신이나 실향민들이 뭐 자기정체성들이 점차 퇴색되고, 치료가 아니라 망각이 되는 거죠. 망각이 되가는 것도 있고 이 남북간에 화해와 협력에 그들이 사실 어떤 존재로 남아야 될지. 그 위치 확정이라든지 또 지역이, 또 문화적으로라든가 어떤 정체성을 가지고 나가야 되는지 아직 답을 좀 못 내고 있는 건 아닌가[27]

　지역사회 활동가인 구술자는 분단체제 속에서 접경, 해안이라는 지리적 특수성을 가진 속초의 문제점을 간파하고 있다. 그 문제의 요지는 결국 국가가 가한 폭력에서 속초지역이 아직 자유롭지 못하다는 진단이다. 국가폭력의 가해자인 국가는 간첩 조작 사건 등에 대해서는 명확하게 사과 보상해야 하고, 수복지역 원주민에게도 신원이 필요하다. 그리고 아바이마을 실향민들이 가슴 속에 숨기고 산 귀향의식을 발산할 수 있는 여건을 조성하여 자기정체성을 명확하게 갖도록 한다면 남북 화해의 시대에 속초는 분단의 상징 세 주체가 더불어 살아가는 통일문화도시로서 지역정체성을 확립할 수 있을 것이다.

4. 국가폭력 작동 기제와 트라우마의 치유 방안

　분단체제에서 국가폭력은 형평성에 있어서 1차적인 모순을 안고 있다. 그래서 '정략적'이라는 수식어가 붙을 수밖에 없다. 분단과 정전이라는 특수한 한반도 상황에서 '국가보안법'을 폐지할 수는 없다는 국가의 논리도 다분히 정략적이지만, 그 법의 적용과정에서도 권력자의 의지에 따라 차별적으로 적

27　엄경선(남, 1965년생) 구술, 2010.03.26, 속초문화원, 김종군 외 조사.

용되기 때문에 더욱 그렇다. 국가보안법 자체가 국가가 분단체제를 빌미로 자국민을 통제하는 수단으로 활용되는데, 그 가운데서도 폭력의 기제로 적용하기 쉬운 조항은 여러 차례의 개정에서도 사라지지 않고 유지되고 있다.

분단체제 속에서 지리적으로 휴전선 이북은 금기의 땅이다. 국가보안법 제6조 잠입 탈출 조항[28]에는 이북 지역으로 잠입하거나 탈출을 할 경우 징벌에 처한다고 명시하고 있다. 그래서 납북어부들이 귀환하고 나면 이 조항을 강력하게 적용한다. 국가로부터 허가를 받지 않고 이북 지역을 밟아 본 사람에게는 언제라도 적용이 가능한 조항이다. 이 조항에 연좌제를 적용하면 월북자의 가족, 납북자의 가족도 모두 규제할 수 있다. 문제는 역의 상황이다. 한국전쟁 중 월남한 사람과 최근의 탈북민의 경우는 적의 지역에서 탈출한 의지를 귀순의 의미로 받아들이고 이 조항에서 자유롭다. 북에 가족이 거주한다고 해도 특별히 문제를 삼지 않는 것이다. 속초지역 원주민들은 이 지점에 대해 정략적이라고 항변한다.

제7조 찬양 고무 조항[29]은 가장 많은 문제를 안고 있어서, 정략적으로 이용하기에 적합하다. 북의 체제를 접했거나 북한 땅을 한 번이라도 밟아본 사람이 남북을 두고 비교하면서 '북이 더 낫더라'는 언급이 있다면 언제라도 찬양고무죄 적용이 가능하다. 그래서 도로 사정이 남한보다 낫다고 술자리에서 언급한 것이 문제가 되어 처벌을 받은 납북어부도 존재한다. 이처럼 '귀에 걸면 귀걸이 코에 걸면 코걸이'의 방식으로 정략적 규제가 가능한 법률이므로 그 법망을 피해가기 위해 그 상황에 처한 사람은 표현의 자유를 스스로 억압

---

28 제6조(잠입·탈출) ① 국가의 존립·안전이나 자유민주적 기본질서를 위태롭게 한다는 정을 알면서 반국가단체의 지배하에 있는 지역으로부터 잠입하거나 그 지역으로 탈출한 자는 10년 이하의 징역에 처한다. 〈개정 1991·5·31〉
② 반국가단체나 그 구성원의 지령을 받거나 받기 위하여 또는 그 목적수행을 협의하거나 협의하기 위하여 잠입하거나 탈출한 자는 사형·무기 또는 5년 이상의 징역에 처한다.

29 제7조(찬양·고무등) ① 국가의 존립·안전이나 자유민주적 기본질서를 위태롭게 한다는 정을 알면서 반국가단체나 그 구성원 또는 그 지령을 받은 자의 활동을 찬양·고무·선전 또는 이에 동조하거나 국가변란을 선전·선동한 자는 7년 이하의 징역에 처한다.〈개정 1991.5.31〉

하거나 북을 과도하게 비난하는 입장을 취하기도 한다.

이러한 정략적 수단으로 적용할 수 있는 법률 조항을 유지하면서, 국가의 비민주적인 정책에 반대하는 개인이나 단체를 탄압하거나 비민주적인 권력을 재창출하는 과정에서는 이에 저촉된 사실들을 적극적으로 색출하는 일을 우선 실행한다. 그런데 위법의 사실이 드러나지 않을 경우는 적극적으로 조작을 하게 되는데, 이 과정에서 고문과 같은 무자비한 폭력이 가해지는 시스템이다. 최근 10여 년 동안에 재심을 통해 무죄 판결이 이어지는 간첩단 조작이 모두 이 시스템으로 '만들어진' 사건이다. 그런데 국가에서 이렇게 간첩이나 찬양고무죄로 조작하는 대상은 납북어부나 재일동포·유럽 등지의 해외 유학생, 좀 더 나가면 월북자나 납북자의 가족들이다. 북한을 경험했거나 북한과의 연결이 가능하다고 판단되는 대상자를 미리 염두에 두고서 정략적으로 필요하다고 요청이 있으면 그 대상자를 그물망처럼 얽어서 조작에 들어가는 구조로 파악된다. 그 과정에서 자백을 강요하기 위한 고문과 같은 육체적 폭력은 필수적으로 잇따른다. 분단체제에서 자국 영토에서 벗어나서 생활한 경험이 있거나 분단체제의 통제에 잘 길들여지지 않은 대상이 우선 조작의 대상이 되는 구조이다. 결국 국가폭력은 전체 국민을 분단체제에 순응할 수 있도록 길들이는 고단수의 정략으로 이해할 수 있다.

이처럼 분단체제의 국가가 정략적으로 가한 국가폭력 트라우마의 피해자들은 도처에 존재한다. 이들은 각자가 골수에 간직한 트라우마가 감히 항거할 수 없는 국가라는 거대 권력임을 잘 알고 있으므로 인고의 시절을 살아내고 있다. 그러면서도 그들은 유사한 처지의 피해자들이 간직한 트라우마에 대한 혼재된 시선을 보인다. 속초지역의 원주민들은 아바이마을 월남인들에 대해서 유사한 조건 속에서도 국가폭력이 가해지지 않았음을 부당함으로 인식하고 있다. 그러면서도 국가폭력을 면한 대가로 귀향의식이나 가족 이산의 한을 감내해야 하는 처지에 대해서는 동정의 시선을 드러내기도 한다. 아바이마을 월남인들은 속초 원주민들에게 가해진 국가폭력에 대해서는 특별한 평가를 자제하는 입장이다. 그렇지만 이산가족 상봉 신청이 자유롭게 이루어지는 상황에 대해서는 부러움을 표출하기도 한다. 국가폭력을 면한 대가로 북의 가족을 그리워할 수조차 없는 자신들의 처지에 비해 월북자 가족으로 낙인찍힌 속초 원주민의 처지가 홀가분해 보이는 것이다. 이들 두 부류가 서로의 국가폭력 트라우마를 바라보는 시선은 분단체제 속의 우리 국민들의 미묘한 심리를 대변한다고 할 수 있다. 그에 비해 납북어부에 대해 국가가 가한 폭력에 대해서는 두 부류의 사람들이 대체로 동정의 시선을 드러내고 있다. 정전 이후 분단체제를 유지하기 위해 국가가 정략적으로 철저하게 조작한 간첩단사건은 원주민이나 월남인들이 당한 국가폭력과는 결이 다름을 인지한 결과로 보인다. 그래서 감히 가까이 다가가지는 못하지만 거리를 두고서라도 동정의 시선을 표출하게 되는 것이다.

우리 국민들 가운데 분단과 한국전쟁, 분단체제 속에서 국가가 정략적으로 활용할 폭력의 대상에서 한껏 자유로울 사람이 얼마나 되겠는가? 휴전선 인근 중 중동부지역은 수복지역이라 잔재 공산주의자 혐의를 벗지 못하고, 서부지역은 실향민들이라 감시의 눈초리를 벗어나지 못했다. 해안지역에서는 납북어부와 그 가족들이 감시의 혐의를 벗지 못하고, 빨치산 웅거 지역이나 인민의용군 징발로 행방불명된 가족들은 월북자 가족의 혐의를 떨치지 못했다. 그리고 국가는 필요에 따라 간첩과 용공의 올가미를 씌울 수 있었다. 이런 불행한 분단의 현실 속에서 우리는 서로의 고통과 한에 대해 같이 아파하고 연대하는 자세를 가질 수 없었다. 자칫 동조하는 시선까지도 또 다른 혐의가 될까 두려웠기 때문이다.

세상이 점점 변화하고 있다. 국가가 정략적으로 조작한 간첩사건들이 수십 년이 지나 무죄로 판명되는 세상을 살고 있다. 이제 분단국민으로서 용기가 필요하다. 국가가 정략적으로 덮어씌운 국가폭력에 대해 그 폭력성을 인지하고 분개할 줄 알고, 조작된 국가폭력 트라우마에 신음하는 이웃을 동정의 시선으로 대해야 한다. 그들의 고통에 공감하고 연대하는 마음의 자세가 또 다시 분단체제를 전략적으로 활용하는 국가의 폭력을 제지할 수 있기 때문이다. 이 가운데 국가폭력의 트라우마는 치유의 길로 나아갈 수 있을 것이다.

참고문헌

SBS 〈그것이 알고 싶다: 그리고 아무도 없었다— 사라진 고문 가해자들〉, 2018. 01. 27.

강미정, 「분단이 남긴 또 다른 상처, 납북어부」, 건국대 통일인문학연구단 편, 『식민/이산/분단/전쟁의 역사와 코리언의 트라우마』, 선인, 2015.

김병로·서보혁 편, 『분단폭력』, 아카넷, 2016.

김종군, 「구술을 통해 본 분단 트라우마의 실체」, 『통일인문학』 51집, 건국대 인문학연구원, 2011.

김종군, 「한국전쟁 체험담 구술에서 찾는 분단 트라우마의 극복 방안」, 『문학치료연구』 27집, 한국문학치료학회, 2013.

민중서림 편집국 편, 이희승 감수, 『민중 엣센스 국어사전』, 민중서림, 2011.

박민철, 「평화의 이념적 확장과 '포스트 통일'」, 『통일인문학』 68집, 건국대 인문학연구원, 2016.

박영균, 「한반도의 분단체제와 평화구축의 전략」, 『통일인문학』 68집, 건국대 인문학연구원, 2016.

박현숙, 「빨치산을 통해 본 분단체제 강화기의 국가폭력」, 건국대 통일인문학연구단 편, 『식민/이산/분단/전쟁의 역사와 코리언의 트라우마』, 선인, 2015.

속초문화원 편, 『속초시 거주 피난민 정착사』, 속초문화원, 2000.

엄경선·장재환, 『동해안 납북어부의 삶과 진실』, 설악신문사, 2008.

요한 갈퉁, 강종일 외 옮김, 『평화적 수단에 의한 평화』, 들녘, 2000.

장준환, 영화 〈1987〉, 2017. 12. 27.

조은, 「전쟁과 분단의 일상화와 기억의 장치—월남 가족과 월북 가족 자녀들의 구술을 중심으로」, 『전쟁의 기억 냉전의 구술』, 선인, 2008.

최승호, 다큐영화 〈자백〉, 2016. 10. 13.

최진섭, 「납북귀환어부 간첩만들기」, 『말』, 1989년 9월호.

한성훈, 『학살, 그 이후의 삶과 정치』, 산처럼, 2018.

홍성흡, 「국가폭력 연구의 최근 경향과 새로운 연구방향의 모색」, 『민주주의와 인권』 7집 1호, 전남대 5.18연구소, 2007.

http://www.abai.co.kr/home/bbs/content.php?co_id=sokcho_01,
2018.05.18. 검색

http://www.hani.co.kr/arti/politics/defense/757559.html, 2018.05.18. 검색

낙인과 서명

- 1970년대 문화 검역과 문인간첩

임유경

1. 체포될 수 없는 말들

1749년 봄, 한 편의 시가 파리시를 떠돌았다. "검은 분노의 괴물"(Mons tre dont la noire furie)이라는 구절로 시작되는 이 작자미상의 시는 누가 언제부터 읊기 시작했는지 알 수 없었다. 아무런 단서도 찾지 못했지만 이 시에 등장하는 '괴물'이 루이 15세라는 점은 짐작할 수 있었고, 시를 통해 공공연하게 왕을 비방하는 것은 왕권모독이자 반역적 시도로 해석되기에 충분했다. 파리시 치안총감에게는 시를 창작한 작가를 체포하라는 명령이 떨어졌고, 경찰은 많은 인력과 자원을 동원하여 수사를 벌이기 시작했다.

수사가 진척될수록 용의자의 수가 늘어났고 그들이 체포될 때마다 작성된 조서는 파리의 의사소통망을 따라 시(詩)가 어떻게 이동해 갔는지를 보여주었다. 경찰은 시를 유포한 14인을 바스티유 감옥에 투옥시켰고, 그리하여 이 사건은 "14인 사건"으로 종결되고 기록되었다.[1] 이번 사건에서 14인의 인물이 말해주는 것은 '시를 체포하는 일'이 불가능하다는 것, 권력이 원본 시의 창작자가 누구인지 밝혀내지 못했다는 사실이다. '시'는 사람들의 입을 타고 다니는 '말'처럼 구전되고 확산되기 쉬울 뿐만 아니라, 마치 전염병과도 같은 기동성과 확산성을 가졌다. 시는 사회의 이곳저곳을 흘러 다니며 계속해서 변화했고, 그럼으로써 모든 지면과 모든 사람들의 신체를 진원지로 만들었다. 시를 베껴 쓰고 암기하고 낭독하는 데 참여한 모든 이들이 시의 전파 과정에 가담한 것이었으며, 시의 일부가 지워지고 새로운 말들로 덧대어지며 나날이 새로워졌다는 점에서 이들은 의도와 상관없이 집단창작자라는 정체성을 갖게 되었던 것이다.

'14인 사건'은 18세기에도 여론은 형성되고 있었고 시가 어떤 정념을 실어 나르거나 불러일으키는 데 관여하고 있었음을 확인할 수 있게 해준다. 또한 권력이 불온한 시가 퍼져나간 이동경로를 집요하게 추적하고 글을 쓴 작가를 체포하기 위해 얼마나 많은 노력을 기울였는지에 대해서도 알려준다. 인류사회에서 시를 창작하고 유포하는 일은 드물게 반역의 힘을 일으키는 데 관계됐지만, 그보다 훨씬 더 많은 경우에는 뚜렷한 목적의식이나 의도를 수반하지 않고 행해졌다. 하지만 특정 작품이나 말들이 어떤 의도를 담고 있으며 권력을 음해하거나 조롱하는 데 관여한다고 상상하는 통치자들은 어느 시대에든 있어왔다. 시대를 불문하고 권력이 어떤 강박을 동일하게 갖고 있다고 한다면, 그것은 체제 전복적 욕망이 있다고 믿는 것, 그리하여 그러한 욕망을 가진 자들에 의해 불온한 말들이 어딘가에서 사람들의 마음을 어지럽히고 동요시키고 있다고 생각하는 일일 것이다.

이러한 권력의 강박은 때로 특정한 희생양을 만들고 음모론을 구성하는 방식으로 표출되기도 한다. 특히 권력은 자신의 정당성이 도전받는 어려운 시기에 통치의 음모론이 지니는 정치적 쓸모에 관심을 기울여왔다. 통치의 음모론은 현재 나타나는 위기의 원인을 '사회 전체를 위협하는 비밀스런 집단

---

1   '14인 사건'과 18세기 파리의 의사소통망에 대해서는 로버트 단턴, 김지혜 옮김, 『시인을 체포하라』, 문학과지성사, 2013, 13~18쪽 참조.

의 전복적이며 파괴적인 행동'으로 설명한다.[2] 이러한 음모론은 한편으로는 현상 유지를 정당화하거나 사회적 위기에 대한 책임을 전가하는 효과를 낳고, 다른 한편으로는 권력 스스로 자기의 불안을 다스리는 데 쓰인다.

한국의 역대 정권들 역시 '말'의 억압과 생산에 깊은 관심을 기울여왔다. 특히 박정희 정권은 광범위한 '문화 검역'을 통해 텍스트와 그 생산자뿐만 아니라 사회의 담론들과 사람들의 인식, 그리고 감각까지도 통치의 영역에 포함시켰다는 점에서 주목된다.[3] 1961년 5월 16일 오전 9시 '군사혁명위원회'는 대한민국 전역에 비상계엄을 선포한 후 우선적으로 '말'의 흐름을 관리했다. 언론·출판·보도 등에 관한 사전검열을 실시하고, 만화·사설·논설·사진 등을 통해 "본 혁명에 관련하여 선동·왜곡·과장·비판하는 내용" 일체를 공개해서는 안 된다는 점을 명시함으로써 새롭게 출현한 권력에 대한 부정적 의미화를 사전에 차단하고자 한 것이다. 이날 발표된 포고문에는 "유언비어의 날조 유포를 금한다."는 조항 역시 포함되어 있었다.[4]

'계엄법'(martial law)이 다시 한 번, 권력의 위기 국면을 돌파하고 체제를 유지시키는 통치 장치로 기능하였던 것은 1964년도에 이르러서다. 한일협정 반대운동에서 시작된 시위가 전국적으로 확산되고 정권 퇴진에의 요구로 투쟁의 국면이 전환되었던 1964년은 박정희 정권이 맞닥뜨렸던 가장 큰 위기의 해였다. 집권 후에 발생한 첫 반정부 투쟁을 통제하기 위해 동원되었던 것은 계엄법이다. 국가긴급권인 계엄이 발동되었다는 것은 권력이 현재의 상황을

---

2 전상진, 『음모론의 시대』, 문학과지성사, 2014, 114~115쪽.

3 필자는 '검역'이라는 개념을 박정희 정권기, 나아가 해방 이후부터 현재에 이르기까지 한반도에서 남북의 두 체제에 의해 실시되고 있는 문화와 주체에 대한 통제 방식과 통치성의 특징을 기술하고 설명하기 위해 고안하였다. 이전에 발표한 「일그러진 조국—검역국가의 병리성과 간첩의 위상학」(『현대문학의 연구』 55권, 한국문학연구학회, 2015)과 「'신원'의 정치—권력의 통치 기술과 예술가의 자기 기술」(『상허학보』 43집, 상허학회, 2015) 등의 논문들 역시 이러한 문제의식을 담고 있다. 지면 관계상 이 글에서 충분히 서술하지 못한 '검역' 개념에 대한 이론적 논의는 차후 지면을 달리하여 이어나갈 예정이다.

4 「전국에 비상계엄령」, 『동아일보』, 1961.5.16.

전시에 준하는 비상사태로 판단하였음을 알려준다. 계엄령은 "계엄 기간 중 난동·파괴·불온한 선동·유언비어 조작을 비롯한 범법행위"를 일체 금지시키는 효력을 가졌으며, 모든 말들에 대한 극단적 통제는 자유의 급속한 위축을 경험하게 했다. 계엄법은 통치자가 행사할 수 있는 가장 강력한 권한 중 하나이며, 계엄에 의한 예외상태에서 통치권력은 법의 정상적 작동을 중지시키고 법의 바깥에서 자기의 의지를 관철시킬 수 있는 기회를 가진다.

당시 지식인들은 이 경험을 다음과 같은 인상적인 표현들을 통해 설명한 바 있다. "말하는 사람에게 말을 못하게 하고 말 듣는 사람에게 말을 못 듣도록 한 것"이 계엄의 실질적 목적이자 효과이다.[5] "'계엄'이란 문자"는 그 자체로 "숨 막히는 억눌림"을 느끼게 했다.[6] 계엄을 통한 말의 다스림은 '생활과 감정의 위축'을 초래하였으며, "중압감"과 "위압감", 그리고 "공포심"을 갖게 했다. 그것은 "정신적인 피해"라는 말로밖에는 설명될 수 없는 것이기도 했다.[7] 요컨대 당대인들은 계엄이라는 권력의 통제 방식이 모든 말들의 생산을 중지시킴으로써 사회를 식물화하는 일, 즉 그 자체가 하나의 거대한 폭력처럼 경험되었다고 말하고 있었던 것이다.

여기서 주목해야 할 것은 1964~65년도의 이러한 정치적 경험이 차후 '간첩단 사건'의 형태로 전환되기 시작한다는 점이다. 한국전쟁 이후 남한에서 '북한'은 '외부의 적'으로 명시되었고 일정한 문화적 공정 과정을 거쳐 정형화된 표상을 갖게 된다. 간첩사건 역시 남파 간첩과 주로 관련되어 개인이나 소집단 단위로 발생하고 있었다. 그러나 1960년대 중반을 지나는 동안 이러한 양상은 변화하기 시작한다. 1964~65년의 정치적 경험은 박정희 정권으

---

5 「본사 정치부 좌담—계엄과 해엄, 무엇을 가져왔고, 무엇을 가져오나(상)」, 『동아일보』, 1964.7.29.

6 「횡설수설」, 『동아일보』, 1964.7.29.

7 「본사 정치부 좌담—계엄과 해엄, 무엇을 가져왔고, 무엇을 가져오나(상)」, 『동아일보』, 1964.7.29.

로 하여금 '내치'(內治)에 대한 새로운 인식을 갖게 하였으며, 나아가 '적에 관한 정치적 상상 체계'를 변화시키는 계기가 되기도 했다. 박정희는 "6·3 사태"를 통해 새로운 정치적 각성을 하게 되었다고 공표했다. 각계의 인사들이 연루된 대규모 간첩단 사건이 본격적으로 발생하기 시작한 것은 이러한 "내부로부터의 위협"에 대한 경고와 외부의 적보다도 "더 무서운 적(敵)"의 존재에 대한 명시적 발언이 있고 나서부터이다.[8]

1967년의 '동백림을 거점으로 한 북괴대남적화공작단사건'을 시작으로, 이듬해인 1968년의 '통일혁명당사건', 1971년의 '재일교포유학생간첩단사건' 등에 이르기까지 거의 모든 연도에 걸쳐 수십에서 수백 명이 연루된 간첩단 사건이 연이어 발생했다. 이러한 간첩단 사건의 공통점은 '대규모의 인원'이 관여되었다는 것과 사회 각계에서 활동하는 '저명인사와 지식인들'이 핵심 주동자로 지목되었다는 것이다. 이 사건들은 "내부로부터의 위협"에 관한 담론이 단지 권력의 우려가 낳은 산물이 아니라, 실제적으로 존재하는 '내부의 적들'로 인해 비롯된 것임을 실감하게 한 사례로 기능하기도 했다. 한국에서 '간첩'은 실재하는 것이기도 했지만, 2000년대 이후 본격적으로 이루어진 진상규명작업을 통해 확인할 수 있듯이 권력이 정치적 위기 국면을 타개하기 위해 사건을 '확대, 과장, 왜곡'함으로써 양산된 희생양으로서의 성격을 더 강하게 가졌다. 분단과 한국전쟁이라는 역사적 사건들이 '간첩'이라는 존재와 그들이 이야기될 수 있는 맥락을 창출하였다면, 이후의 간첩단 사건들은 통치의 수월성을 위한 전략적 장치로 활용됨으로써 간첩에 관한 이야기를 확대 재생산하는 데 관계했던 것이다.

이 글은 이러한 문제의식에 기반을 두고 1970년대 한국사회에서 '문인'이

---

8 박정희는 한일협정반대운동(일명 '6·3학생운동')을 거치며 "공산침략에 대비하여 군사력을 강화시키는 일"보다도 "'내부로부터의 위협'을 더욱 경계하여 정치적·사회적 불안에 편승한 공산마수의 준동을 그 어느 때보다도 중시하여 (…중략…) '대내적 안전'에 주력해야" 한다는 점을 깨달았다고 강조했다. 박정희 정권기 '불온생산체제'로의 전환 과정은 임유경, 『불온의 시대-1960년대 한국의 문학과 정치』, 소명출판, 2017, 52~54쪽 참조.

'간첩'으로 등장하였던 장면들에 주목하고자 한다. 이 글의 목적은 1974년의 '문인간첩단사건'을 주된 분석 대상으로 삼아 "문인"이라는 독특한 표상이 갖는 사회적 의미와 "문인간첩"이라는 낙인의 정치적 효과를 규명하는 데 있다. 1960년대 후반부터 본격적으로 발생하기 시작한 일련의 간첩단 사건과의 비교 분석을 통해 문인간첩단사건의 특징과 성격을 규명하는 일은 한편으로는 1960~70년대 지식인 간첩단 사건의 계보를 복합적으로 살펴볼 수 있게 하고, 다른 한편으로는 1960년대 중반부터 '법의 이름'을 통해 본격적으로 문학장을 통제하기 시작한 권력의 통치 방식이 1970년대에 이르러 어떠한 변화를 보이는지 파악할 수 있게 해줄 것이다.

2. 문화 검역과 문인간첩단사건

1960년대 후반부터 본격적으로 발생하기 시작하는 대규모 간첩단 사건은 한국사회를 위협하는 비밀스런 존재들에 관한 이야기가 '내부의 적으로서의 간첩'이라는 특정한 주체와 한층 더 내밀하게 만나는 장면들을 제공해 주었다. 매해마다 발생한 일련의 공안사건들로 인하여 '간첩'이라는 말은 남한의 주민을 포획하는 '공포의 통치언어'로서 그 기능을 강화하게 되었던 것이다. 또한 1970년대에 접어들어 '간첩'이라는 말은 보다 구체화된 형태의 이름들과 결합하면서 새롭게 재구성되기도 했다. 동백림 사건(1967), 통혁당 사건(1968), 유럽 간첩단 사건(1969) 등이 사건의 발생 장소나 조직의 명칭을 부각시킨 것이라면, 1970년대에 발표된 사건들의 경우에는 관여된 인물과 집단의 성격이 강조되는 특징을 보였다. '재일교포유학생 간첩단 사건'(1971)이나 '문인간첩단사건'(1974), 또는 '민청학련 사건'(1974)과 같은 사례가 이에 해당한다. 이중에서도 '문인간첩단사건'은 '문인간첩'을 전면화하여 사건을 공식적으로 명명함으로써 일정한 효과를 창출하고 있었다는 점에서 주목된다. 이전부터 간첩단 사건의 피의자 명단에는 지식인, 예술가, 대학생, 유학생 등이 포함되어 있었고, 작가들 역시 직간접적으로 사건에 연루되긴 했지만, 사건의 핵심 주체를 '문인'이라는 이름으로 특정하여 표면화시켰던 것은 이때가 처음이다.

문인간첩단사건의 발생 배경을 파악하기 위해서는 우선 1970년대 초의 급변하는 정치적 상황을 들여다볼 필요가 있다. 1971년 12월 6일 박정희는 공식 담화문을 통해 "지금 우리 대한민국의 안전보장은 중대한 위기에 처해 있다고 판단되어 오늘 전 국민에게 이를 알리는 국가비상사태를 선언"하게 되었다고 발표했다. 이날 제출된 정치텍스트에는 1960년대 중반 이후 본격적으로 대두되었던 '두 개의 적들'에 관한 언급이 포함되어 있었으며, 이들은 국가비상사태 선언의 중요 요인으로 지목되었다는 점에서 눈길을 끌었다. 예상할 수 있듯이 "북괴"로 일컬어지는 "김일성 '유일사상'의 광신적인 독재체제"는 '우리'의 외부에 있는 위험에 해당했고, "혹세무민의 일부 지식인들"은 '말'로써 "민심을 더욱 혼란케"함으로써 위험상황을 악화시키는 내적 요인으로 제시되었다.[9] 이러한 국가비상사태 선언이 있고 나서 이듬해인 1972년 10월 유신체제가 선포되기에 이른다.

박정희 정권은 10월 17일 19시를 기하여 국회를 해산하고 정당 및 정치활동의 중지 등 현행 헌법의 일부조항의 효력을 정지시키는 중대 발표를 감행한다. 10월 유신은 강력한 지도체제를 수립하고 장기 집권을 위한 토대를 마련한다는 목적 하에 추진된 정치적 결정이었다. 그런데 이러한 결정은 불과 일 년 전인 1971년, 박정희가 대통령 후보로서 국민들 앞에 섰을 때 맹세한 정치적 약속을 배반하는 일이기도 했다. 1971년 대선을 앞두고 박정희는 사회를 떠도는 말들에 쫓기고 있었다. 그는 유세 현장에서 자기를 둘러싼 소문들, 그중에서도 "박정희 대통령이 당선되면 총통제를 만들어 가지고 영구 집권을 할 것이다"라는 이야기는 자신을 음해하려는 세력이 만든 유언비어임을

---

9 「박대통령 특별담화문」, 『경향신문』, 1971.12.6.

강력히 피력했다.[10] 이것은 민심을 흔들기 위해 조작된 말들, 즉 반대자들에 의해 구성된 음모론에 해당한다는 것이다. 그러나 1963년 제5대 대통령 선거를 앞두고 2·27선서를 폐기하며 스스로 "애국자" 대신 "역적(逆賊)이라는 이름"을 선택하였던 것과 같이, 1972년의 시점에서 박정희는 다시 한번 유세 현장에서 주장하고 간청했던 맹세를 스스로 파기했다.[11]

1963년 당시 『사상계』의 필자들은 이러한 권력의 변절을 인상적으로 표현한 바 있다. 그들에 따르면, 박정희는 "국민 앞에 행한 엄숙한 공약을 폐리(弊履)같이" 버림으로써 "국민에 대한 신의"를 저버렸고, 이러한 권력자의 출현은 "우리나라와 우리들 자신이 비상사태에 놓이게 된" 현실과 마주하게 되는 결정적 장면을 제공했다.[12] '비상사태의 출현'이라는 말에 함축되어 있는 현실 인식에서도 드러나듯이 1960년대 초반 권력자가 감행한 정치적 약속의 파기는 거센 저항의 움직임을 낳는 결정적 계기가 되었다. 그리고 1970년대 초에 이르러 역사는 다시 반복됐다.

"대다수의 동포들이 빈곤과 압제에 시달리며 민족의 존망 자체가 위태로운 이 어려운 시기를 맞이하여 문학인들은 더 이상 침묵할 수 없다."[13]

1960년대적 상황과 마찬가지로 대학가와 지식인 사회를 중심으로 적극적

---

10 박정희, 「4.27대통령 선거 부산 유세 박정희 후보의 연설」, 1971.4.24.

11 ① 만일 과거에 부패하고 국민의 지탄을 받은 구정치인들이 새로운 세대를 위하여 자진해서 물러선다면 나는 3·16성명을 번의할 용의가 있다. ② 정계의 이러한 새 기풍을 기다리기 위하여 이달 말까지 나의 모든 결심을 보류하겠다. ③ 내가 물러서면 국민에게 애국자가 되고 내 자신이 편안한 것도 잘 아나 앞으로 큰 혼란이 닥칠 것을 알면서 그대로 무책임하게 물러설 수는 없기 때문에 역적(逆賊)이라는 이름을 들을 줄 알고도 국가에 대한 책임을 다하기 위하여 3·16성명을 낸 것이다. 「5·16 두 돌'에 대한 '감회'—재야정당영수들의 말」, 『경향신문』, 1963.5.16.

12 김성식, 「〈특집 문제의식을 바로잡자〉 3·16성명의 이론적 비판」, 『사상계』 120호(창간 10주년 기념 특대호), 1963.4, 100~105쪽; 홍종인, 「〈앙케트 나는 이렇게 본다〉 풀기 어려운 의문 많다」, 앞의 책, 155쪽.

13 「문인 61명 개헌서명 지지」, 『동아일보』, 1974.1.7.

인 대응책들이 모색되었으며 유신에 반대하는 여론 역시 전국적으로 확산되기 시작했다. 1973년 10월 2일 서울대 문리대생들은 유신헌법 반대시위를 벌였고, 대학가를 중심으로 한 시위는 날로 확대되어갔다. 또한 1973년 12월 24일에는 장준하와 백기완 등 재야 각계인사들이 주축이 되어 '민주주의의 회복'을 위한 '개헌청원백만명서명운동'이 제창되었다. 백만 인의 서명으로 권력자의 정치적 결정에 대한 집단적 불복의사를 표명하겠다는 이 같은 선언은 언론을 통해 일제히 보도되었으며, 이날 신문에는 발의자이자 첫 서명자이기도 한 30인의 이름이 활자화되어 기록되었다.[14]

반유신운동이 점차 다양한 집단과 조직으로 확대되어가던 무렵, 문학인들 사이에서도 유신헌법에 대한 반대여론이 제기되었고 일부 문인들을 주축으로 하여 공식성명 발표가 추진되었다. 황석영의 회고에 따르면, 사흘에 걸쳐 문인 61명의 서명을 받았으며 1974년 1월 7일 명동에서 '문인 61명 개헌지지 성명' 낭독이 이루어졌다. 선언문이 발표된 직후 시위에 참석했던 문인 9명은 중부서를 거쳐 중앙정보부로 연행되어갔으며, 서명에 동참한 문인들에 대한 조사가 시작되었다.[15] 이후 사태는 급박하게 돌아갔다. 성명발표가 있고 바로 다음날인 1월 8일 정부는 대통령긴급조치 제1호와 제2호를 선포하여 유신헌법을 부정, 반대, 왜곡 또는 비방하는 일체의 행위를 금지한다고 선언했으며, 이를 위반한 자에 대해서는 영장 없이 체포, 구속, 압수, 수색할 수 있고 15년 이하의 징역에 처할 수 있다고 공표했다. 이번에 발표된 정부의 공식문건에는 이전과 마찬가지로 '유언비어의 날조와 유포 행위'를 금한다는 조항이 명시되어 있었던 것은 물론이고, 심지어는 "조치를 위반하는 자"만이 아

---

14   서명자 명단에는 장준하, 함석헌, 김재준, 유진오, 이희승, 김수환, 백낙준, 천관우, 김지하, 박두진, 백기완, 이병린, 이호철 등이 포함되어 있었다. 「서명운동 전개성명」, 『경향신문』, 1973.12.24.

15   황석영, 『수인2』, 문학동네, 2017, 255쪽; 국사편찬위원회 수집 구술자료: 소설가 이호철의 삶과 문학, 〈국사편찬위원회 구술자료번호 OH_09_027_이호철_11〉 69쪽(이호철 3차 구술, 2009년 7월 8일).

니라 "이 조치를 비방한 자"도 처벌할 수 있다는 내용이 추가되어 있기도 했다.[16] 그로부터 일주일이 지난 1월 15일 비상보통군법회의 검찰부는 장준하와 백기완에 대해 긴급조치 제1호 위반혐의로 구속영장을 발부, 즉각 구속 조치했다. 긴급조치는 유신헌법개헌청원운동을 처벌할 수 있는 근거가 되었으며, 실제로 이 운동을 추진한 핵심인사인 장준하와 백기완이 위반 첫 사례가 되었던 것이다.

한편 비슷한 시기에 몇몇의 문인들이 국군보안사령부(이하 '보안사')에 의해 연행되어가는 사태가 벌어졌다. 1월 14~17일 사이, 민간인에 대한 수사권을 갖지 않음에도 불구하고 보안사 수사관들은 임헌영(본명 임준열, 문학평론가·대학강사)을 비롯하여 이호철(소설가), 김우종(문학평론가·대학교수), 장백일(본명 장병희, 문학평론가·대학강사), 정을병(소설가·대학가족계획협회 지도부장) 등의 문인들을 영장도 없이 불법 연행하여 구금했다.[17] 이호철의 경우에는 긴급조치 1호가 발동된 다음 날 형사들이 찾아와 자택연금 조치를 하였고 1월 14일에 보안사로 연행해갔다.[18] 형법 제124조 불법체포감금죄에 해당함에도 불구하고, 수사당국은 구속영장이 발부되기 전까지 10여 일 동안 문인들을 구금하여 혐의사실 인정과 자백을 강요하였으며 '자필진술서'를 작성하게 하여 이를 증거로 남기고자 했다.

"일본엘 간 적이 있느냐"[19]

---

16 「긴급조치 제1호」, 『매일경제』, 1974.1.9.

17 보안사는 민간인에 대한 수사권이 없음을 알고도 중앙정보부 수사관의 명의를 빌려 공문서인 수사기록을 허위로 작성하였고, 중정과 서울지방검찰청은 국군보안사령부의 위법 사실을 알고도 이를 방조하거나 묵인하였던 것으로 보인다. 「문인 간첩단 사건」, 『2009 상반기 조사보고서 5권』, 진실·화해를위한과거사정리위원회, 2009, 408쪽.

18 국사편찬위원회 수집 구술자료: 소설가 이호철의 삶과 문학, 〈국사편찬위원회 구술자료번호 OH_09_027_이호철_11〉 52쪽 (이호철 2차 구술, 2009년 6월 23일).

19 임헌영, 「내가 겪은 사건, 74년 문인간첩단사건의 실상」, 『역사비평』 13호, 역사비평사, 1990, 288쪽.

당시 보안사는 재일본대한민국민단(이하 '민단')에서 발행하는 월간지 『한양』과의 관련성을 통해 문인들의 위법행위를 입증하고자 했다. 잡지 『한양』의 발행인 및 편집장인 김기심, 김인재가 반국가단체의 구성원이고 해당 잡지가 재일본조선인총연합회(이하 '조총련') 자금으로 운영되는 민단계를 위장한 기관지라는 사실을 알면서도 그들과 만나 회합을 하고 금품을 수수하였으며 원고를 게재하여 원고료를 받는 등의 위법행위를 저질렀다는 것이 혐의사실의 주요 내용에 해당했다.

피의자 중 한 사람이었던 임헌영에 따르면, 보안사 대공분실에 끌려갔을 당시 그가 우선적으로 맞닥뜨려야 했던 질문은 '일본에 다녀온 적이 있느냐'는 것이었다. 그는 이 질문을 듣자마자 이번 일이 '개헌서명'에 관한 조사와 추궁의 수준에 그치지 않을 것임을 직감했다고 한다. "일본엘 간 적이 있느냐"는 질문은 곧바로 "끔찍한 '간첩조작'"에 연루된 것일지 모른다는 불안과 공포를 불러일으켰던 것이다. 심문을 받는 이의 입장에서 이 질문은 자신이 처해 있는 상황을 파악하고 향후 관련된 사건이 나아갈 방향을 짐작하는 데 중요한 단서로 수용되었다. 임헌영이 이와 같이 생각하였던 것은 우연이 아니었는데, 왜냐하면 1970년대의 시점에서 해당 질문은 특정한 함의를 갖고 있었기 때문이다.

1970년대 한국사회에서 '일본'이라는 장소가 갖는 표상은 복잡하게 변화하고 있었다. 수사관이 던진 질문에 명시되어 있는 '일본'은 단지 외국이나 타지를 가리키는 용어가 아니었다. 해당 연대에 들어서면서부터 본격적으로 발생하기 시작한 '재일교포간첩단 사건'은 그간 일본이 갖고 있던 여러 표상들에 새로운 맥락을 추가했다. 근대 초의 식민화 경험과 1960년대 한일국교정상화 이슈에 의해 구성된 정치적 맥락과는 또 다른 차원에서 간첩단 사건들은 일본에 대한 표상을 형성시키고 있었다. 1971년 서승·서준식 형제가 연루되었던 재일교포간첩단 사건을 시작으로 연이어 발생한 유사 사건들은 '재일교포'와 '간첩'이라는 단어 사이의 의미론적 연관성을 구성하는 데에만이 아니라, '일본'과 '북한'이라는 서로 다른 항들을 연계하고 재배치하는 데에도 관계되었다. 요컨대, 수사관이 던진 질문의 배면에는 '일본=오사카=조총련= 북한'으로 수렴되는 인식의 논리가 작동하고 있었던 것이다. 임헌영이 수사 관의 질문 앞에서 재일교포간첩단 사건을 떠올렸던 것은 이 때문이다.

이번 사건에서 문제가 되었던 것은 비단 '일본에 방문했는가'의 여부만이 아니다. 당국은 국경을 넘어 일본에서 한국으로 유입된 것들에 대한 조사를 실시했고 그것들을 증거로 구성했다.[20] 서울지검공안부는 문인간첩단사건에 대한 공식 발표를 통해 사건 관련자와 혐의사실을 상세히 전달했는데, 여기 에는 검찰 측이 확보했다는 증거품 목록이 함께 포함되어 있었다. 검찰에 따 르면, 피의자들로부터 불온서적, 외화(外貨), 카메라, 녹음기, 라디오 등을 압수하였고 이는 피의자들의 범행을 입증하는 증거로 채택되었다.[21] 여기서 '외화'를 제외한 나머지 증거품들은 공통된 특징을 가졌는데, 그것은 바로 이

---

20 이호철의 회고에 따르면, 이번 사건에서 '간첩혐의'까지 받게 된 데에는 1973년 일본 방문 당시의 상황이 관련되어 있었다. 아시아회관에 머물고 있던 어느 날 이호철은 한 통의 전화를 받는다. 연락을 한 지인(이걸희)은 어떤 사람이 독자로서 그를 한번 만나고 싶어 하는데 오늘 방문해도 괜찮겠느냐고 물었다. 이날은 강상구와 이국지를 만나 저녁식사를 하기로 예정되어 있던 날이어서 이호철은 6시경에 호텔로 찾아오면 좋겠다고 전했다. 그런데, 막상 호텔로 찾아온 이는 첫 인상부터 예사롭지 않았고, 이호철은 이 사람이 "이북 간첩"일지도 모르겠다 는 직감이 들었다고 한다. 독자를 자처하던 이 방문자는 이북 가족에 관한 소식이 궁금하지 않느냐고 묻기도 했고, 이호철의 졸업증 원본을 가져와 건네주기도 했다. 이호철은 그 상황이 놀랍고 당황스러웠으며, 졸업증을 그날 저녁 바로 폐기했음에도 불구하고 "가슴이 떨리고" "겁이" 났다고 회고한다. 이때의 일을 귀국 후에 천관우에게 털어놓은 것도 꺼림칙한 기분을 떨쳐낼 수 없었기 때문이다. 당시 천관우는 이 일을 수사당국에 신고하기보다는 에세이의 형식을 빌려 전후사정에 대해 쓰면 어떻겠느냐고 제안했다고 한다. 이호철은 조사를 받을 때, 일본에서의 일과 귀국 후 천관우와 나눈 대화도 모두 진술했다. 자신의 무고를 피력하기 위해 이야기한 것이었지만, 이 진술이 있고 나서 그는 보안사 본부로 연행되어갔고 그곳에서 간첩혐의를 받게 된다. 국사편찬위원회 수집 구술자료: 소설가 이호철의 삶과 문학, 〈국사편 찬위원회 구술자료번호 OH_09_027_이호철_11〉 54~55쪽 (이호철 2차 구술, 2009년 6월 23일).

21 "검찰은 이들 간첩단과 관련된 일당의 여죄를 계속 추궁 중에 있으며 이들로부터 불온서적 『한양』지 37권, 『민족의 존엄』 2권, 『세계』, 『군중』, 『문학계』, 『메아리』 등 각 1권, 일화 2만 5천 3백 30엔, 카메라 1대, 녹음기 1대, 라디오 1대 등을 증거품으로 압수했다고 발표했다." 「문인·지식인간첩단 검거」, 『경향신문』, 1974.2.5.

증거품들이 정보를 생산하고 확산시키는 데 관여하는 '미디어'였다는 점이다. 이 미디어들은 정확하게 그것 자체가 지니는 의미와 기능, 즉 정보를 매개로 사람과 사회, 나아가 사회와 사회 사이를 연결하는 창구 역할을 한다는 점으로 인하여 불법행위를 입증해주는 증거가 되었던 것이다.

"간접침략을 철저히 분쇄하자"[22]

미디어를 통한 문화의 교착이 불온한 것으로 재구성되었던 맥락에는 "간접침략"에 대한 인식이 자리하고 있었다. 박정희 정권은 한국전쟁 이후 형성되었던 전면전 이후의 정보선전간첩 침투로 대별되는 '간접전쟁의 시대'에 대한 담론을 전유하여 국가적 위기를 만성화하고 간첩에 대한 확장된 서사를 창출했다. 1961년 5월 20일 국가재건최고회의는 "혁명구호"로 "간접침략을 분쇄하자"를 채택하였고 이를 결정·공포했다.[23] '간접침략의 시대와 그 적들'에 대한 정치적 상상과 그것의 반영물로서의 간첩담론들은 반공이라는 통치 이데올로기의 패러다임 전환을 목도할 수 있게 했다. 박정희 정권기에 본격적으로 개발되기 시작한 북한의 "간접침략"과 한반도의 "준전시상태"의 상호관련성에 대한 권력의 담론은 1964년 한일협정반대운동 시기를 거치며, 아울러 이후의 간첩단 사건들을 매개하면서 고착되고 정형화된다.[24]

1960~70년대에 생산된 반공담론에서 발견되는 중요한 특징 중 하나는 "북괴의 이데올로기나 프로파간다가 남한의 지식인과 대중에게 오염될 염려"[25]를 지속적으로 강조한다는 점이다. 이러한 반공담론은 '북한'에 관한 정

---

22 「간접침략을 철저히 분쇄하자」, 『경향신문』, 1961.5.23.
23 "6·25사변 이후 북한공산괴뢰는 무력에 의한 침략방식을 버리고 사상적 사회적 경제적 혼란을 조장시킴으로써 남한을 그 내부로부터 적화시키려고 하였다"는 것이 구호 제정의 이유로 제시되었다. 「간접침략을 철저히 분쇄하자」, 『경향신문』, 1961.5.23.
24 「계엄선포 경위를 청취」, 『동아일보』, 1964.6.11.
25 「반공 23년의 허실」, 『경향신문』, 1968.2.7.

보, 지식, 자료의 소유권을 국가가 독점하고, 나아가 국가의 안팎에서 생산되는 담론과 텍스트를 엄격히 통제하는 데 필요한 명분을 제공했다. 간첩단 사건들이 발생할 때마다, 특히 재일교포가 연관된 사건들에서는 예외 없이 '국가기밀 탐지 및 누설의 죄'가 등장했으며, 피의자가 '누구를 만나 어떤 말을 나누었는가'에 대한 심문이 이루어졌다. 그러나 사건 피의자와 변호인 등이 항변한 바 있듯이 당국이 제시하는 국가기밀사항은 대개가 대한민국 국민이라면 누구나 알 수 있는 정보였다.[26]

정부가 규정한 "불온문서"와 "불온방송"[27]의 수용 역시도 자의적으로 해석될 소지가 있었다. 이 시기에 불온문서와 불온방송은 수용자의 의지와 상관없이 경험하게 될 수 있는 것이기도 했고, 또 수용자가 특별한 의도를 가지고 있지 않은 상태에서 호기심에 이끌려 접하게 된 경우도 많았지만, 당국은 이 점을 크게 고려하지 않았다. 이러한 수용의 경험은 언제든 의심받거나 처벌받을 수 있는 소지를 가졌다. 문화적 경계의 유동성을 주시하는 권력에 의해 월경하는 문화 산물들은 '검역의 대상'으로 포착되었으며, 불온문서나 불온방송과 접촉하는 일은 마치 군사분계선이 누군가의 목숨을 걸고 넘어야 하는 죽음의 경계가 되었듯이 위험천만한 일이 되었던 것이다. '미디어'가 이동하는 간첩의 신체처럼 불온한 말들을 실어 나르는 데 유용한 매개체라는 의미 규정으로부터 자유로울 수 없게 되고, 간첩단 사건이 발생할 때마다 피의자

---

26 한 예로, 재일동포유학생 간첩단 사건의 변호를 맡았던 한승헌은 「서승·서준식 피고인에 관한 변론서」에서 '국가기밀'의 개념과 성격이 자의적이며 또한 모호하다는 점을 의문시 했다. 검찰에서 제시한 '기밀누설'에 해당하는 내용에는 '미군감축에 관한 한국사회의 반응', '정인숙 사건', 『오적』시 논란', '전태일 자살사건', '학원동태' 등이 포함되어 있었다. 그러나 한승헌이 지적하고 있듯이, 이 사안들은 모두 "당시의 신문기사만 읽어도 충분"히 파악할 수 있는 정보에 해당했으며, "아무리 국가기밀의 개념을 확대하여본다"고 해도 "국가기밀의 탐지, 누설행위"로 판단할 수는 없었다. 한승헌, 「변론서」, 한승헌변호사변론사건실록간행위원회, 『한승헌 변호사변론사건실록1』, 범우사, 2006, 373~381쪽.

27 김수영은 자기의 방에서 "너무나 또렷한 입체음(立體音)을 통해서 들어오는 이북방송(以北放送)", 즉 북한으로부터 넘어오는 "불온방송(不穩放送)"을 듣고 있었다. 김수영, 「라디오 계」(1967.12.5), 『김수영 전집 1─시』, 민음사, 2003, 361쪽.

의 혐의사실을 입증하는 증거로 쓰이게 된 것은 이러한 맥락에서였다.

박정희 정권은 국가의 안전보장이라는 명목 하에 경계를 넘어 들어오고 또 나가는 말들, 즉 각종 텍스트와 미디어에 대한 광범위한 '문화 검역'을 실시했다. 비단 문인간첩단사건에서만이 아니라 대부분의 간첩단 사건에서 텍스트의 불온성에 관한 규정과 불온한 텍스트를 수용하는 문제에 대한 언급이 빠지지 않고 등장했다는 점은 중요하게 검토될 필요가 있다. 박정희 정권은 불온한 텍스트의 생산과 소비를 포괄적으로 관리하고자 하였으며, 단지 검열을 하고 수사를 벌이는 수준에서가 아니라 사법 권력의 행사를 통해 텍스트의 창작자와 그것을 게재하거나 출판하기로 결정한 편집자와 발행인을 구속 기소함으로써 문화 산물에 대한 통제 방식을 전환시켰다. 이러한 통제 방식은 텍스트에 대한 검열이나 행정적 제재의 수준을 넘어 그것을 생산하고 유포하는 데 관여한 인물들의 일신을 구속함으로써, 텍스트를 통해 형성되고 확산된다고 간주된 불온한 사상을 전방위적으로 관리한다는 목적을 가졌다는 점에서 검역의 형태를 띠었다.

'검열'을 대신하여 '검역'이라는 개념을 통해 박정희 정권기의 통치 방식을 새롭게 재해석할 필요가 있는 것은 이러한 맥락에서이다. 이 시기 문화 통제 방식은 특정한 텍스트에 대한 검열을 수행하는 국지적 처벌의 형태를 띠지 않았을 뿐만 아니라, 오히려 사건을 스펙타클화하고 사회 전역으로 퍼트려 대중으로 하여금 소비하게 만들었다는 점에서 확산적인 성격을 가졌다. 당국은 '수사와 재판', 그리고 '공표와 보도'라는 방식을 통해 텍스트의 생산과 수용을 포괄적으로 관리하고자 했다. 또한 전범(본보기 처벌)의 생산을 통해 처벌받는 자만이 아니라 처벌의 바깥에 있는 이들까지도 시선에 의한 불안과 히스테리를 경험하게 만들었다는 점에서 처벌적 기능과 함께 예방의 효과를 창출했다. 이러한 권력의 작용은 유관 담론과 지식의 생산에 적극적으로 관여함으로써 사건과 주체를 특정한 의미망 속에 포획하고 지배적 관점이나 해석의 모델을 창출한다는 점에서 억압적인 동시에 생산적이기도 했다. 1974

년에 발생한 문인간첩단사건은 이러한 검역 당국의 출현과 문화 통제 방식의 전환을 인상적이면서도 분명하게 드러내준 대표적 사례에 해당했다.

3. 스캔들과 모독

1970년대 한국사회에서 문인간첩단사건이 일종의 '스캔들'처럼 다루어졌다는 사실은 중요하게 기억될 필요가 있다. 다섯 명의 문인은 1974년 2월 25일 서울지방검찰청에 송치되어 조사를 받고 기소되었다.[28] 당시 수사당국은 사건을 숨기거나 축소하지 않았으며, 오히려 주요 발화 주체가 되어 해당 사건에 관한 담론이 생산되고 확산되는 데 관여했다. 또한 문인들에 관한 수사 내역과 재판 진행 과정은 언론을 통해 생중계되듯이 보도되었다.

문인간첩단사건이 발표되었을 때 공개된 것은 비단 사건의 내용이나 발생 경위만이 아니다. 이 정보들과 함께 문인 다섯 명의 얼굴과 신상정보, 아울러 상세하게 정리된 혐의사실이 대한민국 전역으로 퍼져나갔다. 수사당국은 피의자의 신변을 보호하지 않았을 뿐만 아니라, 오히려 언론을 통해 그들의 신원을 공개하고 널리 알리기 위해 주력하는 듯 보였다. 또한 재판을 통해 간첩행위가 입증되기도 전에, 즉 사건에 대한 수사당국의 공표가 있은 직후부터 이들은 "간첩"이라 불렸으며 해당 사건은 "간첩단 사건"으로 명명되었다. 이러한 명명(命名)의 효과를 '낙인 효과'로 설명할 수 있다고 한다면, 이번 사건을 통해 권력이 의도한 상징적 효력은 명명의 단계에서부터 이미 발생하고 있었다고 말할 수 있다. 요컨대 '간첩'이라는 말의 효력은 피의자가 실제로 간첩인지의 여부를 판단하기 이전부터, 아울러 이러한 사법적 판단과는 무관하게 발생했다. 당시 이들의 구명운동에 참여했던 문인들이 "'문인간첩단'으

---

28 이들에게 적용된 법만 해도 반공법 제5조 제1항(반국가단체 구성원과 회합·통신죄), 제4조 제1항(찬양·고무죄), 제7조(편의제공죄), 국가보안법 제5조 제2항(반국가단체의 구성원으로부터 금품수수죄), 외국환관리법 제23조 및 제7조 제1항의 위반 등 수 개에 이르렀다.

로 보도되"었다는 사실 자체가 이미 하나의 강력한 처벌에 해당한다는 점을 호소하며 권력의 "관대한" 처분을 요청했다는 점을 떠올려볼 수 있다. 그들의 실명이 공개되고 고유명 옆에 '간첩'이라는 특수한 이름이 복수로 기입됨으로써 "실형 못지않은 사회적 대가"가 창출되었다는 것이다.[29] 문인들이 주시하고 있던 것은 상징권력을 독점한 국가와 명명권력이 낳은 효과로서의 사회적 낙인이다.

당시 임헌영의 변호인이었던 한승헌에 따르면, "문인 지식인 간첩단 사건"이라는 표현은 매우 놀랄 만한 것이었으며, 이 명칭은 그 자체만으로도 불길한 예감을 갖게 하기에 충분했다.[30] 당국의 입장에서 굳이 명명하자면 "『한양』지 사건" 정도로 불릴 수 있을 만한 일에 "간첩단 사건"이라는 무서운 이름이 붙었던 것이다. 관련자가 조사를 받고 사건이 보도될 때마다, 그리고 이 사건이 언급되는 자리에서마다 "계속 '문인간첩단사건'이라는 용어가 따라다녔다."[31] 한편, 한승헌이 이번 사건을 "『한양』지 사건"이라 불렀던 것은 피의자들 모두 『한양』지와의 관련성이 대표적 혐의사실로 제시되었기 때문이다.[32] 그런데 당국의 논리대로 만약 이 점이 중요한 혐의사실에 해당한다면, 당대의 문인이나 지식인들 중 상당수가 수사 대상자가 되어야 했다.

서울중앙지방검찰청 기록관리과에 보존된 검찰 수사기록과 공판기록에도 명시되어 있듯이, 이 시기에 『한양』지에 글을 기고한 적이 있는 국내 문인의

---

29 「이호철씨 등 다섯 문인 관대한 판결 내려주길」, 『동아일보』, 1974.4.11.

30 한승헌, 「문인들 겁주려 '간첩 조작'」, 『한겨레』, 2009.2.19.

31 한승헌, 『재판으로 본 한국현대사』, 창비, 2016, 236쪽.

32 문인간첩단사건의 쟁점을 요약하면, (1) 김기심, 김인재 등이 반국가단체의 구성원인가, (2) 그들이 발행하는 『한양』 잡지가 반국가단체의 위장출판물인가, (3) 피고인들은 위 김기심, 김인재 등이 반국가단체의 구성원이며 『한양』지가 그들의 위장출판물이라는 점을 알면서 본건 소위를 행하였는가, (4) 피고인들은 자기들의 본건 소위가 반국가단체에 이익이 된다는 것을 인식하였으며, 그들의 행위가 객관적으로 보아 반국가단체를 이롭게 한 것으로 볼 수 있는가, 이상과 같다. 「74고단 1656호 변론요지서」, 한승헌변호사변론사건실록간행위원회, 『한승헌변호사변론사건실록2』, 범우사, 2006, 219쪽.

수는 수백 명에 달한다. 특히 1972년 3월호(창간 10주년 기념호)에는 박종화(예술원회장), 백낙준(연세대 명예총장), 백철(한국펜본부 회장), 모윤숙(국회의원), 김동리(문인협회장) 등 저명인사를 비롯해 37명의 축사가 실린 바 있다. 임헌영이 "중진급 거물들을 빼고 젊은 사람 중에서 한양지와 관련 있는 사람을 시범적으로 처벌한 것"이라고 생각했던 까닭은 위의 인물들 중 어느 누구도 사건에 연루되지 않았기 때문이다.[33] 실제로 당국의 논리에는 어폐가 있었다. 수사당국에서는 1970년 3, 4월경 『한양』지의 내용이 불온하다는 이유에서 수입금지조치가 되었음에도 불구하고, 관련자 5인은 이 점을 알고도 글을 게재하는 등 이적 행위를 범했다고 주장했다. 이 점을 고려한다면, 1970년을 기하여 『한양』지에 글을 보낸 문인들 전부가 수사대상에 포함되어야 했지만, 임헌영을 비롯한 5명의 문인만이 피의자 조사를 받았던 것이다. 그 뿐만 아니라 1973년까지도 『한양』지는 주일 한국공보관의 전시대에 정부간행물과 나란히 진열되어 있었으며,[34] 『현대문학』을 비롯한 국내 잡지에 광고가 실린 적도 여러 번 있었다.

실제로 문인간첩단사건은 단지 다섯 명의 문인을 처벌하는 데 목적을 둔 사건이라고 할 수 없었다. 이 사건은 넓게는 문화계와 지식인 사회를 통제한다는 취지를 가졌고, 좀 더 구체적으로는 '문인개헌지지성명'이 가지는 상징적 의미를 무력화시키는 데 관계했다. 수사당국이 발표한 임헌영과 이호철의 혐의내용에는 '개헌지지 문인시국성명에 가담'했다는 이력이 포함되어 있었다. 특히 이호철의 경우 문인개헌성명 시 간사로서 주동적인 역할을 했다는 점이 유독 강조되었다. 당국은 이호철이 불순한 목적—"현정권을 타도할 목적"[35]—을 가지고 문인개헌성명에 관여하였음을 기정사실화하였으며, 이를 토대로 '문인개헌지지성명'과 '이호철 외 문인들' 그리고 '잡지 『한양』과 조총

---

33 「문인 간첩단 사건」, 앞의 책, 406쪽.
34 한승헌, 「문인 개헌성명 후에 나온 '간첩단' 발표」, 『한승헌변호사변론사건실록2』, 164쪽.
35 「중견작가 등 5명 검거, 북로당 지도원에 포섭돼 문필 활동」, 『매일경제』, 1974.2.5.

련 관련자들'이라는 세 항 사이의 연관성을 구성하였던 것이다.

이러한 정황으로 인해 1974년 당시 정부의 간첩단 사건 발표는 단지 '탄압'이 아니라 '보복'의 성격을 같이 갖는다는 주장이 제기되기도 했다. 성명발표에 참여한 문인들을 구속할 기회를 마련했다는 것이다. 1974년 성명에 참여한 문인과 교수의 경우 해직 처분을 받은 사례가 있는데, 이는 60년대 중반 한일협정반대투쟁과 관련하여 성명을 발표한 이들에 대한 처분과 유사하다. 성명발표가 해임이나 파면과 같은 방식의 특정한 권한들의 박탈로 직결되었던 것이다. 이러한 처분은 문인들에게 생계 곤란을 초래하는 직접적인 이유가 되기도 했다.

> 1) 현 정권의 부조리를 소재로 한 작품 활동으로 대중을 선동할 것
> 2) 문인중심의 반정부세력을 만들어 투쟁할 것
> 3) 진보적 사상을 가진 문인을 추천, 포섭할 것[36]

한편, 검찰은 이호철이 일본에서 김기심 등과의 접선을 통해 위와 같은 지령을 하달 받았음을 적시하며, 뒤이어 그가 한 발언과 집필한 글들, 그리고 문인시국성명 간사로 활동한 이력을 구체적으로 기술했다. 이 서술논리에 따르면, "지난해 12월 20일 한국신학대학학보에 평화시장재봉공 전태일의 분신자살을 소재로 하여 지식인과 학생들의 봉기를 선동하는 글"을 쓴 것도, "12월 23일 개헌 서명 발기인으로 활동"하고 "문인시국성명에 간사로 주동역할"을 한 것도 모두 불순한 목적을 가지는 이적 행위에 해당했다. 다른 피의자들의 경우도 크게 다르지 않았다. '정부의 언론 탄압'(김우종), '한국사회의 부조리 현상'(장병희), '한국어민들의 비참한 생활상'(정을병) 등에 관한 그들의 발언과 이러한 문제를 다룬 그들의 글은 "지령"에 따른 결과로 환원되어

---

36 본문에 인용한 대목은 언론을 통해 보도된 피의자 이호철의 혐의내용 중 일부이다. 「문인 ·지식인간첩단 검거」, 『경향신문』, 1974.2.5.

해석되었다. 또한 『한양』지가 "재일불온잡지"로 규정됨으로써 그들이 여기에 실렸던 모든 글들은 무엇을 다루었든 그 내용에 상관없이 '불온한 텍스트'로 낙인찍혔다.

수사당국이 이번 사건을 통해 강조하였던 것은 '지식인'과 '예술가'의 정체성을 동시에 갖는 '문인간첩'의 특징적인 면모이다. 문인간첩에게 내려진 '지령'의 내용은 이 점을 분명하게 확인할 수 있게 해준다. 검찰에 따르면, 문인간첩은 "학생들에게 반정부 감정을 부식시켜 데모를 유발케 하라", "잡지 및 신문방송에 투고하여 정부와 국민 간을 이간시켜라"와 같은 지령에 따라 많은 글들을 생산했다.[37] 당국은 여느 지식인들이나 다른 예술가들보다도 '문인'이 더 문제적이라고 보았는데, 그 이유는 문인들이 이른바 '언어'를 가지고 '교묘한 책략'을 구사하는 데 더 탁월한 능력을 가졌기 때문이다. 문인들은 특정한 사안에 대해 직접적으로 자기의 의사를 표현하는 대신 무엇인가를 끊임없이 재현함으로써 메시지를 생산한다. 이때 재현되는 것은 '대학생의 데모'이기도 하고 '전태일의 죽음'이기도 하며 '가난한 사람들의 삶'이기도 하다. 당국의 문학관에 따르면, 문학적 재현이 낳는 부정적 효과는 수용자로 하여금 자기도 모르는 사이에 특정 인물에 동일시하게 되는 경험을 촉발하고, 때로는 무언가가 잘못됐다는 생각을 갖게 하며, 이전에는 겪어 보지 못한 복잡한 심경의 변화를 불러일으킨다는 데 있다. 궁극적으로 이러한 일련의 경험은 주체가 어떤 일을 실천하게 되는 데 영향을 미치는 결정적 동인이 될 수 있었다. 당국은 이러한 관점에서 문학작품이 재현할 수 있는 것과 할 수 없는 것, 더불어 재현의 임계치를 설정할 필요가 있다고 판단했다. 또한 법리적 차원에서 재현의 규칙에 위배되거나 허용 범위를 넘어서는 작품들을 문제 삼고 불온한 작품을 창작한 작가를 법정에 세움으로써 하나의 선례를 만들고자 했다.

---

37 「문인 및 지식인 간첩단」 혐의사실」, 『동아일보』, 1974.2.5.

1965년의 남정현 「분지」 사건과 1970년의 김지하 「오적」 사건이 작품과 작가의 불온성을 판별하는 일이 본격적으로 법리적 판단의 영역으로 넘어갔음을 보여주는 사례였다면, 문인간첩단사건은 작품창작행위의 위법성을 다루던 권력의 방식이 이제는 작가 개인의 차원에서가 아니라 '문인'이라는 집단적 주체의 이름으로 확대 재생산되어 다루어질 것임을 목도하게 한 사례였다고 할 수 있다. '간첩'이라는 말이 가지는 효용을 예상할 수 있듯이, 문학계에서 이 사건은 관련자에게는 물론이고 사건을 지켜보는 동료 문인들에게도 놀라움과 불안을 안겨주고 있었다.

당국은 '문인'이라는 이름으로 개인과 집단의 의지를 모으고 표현하고자 했던 문인들의 시도를 ('문인간첩단사건'이라는 사건 명칭이 말해주듯) 명명의 권력을 통해 재전유하고자 했다. 문인시국선언이 이른바 '자기의 고유명'과 '문인이라는 집합적 주체의 이름'을 걸고 벌이는 '성명전'(聲明戰)의 형태를 취했다면, 그리하여 이 두 개의 이름을 쓰는 행위 자체가 저항의 의지를 표명하는 일이라는 점에서 수행적 효과를 발생시켰다면, 권력은 문인이라는 이름을 더럽힘으로써 그들의 표상에 훼손을 가하고자 한 것이다. 당국은 간첩단사건을 통해 불온한 문학작품을 창작하는 일이 '언어라는 무기'를 가지고 사람들의 일상과 감정 깊숙이 침투해 들어감으로써 "정부"와 "국민"의 사이를 벌리는 "이간" 행위에 해당한다는 점을 분명하게 고지했다.

이러한 맥락에서 당시 문인들에게 이 사건이 단지 놀라움이나 불안, 또는 공포와 같이 어느 정도 예상 가능한 감정의 형태로만 경험되지는 않았다는 점에 주목할 필요가 있다. 이 사건은 다른 차원의 감정을 함께 촉발시키고 있었는데, 이것은 '치욕감'이나 '모욕감', 혹은 '참담함'과 같은 용어로 표현될 수 있다.

3월 26일 화. 문인간첩단사건 공판에 갔다. 낯선 곳이다. 이런 곳도 있는 게 이 세상이다. 인간이 사는 곳에는 병원과 감옥과 공동묘지가 있다. 재판소도 있는 것이다. 방청객 50여 명, 들씌워진 간첩죄 조작. 2시간 동안 검사 심문이 있었다. (…중략…) 3월 27일 수. 다방. 중앙정보부 눈과 귀가 박혀 있는 곳이다. 술집도 그렇다. 어디에도 마음 열 곳이 없는 시대이다. 공포는 인간 또는 생물의 1차 조건이다. 백낙청 박태순 등과 진정서 서명날인 배정을 했다. 내가 『문학과지성』, 박목월의 『심상』, 전봉건의 『현대시학』을 맡고 또 50대, 60대, 70대의 중진 원로를 맡기로 했다. 4월 6일 토. 거리는 삼엄하고 사람들은 몸을 웅크리고 걸어간다. 누구나 혐의의 대상이다.[38]

　　1월 14일 긴급조치 3호가 공포되었고, 보안사는 그날 소설가 이호철을 국군보안사령부로 연행해 갔다. 문인들을 공포 속으로 몰아간 '문인간첩단사건'의 시작이었다. 3월 14일 이 사건에 대한 첫 공판이 열렸다. 갑자기 피고인이 된 문학인들은 극도의 치욕감 속에서 법정에 임했고, 방청석에 앉은 동료 문인들은 심한 모욕감에 몸을 떨었다. '문학인 61인 선언'을 기초하며 유신헌법 개헌 요구 논조를 당당하게 펼쳤던 백낙청은 동료 문인의 구명을 위한 '진정서'를 쓰면서 참담함을 느껴야 했다.[39]

　당대의 자료들을 토대로 보건대, 위에 인용한 장면들은 공판이 있던 날의 풍경을 비교적 현실성 있는 묘사로 전달하고 있다. 문인간첩단사건이 발생하고 '간첩'이라는 이름으로 문인들이 법정에 섰을 때, 피의자 자신만이 아니라 재판장에 참석한 문인들 역시도 이 상황을 불안과 걱정 속에 지켜보았다. 이들은 이번 사건이 당사자들에게는 물론이고 문단 전체에도 일정한 영향을 미

38　고은은 문인간첩단사건의 전체 공판과정을 지켜보았고 진정서를 작성하여 문인들의 서명을 받는 일을 몇몇의 문인과 추진했다. 3월 26일 공판이 있던 날 한승헌, 백낙청, 박태순 등과 함께 진정서 제출에 관하여 의논하였고, 3월 30일경에 한승헌 변호사 사무실에 모여 200여 명의 서명을 정리했다. 고은의 1974년도 일기에는 문인간첩단사건과 관련한 내용이 지속적으로 등장하는데, 이 자료는 개인의 일기라는 점과 차후에 각색이 이루어졌을 수 있다는 점을 고려하며 참조할 필요가 있다. 고은, 『바람의 사상–시인 고은의 일기 1973–1977』, 한길사, 2012, 188~197쪽.

39　본문의 예문은 평전에 실려 있는 한 대목을 옮긴 것으로, 평전이라는 형식의 성격을 고려할 때 어느 정도의 허구성을 갖는다는 점을 감안할 필요가 있다. 박선욱, 『채광석–사랑은 어느 구비에서』, 도서출판 오름, 2005, 97쪽.

칠 것이라 판단했다. 또한 그러한 맥락에서 당사자들이 경험하는 감정들을 대리 체험하기도 했는데, 이 감정들은 '공포'와 '두려움', 그리고 '치욕감'과 '모욕감' 같은 표현들을 통해 말해졌다. 당시 동료 문인의 구명에 앞장섰던 고은, 박태순, 백낙청 등은 진정서를 작성하고 문인들의 서명을 받는 일을 했다는 이유로 요시찰 대상이 되기도 한다. 긴급조치의 제정을 통해 "조치를 위반하는 자"만이 아니라 "이 조치를 비방한 자"까지도 처벌대상으로 삼았던 것과 같이, 사건에 연루된 이들만이 아니라 그들의 구명을 위해 발언을 하고 행동하는 일 역시 의심받고 제재 받을 수 있었던 것이다. 이러한 경험은 당대 문인들로 하여금 "누구나 혐의의 대상"이 될 수 있다는 점을 의식하게 했으며 어떤 좌절감을 느끼게 하기에 충분했다.

문인간첩단사건 당시 피의자들의 글에 내포되어 있는 진정성과 의미를 빼앗는 일은 숨겨진 의도와 배후에 대해 말하는 일을 통해 이루어졌다. 현 정부의 문제성에 대해, 한국사회의 부조리에 대해, 소외된 이들과 남루한 삶에 대해 이야기하는 일, 여기에는 언제나 그러하지는 않을지라도 무엇이든 써야 한다는 작가로서의 사명감과 지식인으로서 가졌던 자의식과 약간의 용기와 어떤 결단 같은 것들이 담겨 있었다. 그러한 의미에서 간첩이라 명명되는 순간은 이 모든 것들의 의미가 흩어지는 순간이기도 했다. 간첩이라는 이름은 그들에게 불법행위를 저지른 '범죄자'라는 낙인만이 아니라, 이적행위를 통해 민족을 이간시킨 '부도덕한 배신자'라는 오명을 갖게 했다. 뿐만 아니라, 이 이름은 그들을 '비천한 존재'로 전락시켰다.

문인간첩단사건 당시 권력은 단지 법리적 차원에서 사건을 기술하는 데 그치지 않았고 비판적인 논평을 덧붙이는 일을 게을리 하지 않았다. 때로 권력이 생산하는 정치 텍스트에서는 '문인에 대한 혐오'가 직접적으로 표출되기도 했다. 권력은 무엇보다도 그들이 팔고 사들였던 자본에 대해 이야기함으로써 문인간첩단사건을 '추문'(醜聞)으로 만들고자 했다. 이번 사건에서 강조되었던 혐의사실 중 하나는 문인들이 '글'을 쓰는 대가로 '돈'을 받았다는 것이다.

피의자들이 받았던 금품의 목록과 그들이 쓴 글에 대한 정보는 문인들이 어떤 가치들을 교환하고 있었는지를 보여주고 있었다. 굳은 신념이나 사상적 투철함 같은 것들을 대신하여 기입되고 있었던 것은 수령한 돈의 액수와 제공받은 향응에 관한 정보였다. 텍스트가 구현하고 있는 문인의 형상은 무엇인가를 대가로 하여 자기의 글—여기서 '글'은 그의 재능이면서 영혼이기도 하다—을 파는 속물화된 존재에 가깝다.

지난 1967년의 동백림 사건 때에도 문인은 비슷한 방식으로 표상되었다. 당시 당국이 발표한 공소사실에 따르면, 피의자 천상병은 지인 강빈구가 간첩임을 알고도 수사기관에 고지하지 않았을 뿐더러 이를 악용하여 그를 공갈협박하고 수십 회에 걸쳐 금품을 갈취 착복했다. 중앙정보부는 범죄의 위중함을 설명하기 위해 '공갈', '갈취', '착복'이라는 표현들을 동원하는 한편, "일정한 직업이 없이 부산·서울 등지를 배회하면서 무위도식중인 자"라는 규정을 통해 천상병을 무능하고 파렴치한 문인으로 그려냈다.[40] 이렇듯 권력이 그려내는 간첩서사에서만큼은 문인들이 어떠한 긍정적인 표상도 부여받지 못했다. 그들은 표현의 자유를 수호하며 자기의 예술적 재능을 쓰는 작가도, 사명감을 가지고 저항의 의지를 표출하는 지식인도, 대한민국의 안전과 번영에 기여하는 국민도 아니다. 당국의 담화문이 전하는 '문인간첩'에 관한 이야기에서 어떤 극명한 공포나 위험이 느껴지지 않는 이유는 이것과 관련이 있다. 당국은 이번 사건을 충격적이고 부도덕한 사건으로 만들어 사건의 주인공들이 불명예스러운 평판이나 소문에 휩싸이게 했다. 언론이 전하는 이야기들에서 문인은 교활하고 파렴치하며 궁색하고 초라한 모습으로 등장한다. 요컨대, 이번 사건은 하나의 스캔들처럼 다루어졌으며 이때 간첩이라는 말은 사건의 선정성을 강화하는 데 쓰였던 것이다.

문인간첩단사건이 스캔들이 될 때, 문인들이 경험하게 되는 감정은 공포라

---

40 '동백림 사건'과 천상병에 관한 논의는 임유경, 「불고지죄와 증언—동백림 사건을 통해 본 권력의 히스테리와 문학」, 『역사비평』 119호, 역사비평사, 2017 참조.

기보다는 모욕감이나 치욕감에 가깝다. 이러한 감정은 누군가가 모독당했을 때 발생한다. 이번 사건은 '파렴치한 문인간첩에 관한 이야기'를 만들어내고 있었는데, 권력은 이러한 사회적 낙인을 통해 문인으로 표상되는 집단적 인격을 훼손하고 고귀함이라 말해질 수 있을 법한 무언가를 빼앗아가고 있었다. 당대의 문인들은 자신들이 어떤 상징적인 가치들을 대리 표상하는 존재라고 생각했다. 이 가치들의 목록에는 굽히지 않는 신념, 굳건한 의지, 자유에의 열망 등이 있었고, 그들은 시대를 대변하는 대표적 지식인으로서의 문인이라는 정체성을 가졌다. 사회에서도 "문인이라면 이 나라의 일급지식인을 자처"[41]하는 인물들이라는 점을 강조했다. 이러한 상황에서 가난한 생활이나 궁핍한 처지는 그들에게 비록 자랑은 아니었지만 자부심은 될 수 있었다. 왜냐하면, 가난은 모든 것들이 금전적 가치로 환원되는 교환적 세계에 속박당하지 않는 삶을 살아간다는 의미, 더 정확하게는 그러한 의미를 드러내는 일종의 상징적 징표일 수 있었기 때문이다. 권력의 담화가 침해하고 있던 것은 바로 이러한 삶, 그들이 끝내 포기하지 않았던 가치들이다. 같은 맥락에서 동료들의 구명에 참여한 문인들은 어떤 참담함을 느끼기에 충분했다. 왜냐하면, 무자비한 권력 앞에서 정중하게 동료의 원상회복을 요청해야 했으며, 자기의 말을 권력에게 바쳐지는 텍스트를 구성하는 데 써야 했기 때문이다.

모독의 부정적 효과는 타자의 폭력적 시선에 노출된 자신, 즉 국가가 보내는 경멸적 시선 앞에 놓인 자기를 마주할 때에만 발생하는 것은 아니다. 권력이 만약 모독을 통해 무언가를 결과하고자 했다면, 그것은 바로 주체에 의한 '자기부정', 내지는 '자기혐오'라고 표현될 수 있을 것이다. 바닥을 치는 자존감, 일신의 안위에 대한 깊은 염려, 미래에 대한 불안, 그리고 동료들의 의심 어린 눈빛과 예측할 수 없는 사회의 시선 …… 이러한 것들은 권력에 대한 비판적 입장을 강화하는 데 관계되기도 하지만, 자기에 대한 부정적 인식을

---

41 「횡설수설」, 「동아일보」, 1974.12.11.

형성하는 데 쓰이기도 한다. '나는 간첩으로 오인 받고 있다'라는 상황적 인식은 '오인'의 성격을 밝히고 그것을 거둬내는 일에 몰두하게 하면서, 동시에 그 오인이 어찌하여 '나를 향하고 있는가'라는 질문 앞에 서게 만들기도 하는 것이다. '10월 유신'과 '문인간첩단사건'을 통해 임헌영이 갖게 된 자기 인식은 모독이 유발하는 이러한 또 다른 부정적 경험에 집중하게 한다.

> 기록이란 이상해서 그걸 태우자 마치 내 신념과 생각이 바뀌는 게 아닌가 생각되기도 했다.[42]

임헌영은 "문인간첩단사건의 실상"에 대해 증언하는 자리에서 '일기를 태운 일화'를 인상적으로 이야기한 바 있다. 1972년 10월 17일 라디오를 통해 유신선포 소식을 접한 그는 『다리』지 사장이었던 윤형두와 함께 그날 밤 곧장 해인사로 피신을 떠났다. 1961년 5월 16일 라디오를 통해 쿠데타 소식을 접한 김수영이 부리나케 김이석의 집으로 피신을 갔던 것처럼 말이다.[43] 임헌영은 서울로 돌아온 이후에도 집으로 돌아가지 않았고 한동안 다른 은신처에 숨어 있었다. 그는 어떤 불미스러운 일도 벌인 바 없었지만, 그리고 실제로 공안당국에서 그를 쫓고 있기는 한 것인지 알 길이 없었지만, 그럼에도 불구하고 어딘가에 숨어 있어야겠다고 생각한 것이다.

이 텍스트에서 눈길을 끄는 것은 그가 집으로 돌아왔을 때 "일기장"을 숨기기 위해 노력했음을 보여주는 대목이다. 1973년 말 임헌영은 이상하게도 "불안과 초조감"에 쫓기고 있었다고 말한다. 이러한 감정은 단지 기분적인 것에 그치지 않았으며, 결국에는 그로 하여금 집안에 있던 일기장들을 모조리 꺼내와 마당 한 편에 파묻게 했다. 마치 그 자신을 어딘가에 숨기고자 했던 것처럼 이번에는 자기가 쓴 글들을 어딘가로 도피시키고자 한 것이다. 그

---

42 임헌영, 앞의 글, 287쪽.
43 최하림, 『김수영 평전』, 실천문학사, 2001, 308쪽.

러나 불안은 잦아들지 않았고 12월의 어느 날 그는 묻어두었던 일기장을 다시 모조리 꺼내 불태워버렸다. 또한 그는 이 일을 계기로 더 이상 "일기를 쓰지 않게 되었다."[44] 당시 임헌영으로 하여금 분서를 감행하게 하고 수십 년 동안 써오던 일기를 다시는 쓰지 않기로 결심하게 한 것은, 다름 아닌 (정확히 설명할 수는 없지만 분명 감지하고 있는 것이기도 한) 어떤 "꺼림직"한 기분이었다. 말하자면 그는 권력의 시선에 쫓기고 있었던 것이다.

임헌영이 피신과 분서를 감행한 것은 몇몇의 일들을 겪으며 갖게 되었던 일종의 자기 표상과 일정한 연관이 있다. 그는 1971년부터 "이상하게 꼬리표를 달고 보는 시선"이 문단에 있다는 생각을 떨치지 못했다고 한다. 『현대문학』에 발표한 「한국문학의 과제—민족적 리얼리즘의 길」을 읽은 어떤 이는 이 글에서 사회주의적 리얼리즘을 찬양한 내용이 발견된다는 "섬뜩한 비판"을 한 적이 있었다. 또 독자의 거센 비판으로 인해 한창 연재하고 있던 「한국문학사상사」를 쓰는 일 역시 끝내 중단하고 만다. 어찌 보면 가벼운 해프닝에 지나지 않는 일들일 수도 있지만, 그에게 이 경험은 심리적 위축("겁에 질려")을 초래했고 매사에 조심할 필요성을 느끼게 했으며 때로는 수치심에 시달리게 하기도 했다.

그러던 중 발생한 10월 유신과 일련의 사건들은 그로 하여금 도피를 감행하고 심지어는 일기를 소각하게까지 만들었다. 일기를 태우는 저자가 의식하고 있던 것은 타자의 시선, 즉 개인의 사적 공간—그것은 일기와 같은 텍스트이기도 하고 그의 일상이기도 하며 그의 내심이기도 하다—까지도 훔쳐보는 권력의 시선이다. 일기는 일반적으로 공간(公刊)되지 않으며 따라서 타자들과 만나거나 사회에서 공유될 기회를 갖지 못한다. 잠재적 독자를 가정할 수는 있으나 실제 독자는 갖지 않는다고 간주되는 텍스트인 것이다. 그렇다면, 그는 왜 일기를, 혹은 일기까지도 검열의 대상으로 삼았을까.

---

44 임헌영, 앞의 글, 287쪽.

지난 식민 권력과 마찬가지로 박정희 정권 역시 필요에 따라 일기를 피의
자의 '의도'를 파악하는 데 유용한 정보를 제공하는 자료로 활용했다. 검열당
국의 논리에 따르면, 일기는 특정한 개인이 자기의 일상이나 심리를 솔직하
게 기술하고 있는 장소이면서, 차마 하지 못한 비밀스러운 말들의 기록이 남
아 있는 장소이기도 하다. 일기가 갖는 이러한 성격으로 인해 그것은 증거로
포착될 수 있었다. 말은 휘발되지만 글은 남겨짐으로써 증거가 된다. 지난
권력들이 유언비어에 예민했던 까닭은 그 말이 불특정 다수의 신체를 타고
옮겨 다니기 때문에, 그리하여 출처를 확인하는 일을 곤란하게 만들기 때문
이다. 지면에 기입된 말들은 그것이 누구에 의해 쓰여진 것인지 확정하는 일
을 수월하게 하며, 따라서 그 말에 대한 책임을 묻는 일을 가능하게 한다.
일기는 쓰여진 말일 뿐만 아니라, 숨겨진 말이기도 했다.
　　일기라는 텍스트의 한편에 그것을 실제로 검열하는 권력이 있다면, 다른
한편에는 검열자의 시선을 모방하는 또 하나의 주체가 있다. 임헌영의 사례
에 주목하는 이유는 사실 이 또 다른 주체 때문이다. 임헌영은 일기뭉치를
소각하면서 한편으로는 일기조차도 쓸 수 없는 시대의 비극에 대해 생각했지
만, 또 그만큼이나 자기의 손으로 기꺼이 일기를 태우고 마는 자신에 대해서
도 생각해야 했다. 왜냐하면 분서 행위가 폭력적으로 개인의 영역과 권리를
침해하는 권력에 대한 저항으로만 의미화될 수는 없었기 때문이다. 누구도
권유하지 않았지만 그는 스스로 자기의 일기를 모두 없애기로 결심했고, 이
러한 행위를 통해 계속해서 그를 쫓기게 만들었던 "불안과 초조감"으로부터
벗어나고자 했다. 그런데 일기를 태우는 행위는 예상하지 못한 만남을 촉발
시켰다. 검열관의 시선을 모방하며 텍스트를 먼저 자기의 손으로 처분하던
그가 돌연 마주쳤던 것은 (그러한 행위를 감행하는 자기를) 응시하는 자로서
의 자기 자신이다. 그는 마치 글과 함께 자기가 불길에 휩싸여 있는 것은 아
닌가 생각하게 되었다. "그걸 태우자 마치 내 신념과 생각이 바뀌는 게 아닌
가 생각되기도 했다." 그는 분서를 감행하기 이전의 자기와 그것을 행한 이

후의 자기가 어쩌면 다른 존재일지도 모른다는 의문을 가졌던 것이다. 이것은 말하자면, 더 이상 이전과 같은 글을 쓰지 못하게 될 수 있다는, 그리하여 일기를 태우는 일이 단순히 증거로 쓰일지 모를 텍스트를 소각하는 예방적 행위에 그치는 것이 아니라, 자기의 신념과 생각을 일정 부분 포기하는 행위가 될지 모른다는 염려와 부끄러움을 촉발하고 있었다.

　권력이 '간첩'이라는 이름을 통해 되돌려주고 있었던 것은 그 스스로가 가장 견딜 수 없어 하는 것이면서, 또한 말을 다루는 이들에 의해 불러일으켜진다고 믿었던 것, 바로 '모독'이다. 그러나 사건의 당사자가 경험하는 모독은 권력이 경험하는 그것과 일정한 차이를 가졌는데, 이 차이를 우리는 '수치의 감정'을 통해 더 이야기해 볼 수 있다. 앞서 제시한 임헌영의 사례는 죄를 범하지 않았지만 권력의 시선을 느끼며 혹여 자기가 범했을지 모를 죄들에 대해 생각하는 일이 어떤 메커니즘을 통해 이루어지는지를 보여주고 있다. 이 문제는 흥미롭게도 동시대 문인에 의해 일찌감치 소설로 다루어진 바 있다. 1960년대 중반, 안수길은 「IRAQ에서 온 불온문서」(1964)라는 작품에서 엄습해오는 시대적 불안과 당대 지식인의 초상을 인상적으로 묘파했다. 대학 시간강사이자 소설가인 주인공이 "자신을 어디선가 감시하고 노리고 있다"는 인식을 갖게 되는 과정과 그 스스로 "까마득히 잊었던 기억 속"까지 헤집으며 "잡문 부스러기는 물론"이고 "교수실에서 함부로 동료들과 지껄였던 기탄없는 이야기"들까지도 샅샅이 검열하는 모습을 그려냄으로써, 새롭게 등장한 권력의 통치 방식과 동시대 지식인들이 맞닥뜨리게 된 현실을 보여주고자 한 것이다. 소설의 주인공은 마치 임헌영이 그러했듯이, 권력의 시선을 의식하며 "꺼림칙한" 마음에 자기 검열을 수행하고 이를 계기로 복합적인 감정들을 경험하게 된다.[45]

　안수길이 주목하고 있던 것은 당대 한국사회에서 형성되고 있던 규율 메커

45　안수길, 「IRAQ에서 온 불온문서」, 『문학춘추』 4월호(창간호), 1964, 140~141쪽.

니즘, 즉 권력을 자동화하고 탈개인화함으로써 '감시당하지 않는데도 감시된다'[46]는 원리를 산출하는 통치 방식과 이로써 유발되는 공포와 불안, 그리고 쉽게 형용되지 않는 감정들이다. 이러한 특징들은 임헌영의 사례, 나아가 문인간첩단사건의 효과를 복합적으로 이해하는 데 유용한 참조점이 된다. 특히 간첩으로 낙인찍히는 일이 '나는 간첩으로 오인 받고 있다'라는 상황적 인식을 갖게 하고 주체로 하여금 수치심까지도 경험하게 한다는 점에 주의를 기울여야 한다. 자신이 범하지 않은 죄장(罪障)에 대해 혐의를 받았을 때 주체가 경험하는 감정은 죄의식이 아니라 수치심이다. 이것은 상황이나 타자에 의해 제약을 받는, 말하자면 나의 주관적인 의도로는 좌우할 수 없는 감정이며, 그러한 의미에서 수치의 감정 속에는 타자의 존재에 의존하지 않을 수 없는 나의 존재 방식이 드러나 있다고도 말할 수 있다.[47] 임헌영을 비롯한 피의자들은 권력의 시선만이 아니라 주위의 시선들에도 지속적으로 노출되어야 했는데, 이 시선들 앞에 서는 일은 오명을 해명하는 일을 동반했다. 그들은 자기가 짓지 않은 죄에 대해 계속해서 말해야 했고 또 말하고자 했다. 이러한 '진술하기'는 나에게는 죄가 없다는 말을 반복하는 일이었으며, 이것은 혐의를 부정한다는 의미를 가지는 동시에 수치심으로부터 벗어난다는 의미도 가졌다.

한편 모독은 기본적으로 인격의 훼손이라는 점에서 존엄성의 차원에 관계된 것이었지만, 예술가들의 경우에 있어서는 그것이 작품 창작의 문제에까지 영향을 미쳤다. 말하자면, 그들의 작품은 예술가 자신의 경우와 마찬가지로 오명에 시달려야 했으며, 작가들은 이전과 같은 방식의 창작행위를 더 이상 지속할 수 없게 되기도 했다. 실제로 문인간첩단사건에 연루되었던 이들은 한동안 글을 쓸 지면을 갖지 못했다. 동백림 사건에 관계되었던 윤이상과 이

---

46 미셸 푸코, 오생근 옮김, 『감시와 처벌』, 나남출판, 2005, 309~314쪽.

47 수치심에 관한 논의는 사카이 나오키, 「제국주의의 부끄러움에 대하여」, 『(2002년 당대비평 특별호) 기억과 역사의 투쟁』, 삼인, 2002, 24쪽 참조.

응노의 경우에도 그러했는데, 이들의 사례는 간첩으로 낙인찍힌다는 것이 존재의 추방만이 아니라 작품의 추방까지도 야기하는 일임을 알려준다. 사건에 연루된 예술가들은 대한민국 영토 내에 거주할 수 없었고 그들의 작품은 향유되거나 판매될 수 없었다. 또한 중요하게도 그들의 이름과 작품명은 예술사에 기록될 수 없었다. 이러한 맥락에서 '모독'(mortification)의 어원에 '죽음'(mort)이 있다는 사실은 상기될 필요가 있다.[48] '간첩'이라는 낙인은 예술가의 존재만이 아니라 그들의 작품들에도 부정한 이름을 덧씌웠으며, 그들의 이름과 그들의 작품이 더 이상 기록되지도 말해지지도 않게 함으로써 사회적 죽음에 처하게 했던 것이다.

4. 서명의 정치와 명예 회복

'문인'이라는 이름으로 집단적 의사를 표명한다는 것은 어떤 의미를 가질까. 문인의 이름으로 행동한다는 것은 작가 개인이나 협회 같은 특정 집단의 차원에서 사회에 참여하는 것과는 다른 의미를 가진다. 문인은 작가로 활동하고 있는 개인들, 문학과 관련된 각종 협회들, 그밖에 유관 단체들을 포괄적으로 수렴하는 한편, 그 자체로 문학의 영역을 표상하는 대표적 이름이라고 할 수 있다. 여기서 '문인'은 단순히 특정한 사람들이 보유한 직함이나 직업의 명칭을 지시하는 개념이 아니라, 언어를 다루는 예술가이면서 지식인이기도 한 복합적인 정체성을 드러내주는 차별화된 사회적 표지로 기능한다.

문인의 이름으로 집단행동을 하는 것은 문인이라는 특정 주체가 사회적으로 존재한다는 것을 보여주는 행위이며, 이때 사회적으로 존재한다는 것은 각별하게 인지된다는 것을 뜻한다.[49] 성명발표나 시위참여는 상징투쟁의 대표적인 형태로서 기본적으로 집단의 존재를 가시화하여 드러내는 효과를 낳

---

48 김현경, 『사람, 장소, 환대』, 문학과지성사, 2015, 43쪽.
49 피에르 부르디외, 김현경 옮김, 『언어와 상징권력』, 나남, 2014, 279쪽.

는다. 또한 이것은 집단을 집단으로서 존재하게 만드는 수행적 효과를 창출한다는 점에서도 주목된다. 문인의 이름으로 행하는 집단행동이 내적 구성원에게도 공통된 지각과 자기동일성을 요구하는 일이 되는 것은 이 때문이다. 1974년 '문인시국선언' 당시 어떤 문인은 일부의 작가들이 '문인'이라는 이름으로 성명을 발표하는 것에 대한 거부감을 표현했다. '문인'이라는 이름으로 서명하지 말 것을 주장한 것인데, 이러한 주장에는 문인이라는 이름의 공통지분에 대한 고려가 깔려있다. 만약 자기의 이름을 명단 안에 넣지 않더라도 그가 문인이라는 정체성을 가지고 있는 한 이 선언에 어느 정도 자신이 연루되어 있다고 느낄 것이기 때문이다.

이러한 맥락에서 문인간첩단사건에 관련된 동료 문인을 구명하기 위해 선택된 방법이 서명을 하는 일, 즉 자기의 이름을 다시 문인이라는 이름에 귀속시키는 것이었다는 점은 중요하게 검토될 필요가 있다. 5명의 문인을 구명하기 위해 297명의 문인이 진정서에 자기의 고유명을 기입했다. 그들은 이 진정서를 사법당국에 제출하였으며 이러한 집단행동을 널리 알림으로써 여론의 향방에 영향을 미치고자 했다. 여기서 '서명'(署名)은 실존하는 사람을 대신하여 그를 드러내는 기호로 작용한다. 이름의 주인이 직접적으로 현전하는 것은 아니라는 점에서 서명은 대리적 성격을 갖지만, 또한 그 누구도 대신할수 없는 원본성을 지닌다는 점에서 실제적인 것이기도 하다. 서명이 효력을 갖는 이유는 현전성에 대한 환상을 만들어내기 때문이다. 297명의 서명은 297명의 사람을 대신한다. 또한 이들의 서명은 297명에 의해 구성된 하나의 특수한 연대(solidarity)를 가시적으로 보여주는 징표이기도 하다. 예술가들이 관련된 간첩단 사건이 발생할 때마다 그들의 동료들이 서명활동을 벌이고 탄원서를 작성하였다는 사실을 기억할 필요가 있다. 이러한 연대는 때로 국경을 초월하여 이루어지기도 했다. 예컨대, 문인간첩단사건에 연루된 한국의 문인들을 구명하기 위해 일본문인 42명은 "그들의 건강과 건필이 손상되는 결과를 가져오는 중형이 내려지지 않도록 해줄 것"을 요청하는 탄원서를 국제사면위원회 한국지부를 통해 재판부에 전달했다.[50] 이러한 국제적 연대는 국내외에 걸쳐 비판적 여론을 형성, 확산시킴으로써 피의자를 구명하는 데 기여하는 효과를 불러일으켰다.[51]

한편, 권력의 관점에서 보건대 서명을 하는 행위는 정치적 입장을 드러내는 일, 그로써 자기의 정체를 밝히는 자발적 행위라는 의미를 가졌다. 서명을 하는 일은 권력의 시선 속으로 들어가는 일이기도 했던 것이다. 특히 권력을 옹호하거나 지지하기 위해서가 아니라 어떤 것을 촉구하거나 반대의 의사를 표명하기 위해 서명을 하는 일은 감시의 대상이 되는 계기를 마련하는 일일 수 있었다. '성명서'가 곧바로 '블랙리스트'로 쓰일 수 있는 것은 이 때문이다. 사실 서명을 하고 성명을 발표하는 일은 정부의 부당함을 드러내고 불의에 맞선다는 의미만 갖지는 않는다. 그것은 권력과 "대화를 하는 최선의 방법으로 채택"된 소통의 방법이기도 하다.[52] 그러나 대부분의 권력자들은 이러한 방법이 잘못됐다고 생각하거나 권위를 침해하는 행위, 즉 권력에 대한 모독이라고 여긴다. 사회적으로 영향력 있는 주체들의 성명서가 발표될 때마다 권력이 담화를 통해 우려나 불쾌를 표현한 사례를 우리는 흔히 경험해왔다.

이러한 특징이 보다 명시적으로 드러났던 시기 중 하나가 박정희 정권기라고 할 수 있다. 1960~70년대에는 정치적 이슈와 관련한 집단적 성명발표나 대규모 시위가 빈번히 발생하였고, 그때마다 정부는 담화를 통해 공식 입장을 밝혔다. 쿠데타 이후 발생한 첫 학생데모였던 1962년의 '한미행정협정촉구시위'를 제외하고는 거의 대부분의 집단행동이 부정적 프레임 속에서 의미

---

50 「일본문인 42명 탄원서 "중형 내리지 않도록"」, 『동아일보』, 1974.6.14.

51 동백림 사건 때에도 음악가 윤이상의 구명을 위한 예술가의 연대가 조직된 바 있다. 스트라빈스키와 카라얀을 비롯한 200여 명의 음악가들은 한국정부에 탄원서를 보내 처벌의 부당함에 항변하는 한편, 윤이상에 대한 관대한 처분을 내려줄 것을 호소했다.

52 장준하의 표현이다. 장준하는 1974년 "개헌청원운동은 정부당국과 대화를 하는 최선의 방법으로 채택한 것"이라고 말하며 그러한 의미에서 이 운동을 계속해서 전개해나갈 것이라고 밝힌 바 있다. 「대화 위한 최선방법 개헌청원본부 성명」, 『경향신문』, 1974.1.5.

를 부여받았다. 특히 한일국교정상화가 중요한 사회적 이슈가 되었던 1964
~65년을 기점으로 정부는 시민들의 집단행동에 "불온한 언동"이라는 규정
을 과감하게 부여하기 시작한다. 더불어 1970년대 유신헌법을 선포하고 나
서 행한 통치자의 언명, 즉 "유신체제를 부정하는 일체의 불온한 언동"을 처
벌하겠다는 발언은 모든 말들을 허용하지 않겠다는 권력의 의지를 가장 극단
적인 형태로 표명한 사례였다. 이 시기에 정부가 발표한 담화문들은 통치권
력이 현 상황을 어떻게 파악하고 있는지 그 관점을 확인할 수 있게 해주는
동시에, 권력이 어떠한 감정들에 휩싸여 있는지도 드러내주고 있었다.

　이 같은 맥락에서 일련의 간첩단 사건이 발생시키는 효력에 대해서도 생각
해 볼 필요가 있다. 간첩단 사건은 '간첩'이라는 이름을 부여할 권리가 국가
권력에 귀속되어 있음을 알려준다는 점에서 주목된다. 박정희 정권은 등장
직후부터 시민들에게 간첩색출에 최선을 다해줄 것을 요청했지만, 이것이 명
명의 권력을 나눠가진다는 의미를 갖지는 않았다. 시민은 단지 '감시자'라는
정체성을 배분받았을 뿐이다. '누가 간첩인가'를 규명하고 그에게 간첩이라
는 이름을 붙임으로써 공적인 명명행위를 할 수 있는 유일한 주체는 국가였
다. 간첩이라는 이름이 말해지는 순간은 발화자와 수용자가 갖고 있는 서로
다른 힘이 가시화되는 순간, 다시 말해 권력의 위계가 드러나는 순간이다.
뿐만 아니라 국가가 행사하는 명명권력은 단순히 특정 개인이나 사건을 규정
하고 분류하는 데 그 목적을 두지 않았다. 그것은 경계를 다스리는 일, 즉
주체와 집단을 나누고 선과 악을 구별하며 성스러움과 비속함에 속하는 것들
을 구분하기 위해 사용된다. 이것은 공적인 영역에서만이 아니라 사적인 영
역들－개인의 일상이나 사적 기록물인 일기로 말해질 수 있는 것들의 영역－
에서도 작용하며, 궁극적으로는 할 수 있는 것과 할 수 없는 것들의 경계를
일깨우는 데 쓰인다.

　또한 독재정권 하에서 반대자의 초상은 늘 불온한 적의 얼굴을 가졌고 '간
첩'이라는 말은 모든 반대자들의 초상을 독점적으로 향유했다. '간첩'은 북한

에 관한 모든 것들을 말 속에 존재하게 하는 힘을 가진다. 그렇기 때문에 한 번 간첩으로 명명되면, 그의 고유명은 (어쩌면 평생 동안) 더럽혀진다. 국가가 그를 간첩이라고 명명한 이상, 설령 사법적 절차를 통해 그가 간첩이 아니라는 점이 밝혀진다고 해도, 그의 이름은 간첩이라는 말의 그림자를 계속해서 끌고 다니게 된다.[53] 그는 분명 간첩이 아니고 간첩이 아님이 공식적으로 판명되기도 했지만, 명명의 권력에 의해 간첩으로 말해졌다는 사실은 남는다. 사건에 관련되었던 이들이 평생에 걸쳐 진실에 대해 말하려고 하고 또 말할 수밖에 없는 것은 이 때문이다.

이러한 맥락에서 '진실 규명'과 '명예 회복'이 갖는 의미는 중요하다. 지난 2009년 임헌영 외 문학인 4명(이호철, 김우종, 장병희, 정을병)은 문인간첩단사건에 대한 재조사를 신청하였고, '진실·화해를위한과거사정리위원회'(이하 '진화위')에 의해 사건에 대한 진상규명작업이 이루어졌다. 그 결과 이번 사건은 "국가권력에 의한 중대한 인권침해행위가 규명되어 진실규명으로 결정하고 국가가 피해자·가족의 명예를 회복시키기 위한 적절한 조치 등을 취할 것을 권고한 사례"로 재규정되었다.[54] 이러한 결정은 공식적으로 '간첩단 사건'이라는 오명을 벗게 만들어주었다. 임헌영을 비롯한 문인들이 진실 규명을 통해 획득하고자 한 것이 있다면, 그것은 아마도 '명예의 회복'일 것이다. 진화위 역시 이러한 규명작업이 '명예의 회복'이라는 목적을 가진다는

---

53 수사당국의 공식발표에서는 간첩혐의가 중요하게 다뤄졌지만, 실제 기소과정에서 간첩죄 항목은 제외된다. 그러나 당시 이러한 정황은 중요하게 취급되지 않았다. 임헌영과 한승헌은 당국의 처분방식과 보도행태에 대해 다음과 같이 회고했다. "2월 25일 검찰은 간첩죄목은 뺀 채 기소했고 신문들은 이를 조그맣게 다뤘다. 간첩이 아닌 게 마치 유감이라는 투인지라 한 개인의 명예에 대해서는 아랑곳 않는다."(임헌영), "검찰수사 결과, 당초 보안사의 어마어마한 발표내용과는 달리 간첩죄 항목은 빠지고 국가보안법과 반공법상의 금품수수, 찬양·고무, 회합·통신 등으로만 기소되어 '문인간첩단'이라는 당국의 호칭 자체의 허구를 드러내기도 하였다."(한승헌) 임헌영, 앞의 글, 295쪽; 한승헌, 「문인 개헌성명 후에 나온 '간첩단' 발표」, 『한승헌변호사변론사건실록2』, 164쪽.

54 「문인 간첩단 사건」, 앞의 책, 401쪽.

점을 명시하고 있다.

그렇다면, 명예를 회복한다는 것은 어떤 의미를 가질 수 있을까. 명예의 회복은 단지 땅에 떨어진 위신을 되찾거나 부정적 평판을 지워낸다는 의미만을 갖지는 않는다. 여기서 '명예'는 명성이나 존경과 달리 순수하게 외부적인 것이 아니며, 일종의 위치감각이자 이 감각의 표현이며 또한 그 표현에 주어지는 사회적인 인정이라고 말해질 수 있다.[55] 명예는 내부적인 것으로부터 발생되는 측면, 이를테면 나는 명예를 가지고 있다는 주체의 자기 인식을 매개하여 형성된다. 사건의 관련자들이 재판과정에서 자기 변론에 충실하였던 것이나, 차후에 에세이와 옥중문학을 집필하고 증언, 회고, 인터뷰에 참여하는 일을 통해 '진실'에 대해 더 말하고자 하였던 것은 모욕을 씻어내기 위한 시도로 이해될 수 있다.[56] 부연하면, 간첩단 사건들이 발생할 때마다 권력은 '너는 간첩(빨갱이)이다'라고 말함으로써 피의자의 인격을 부정하였으며, 또한 그러한 모욕적 언사를 다시 피의자가 반복하게 함으로써('나는 간첩(빨갱이)이다') 자기 자신에 대한 부정을 스스로 수행하게 했다. 문인간첩단사건 당시 피의자들은 보안사 수사관들 앞에서 한 진술이 강요에 의한 허위진술임을 강변함으로써 법정에서의 시간을 모욕을 씻을 기회로 만들었다. 공판이 있던 날 법정에 울려 퍼진 외침―"최초의 조서는 전부 거짓입니다"[57]―은 모욕의 경험을 피의자가 스스로 상기하는 행위이면서, 동시에 불명예로부터 자신을 지키려는 실존적 결단이기도 했다. 같은 맥락에서 아래와 같은 '진술하기' 역시 모욕당한 자신을 불명예로부터 벗어나게 한다는 의미를 가졌다.

---

55 김현경, 앞의 책, 127쪽.

56 이호철은 '문인간첩단사건'으로 인해 겪게 된 옥중경험을 자전소설 「문」(『창작과비평』, 1976년 봄호)과 『(이호철전집5) 문/4월과 5월』(청계, 1989)에 담아냈다. 같은 시기에 임헌영은 오스카 와일드의 『옥중기』(범우사, 1976)를 번역하여 출간했다. 동일 사건에 연루되었던 이 두 문학인에 의해 수행된 옥중기의 창작과 번역은 '자전적 체험의 서사화와 진술의 정치'라는 차원에서 조명될 필요가 있다. 이에 관한 논의는 후속연구를 통해 이어가고자 한다.

57 문인간첩단사건 제3회 공판 당시 검사의 심문과정에서 김우종이 한 발언이다. 「문인 '간첩단' 사건 제3회 공판」, 『한승헌변호사변론사건실록2』, 189쪽.

몸은 풀려났으나 다섯 문학인은 그 뒤 박정희 유신헌법 아래서 결국 복권이 안 된 채 야인생활을 강요당했다. 작가 둘은 당시로서는 희귀한 체험이었던 수형생활을 소재로 많은 작품을 썼고 비평가는 옥중기를 썼다.[58]

피의자에게 '명예의 회복'은 모독으로 인해 침해받은 인격을 다시 일으켜 세우는 일이라는 의미를 가졌다. 앞서 살펴보았듯이 이것은 사회 속에 있는 자기를 타자들이 어떻게 인식하느냐에 관한 문제와 결부되어 있다. 동시에 명예를 회복하는 일은 주체가 자기에 대한 표상을 다시 갖는 일, 다시 말해 자기가 자신을 상대로 행하는 존재론적 자기증명의 과정이라는 의미를 갖기도 했다. 사건 관련자들이 진술의 과업을 짊어졌던 것은 간첩으로 오인 받았다는 사실, 수사 과정에서 권력에 굴복했던 경험, 허위진술을 하고 거짓조서를 썼던 일, 자기의 손으로 일기를 태웠던 그날, 자기를 향해 있던 복잡한 시선 등과 스스로 대면하고, 나아가 이를 통해 자기의 더럽혀진 이름을 구명하기 위해서이다. 이것은 지난날 빼앗겼던 많은 권리들, 그중에서도 자기의 명예를 스스로 지킬 수 있는 권리를 다시 되찾는 일이라는 의미를 가졌다. '권리를 되찾는 일'과 '진술을 하는 일'은 마치 동의어처럼 인식되었던 것이다. 그러한 의미에서 '권리'와 관련된 단어들이 모두 '말하다'(dire)라는 동사를 어원으로 삼고 있다는 것은 아마도 우연이 아닐 것이다.[59]

---

58 임헌영은 일기를 태우던 손으로 자전서사를 다시 쓰기 시작한다. 그는 증언, 회고, 인터뷰 등의 형식을 빌려 당시 정황과 사건의 발단 경위에 대해, 수사와 재판 과정에 대해, 그리고 자기가 겪은 여러 일들에 대해 이야기하려고 했다. 임헌영, 앞의 글, 300쪽.
59 피에르 부르디외, 앞의 책, 197~198쪽.

참고문헌

「문인 간첩단 사건」, 『2009 상반기 조사보고서 5권』, 진실·화해를위한과거사정리위원회, 2009.

『경향신문』, 『동아일보』, 『매일경제』, 『한겨레』

『사상계』 120호(창간 10주년 기념 특대호), 1963.4.

고은, 『바람의 사상―시인 고은의 일기 1973-1977』, 한길사, 2012.

국사편찬위원회 수집 구술자료: 소설가 이호철의 삶과 문학, 〈국사편찬위원회 구술자료번호 OH_09_027_이호철_11〉.

김수영, 「라디오 계」(1967.12.5), 『김수영 전집1-시』, 민음사, 2003.

김현경, 『사람, 장소, 환대』, 문학과지성사, 2015.

로버트 단턴, 김지혜 옮김, 『시인을 체포하라』, 문학과지성사, 2013.

미셸 푸코, 오생근 옮김, 『감시와 처벌』, 나남출판, 2005.

박선욱, 『채광석―사랑은 어느 구비에서』, 도서출판 오름, 2005.

사카이 나오키, 「제국주의의 부끄러움에 대하여」, 『(2002년 당대비평 특별호) 기억과 역사의 투쟁』, 삼인, 2002.

안수길, 「IRAQ에서 온 불온문서」, 『문학춘추』 4월호(창간호), 1964.

임유경, 「불고지죄와 증언―동백림 사건을 통해 본 권력의 히스테리와 문학」, 『역사비평』 119호, 역사비평사, 2017.

임유경, 『불온의 시대―1960년대 한국의 문학과 정치』, 소명출판, 2017.

임헌영, 「내가 겪은 사건, 74년 문인간첩단사건의 실상」, 『역사비평』 13호, 역사비평사, 1990.

전상진, 『음모론의 시대』, 문학과지성사, 2014.

최하림, 『김수영 평전』, 실천문학사, 2001.

피에르 부르디외, 김현경 옮김, 『언어와 상징권력』, 나남, 2014.

한승헌, 『재판으로 본 한국현대사』, 창비, 2016.

한승헌변호사변론사건실록간행위원회, 『한승헌변호사변론사건실록1』, 범우사, 2006.

한승헌변호사변론사건실록간행위원회, 『한승헌변호사변론사건실록2』, 범우사, 2006.

황석영, 『수인2』, 문학동네, 2017.

「붉은 방」에 드러난
국가폭력 양상 고찰

전수평

1. 임철우와 국가폭력

임철우 하면 '오월' 광주가 떠오른다. 임철우는 '오월 광주' 그 한 가운데 있었으며, 그리고 살아남았음에 부끄러움과 죄책감을 느끼며 살았다고 고백했다.[1] 그 끔찍하고 고통스러운 공간에 있었던 그는 1981년 《서울신문》 신춘문예에 「개 도둑」이 당선되어 등단한다. 이후 1988년까지 단편소설 10개와 중편소설 3개를 발표했다.[2] 이 작품들 중에 「사평역에서」, 「아버지의 땅」, 「붉

1　1997년에 『봄날』을 출간하면서 '책을 내면서'에서 기록하고 있다.
2　임철우의 년도별 발표 작품을 소개하면, 1981: 「그들의 새벽」 「뒤 안의 바람소리」, 1982: 「어둠」, 1983: 「잃어버린 집」, 1984: 「아버지의 땅」 「늑대의 바다」 「同行」, 1985: 「직선과 독가스」 「물방울」 「돌아오는 江」 「눈이 오면」 「봄날」 「동전 몇 닢」 「不姙期」 중편 「死産하는 여름」, 1986: 「들꽃 향기」 「볼록거울」 「볼록거울·2」 「볼록거울·3」 「의문」 「알 수 없는 일·1」 「알 수 없는 일·2」 「알 수 없는 일·3」, 1987: 「관광객들」 「둥지와 새」 「壽衣」 중편 「달빛 밟기」, 1988: 「붉은 방」, 1990: 『붉은 산, 흰 새』, 1991: 『그 섬에 가고 싶다』, 1993: 『등대 아래서 휘파람』, 1998: 『봄날 1-5』, 2004: 『백년여관』, 2010: 『이별하는 골짜기』, 2014: 『황천기담』

은 방」등은 임철우를 80년대 대표적인 작가로 만든 작품들이다. 이들 작품에는 '오월 광주'가 직접 드러나지 않는다. 초기작에는 광주를 알레고리로써만 다루거나 5·18항쟁이 아닌 다른 소재를 그린 작품으로 문학과지성사 그룹이나 자유주의적인 성향을 지닌 비평가들에게 문학성을 인정받았다.[3]

임철우에게 '오월 광주'는 살아남은 자로서의 부담이자 작품 창작의 원천이라는 이중적 의미를 지니고 있다. 그에게 '오월 광주'는 종결된 역사적 과거가 아니라 분단 이후의 역사적 상처가 여전히 지속되고 있다는 것을 구체적으로 확인하게 해주는 비극의 정점이자 동시에 그와 같은 역사적 폭력과 희생이 더 이상 반복되지 않도록 해야 할 성찰의 시작점이었다.[4] 그렇기에 임철우의 문학적 형상화는 국가폭력과 상징적 폭력[5], 그리고 그것들에 의해 동요되는 개인들의 모습을 담고 있다. 따라서 그의 소설들은 분단 체제와 광주항쟁과 일련의 시국사건 등에 직접 간접으로 관계된 인물들이 다양한 폭력 앞에서 어떻게 심리적으로 손상 받고 육체적으로 마모되는지를 끈질기게 이야기해 왔다.[6]

작가의 이런 노력의 결과 중의 하나가 「붉은 방」이다. 「붉은 방」은 중편소설로서 모두 8장으로 구성되어 있다. 소설에는 1인칭 화자가 등장하는데 홀수 장은 피해자인 오기섭의 서술로 짝수 장은 가해자인 최달식의 서술로 이야기가 전개된다. 이 작품에 대해서, 김윤식은 시점의 복합형, 가해자와 피해자의 동질성, 분단 과제의 역사성을 담고 있다고, 권영민은 소설적 주인공

---

3 천정환, 「역사주의와 미학주의의 합주—1980년대 임철우의 중·단편소설을 중심으로」, 『한국현대소설이 걸어온 길』, 문학동네, 2013, 658쪽.

4 한순미, 「주변부와 역사 기억과 망각을 위한 제의」, 『한국민족문화』 38, 2010, 164쪽.

5 슬라보예 지젝은 상징적 폭력이란 습관적인 언어 사용을 통해 재생산되는 사회적 지배관계나 선동적인 언어 속에서만 분명하게 나타나는 것이 아니며 보다 근본적인 형태의 폭력이 언어 자체에 들어 있으며, 언어가 의미 세계를 대상에 부과할 때 따라붙는다고 설명한다. 슬라보예 지젝, 『폭력이란 무엇인가』, 이현우·김희진·정일권 옮김, 난장이, 2011. 24쪽.

6 홍정선, 「임철우론/폭력과 작가의 양심」, 『직선과 독가스』, 마이디팟, 2014, 253쪽.

들의 내면에 담긴 피해 의식의 역사적 의미를 추적하고자 하는 노력이 돋보인다고 이상문학상 심사평[7]에서 평가했다. 또한 김병로[8]는 「붉은 방」은 분단 시대의 상처가 완치되지 않는 한 결코 합치될 수 없는 분단 이데올로기의 불협성이 극대화한 작품이라고 평가했다.

이 글은 이런 평가들을 참고하여 임철우가 끈질기게 창작의 소재로 삼는 국가폭력과 그와 관련된 모습들을 어떻게 그려내고 있는지를 「붉은 방」에 등장하는 인물들을 통해서 살펴보고자 한다. 구체적으로 2장에서는 최달식이라는 인물을 통해서 한국전쟁 중에 발생한 학살의 체험이 개인에게 하나의 신념으로 내면화되는 과정과 그 신념에 의해 폭력이 어떻게 정당화되는지를 살펴보고 3장에서는 최달식과 수사관들을 통해서 극단적인 악을 행하는 인간이 특별하지 않고 그저 평범한 인간에 의해서 자행된다는 악의 평범성에 대해 살펴보면서 둘 사이의 관계에 대해서 고찰하고자 한다. 4장에서는 오달식이라는 인물을 통해서 국가폭력의 가시성과 비가시성이 서로 밀접한 관계에 있음을 확인할 것이고 그러한 국가폭력이 결코 특별한 상황에서 이루어지는 일이 아니라 일상적 상황에서 이루어지고 있음을 살펴보고자 한다.

2. 정당화된 폭력의 심리적 기제–최달식

고통스러운 기억을 반복적으로 떠올리는 것은 세상에 대한 제한된 믿음 또는 잘못된 믿음을 유발하기도 한다. 그러한 모습을 잘 보여주는 인물이 최달식이다. 그는 다음과 같은 인생의 신조를 지니고 살아간다.

---

7 임철우, 「붉은 방」·한승원 「해변의 길손」, 『1988 이상문학상 수상작품집』, 1999, 517쪽, 523쪽. 이하 인용문은 쪽수만 적는다.

8 김병로, 「불협화음의 부조리 서사담론 미학–『나는 소망한다 금지된 것을』(양귀자)과 「붉은 방」(임철우)을 중심으로」, 한남어문학, 2000, Vol. 24, 193–212쪽.

절대로 믿어서는 안된다. 아무도 믿지 말아라. 인간이란 건 원래가 그런 교활하고 더러운 족속이니라. 너나 없이 얼굴엔 가면을 쓰고, 타인을 속이기 위해 한시도 쉴 틈 없이 눈알을 굴리고 있는 게 바로 인간이라 짐승이다. 더더구나 머리에 빨갱이 사상을 담고 있는 놈들은 절대로 호락호락 상대해선 안된다.[9]

최달식은 어떠한 인간도 믿지 않을뿐더러 특히 빨갱이들을 절대 믿을 수 없다고 생각하고 있다. 왜 최달식은 이러한 인생 신조를 지니고 살아가게 되었을까? 그건 바로 어린 시절에 경험한 한국전쟁과 그 전쟁 중에 발생한 학살로부터 비롯된 것이다. 한국전쟁 당시 최달식의 가족은 그의 아버지가 경찰이었다는 이유로 피해를 당했다. 최달식의 조부모님, 큰아버지와 작은아버지 내외가 빨갱이에게 떼죽음을 당한 것이다. 빨갱이가 물러난 후 육지에서 돌아온 그의 아버지는 최달식이 보는 앞에서 두 명의 빨갱이를 직접 자신의 총으로 죽인다.

봐라, 달식아. 네 두 눈으로 똑똑히 봐둬야 해. 바로 이놈들이 빨갱이들이여. 느그 할아버지와 할머니를 죽인 철천지 원수란 말이다. 원수여 원수. 빨갱이는 모조리 원수다. 알았제. 뼈를 우둑우둑 갈아 마시고 간을 꼭꼭 씹어먹어도 분이 안 풀릴 철천지 원수놈들이란 말이다. (31쪽)

아버지가 어린 최달식 앞에서 빨갱이를 총으로 쏴 죽이는 장면은 네 차례 반복되어 제시된다. 위의 인용된 첫 번째 장면은[10] 집에서 치매에 걸린 노모 때문에 아내와 아들로부터 스트레스를 받고 노모에게 한 바탕 소리를 지른 후 피던 담배를 꾸깃꾸깃 비벼 끄고는 방바닥에 벌렁 누워 생각한 것이다. 두 번째 장면은[11] 최달식이 오기섭을 취조하면서 자백하기를 요구하지만 오

---

9 임철우, 앞의 책, 52쪽.
10 임철우, 앞의 책, 29~31쪽.
11 임철우, 앞의 책, 50~51쪽.

기섭이 모른다고만 하자 이 때 화가 난 최달식이 운동화로 뺨을 두 번 때리다가 머릿속 피가 한꺼번에 치솟음을 느껴 폭력을 가하고 난 후 제시된다. 세 번째 장면은[12] 오기섭을 무차별적으로 때린 후 그를 보면서 회상하는 장면이다. 마지막 장면은[13] 아내로부터 더 이상 견딜 수 없다고 노망난 어머니를 기도원에 보내자는 전화를 받고 짜증을 억누르며 흰 눈 위에 가래침을 뱉고 나서 불현듯 아버지의 얼굴을 떠올리면서 제시된다.

이 네 차례에 걸친 장면은 반복될 때마다 이야기의 내용이 변화의 과정을 거친다. 첫 번째는 빨갱이 둘을 사살하는 장면만 나오고 두 번째 장면에서는 아버지가 죽인 빨갱이의 시체 가까이에 다가가 최달식에게 그들의 피를 확인시키는데 최달식은 '시뻘건 핏물이 벌컥벌컥 솟구쳐나고 있는 선연하게 붉은 빛깔에 눈이 부셨다.'라고 기억한다. 세 번째 장면에서는 죽은 빨갱이의 피가 묻은 아버지의 손이 자신의 손을 잡았다는 이야기가 덧붙여져 있다. 이때 최달식은 모든 세상이 핏물로 변해가는 과정을 경험하게 된다.

> 피에 젖은 아버지의 손은 끈적거렸다. 내 작은 손바닥과 손등으로 흥건하게 젖어오는 끈끈한 피의 감촉, 그리고 미지근하면서도 비릿한 피의 냄새를 나는 또렷하게 감지할 수가 있었다. 그 순간 내 눈 앞에서 온 세상은 소리 없이 붉게 물들어가고 있는 것만 같았다. 하늘·땅·나무·꽃·면사무소·학교…… 그 모두에게로 그 선연한 핏물이 눈앞에서 붉게 붉게 번져나가고 있는 것이었다. (53쪽)

마지막 장면은 아버지의 죽음과 관련이 있다. 아버지가 술이 취해 돌아오는 길에 철길에서 최후를 맞이한 것이다. 이 장면에서 최달식은 아버지와 하나가 된다. 아버지가 술주정을 하며 했던 말을 그전까지는 별로 실감을 하지 못했지만 '철길 위에 흩어져 있는 아버지의 살덩이와 피의 웅덩이를 눈앞에

---

12 임철우, 앞의 책, 52~53쪽.
13 임철우, 앞의 책, 83~84쪽.

바라보며 서 있는 순간', 최달식은 아버지를 이해하게 된 것이다.

> 그리고 어느새 내 몸 속엔 아버지의 그 붉은 피가 저주처럼 흐르고 있음을
> 또렷하게 깨달았다. 그것은 이미 오래 전에 학살당한 내 조부모와 친척들의
> 죽음으로부터 시작된 원한과 복수와 저주와 증오의 피였다. 그들의 피는
> 아버지의 몸속에서 하나가 되었고, 아버지의 피는 다시 내 몸 속으로 흘러
> 들어와 내 심장과 실핏줄 하나하나까지 완벽하게 지배하고 있던 것이다.
> 그 순간 나는 마침내 원수를 찾아내었다고 생각했다. 원수는 멀리 있지
> 않았다. 내 조부모와 친척들 그리고 아버지를 그토록 처참하게 죽인 원수는
> 하나였다. (중략) 이 자유로운 땅에서도 그놈들은 곳곳에 독지네처럼, 독버섯
> 처럼 숨어서 호시탐탐 활개치고 기어 나올 틈을 엿보고 있었다. 바로 빨갱이들
> 이었다. 국가를 혼란시키고 평화로운 세상을 뒤흔들어서 끝내는 암흑과 피의
> 소굴로 만들고자 획책하는 사탄의 자손들—바로 그놈들이다.(84쪽)

이렇듯 최달식은 과거의 끔찍한 경험이 아버지뿐만 아니라 빨갱이에 희생
된 가족들과 동일화되는 것이다. 그리고 가족과의 동일화는 반공이데올로기
중에서도 가장 극단화된 형태인 빨갱이 논리로 내면화된다. 빨갱이 논리로
내면화된다는 것은 폭력이 무의식적으로 정당성을 가지고 행사될 수 있다는
의미이다. 해방 직후부터 빨갱이 논리는 혐의만 가지고 특정인과 특정집단을
좌익으로 몰아 죽이더라도 그것이 범죄로 다루어지지 않고 오히려 애국적인
행위로 용인되는 전통을 만들어 왔다.[14] 이러한 과정은 폭력을 가하는 사람들
에게 빨갱이들을 적과 동일시함으로써 법적·도덕적 부담감에서 벗어나게 해
주는 놀라운 효과를 발휘했다.

6·25전쟁과 그때의 학살로부터 연원을 둔 역사적 트라우마에 의해 형성된
빨갱이 논리 속의 최달식 이야기는 고문이나 학살을 행하는 사람들이나 우익

---

14 최호근, 『제노사이드: 학살과 은폐의 역사』, 책세상, 2005, 309쪽.; 최형태, 「극우 반공주의
와 5·18 광주항쟁」, 『5·18 민중항쟁과 정치·역사·사회』, 도서출판 심미안, 2007, 59쪽
재인용.

의 광기를 보여주는 사람들의 폭력의 심리학적인 전이 문제로 명확히 인식해서 보여주는 형상화이다.[15] 최달식이 "빨갱이를 잡아 국가의 혼란을 막고 평화로운 세상을 만들고자 하는" 사명감 아래에 행하는 행위들의 의미란 사실은 개인적인 원한과 증오의 마음이 저주와 복수의 형태로 드러난 것뿐이다.

그런데 최달식이 벌이는 행위의 의미는 그렇게 간단하지만은 않다. 왜냐하면 최달식의 이러한 빨갱이 논리는 기독교 사상과 접목되어 새로운 형태로 드러난다. 최달식이 사용하는 언어들을 보면 '사탄', '예수', '심판', '징벌', '회개', '천국' 등인데 이러한 용어는 기독교 사상과 관련 있다. 그리고 최달식은 교회에서 집사의 직분을 맡고 있는 사람이다. 그에게 빨갱이를 이 땅에서 박멸하라는 것이 유일신인 여호와로부터 내려 받은 지상명령인 것이다. 거부할 수 없고 반드시 지켜야만 하는 계명이자 소명인 것이다.

> 어림없는 소리! 그건 부당해. 이암. 평등과 평화는 오로지 심판과 징벌로써만 가능한 거야. 흔히 알고 있듯, 예수께서 원수를 사랑하라 이르셨지만, 그건 알고 보면 전혀 다른 뜻이야. 그 말은 참회하고 뉘우치고 회개할 줄 하는 선택된 원수에 대해서만 적용되는 말이지, 사탄의 자식들은 아냐. 바로 너희 같은 작자들이 사탄의 자식들이지. 아니, 사탄 그 자체지. 사회주의 혁명을 꿈꾸는 놈들. 공산주의자들. 다시 말해 빨갱이들은 이 세상에서 가장 악독한 독버섯이야. 그런 독버섯은 뿌리를 뽑아 죽여야지. 씨까지 깡그리 말려서 다시는 이 세상에 돋아나지 못하도록 최후의 한 놈까지 완전히 말살을 시켜야 한다구. 너희 같은 독버섯과 병균들이 완전 멸종되는 날 이 세상은 마침내 천국이 될 수 있을 거란 말야. 그러기 위해서 바로 우리가 이렇듯 밤잠 한번 편히 못 자고 허구한 날 이 고생을 하고 있는 것이지. 어쩔 수 없이 말야. 알겠어?(79쪽)

최달식이 사회주의를 꿈꾸는 공산주의자들을 어떻게 생각하고 있는지를

---

15 천정환, 앞의 글, 671쪽.

보여주는 대목이다. 이 부분에서 최달식의 생각은 기독교적 소명의식과 결부되는 것이다. 최달식에게 그들은 참회할 줄도 뉘우칠 줄도 회개할 줄도 모르는 "사탄 그 자체"이고 "독버섯"이다. 그들에게 필요한 것은 "심판과 징벌"뿐이다. 어떠한 용서나 자비를 베풀어서는 안 되는 것이다. 마침내 이 세상에서 독버섯과 병균들이 완전히 말살되는 날이 천국이 되는 것이고 그러한 천국을 만들기 위해 자신이 지금 고생을 하고 있다고 역설하고 있다. 그러기에 자신의 행위에 대한 어떤 반성도 없고 오히려 최달식은 그런 상황을 즐길 수 있는 것이다.

> 나는 현관문을 열고 들어가, 지하실로 이르는 계단을 내려간다. 그동안에도 동료들은 수고하는 모양이다. 이방 저방에서 고함 소리와 신음소리가 활기 있게 흘러나오고 있는 참이다. 나는 콧노래를 흥얼거리며, 붉은 방을 향해 걸음을 옮기기 시작한다. (85쪽)

마지막으로 최달식이 오기섭을 집으로 돌려보내고 나서 붉은 방으로 돌아와 기도를 하는 장면이 있다.

> 이윽고 그 붉은 바다 위로 핏방울처럼 하나둘 돋아나기 시작하는 사람들의 형체들……아버지, 용술이, 그리고 ……뇌막염으로 죽은 내 아들 한수……불쌍한 내 아들……나는 가만히 눈을 감고 기도를 올리기 시작한다. 주님, 악을 멸하시고 의인을 사랑하시는 우리 주님. 이 죄인을 버리지 마시옵고 사탄의 유혹에 빠지지 않도록 굳건히 믿음을 지켜주시옵소서. 오오 주여. 저희들 비록 죄많고 어리석기 그지없는 양들이오나……기도를 올리고 있는 동안 어느새 성스러운 은총과 기쁨이 내 온몸을 따스하게 감싸기 시작하고 있음을 역력히 느낀다. 그리고 마침내 그것은 이 붉은 방안을 가득히 채우기 시작하고 있다. (92쪽)

이 장면이야말로 가장 아름다운(?) 장면이다. 이제 빨갱이 논리는 완전히 사라지고 오로지 신실한 종교인의 기도만 남아 있다. 누구라도 끌려와서는 부당한 국가폭력의 희생자가 되어야 하는 저주의 붉은 방은 은총과 기쁨으로 차차 채워지는 성스러운 공간으로 변한 것이다. 폭력의 공간에서 성스러운 공간으로의 전이. 그러기에 최달식에게는 세상은 불합리하고 개인적 고민으로 가득 차 있지만 오로지 단색의 세계인 이 '붉은 방'만이 정의가 실현되는 공간이 되는 것이다. 이러한 극단적인 종교적 선과 악의 구별을 통한 심판과 징벌은 국가폭력의 또 다른 이름이라고 할 수 있다.

3. 극단적 악과 악의 평범성–최달식과 수사관들

막스 베버는 근대 국가의 질서 유지 기능을 폭력의 독점이라는 관점에서 이해했다.[16] 근대 국가가 폭력을 독점한다는 것은 법적으로 폭력을 행사할 법적 대상과 범위, 방법을 선택할 능력을 소유한다는 의미이다. 그런데 국가폭력이 법의 테두리를 벗어나서 행해지는 폭력은 극단적인 악의 모습을 보이는 경우가 많다. 「붉은 방」에서도 오기섭이 불법으로 납치된 후 붉은 방에서 고문당하는 장면은 인간이 인간에게 할 수 있는 행위는 아니었다.

> 이내 내 몸뚱이 위로 다투어 덮쳐오는 사내들. 무수히 쏟아지는 발길질과 주먹 그리고 몽둥이……등허리와 허벅지, 옆구리 엉덩이 할 것 없이 몽둥이가 떨어져내릴 때마다 나는 컥컥 숨이 막혀 비명조차 지를 수 없다. (중략) 내 몸의 모든 곤절이란 관절, 살점이란 살점들이 모조리 해체되어 가고 있다. 아아, 숨이, 숨이 막혀온다.(46쪽)

이 고문이라는 것은 인간이라는 이름으로 인간에게 주어지는 가장 추악한 범죄이다.[17] 육체적 고통뿐만 아니라 정신마저도 파괴하는 이 고문이 「붉은

---

16 김준석, 『근대국가』, 책세상, 2011.
17 김병익, 「고문의 소설적 드러냄」, 외국문학 11호, 1986. 겨울, 83쪽.

방」에서는 더욱 인상적인 것은 고문을 받는 상황이 아이러니하다는 것이다. 가장 추악한 범죄가 벌어지는 상황에서 라디오 방송이 겹쳐지고 있었다. 한 사람의 생사가 오가는 상황에서 다른 한 사람은 한가하게 자신의 일상을 이 야기하기도 하고 라디오에서 나오는 노래 소리를 따라 부르기도 하면서 고문 을 가하고 있다.

> 그대 차앙문을 열어요오 그대 차아앙문을. 오우오우. 헤이헤이. 달빛 창가에 서 밤새워 기다리는 나아를. 워우워우. 헤에이 헤에이. 노래 소리에 맞춰 내 머리맡의 사내가 흥흥 콧노래를 따라 부른다. (중략) 다시 물소리, 폭포의 엄청난 압력. 목구멍이 찢어지고 있다. 검은 물이, 온통 새까맣게 썩어버린 물이 내 코와 입과 목구멍 안으로 쑤시고 들어온다. 그대애, 차앙문을 열어줘. 워우워우. 그대의 차앙문을 워우워우. 헤에이 헤에이. 아아, 나는 죽어간다. 이대로 죽어가는구나. 워우워우. 헤에이 헤에이. 이렇게 어처구니없게(74쪽)

고문이라는 극단적인 악이 벌어지는 아이러니한 상황에서 더욱 놀라운 것 은 위의 장면에서도 나왔지만 고문을 행하는 사람들의 모습이 사악하다거나 흉물스럽지 않고 지극히 평범하게 그려져 있다는 것이다. 가량 최달식의 경 우는 보통사람들처럼 살아가고자 하는 꿈이 있었다.

> 한때 난 은행원이 되고 싶었다. 좀 있다간 은행장이 되어서 검정 세단차로 골프를 치러 다니고, 식구들과 함께 품위 있는 양식집에서 품위 있게 외식도 하고, 대지 삼백 평 정도의 빨간 양옥을 지어, 마당엔 융단 같은 잔디도 깔고, 사시사철 난초에 물이나 주면서, 그렇게 곱고 품위 있고 고상하게 살아가고 싶은 꿈이 있었다.(59쪽)

자신의 꿈이 아버지 또는 빨갱이에 의해 깨어졌다고 생각하지만 어쨌든 남 들처럼 살고자 하는 욕망이 있었던 것이다. 더불어 수사관들도 아무 생각 없 이 수동적으로 국가나 상사가 시키는 일만 하는 사람들로 그려졌다. 그렇다고 국가나 민족을 위해 일을 한다는 생각도 없다. 보통 사람들이 주어진 일을 열심히 하듯이 그렇게 살아갈 뿐이다. 오기섭이 유치장에서 모처로 이동하던 중 수사관들이 나누는 대화를 들으며 "버스 속이나 술집에 앉아 옆자리로부터 들려오는 낯모르는 사람들"의 이야기와 별반 다르지 않다고 느낄 정도로 그들은 평범한 사람들이었다.

> 몸살 감기야?
> 그렇다니까요. 다 뒈져간다고 어찌나 엄살을 떠는지. 나는 팔자에도 없는 새끼 하나 또 까내는 줄 알았다니까요.
> 흐흐. 엄살이 아냐, 이 사람아. (중략) 줴, 독감주의본가 그런 게 다 내렸다지 아마.
> 맞아요. 그런 모양입니다. 아주 지독하다던데요.
> 조심해야지. 한 사람이 걸리면 온 집안 식구가 다 앓는다구.
> 그게 큰일이에요. 우리 막내놈은 몸이 너무 약해서 말입니다. (중략) 코피가 잘 터지면, 그거 문젠데. 애들이 가끔 그럴 수가 있긴 하지만, 그런 아이들이 담에 커서도 약질 면하기가 어렵다구. 우리 큰 놈이 그랬으니깐.
> 그랬어요? 전번에 보니까 몸이 건강해 뵈던데요.
> 건강하긴 뭘. 그놈 밑으로 인삼 녹용을 사다 바치느라고 돈이 얼마나 들었는지 몰라. (41쪽)

이런 상투적인 이야기를 나누던 수사관들이 붉은 방에서 너무나도 익숙하게 한 인간의 육체에 고문을 행하는 것이다. 그들은 "이 분야에서 닳고 닳은 베테랑들"이었다. 그들은 자신들이 하는 일에 대해 무의식적으로 극단적인 악을 행하는 것이다.[18] 그 모습을 적나라하게 보여주는 장면이 있다.

---

18 극단적으로 악한 행위가 특별히 악한 의도 없이 발생했을 때, 그 행위에서 문제가 되는 것은 비열함이 아니라 무사유성이다. 행위의 맥락에 말하자면, 의지적인 범죄적 잠재력이 문제가 아니라 비주체적 순응이나 길들여짐, 체념이 극단적인 악을 초래한다. 비열함의 의지의 현상이다. 악은 판단력이 결핍된 현상이다. 판단력은 타인을 고려하는 것이기 때문에, 판단하지 못하고 차이를 알지 못하는 인간만이 모든 것을 할 수 있다. 박혁, 「악의 평범성」, 『(계간)시작』

(나는 발악하듯 버둥댄다. 모래밭 위에서 하릴없이 펄떡이는 피라미 한 마리. 오뉴월 뙤약볕에 아이들의 손에 붙잡혀 논둑 바닥에 힘껏 내팽개쳐진 개구리 한 마리. 허옇게 뒤집어진 채 헐떡거리는, 그 불룩대는 배.) 참, 이거봐. 이 계장, 자네한테 아까 전화 왔었어. 나한테? 어딘데? 몰라. 여잔데. 자네 마누란 아냐. 목소리가 꽤 세련됐더라구. 아방궁 오 마담이 아닌가 몰라. 으흐흣. 젠장. 쓸데없는 소리. 그게 뭐 하러 날 찾어? 보나마나 뻔하지 머. 외상값 독촉이겠지. 어제가 월급날인데. 외상 같은 것 없어. 그건 자네한테나 해당되는 사항이겠지. 아이구, 그나저나 쥐꼬리만한 월급에 이것저것 떼고 나니깐 마누라 얼굴 보기가 민망하더라구. 어이. 그쪽 좀 잘 잡아. 물이 튀기잖아. 참. 이 친구는 제법 잘 참는데. 독종이라 그렇지. 쓰발. 암만 생각해도 때려치우고 장사나 할까. 이번이 보너스 타는 달인데. 왜. 보너스는 무슨. 난 빈털터리야. 학자금 융자가 뭔가 애들 밑으로 들어간 게 있어서 한 푼 남김없이 다 떼인다구. 아. 요샌 고등학생 하나 보내는 것도 무시 못해. 대학생 못잖다니까……(점점 사지의 힘이 빠져나간다. 이젠 버둥거릴 힘도 없다.)(73쪽) [()는 인용자]

한 사람은 고문을 받으면서 죽음의 문을 앞에 두고 있는데 고문을 하는 사람들은 그러한 심각한 상황과 다르게 일상적인 대화를 나누면서 있는 것이다. 일상적인 대화를 나누던 평범한 가장들과 너무나도 익숙하게 한 인간에 대해서 폭력을 행사하는 최달식과 수사관들, 한 사람이지만 전혀 다른 두 가지 모습의 간격을 어떻게 이해할 수 있을까? 여기에서 우리는 악의 평범성을 볼 수 있다.

한나 아렌트가 『예루살렘의 아이히만』[19]에서 소개한 아이히만은 유태인 학살의 혐의로 예루살렘에서 공개재판을 받은 사람이다. 이 책이 충격적인 이유는 수많은 학살을 자행한 아이히만이 아주 사악하고 악마적인 인물일거라는 생각과는 달리 매우 평범했다는 점이다. 아이히만은 개인적으로는 친절하

12호, 2013, 345쪽.

19 한나 아렌트 저, 『예루살렘의 아이히만』, 김선욱 역, 정화열 해제, 한길사, 2006.

고 선량한 사람이었다고 하지만 반면에 매우 진부하고 평범한 사람의 감각과 도덕관념을 지닌, 그래서 어쩌면 진정한 주체적인 사고와 언어가 없는 인간[20]이라 할 수 있다. 아이히만에게는 진부성과 상투성으로 둘러싸인 평범함만이 있을 뿐이다. 이 평범함이란 자신과 자기가 한 일을 결코 상투적인 말 이외의 것으로 인식하고 표현하지 못하는 상태와 같은[21] 것이다.

이 악의 평범성은 개인의 심리상태와 관련이 있다. 극단적인 악에서 아렌트가 악에 관해 거시적으로 접근했다면, 악의 평범성에 관하여는 체제를 구성하는 개개인의 심리상태를 분석해 들어감으로써 악에 대한 사유를 보다 심화시켰다고 볼 수 있다.[22] 수사관들이 행하는 극단적인 악의 원인은 국가권력의 시스템이라 말할 수 있고 평범한 가장으로서의 모습은 개인의 심리상태와 관련된 악의 발생에 관한 또 다른 원인인 것이다.

그럼 수사관들은 어떻게 극단적인 악을 행할 수 있게 될까? 여기에는 두 가지 메커니즘이 바탕을 이룬다. 먼저 고문을 행하는 사람들의 도덕적 감각을 마비시킨다. 즉 국가폭력을 정당화하는 과정을 통해서 고문을 합법적인 행동으로 변화시키는 것이다. 다음으로는 이러한 행위를 반복하게 하여 일상화시키는 것이다. 이러한 반복은 국가폭력이 행해지는 과정을 기계화된 과정으로 만든다. 앞의 두 가지 메커니즘에 의해 고문이 행해지면 고문하는 사람들은 고문 받는 사람이 인간이라는 사실을 잊게 된다. 즉 대상이 인간임을 망각하게 되는 것이다.

최달식이나 수사관들의 모습은 평범하다. 가족 건강이나 아이들 학비 문제 —노후 문제 등은 일상을 살아가는 사람들이라면 하는 평범한 고민들이다. 이러한 평범한 사람들이 국가 권력의 작동 기제 속에서 극단적인 악을 행하

---

20 천정환, 앞의 글, 667쪽.
21 천정환, 앞의 글, 670쪽.
22 권유지, 「악의 평범성과 소통의 관한 문제: 아렌트 이론을 중심으로」, 『윤리철학교육』 14호, 2010. 150쪽.

게 된다. 하지만 그 극단적 악이 기계화 과정을 거쳐 무감각하고, 무사유적으로 행해지게 되고 그 행위가 반복됨으로써 진부성과 상투성으로 둘러싸인 평범함만이 남게 되는 것이다.

4. 국가폭력의 가시성과 비가시성 그리고 일상성-오기섭

국가폭력은 '각종 차별과 불평등 관계를 창출, 정당화, 강화, 변명하기 위하여 시도되며, 국가가 주도하거나 묵인하는 다양한 형태의 폭력'이라고 정의할 수 있다. 갈퉁(Galtung)은 직접적 폭력과 구조적·문화적 폭력을 구분했다. 전자는 물리적이자 가시적인 특성을, 후자는 비가시적인 특성을 지니고 있다. 또한 부르디외(Bourdieu)는 상징폭력(Symbolic Violence)이라는 개념을 사용하는데, 그에 따르면 사회의 특정 집단에 대한 차별을 정당화하고, 사회구성원들이 그것을 내면화하면 그것도 폭력이라는 것이다.[23]

오기섭이 수사관들에 의해 불법 연행되어 고문을 당한 것은 가시적 폭력이다. 무차별적인 가시적 폭력은 육체적·정신적으로 커다란 피해를 주어 육체적·정신적 불구자로 만들기도 한다.

> 드디어 나는 그것마저 벗겨내리고 만다. 좋다. 원하는 대로 해주마. 이젠
> 완전한 알몸이 되어버린 것이다. 내 살갗에 남은 그 손수건만한 천조각까지
> 빼앗겨버린 순간 나는 이미 인간으로서의 마지막 자존심마저 강탈당해 버리고

---

23 직접적 폭력은 물리적 폭력, 즉 학살, 고문, 린치나 구타, 강제수용소나 감옥 유폐, 거주 안전 제한, 사법절차를 거친 사형, 극히 비인간적인 상황으로 몰아넣어 병이나 다른 요인으로 죽게 만드는 일 등이 포함된다. 구조적 폭력(structural violence)이란 불공정한 사회적 장치, 즉 파시즘과 권위주의와 같은 지배체제하에서의 권력의 독점, 그리고 계급·인종·남녀 간의 차별 등을 지칭하고, 문화적 폭력은 폭력을 정당화시키는 환경, 인종주의와 반공주의 등을 지칭 하는데, 직접 폭력은 이러한 구조·문화적 폭력 아래에서 자행, 정당화, 동기 부여 되기도 하고 직접 폭력이 후자를 강화하기도 한다. 김동춘, 「분단이 낳은 한국의 국가폭력 -일상화된 내전 상태에서의 "타자"에 대한 폭력행사」, 『민주사회와 정책연구』 23호, 2013, 114쪽.

말았음을 확인한다. 그러자 바로 조금 전까지 내 가슴속에서 솟구쳐 일어서던 어떤 맹렬한 분노는 내가 알몸뚱이로 변해버린 그 순간에 허망하게도 스러져 버리고 만다. 이젠 억지로 어깨를 펼 기력조차 잃어버린 채 나는 한 마리 짐승으로 서 있을 뿐이다.(69쪽)

수사관들은 오기섭이라는 인간을 그렇게 아무 것도 걸친 것이 없는 한 마리의 짐승으로 만들었다. 여기에서 오기섭은 수치심을 느꼈다. 인간이 인간으로 대접받지 못하고 짐승으로 추락하는 순간 느끼는 감정이다. 그런데 오기섭의 피해는 단순히 개인이 느끼는 감정상의 문제가 아니다. 여기에는 또다른 의미가 있다. 국가폭력의 폐해가 단순히 개인이 받는 육체적·심리적 고통뿐만 아니라 사회심리적 고통도 있다는 것이다. 물론 개인이 받는 육체적·심리적 고통이 결코 무시돼서는 안 되지만 그 심각한 피해와 더불어 사회로부터 주어지는 고통도 있다는 것이다. 국가폭력으로부터 피해자가 받는 사회심리적 고통은 이중적이다.[24] 왜냐하면 국가폭력은 불법 감금, 고문이나 학살 등의 행위를 정당화시키려고 하기 때문에 국가는 이들을 피해자 아닌 불순세력으로서 국가의 이념에 대항하고 지배질서에 도전한 세력으로 바꾸어버린다. 그래서 국가가 이들에게 행하는 폭력을 일반적으로 당연한 행위로 만든다. 이런 국가의 불법적 행위가 합법화되면 피해자를 향한 공동체 및 타자의 시선은 곧 피해자가 오히려 국가에 뭔가 잘못했기 때문에 폭력을 당했을 거라는 논리로 확대 재생산된다. 이런 상황은 피해자에게 또 다른 고통을 줌으로써 스스로 고립되거나, 자살 등 이차적 피해를 가져다주는 것이다.

오기섭은 결국 물고문의 고통을 못 이겨 살려달라고 하면서 시키는 대로 말하겠다고 이야기 하지만 수사관은 시키는 대로 하라는 것이 아니고 사실대로 털어놓을 것을 요구한다. 여기에서 사실이란 수사관들이 원하는 대로 말

---

24 한성훈, 「중대한 인권침해와 국가권력」, 『한국사회학회 사회학대회 논문집』, 12호, 2013, 578쪽.

하는 것을 의미한다. 자신들의 행위에 정당성을 확보하기 위해 기억에 조작을 가하는 것이다. 오기섭이 기억하고 있는 것은 잘못된 기억이니 수사관이 원하는 기억으로 재구성해야 한다는 것이다. 수사관들은 자신들이 원하는 결과 또는 국가가 필요로 하다고 여기는 결과를 얻기 위해 개인의 기억조차도 조작하여 이용하는 직접적 폭력을 행사한 것이다.

그런데 오기섭에게는 '붉은 방'에서 당한 가시적 폭력과는 전혀 다른 성격의 사건이 발생한다. 그 사건은 바로 오기섭에게 큰아버지의 이름을 들려주는 것이 전부였다. 한 번도 얼굴을 본 적 없는 그의 큰아버지는 오기섭이 "철이 들면서부터 내 의식의 밑바닥에 깊고, 어두운 흉터로 도사리고 있다가 어느 때라도 불쑥불쑥 튀어나오"는 사람이었다.

> 그런데 그 큰아버지가 현실로 나타난 것일까. 북으로 올라갔다는 소문만 남긴 채 종적이 없다가 지금에야……? 삼십 년도 훨씬 더 지난 지금에야……? 혹시, 간첩이 되어? 모종의 어마어마한 지령을 받고? 서, 설마……나는 두 손이 부르르 떨리고 있음을 깨닫는다. 지금껏 평범한 내 일상의 내부에 은밀히 숨겨져 있던 하나의 가정이 드디어 눈앞에 현실로 나타난 것지도 모른다는 엄청난 두려움이 나를 사로잡는다.(17쪽)

북으로 사라진 큰아버지는 오기섭에게 언제든지 불안과 공포를 주는 존재였다. 이러한 불안과 공포는 한국이 분단되어 있다는 사실에서 기인한다. 민족 분단은 가족 간의 유대가 국가의 경계를 넘게 만들었고, 분단 지배질서는 남북, 혹은 남과 일본에 흩어진 가족 간의 유대도 국가의 이데올로기에 입각하여 검열을 하고 판단을 내린다.[25] 여기서 북에 가족을 둔 이산가족은 일단 의심과 사찰의 대상이 되었기 때문에 큰아버지의 이름이 호명되는 순간 오기섭은 분단된 이 땅에서 그 어느 누구도 벗어날 수 없는 "거대한 함정"이 나타

---

25 김동춘, 위의 글, 122쪽.

났다고 생각한다. 그 거대한 함정은 곧 "단색의 세계-그 핏빛 세상"이다. 모든 색 중에서 유일하게 한 가지 색만이 신화이자 동시에 터부시되는 세상인 것이다.

이 비가시적 폭력은 바로 반공주의 신화에 기초하고 있다. 신화는 터부와 동전의 양면이다. 반공주의 신화는 한국전쟁 과정과 분단 하에서의 반공투쟁 사건에서 만들어지고 터부는 그것을 비판하거나 거부하는 것을 금지하는 것에서 발생했다. 신화의 역할은 어떤 사회나 공동체에서 외부 집단과 구분하는 기준이며 집단 내부에서는 공통의 기억을 소유하게 하여 일체감을 형성하게 한다. 그리고 그 신화와 터부를 생성하고 유포하는 세력은 법 이상의 힘을 지니고 있다. 분단 하의 문화적 폭력이자 상징적 폭력은 반공주의의에 의한 '빨갱이' 낙인찍기의 형태로 이루어지는 것이다.[26]

반공과 국가폭력이 결합되었을 때 어떤 사태가 벌어지는지 생생하게 보여주는 경우가 바로 오기섭인 것이다. 오기섭에게 가한 상상할 수 없는 고통은 체제를 유지하려는 정치적 셈법이었다. 간첩을 만들기 위한 증인이 필요했기 때문에 그 증인으로 오기섭의 자술서가 필요했던 것이다. 그 자술서마저도 고문에 의해 조작된 것이다. 왜 조작이 필요한 것일까? 독재국가는 간첩이 있어야 권력을 행사할 수 있는 체제였고 정보기관은 간첩을 만들어야 유지할 수 있는 조직이었기 때문이다.[27]

오기섭이 불법 연행된 후 끌려가 취조와 고문을 반복적으로 당하다가 방에 혼자 남아서 살아왔던 일상적 삶들의 소중함을 깨닫게 된다.

> 그런 사소하고 무의미하게만 여겨지던 내 일상들을 나는 턱없이 얼마나 견디기 힘들어 했던가.(62쪽)

---

26 김동춘, 앞의 글, 133쪽.
27 한성훈, 앞의 글, 586쪽.

돈과 자식과 아내와 직장, 그 모두를 송두리째 나는 증오했다. 그것들이야
말로 내 육신과 영혼을 저 무의미하고 부패한 삶의 땟국물 속에 푹 처박히도록
만드는 원흉들이라고 여겼기 때문이었다. 그러나, 지금 이 순간 나는 그것들
모두가 눈물겹도록 그립고 소중하게만 여겨지는 것이다. 그렇듯 무의미하게
만 보였던 작고 평범한 일상들이 별안간 엄청난 의미를 지닌 채 나를 간절한
그리움에 떨게 만들고 있다. (63쪽)

모든 것을 포기하고 원하는 것을 다 해주었을 때 오기섭은 집으로 돌아갈
수 있다는 말을 듣는다. 일상으로의 복귀가 가능한 것이다. 이 복귀는 중요한
데 왜냐하면 일상은 주·객관적 현실을 구성해내며 일상을 배경으로 수많은
것들이 이루어지기 때문이고 더불어 일상공간은 개인적인 생존과 역사적 진
보도 함께 나타나기 때문이다. 일상은 그 자체로 사람들이 속해 있으면서 직
접적으로 살아가는 시공간인 것이다.

일상으로의 복귀는 허락됐지만 오기섭에게는 또 다른 금기가 주어진다. 집
으로 돌아가기 직전에 가죽 잠바 사내-최달식-가 악수를 청하면서 '입조심
하라'고 충고를 한다. 오기섭에게 이 말은 충고가 아니고 경고이다. 다음에
언제든지 당신이 이곳에 다시 올 수 있다는 사실을 잊지 말라는 것이다. 이렇
듯 국가폭력은 일상에 내재해 있는 잠재적인 현실인 것이다. 그렇다고 일상
이 부정적 의미로만 존재하지는 않는다. 일상이라는 시공간은 권력을 통한
억압의 양상이 개인의 삶뿐만 아니라 사회의 모든 방면에 침투한 억압의 공
간이자 이에 대한 저항을 통해 바뀌기도 하는 변혁의 공간이기도 하다.[28] 말
하자면, 억압의 상태에 있지만, 그 억압의 상태를 인식할 수 없는 경우도 많
이 있긴 하지만 그 억압에 대해 저항할 수 있는 것도 일상이라는 시공간이다.

집으로 돌아가는 승용차에서 오기섭은 붉은 방에서의 며칠을 되돌아본다.

---

[28] 정병언, 「폭력의 일상성과 차이의 공간-사라 케인의 『폭파』」, 『영어영문학』 22권, 2009, 224쪽.

그래. 정말 이런 건 아무 일도 아닐는지 몰라. 난 어쩌다가 아주 허술한 함정에 빠져서 잠시 허위적대다가 다시 빠져나온 정도에 지나지 않을 거야. 정작 바로 지금 이 순간에도 어느 숨겨진 밀실 혹은 지하실에선 얼마나 많은 사람들이 그 무서운 고통을 겪고 있는 것일까. 하지만 사람들은 그들의 행방 따위엔 눈길 한 번 돌리지 않은 채 참으로 태연하고 태평스럽게 살아가고 있을 뿐이다. 아니, 누구보다 나 역시 얼마 전까지 바로 그랬었다. (중략) 나는 바로 그 똑같은 시간 이 땅 어딘가에 그렇듯 괴이하고 기묘한 붉은 방이 존재한다는 사실은 아예 상상조차 못하고 지내왔던 것이다.(90쪽)

오기섭은 붉은 방으로 표상되는 세계가 일상과 병치되어 있다는 것을 알아야 한다고 느낀 것이다. 저 멀리 떨어져 있는 것이 아니라 공존하고 있다는 것을 그리고 누구라도 그 '붉은 방'으로 끌려갈 수 있다는 것에 대한 경고이자 아무런 생각 없이 반복적이며 자동적으로 살아가는 삶에 대한 경고이다.

일상이 국가폭력에 의해 억압되어 있다는 것을 오기섭은 육체적 고통을 통해 인식한 것이다. 그러면서 동시에 일상의 공간이 저항공간일 수도 있는 것은 오기섭이 집으로 돌아가는 길에 "가슴 속에서 무언가 뜨겁고 단단한 불덩이 같은 것이 꿈틀거리기 시작"했다는 지문에서 알 수 있다. 국가폭력의 일상성을 띠고 있다면 그 국가폭력에 맞서서 저항하는 것도 일상을 떠나서는 안 되는 것이다.

5. 국가폭력에 맞선 일상의 저항

임철우는 '오월 광주'를 겪고 나서 폭력에 대한 관심을 가졌다. 그의 소설들은 분단 체제와 광주항쟁과 일련의 시국사건 등에 직·간접으로 관계된 인물들이 다양한 폭력 앞에서 어떻게 심리적으로 손상받고 육체적으로 마모되는지를 끈질기게 이야기해 왔다. 임철우는 「붉은 방」에 등장하는 인물들을 통해서 국가폭력과 그와 관련된 특성들을 형상화한 것이다.

최달식은 한국전쟁 중 가족들이 빨갱이들에 의해 학살당하게 된다. 이 경험으로 최달식이 하나의 잘못된 믿음을 내면화하고 그 믿음으로 인해 폭력이 정당화되는 모습을 임철우는 소설로 형상화하고 있다. 게다가 최달식의 의식은 기독교의 교리와 결부되면서 소명 의식으로 변화되면서 절대화된다.

최달식이나 수사관들의 모습은 평범하다. 가족 건강이나 아이들 학비 문제, 자신들의 노후 문제 등은 일상을 살아가는 사람들이라면 하는 평범한 고민들이다. 이러한 평범한 고민을 하는 사람들이 국가권력의 작동 기제 속에서 극단적인 악을 행하게 된다. 하지만 그 극단적 악이 기계화 과정을 거쳐 무감각하고, 무사유적으로 행해지게 되고 그 행위가 반복됨으로써 진부성과 상투성으로 둘러싸인 평범함만이 남게 되는 것이다. 이런 평범함을 한나 아렌트는 '악의 평범함'이라 명명했다.

오기섭은 국가권력에 의해 가시적인 폭력과 비가시적인 폭력을 동시에 경험하게 된다. 가시적인 국가폭력의 결과는 단순히 개인이 받는 육체적·심리적 고통뿐만 아니라 사회심리적 고통도 있다. 국가폭력으로부터 피해자가 받는 사회심리적 고통은 이중적이다. 왜냐하면 국가폭력은 불법 감금, 고문이나 학살 등의 행위를 정당화시키려고 하기 때문이다. 국가는 이들을 피해자 아닌 불순세력으로서 국가의 이념에 대항하고 지배질서에 도전한 세력으로 바꾸어 버린다. 그래서 국가가 이들에게 행하는 폭력을 일반적으로 정당한 행위로 만든다. 또한 국가의 불법적 행위가 합법화되면 피해자를 향한 공동체 및 타자의 시선은 곧 피해자가 오히려 국가에 뭔가 잘못했기 때문에 폭력을 당했을 거라는 논리로 확대 재생산된다. 이런 상황은 피해자에게 또 다른 고통을 줌으로써 스스로 고립되거나, 자살 등 이차적 피해를 가져다줄 것이다.

그런데 오기섭이 '붉은 방'에서 당한 가시적 폭력과는 전혀 다른 성격의 폭력이 발생한다. 문화적 폭력 즉 비가시적 폭력이 가시적 폭력과 동시에 이루어진 것이다. 그 사건은 바로 오기섭에게 큰아버지의 이름을 들려주는 것이 전부이다. 이 비가시적 폭력은 바로 반공주의 신화에 기초하고 있다. 신화는 터부와 동전의 양면이다. 반공주의 신화는 한국전쟁 과정과 분단 하에서의 반공투쟁 사건에서 만들어지고 터부는 그것을 비판하거나 거부하는 것을 금지하는 것에서 발생했다.

또한 오기섭은 일상이 국가폭력에 의해 억압되어 있다는 것을 '붉은 방'에서 행해진 육체적 고통을 통해 인식하게 된다. 그러면서 동시에 일상의 시공간이 저항의 영역일 수도 있다는 것을 오기섭이 집으로 돌아가는 길에 느낀 것이다. 국가폭력이 잠재적 일상성을 띠고 있다면 그 국가폭력에 맞서서 저항하는 것도 일상을 떠나서는 안 되는 것이다.

끝으로 아직 해결하지 못한 문제들이 있다. 과연 최달식이 오롯이 가해자인가라는 문제, 「붉은 방」이 임철우 소설의 전체적인 흐름이나 분단 및 5월 광주를 소재로 하는 소설의 계열에서 어떤 위치를 차지하는가라는 문제, 다른 작가들의 작품들이 국가폭력을 어떻게 다루고 있는지에 대한 비교 연구 등을 향후 과제로 남겨두고자 한다.

참고문헌

김동춘, 『전쟁과 사회-우리에게 한국전쟁은 무엇이었나?』, 돌베개, 2000.

김동춘, 「분단이 낳은 한국의 국가폭력-일상화된 내전 상태에서의 "타자"에 대한 폭력 행사」, 『민주사회와 정책연구』 23호, 2013.

권유지, 「악의 평범성과 소통의 관한 문제: 아렌트 이론을 중심으로」, 『윤리철학교육』 14호, 2010.

김병로, 「불협화음의 부조리 서사담론 미학-『나는 소망한다 금지된 것을』(양귀자)과 「붉은 방」(임철우)을 중심으로」, 한남어문학, 2000. Vol. 24, 193-212쪽.

김병익, 「고문의 소설적 드러냄」, 외국문학 11호, 1986. 겨울, 83쪽

김준석, 『근대국가』, 책세상, 2011.

박혁, 「악의 평범성」, 『(계간)시작』 12호, 2013.

윤평중, 「악의 평범성과, 역사청산」, 『철학과 현실』 71호, 2006.

임철우·한승원, 「붉은 방」·「해변의 길손」, 『1988 이상문학상 수상작품집』, 1989.

정병언, 「폭력의 일상성과 차이의 공간-사라 케인의 『폭파』」, 『영어영문학』 22권, 2009.

천정환, 「역사주의와 미학주의의 합주-1980년대 임철우의 중·단편소설을 중심으로」, 『한국현대소설이 걸어온 길』, 문학동네, 2013.

최형태, 「국우 반공주의와 5·18 광주항쟁」, 『5·18민중항쟁과 정치·역사·사회』, 도서출판 심미안, 2007.

최호근, 『제노사이드: 학살과 은폐의 역사』, 책세상, 2005.

한성훈, 「중대한 인권침해와 국가권력」, 『한국사회학회 사회학대회 논문집』, 12호, 2013.

한순미, 「주변부의 역사 기억과 망각을 위한 제의」, 『한국민족문화』 38, 2010.

홍정선, 「임철우 론/폭력과 작가의 양심」, 임철우, 『직선과 독가스』, 마이디팟, 2014.

한나 아렌트 저, 『예루살렘의 아이히만』, 김선욱 역, 정화열 해제, 한길사, 2006.

제2부

분단폭력
트라우마의 치유와
사회적 기억

제주 4·3을 기억하는 방법

- 제주4·3평화기념관을 중심으로

남경우

1. 이름 없는 4·3 비석

'제주4·3평화공원'에는 '4·3'[1]의 희생자들을 검은 돌에 새겨 기념하는 위패봉안실, 4·3 희생자들을 위한 추모제 등에서 제사가 이루어지는 위령제단, 4·3 희생자 중 시신을 찾지 못하여 묘가 없는 행방불명인을 대상으로 개인표석을 설치하여 넋을 위로하는 공간인 제주4·3행방불명자표석, 4·3사건을 상징하는 각종 조형물 등 많은 기념물·기념공간들이 존재한다. 이들 중에서 어느 것 하나 중요하지 않은 것이 없지만, 그 중에서도 4·3을 일목요연

---

1   특별법 등에서 4·3을 지칭하는 용어는 '제주4·3사건'이다. 그러나 향후 서술할 내용과 같이 본인은 4·3이 단순히 제주라는 특정 지역에서 벌어진 일이 아니라 분단체제 속 '한반도'에서 일어난 사건으로 보아야 하며, 단순한 사건이 아니라 분단의 역사를 담고 있는 것이라 판단한다. 때문에 본고에서는 4·3의 의미를 특정지역으로 한정하는 '제주'를 붙이지 않는다. 4·3의 성격을 정의하고자 많은 논의가 이루어지고 있다. 다양한 시각에서의 정명(定名) 논의가 4·3을 가리키는 명칭에 담겨야 한다는 것이 본인의 논지이기에 본고에서는 4·3을 보다 열린 논의의 대상으로서 지칭하고자 한다. 때문에 '항쟁', '사건', '학살' 등의 명칭을 제외한 '4.3'으로 기술한다.

하게 정리하여 방문자들이 쉽게, 그리고 깊게 느낄 수 있도록 하는 중요한 역할을 하는 것으로 여겨지는 것이 바로 '제주4·3평화기념관'이다.

특히 제주4·3평화기념관(이하 평화기념관)에 있는 6개의 상설전시실은 4·3을 직접 체험하듯 알아볼 수 있게 하나의 스토리처럼 구성되어 있어 평화기념관의 핵심요소라 할 수 있다. 그러한 상설전시실에서 첫 번째로 만나게 되는 조형물이 바로 〈백비(白碑)〉이다. 이 조형물에 대한 설명은 이렇다.

> "'언젠가 이 비에 제주4·3의 이름을 새기고 일으켜 세우리라' 백비(白碑), 어떤 까닭이 있어 글을 새기지 못한 비석을 일컫는다. '봉기·항쟁·폭동·사태·사건' 등으로 다양하게 불려온 '제주4·3'은 아직까지도 올바른 역사적 이름을 얻지 못하고 있다. 분단의 시대를 넘어 남과 북이 하나가 되는 통일의 그날, 진정한 4·3의 이름을 새길 수 있으리라."

누군가의 '이름'을 마주하게 되면 그 사람과의 관계 속에서 있었던 경험들이 함께 떠오른다. 그리고 그 경험들은 그 사람을 정의하는 중요한 근거들이 된다. 그런데 하나의 이름을 마주하고 대상을 기억한다 해도 누군가에게는 다정한 사람이 떠오를 수 있고, 누군가에게는 냉정한 사람이 떠오를 수 있다. 대상과 어떤 경험을 했는지에 따라, 대상을 어떻게 기억하는지에 따라 전혀 다른 성격으로 규정할 수 있는 것이다. 이는 어떠한 사건에 대해서도 마찬가지이다. 이처럼 이름은 어떤 존재·사물·현상 등을 설명하는 데 매우 중요한 역할을 한다.

4·3은 지금까지 다양한 이름으로 불려왔다. 그러나 그 중 어느 것도 백비에 새겨지지 않았다는 점에서 알 수 있듯 4·3을 지칭하는 이름은 계속해서 변화해왔다.[2] 4·3의 발발 당시 군정이 명명한 '폭동' 및 '반동' 혹은 '제주도 폭동'이라는 명칭으로 4·3을 가리키는 이름의 역사는 시작되었다. 이후 단선 정국에 들어서면서 좌익계열 단체와 언론들은 단선 등록과 탄압 행위에 반대하는 '인민항쟁', '구국투쟁' 등의 이름을 사용하게 되었다. 이에 대하여 군정은 대한민국 정부 수립에 반대한다는 논리 속에서 4·3을 '반란'으로 지칭하였다. 그동안 언급조차 금기시 되었던 4·3은 1960년 4.19혁명을 기점으로 '사건'으로서 다시금 공개적으로 논의되었다. 그러나 이후 들어선 군사정권으로 인해 80년대 민주화운동 시기 이전까지 '폭동'으로 불리기도 하였다.

4·3을 지칭하는 이름이 다르다는 것은 그것을 기억하는 방법이 다른 것이라 할 수 있다. 그것을 폭동으로 부르는 사람들과 항쟁으로 부르는 사람들은 4·3을 서로 다르게 기억하고 있는 것이다. 그렇다면, 4·3의 시작 지점에 백비를 놓고 '올바른 이름(正名)'을 찾을 때를 기다리고 있는 평화기념관은 4·3을 어떻게 기억하고자 하는 것인가. 그리고 4·3은 어떤 이름으로 불러야 할까.

본고는 이러한 질문에 대한 답을 찾아가기 위해 평화기념관에서 4·3이 형상화되고 있는 양상을 파악하고자 한다. 전시물들이 말하는 바와 그것들이 위치지어진 서사적 맥락을 확인하는 작업을 통해 평화기념관이 4·3을 기억하는 방식과 그것이 4·3에 부여하고자 하는 이름을 알아보고자 한다. 또한 다양한 이름으로 불리는 4·3은 과연 어떠한 방식으로 기억되고 이름 지어져야 하는지 논의해보고자 한다.

---

2   4·3을 가리키는 명칭에 대한 정리는 '제주4·3사건진상규명및희생자명예회복위원회, 『제주 4·3사건 진상보고서』, 선인, 2003'과 '박찬식, 「4·3의 公的 인식 및 서술의 변천」, 『한국근현대사연구』 제41집, 한국근현대사학회, 2007'을 참고하였다.

2. 제주4·3평화기념관이 4·3을 기억하는 방법

1) 4·3을 바라보는 시각의 변화

간략하게 살펴본 바와 같이 4·3은 한국사회의 정치적 상황에 따라서 다양한 이름으로 불렸다. 다른 이름은 다른 기억을 의미한다. 4·3에 대한 상이한 기억들을 확인하기 위해서는 우선 4·3을 지칭하는 여러 이름이 가진 각자의 기억들을 살펴보아야 할 것이다.

4·3의 역사에서 그 이름으로 가장 먼저 등장했던 것은 바로 '폭동'이다. 이 이름은 지금까지도 4·3에 대한 다양한 의견들이 모일 때 한 켠의 자리를 차지하고 있기도 하다. 이것이 가능한 이유는 '폭동'이라는 형태가 당시 미군정과 지배세력이 알리고 싶었던 4·3의 모습이기 때문이다. 그들에게 제주도에서 일어난 무장대의 습격은 '폭동'이어야 했다. 정부를 수립하기 위한 선거를 방해하고자 하는 세력은 미군정의 입장에서 위험요소를 내포하고 있다고 판단해야 할 대상이었다. 1948년 당시 조병옥 경무부장의 강연에서 등장한 '폭동'은 이후 미군정 관계자들이 무장대의 습격을 규정하는 단어가 되었다. 무장대에 대한 폭력을 정당화하기 위해 '반공'의 개념이 사용되며 공산폭동을 벌인 자들은 진압의 대상이었다. 그러나 무장대 토벌과정에서 토벌대에 의해 발생한 주민들의 희생과 피해는 언급되지 않았다. 오히려 그 책임은 피해자인 제주도민들에게 전가되었다. 4·3의 이름이 폭동으로 지어진 후 4·3에 대한 다른 형태의 언급은 금지되었다.

1960년 4.19는 4·3에 대한 다른 방식의 기억을 가능하게 했다. 4·3에 대한 지배적 담론이었던 폭동론은 토벌대가 학살한 대상이 양민으로 위장한 적이었다고 주장했다. 그러나 이는 사실이 아니었고 이를 반박하는 중요 지점은 토벌대로 인해 죽임당한 사람들이 대부분 '양민'이었다는 부분이었다. 4·3이 '양민학살'이라는 이름을 얻는 순간이었다.[3] 그러나 '양민'이라는 단어를 사용하는 것은 스스로에게 또 다른 한계를 지우는 것과 다름없었다.

이 단어는 양민이 아닌 존재를 상정하고 있는 것이었고, 그 존재는 다름 아닌 '빨갱이'였다. 즉, 4·3을 양민학살이라 칭하는 것은 양민은 죽여서는 안 되는 존재이지만, 빨갱이는 죽여도 된다는 논리를 성립시키는 것이다. 억울하게 죽은 사람들은 빨갱이가 아니니 양민으로 복권시켜달라는 주장이 될 가능성이 매우 높았다.[4]

독재정권의 타도를 이루는 듯 보였던 4.19의 빛은 새로운 독재정권이 들어서면서 다시금 어둠으로 변했다. 이와 함께 반공의 논리 또한 강화되면서 4·3은 다시 폭동으로 불리게 되었다. 그러나 1987년 6월 항쟁 이후 민주화의 불길이 강해지면서 4·3에 대한 새로운 기억 방식이 논의되었다. 크게 두 개의 이름으로 정리하면 '항쟁'[5]과 '국가폭력'이었다.

당시 군부정권을 비판하는 표현은 '반민주, 반민족'이었다. 때문에 4·3을 기억하는 이름은 단선을 거부했던 민주항쟁이자 민족적 항쟁이 되었다. 이때

---

3   4.19로 인해 그간의 반공적인 독재체제 속에서 말하지 못했던 피해를 말할 수 있게 되었다. 4·3에 대한 목소리 또한 높아졌는데, 1960년 5월 제주대학생 7인이 "사건당시 양민을 학살한 주동자들을 엄정하게 처벌할 것"을 주장하며 '양민학살'의 개념이 등장하였다. 이후 국회의 '양민학살사건'에 대한 조사 등을 통해서 이러한 인식이 공적으로 명료하게 드러났다. (박찬식, 앞의 책, 183~184쪽.)

4   이러한 한계를 지니고 있음을 인지하였기 때문에 최근에 와서는 '양민'이라는 단어를 사용하지 않고, '민간인'이라는 단어를 사용하는 경향을 보인다. 그럼에도 불구하고 4·3 희생자 선정 과정 등에서는 여전히 '빨갱이'가 아님을 증명하기 위한 논리가 사용되곤 한다. "현재의 진상규명운동의 또 하나의 문제점은 역사적 사실의 한 부분을 의도적으로 배제시키고 있다는 점이다. 4·3 당시 주요한 역할을 했던 세력, 즉 남로당으로 대변되는 좌익세력과의 연관관계를 무시하고 있다. 이와 관련하여 또 하나의 문제는 좌익을 이야기하지 않으면서도, 양민학살을 주장할 때는 반드시 "좌익으로 매도되어 억울하게 죽었다. 공산폭도가 아니라 양민이었다."라고 밝히는 점이다. 그러면서 피해자들이 양민이었으며 좌익이었다 하더라도 사상적으로는 그리 투철하지 못했다는 사실만을 부각시킨다. 이것은 위험해 보이면서도 한편으로는 폭력적이기까지 하다. 왜냐하면 역으로 이야기하자면 만약에 '투철한 좌익'이라면 학살해도 좋다는 것을 용인하는 것처럼 보이기 때문이다." (양정심, 『제주4·3항쟁 – 저항과 아픔의 역사』, 선인, 2008, 244쪽.)

5   4·3을 민중항쟁으로 보았던 대표적 연구로 박명림과 고창훈의 것을 들 수 있다. (박명림, 「제주도 4·3민중항쟁에 관한 연구」, 고려대 대학원 석사학위논문, 1988; 고창훈, 「4·3민중항쟁의 전개와 성격」, 『해방전후사의 인식』 4, 한길사, 1989.)

담론의 방향성은 당시 유행하던 '민족해방론'의 영향을 받았으며, 북한과 일본 등지에서 생산되는 논의들을 수용하면서 친북적인 성격을 띠게 되었다.[6] 그러나 이후 남로당 중앙 지령설이 조작된 정보였다는 것이 밝혀지며 친북적 성격을 띠고 있다고 판단되는 4·3의 이름은 논의에서 배제되었다. 그럼에도 민족적 항쟁의 성격은 남아 '반외세-반분단 항쟁'으로 귀결되었다. 4·3을 가리키는 이 이름의 의의는 "'통일추구-총선반대-선거저지 및 불참'이 '남한 거부-북한지지-공산폭동'으로 연결되는 논리 연쇄를 파쇄했다."[7]는 데 있었다. 더 이상 선거 불참이 정통성의 부인과 연결되지 않게 된 것이다.

그런데 이와 같은 적극적 항쟁으로서의 4·3 논의는 무장대와 제주도민이 단선 반대라는 강한 의지를 공유하고 있다는 전제를 지녀야 한다. 그러나 이후의 연구에서 "선거거부 이후 1948년 가을 이전까지 상당한 기간 동안 쌍방의 자제에 의해 대규모 학살이 없었다는 점은 선거거부에 대한 국가당국의 인식이 절대적이지 않았"[8]다는 주장이 제기되었다. 즉 4·3이 지닌 저항으로서의 의미는 학살이라는 상황과 반드시 연결되어 있는 것은 아니었다는 것이다. 4·3의 적극적 항쟁이라는 의미가 또 다른 측면에서 제기된 것이다.

양민학살과 같이 빨갱이와 거리를 두고자 하는 형태의 기억 방식이 있었다. 바로 무장대와 제주도민을 분리하는 것이다. 이로 인해 제주도민이 자신의 안위를 확보하기 위한 '자위적 항쟁'이라는 이름이 부여되었다. 이러한 시각에서 무장대와 제주도민의 연대는 무장대와 미군정의 억압에 의해 강요된 것이라는 논의가 지배적이었다.

민주화의 진전으로 5.18에 대한 새로운 평가가 가능해지면서 4·3에 대한 인식도 '국가폭력'의 차원으로 옮겨갔다.[9] 양민학살과 유사한 맥락에 있지만

---

6 박명림, 앞의 책, 435쪽.

7 김민환, 「전장(戰場)이 된 제주4·3평화공원 - 폭동론의 '아른거림(absent presence)'과 분열된 연대」, 『경제와 사회』 제102집, 비판사회학회, 2014, 77~83쪽.

8 박명림, 앞의 책, 439~440쪽.

양민과 빨갱이를 구분하지 않고 군과 경찰의 모든 무차별적 민간인 살해 등의 피해를 모두 범죄로 여기며 인간의 보편적 가치를 보호하는 데 우선순위가 매겨지게 되었다.

2) 제주4·3평화기념관의 4·3

이제 평화기념관이 보여주고자 하는 4·3을 살펴보고자 한다. 앞서 소개한 바와 같이 평화기념관은 2008년 제주4·3평화공원 내에 개관하였다. 평화기념관 내에서 가장 중심이 되는 곳은 상설전시실이다. 이곳은 제1관 역사의 동굴·제2관 흔들리는 섬·제3관 바람 타는 섬·제4관 불타는 섬·제5관 흐르는 섬·제6관 새로운 시작 등 총 6개관으로 구성되어 4·3의 기억들과 그와 관련한 역사 정보를 제공하고 있다.

과거의 집단적 기억을 회상하여 현재로 불러내는 방식은 대부분의 경우 도식적이다. 일반적으로 집단적 기억의 재현은 비·나무·표지석·공원·가로 등으로 구체화되며, 시각적 정보가 공간적 요소와 결합하는 기념물의 형태를 가진다.[10] 문제는 재현과정에서 재현의 주체나 이데올로기적 환경에 맞추어 기억하는 방법이 결정된다는 점이다. 그리고 이렇게 기억하는 방법에 따라서 이름이 결정지어진다.

물론 문학·예술작품이 그러하듯, 기념을 위한 기념물들 또한 구체화되어 전시된 순간 그에 대한 해석의 자유도가 일정 부분 부여된다. 즉 기념물의 제작 및 전시의 주체가 의도한 바가 기념물에 부여되어 있지만 그것의 전부가 관람객에게 전달될 수 있는 지의 여부는 정해져 있지 않은 것이다. 그럼에

---

9   4·3을 국가폭력에 의한 대량학살로 보는 대표적 연구로 양정심의 것을 들 수 있다. (양정심, 『제주4·3항쟁에 관한 연구─남로당 제주도위원회를 중심으로』, 성균관대 대학원 석사학위논문, 1994.)

10 정근식, 「기억의 문화, 기념물과 역사교육」, 『역사교육』 제97집, 역사교육연구회, 2006, 281쪽.

도 불구하고 재현 주체의 의도는 기념물과 전시의 구성 전체를 좌우하기 때문에 그 영향력이 상당함은 부정할 수 없다.

이러한 지점에서 평화기념관의 상설전시실은 정보와 의도의 전달이 효과적일 수 있는 방법을 구상하였으며 나름 성공적으로 구체화한 것으로 여겨진다. 4·3 당시 많은 제주도민이 군경을 피해 피난했던 곳이 동굴이다. 상설전시실의 첫 번째 관문이자 이야기의 시작인 제1관은 관람객이 4·3당시의 제주도민이 된 듯이, 사람들이 피난해 있던 동굴 속으로 걸어 들어가도록 꾸며져 있다.

통로뿐만 아니라 그곳을 걸으며 듣게 되는 물방울이 떨어지는 음향효과 또한 동굴의 내부에 있는 듯한 감각을 유도하고 있다. 이 동굴을 걸으며 관람객은 상설전시실 외부의 현재에서 내부에 펼쳐진 4·3의 시간으로 이동하게 된다. 통로의 끝에는 백비가 놓여 있다. 시간을 넘어온 관람객들에게 어떠한 글자도 적혀 있지 않은 채 눕혀져 있는 백비를 보여줌으로써 4·3에 대한 궁금증과 함께 4·3이라는 대상의 강렬한 이미지를 던진다.

제1관 역사의 동굴을 지나면 제2관 흔들리는 섬으로 이어진다. 제2관은 4·3의 전사(前史)를 보여주는 곳이다. 세부 내용으로는 해방·자치를 위한 노력·좌우대립·미군정과 제주도·미소의 분할점령·3.1발포사건이 전시되어 있으며, 관람객 또한 시간의 순서에 따라 각 전시 내용을 확인할 수 있도록

되어 있다.

제2관은 전체적으로 해방 후 한반도의 정세에 대한 서술을 주제로 하고 있다. 이러한 바탕 위에 해방정국에서 친일파들의 행적, 4·3의 기폭제가 되었다고 할 수 있는 3.1발포사건과 이후 이루어진 '검거선풍', 이로 인한 고문치사 등이 강조되고 있다. 특히 검거선풍 당시의 유치장 모형 및 고문 장면, 그리고 고문치사 사건 유족의 증언 등이 눈에 띄게 전시되고 있다. 또한 3.1 발포사건에 대한 민관의 총파업과 서북청년단의 제주 입도도 중요한 비중을 차지하고 있다.

제3관 바람타는 섬은 4월 3일의 상황과 이에 대한 미군정의 대응, 단선 반대의 움직임과 한반도 내 두 개 정부의 수립을 다루고 있다. 여기서 주목할 부분은 4·3을 '무장 봉기'로 명명하고 있다는 점이다. 봉기라는 단어가 주로 민중이 어떤 것에 대항하기 위하여 들고 일어서는 것을 표현할 때 쓰인다는 점에서 '민중'과 '저항'에 방점을 찍고 있는 것으로 해석할 여지가 있다.

제3관에서는 첫 번째 패널에서 4·3의 발발을 주도한 세력이 '남로당 제주도위원회'이며 습격에 나선 무장대가 약 350명임을 표기하고 있다. 여기에 함께 전시되고 있는 무장대에 대한 패널 '무장대의 실체'에서는 당시 무장대에 대한 정보가 매우 왜곡되어 부풀려졌으며, 그들의 무장 또한 매우 빈약했음을 강조하고 있다. 이러한 왜곡은 미군정에 의한 것이었으며, 같은 맥락에서 '오라리 방화사건' 또한 우익청년단원의 소행이었으나 '폭도의 소행'으로 왜곡되었음을 말하는 패널이 설치되어 있다. 이와 함께 미군이 오라리 방화사건을 촬영하여 제작한 '제주도 메이데이'라는 무성영화 또한 이러한 왜곡의 관점으로 편집되어 있음을 보여주고 있다.

흥미로운 것은 '세계의 민중봉기'라 하며 세계 각국에서 불의에 대항하여 일어선 민중의 모습을 보여주는 섹션이 이곳에 함께 있으며, 동시에 '제주 저항의 전통'이라 하여 제주도의 역사 속에서 민중 저항이 있었던 사례를 제시하고 있다는 점이다. 또한 3관에서 4관으로 넘어가는 부분에는 한라산을 상징하는 조형물이 있으며 그 주변으로 단선을 반대하며 산으로 올라가는 제주도민의 모습을 그리고 있다.

4관 불타는 섬은 미군정과 토벌대에 의한 '초토화 작전'으로 인해 황폐진 제주도의 모습과 학살의 참상을 자세히 보여주는 데 집중하고 있다. 4·3에 있어서 가장 중요한 사실을 다루는 구역이기 때문에 제4관의 전시물과 정보의 양이 전체 6개 관 중에서 가장 많다. 세부 내용으로는 초토화 작전·여순 사건·학살의 세부 내용·다랑쉬굴 재현 전시·20세기 세계의 제노사이드 사례·귀순과 무장대의 궤멸·한국전쟁 당시 예비검속과 한라산 최후 토벌·4·3 피해 내역 등이다.

여기서 주로 강조되고 있는 것은 '초토화 작전'에 대한 미군의 실질적 작전통제권 행사와 이승만의 승인, 이로 인한 제주도민의 피해이다. 특히 제주도가 불바다가 된 상황을 조형물을 통해 시각적으로 강조하고 있으며, 제주도민의 피해는 '죽음의 섬'이라는 별도의 섹션을 통해서 자세히 보여준다. 죽음의 섬은 기존 관람 동선 속에 위치하면서도 격리되어 있는 형태를 취하고 있다. 그리고 벽면에 피해자를 상징하는 각종 부조가 위치하며 검은색의 사각 기둥에 잔혹한 학살 사례를 기록하고 관련 구술영상을 전시하여 당시 제주도민의 피해를 체험하듯 느낄 수 있도록 구성되어 있다. 이 관에서 강조되고 있는 내용 외에 특기할만한 것은 무장대에 의한 피해 사실 기록과 '집단학살 속의 의로운 바람'이라 하여 제주도민의 피해를 막기 위해 노력했던 사람들의 전시내용이다.

제5관 흐르는 섬은 4·3으로 인한 제주도의 후유증과 4·3에 대한 진상규명 운동의 역사를 보여준다. 초토화작전으로 사라져버린 109곳의 마을에 대한 내용과 연좌제·디아스포라·레드콤플렉스 등 4·3 이후에도 제주도민에게 사회적으로 가해지던 피해를 자세히 다루고 있다. 또한 4·3으로 인해 물리적 장애를 입은 피해자들의 사진을 전시하여 그 참혹한 실상을 밝히고 있으며, 폭동으로 취급받던 4·3의 진실을 밝히고자 했던 노력들도 비교적 상세히 게시되고 있다. 그리고 이러한 노력의 성과로 '4·3특별법 쟁취'와 '4·3 희생자 유해 발굴', '정부의 진상조사와 대통령의 사과', '4·3의 국가기념일 지정' 등이 제시되고 있다.

현재 5관에서 가장 강조되고 있는 것은 '대통령의 사과'라 할 수 있다. 물론 다른 내용들 또한 시각적으로 강조되어 있는 것이 다수이며, 세부 정보도 자세히 제시되고 있다. 그러나 '대통령의 사과'는 별도의 조형물로 조성되어 노무현 대통령이 사과하는 장면과 직후 사람들이 환호성을 내는 장면이 계속해서 반복 재생되고 있다.

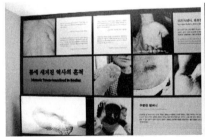

제5관과 제6관 새로운 시작은 명확히 구분되지 않는다. 실상 5관의 마지막 전시물은 화해와 상생을 강조하는 내용인데, 그 전시물에서 바로 보이는 통로가 제6관의 시작이며 상설전시관의 마지막으로 향하는 길이다. 통로는 4·3 피해자들의 사진이 빼곡히 전시되어 있는 포토월로 구성되어 있으며, 통로의 끝에는 관람객이 바라는 바를 적어서 꽂아놓을 수 있는 데스크와 전시벽이 마련되어 있다. 5관의 내용은 후유증과 진상규명의 역사, 그리고 그로 인한 성과로 정리했을 때 내용의 구성과 완결성이 갖추어진다. 화해와 상생의 전시물은 제6관의 이름인 새로운 시작에 포함되었을 때 맥락에 맞는다.

3. 강요된 용서와 정명(定名)의 요구

1) 분단체제 속 4·3의 기억

4·3은 다양한 이름으로 불려왔고, 지금까지도 하나로 정해지지 않고 있다. 국가에서 선택한 4·3의 이름은 '제주4·3사건'이지만 많은 사람들의 동의를 얻고 있는 것은 아니다. 제주4·3평화기념관은 4·3을 '기념'하고 있다. 기념은 "과거에 대한 집합적 기억의 재현으로, 기억을 현재의 지평 속에 불러내 재구성하고 이를 통해 미래를 만들어가는 과정"[11]이다. 평화기념관은

---

11 정근식, 앞의 책, 280쪽.

"희생자를 위령하고 유족들의 아픈 마음을 위로하는 '위령·추모의 장'이며, 다시는 그러한 비극이 일어나지 않도록 후세에 교훈을 주는 '역사교육의 장'이자, 아울러 4·3사건의 비극을 통해 평화와 인권의 소중함을 일깨워 줌과 동시에 이를 계기로 한반도의 평화, 나아가 동북아시아와 세계 평화에 기여하는 '평화·인권의 장'이라는 개념"[12] 아래 조성되었다. 즉 평화기념관은 4·3에 대한 기억을 현재로 불러내는 것이며, 이를 통해 '위령과 추모'를 이루고 나아가 '평화와 인권'의 미래를 만들어간다고 말할 수 있다.

평화기념관의 상설전시실은 이러한 목적을 달성하기 위해 기획되었다. 목적의 달성을 위해서는 모든 내용이 목적을 향하고 있어야 한다. 이는 상설전시실이 보여주는 4·3의 기억 또한 목적의 달성을 위해 기획되었을 것이라는 점을 시사한다. 물론 4·3의 역사에서 볼 수 있듯이 모든 것보다 우선되어야 하는 목적은 '왜곡되지 않은 4·3의 진실'을 전달하는 것이다. 그렇기 때문에 평화기념관의 상설전시실에 설치되는 패널의 문안은 『제주4·3사건 진상조사보고서』에 기초하여 작성되었다.[13]

이 지점에서 살펴보아야 할 것은 『제주4·3사건 진상조사보고서』가 어떠한 기억의 방식을 통해서 4·3을 바라보고 있는가이며, 평화기념관의 상설전시실은 과연 그러한 기억의 방식을 얼마나 따르고 있는가이다.[14] 그 기준을 살펴볼 수 있는 그 대표적인 예가 '초토화작전'이라는 단어의 사용이다.

"국방부 측은 '초토화작전'이란 용어에 심한 거부반응을 나타냈다. 오랜 시간의 격론 끝에 '강경진압작전' 또는 '대토벌작전'으로 용어를 바꾸되 그 결과에 대해서는 '초토화'란 용어를 사용하기로 절충되었다. 조사결론에 기술

---

12 제주4·3사건진상규명및희생자명예회복위원회, 앞의 책, 192쪽.

13 제주4·3사건진상규명및희생자명예회복위원회, 앞의 책, 213쪽.

14 홍순용과 육영수는 『제주4·3사건 진상조사보고서』가 드러내지 못했던 침묵의 자리가 있음을 주장했다. (홍순용 외, 「제주 4·3평화공원에 새겨진 '뒤엉킨 권력'의 흔적」, 『중앙사론』 제42집, 중앙대학교 중앙사학연구소, 2015, 150쪽.)

된 집단인명피해 1차 책임은 중산간마을 초토화 등의 강경작전을 폈던 9연대장과 2연대장에 있다는 표현에 대해서도 논란이 있었다. 이 문장을 삭제해야 한다는 국방부 측과 이를 삭제할 수 없다는 민간인 위원들이 맞섰다. 보다 못한 국무총리의 제안으로 원문은 살리되 연대장 이름이 앞에서도 여러 번 나오고 있기 때문에 여기서만은 실명을 빼서 '9연대장', '2연대장'으로 표현하는 것으로 수정되었다."[15]

국방부는 진상조사보고서의 내용에 대해서 많은 문제를 제기하고 있었다. 또한 군 장성 출신 모임인 성우회에서는 "군경의 진압작전을 국가폭력으로 규정함으로써 국가의 정통성과 군의 명예를 손상시킬 수 있는 중대한 오류를 내포하고 있다."고 의견을 밝히며 보고서의 심의를 유보하길 주장했다. 국방부의 입장도 성우회와 크게 다르지 않은 차원의 것이었다. 이들의 시각은 4·3을 폭동으로 바라보았던 당시 미군정과 정부의 입장과 같다. 4·3이 국가폭력임을 인정하지 않으려는 의도이다. 『진상조사보고서』는 조정을 거쳐 완성되었고, 결국 '초토화작전'이라는 단어는 본문에 사용되지 못했다.[16] 이러한 양상은 〈특별법〉이 제정 과정에서부터 '정치적 타협의 산물'이라는 한계를 가졌기 때문에 발생한다. 『진상조사보고서』, 평화공원과 평화기념관 등의 건립, 희생자 기준 선정 등은 모두 〈특별법〉의 제정에 이어지는 후속 조치이기 때문이다.[17] 즉 평화기념관 상설전시실의 구성에 있어서 많은 부분 기준을 제시한 『진상조사보고서』 또한 하나의 이름으로 4·3을 기억할 수 없

---

15 제주4·3사건진상규명및희생자명예회복위원회, 앞의 책, 97쪽.

16 다만, 당시 보고서 작성자 중 한 명인 김종민은 구술 증언 속에서 '초토화작전'이라는 단어가 등장할 수 있게 했다.

17 이재승은 〈특별법〉 대한 평가를 내리며 "불처벌과의 투쟁을 접어버리고 - 정확하게 말해서 접을 수밖에 없었다 - 희생자를 제한된 범위에서 신원하는 법에 그치고 말았다"며 그 한계를 지적하였고, 고성만은 이러한 한계로 인해 4·3의 진상규명과 명예회복이 왜곡될 수밖에 없었음을 말했다. (이재승, 「인권과 과거청산의 측면에서 본 『보고서』의 성과와 한계」, 『4·3과 역사』 제3집, 제주4·3연구소, 2003, 312쪽; 고성만, 「제주4·3담론의 형성과 정치적 작용」, 『4·3과 역사』 제5집, 2005, 364쪽)

는 상황이었던 것이다.

그러나 상설전시실의 전시 내용을 살펴본 바, 평화기념관은 『진상조사보고서』의 한계를 어느 정도 뛰어넘고자 노력했던 것으로 보인다. 제1관에 놓인 백비가 그것을 말해준다. 백비는 정명(正名)을 얻지 못한 상태인 것으로 설명되고 있다. 4·3을 부르는 이름이 많은 것과 같이, 아직도 4·3을 기억하는 방식에는 수많은 논란이 있다고 말하고 있는 것이다.

'학살' 역시 '초토화작전'과 같이 『진상조사보고서』에서 사용이 기피되던 단어이다.[18] 그러나 제3관과 제5관까지 4·3을 학살이라 지칭하는 표현이 다수 등장하며, 제4관의 전시물에서는 초토화작전과 같은 잔혹한 탄압이 '이승만 대통령의 지시'라고 명시되어 있다. 이 또한 『진상조사보고서』와는 다른 경향성으로 볼 수 있다. 예시들과 다른 사례들을 통해 볼 때 평화기념관의 상설전시실 구성 주체들은 『진상조사보고서』가 지닌 타협적 한계를 벗어나고자 노력했다고 평가된다.

그럼에도 불구하고 평화기념관의 4·3 기억이 맥락적으로 연결되지 않는다고 판단되는 곳은 제5관이다. 노란 큐브에서 들려오는 노무현 대통령의 사과와 사람들의 환호는 5관의 전시물을 관람하는 동안 계속해서 반복된다. 반복되는 음성과 함께 '화해와 상생 - 4·3유족회와 제주경우회의 화해선언 / 4·3의 아픔을 화해 인권의 미래가치로'라는 전시물을 보게 되면 '화해의 주체'와 '화해의 과정'이 실제로는 공백이 아닌가 하는 의문을 품게 된다.

'화해와 상생'은 최근 주류를 이루고 있는 4·3에 대한 논의이자 4·3을 바라보는 시각이다. 화해와 상생의 담론은 과거에도 존재했다. 그러나 〈특별법〉이 제정되고 대통령이 공식적으로 사과를 함으로써 4·3을 기억하는 방식

---

18 "『진상조사보고서』의 목차 IV. 피해상황을 제외하면 보고서 내에 '학살'단어는 총 32회 등장하나, 이는 인용(23회), 고유명사(4회), 각주(1회), 거제도와 중일전쟁 당시의 학살(3회), 가정(假定, 1회)등의 용법으로 쓰였고, 실질적으로 서문과 결론을 포함 본문에서 군경주도의 '학살'을 인정하는 문장은 없다." (홍순용 외, 앞의 글, 140쪽.)

의 대세로 자리 잡게 되었다. 분명 제도적으로 4·3이 논점화 되고 이에 대한 (제한적인) 신원과 대통령의 사과를 얻어냈다는 점에서 4·3의 진실을 밝히고 피해를 보상받고자 했던 노력은 일정 수준의 성과를 달성했다고 평가할 수 있다. 문제는 용서-화해로 이어지는 과정 없이 단번에 화해로 도약하는 데에서 발생한다.

4·3은 분단체제에 그 근본을 둔다. 역사적으로 한반도에는 단일 민족이 국가라는 정치단위를 이루어 왔다. 그러나 해방 후 남과 북이 한반도에 세우고자 했던 국가는 하나의 민족이 두 개의 국가를 가지게 되는 이질적 상태에 직면한다. 이러한 상황 속에서 수립되는 국가는 온전한 상태가 아닌 결핍된 국가일 수밖에 없다. 남북이 하나 된 온전한 국가를 원하는 사람들의 목소리는 남쪽에 국가를 건설하고자 하는 세력에게 장애물이었고, 대한민국이라는 국가의 국민이 아닌 자를 구분할 명목을 찾게 되었다. 그것이 바로 '빨갱이'이다. 빨갱이는 국가 성립에 반하는 존재이기에 국민일 수 없었다. 또한 이들은 "호모 사케르"이기에 민족으로서, 나아가 인간으로서 가치가 없는, 죽여도 되는 존재로 취급되었다.[19] 4·3에서 보였던 5.10 단선 반대라는 양상은 국가의 성립에 반하는 '죽여도 되는 빨갱이'를 중심에 둔 담론을 실천에 옮길 수 있는 최적의 조건이 되었던 것이다. 여기에 남로당의 개입은 확실한 명분을 제공하기까지 하였다. 이처럼 4·3은 분단체제의 영향을 고스란히 보여주는 사례이다.

4·3은 이를 폭동으로 규정하고자 했던 세력의 노력으로 인해 진압의 대상으로 여겨져 왔다. 또한 '토벌대'에게 진압된 사람들은 모두 '빨갱이'로 취급되었다. 반공의 논리 속에서 빨갱이는 죽여도 되는 대상이었기 때문에 제주도민이 토벌대로 인해 받은 피해와 고통은 무시되었다. 혹은 진압대상인 빨갱이에게 협조한 제주도민 스스로의 탓으로 돌아갔다. 이와 같은 인식이 어

---

19 김종곤, 「제주4·3트라우마, 치유와 정치」, 『4·3과 역사』 제16집, 제주4·3연구소, 2016, 202쪽.

떠한 반발도 없이, 반발이 있어도 그것을 묵살해가며 지배담론이 되었기 때문에[20] 대통령의 사과는 특히 4·3으로 인한 피해를 고스란히 간직하고 살면서 빨갱이의 이미지가 덧씌워진 채 아픈 채로 살아야 했던 제주도민에게 전향적일 수밖에 없었다.

제주도에 4·3이라는 피바람을 몰고 온 주체는 국가이다. 그렇기 때문에 4·3에 대한 국가의 사과는 당연한 것이며 오히려 지금보다 더 큰 사죄의 행동을 요구받는다 하더라도 반론할 수 없어야 한다. 그런데 2003년 당시 대통령의 사과가 있었다는 사실만으로 제5관의 스토리텔링은 '화해'를 언급한다. 4·3의 피해자는 제주도민이다. 4·3의 가해인 국가는 마땅히 사죄해야 한다. 그리고 그 사죄를 받아들이고 용서를 실행할 수 있는 용서의 주체는 피해자뿐이다. 어떤 존재도 피해자 대신 용서를 할 권한이 없기 때문이다.[21] 심지어 화해의 강제는 결과적으로 용서할 수 있는 기회조차 삭제하게 된다.

> 하나는 다른 사례를 보면 보통 정의가 사회적 관계에서 다툼이 벌어질 때, 원래 정의를 다투는 핵심 대상은 국가인데, 그래서 우리가 받는 피해도 주로 국가로부터 받는 건데, 사회적 관계로 이 정의의 다툼이 들어갈 때에 벌어지는 현상 중의 하나가 정의가 역전되려고 하면, 그 수행자들의 관계가 다시 갈등 관계로 들어간다는 점입니다.
> (중략)
> 이 분들(4·3피해자들)이, 우리는 피해를 당했고, 우리는 아팠지만, 우리를 죽이고 우리를 상처줬던 사람들을 용서할 마음의 준비가 되어 있다는 것을 읽을 수 있었습니다.
> 개인적, 집단적 불만이 컸을지라도, 거기에 보면, 처벌에 대한 강력한

---

20 김영범, 「기억에서 대항기억으로, 혹은 역사적 진실의 회복」, 『민주주의와인권』, 제3집 2호, 2003, 70~71쪽.

21 이재승은 이청준의 〈벌레이야기〉를 예로 들어 용서의 권리는 어떠한 제3자도, 심지어 신도 찬탈할 수 없는 것임을 피력하였다.(이재승, 「화해의 문법 - 시민정치의 관점에서 -」, 『민주법학』 제46집, 민주주의법학연구회, 2011, 136쪽.)

요구가 들어있지 않을 걸 보면서, 생명, 생명을 앗아간, 자신뿐만 아니라 자신의 모든 가족들의 존재 근거 자체를 박탈한 사람들에 대해서, 처벌을 요구하지 않는 걸 보면서, 4·3은 정신적으로 승화의 경지에 다다르지 않았나 하는 느낌을 받습니다.[22]

물론 평화기념관에서 보여주는 사례에서 '처벌을 원하지 않는다'는 표현은 이제 '화해'로 나아가야 한다는 주장에 설득력을 부여할 가능성이 있다. 그러나 과연 진정으로 4·3피해자와 유가족들이 가해자에 대한 처벌을 원하지 않고 있는지에 대한 의문이 든다. 개인적 차원의 갈등 속에서 가능한 화해와 국가폭력에서의 화해는 반드시 구별되어야 한다. 개인 간의 갈등에서도 용서의 주체가 피해자인 것은 불변의 사실이지만, 어떠한 대승적 판단에서 피해자가 가해자를 무조건적으로 용서할 가능성이 없지는 않다. 그러나 국가폭력의 경우 상황이 다르다. 국가폭력은 구조적 차원에서 발생하며, 이러한 구조는 폭력의 상황이 지나갔다 하더라도, 피해자를 사회적 차원에서 지속적으로 배제하며 2차 피해를 가할 수 있기 때문이다.[23]

인용문과 같은 논리는 "대통령이 사과하기까지 했는데 더 무얼 바라느냐"고 반문하는 사람 앞에서는 4·3과 관련된 어떠한 피해사실도 언급할 수 없게 되는 것과 같은 상황을 초래한다. 대통령의 사과는 4·3의 근본인 '분단체제에서 비롯된 국가의 폭력'이라는 원인을 해소한 것이 아니기 때문에 대통령의 사과·유족회와 제주경우회의 화해는 수많은 4·3 피해자와 유족들, 그리고 4·3으로 인한 역사적 상처를 안고 살아가는 사람들에게 용서와 화해의 동기가 될 수 없다.[24]

---

22 박명림, 앞의 책, 126~127쪽.

23 학계에서는 제노사이드의 후유증 혹은 2차적 영향으로 피해자들이 사회적 관계에서 배제되는 '사회적 죽음'에 주목한다.

24 화해와 상생의 담론 구조의 최상층에는 국가가 자리하고 있기 때문에 이러한 담론은 결과적으로 4·3을 말하지 못하게 하는 권위로 작동할 수 있다는 의견이다. (고성만, 「제주4·3담론의 형성과 정치적 작용」, 『4·3과 역사』 제5집, 2005, 364~367쪽.)

마찬가지로 위 인용문의 발표자가 말하는 '처벌을 요구하지 않는' 상황[25]에 대해서도 상당히 조심스러운 접근과 분석이 요구된다. 국가와 같이 거대한 힘을 가진 상대로부터 피해를 받은 사람들은 자기가 입은 상처에 대해서 속내를 모두 표현할 수 없는 경우가 많기 때문이다. 4·3이 남긴 상처는 역사적 맥락 속에 놓여진 '역사적 트라우마'[26]의 성격을 띤다. 역사적 트라우마는 "국가적 차원에서 발생한 사건 혹은 이 사건으로 인해 조성된 피아가 구분되는 폭력적 갈등 상황"[27]에 기인한다. 역사적 사건의 피해자나 관련된 사람들은 국가로부터 받은 피해 등 기록되어 있는 역사의 또 다른 모습을 자유롭게 표현할 수 없었다. 역사적 트라우마의 피해자들은 대체로 그러한 발언들이 본인 신변의 안전, 나아가 생존에 막대한 영향을 미친다는 것을 경험했다. 그렇기 때문에 역사적 트라우마를 겪는 피해자들은 역사적 사건을 발생하게 만든 구조가 유지되고 있는 한 자유로운 말하기가 어렵게 된다.[28]

---

25 인용문의 발표자인 박명림은 4·3을 민중항쟁의 측면에서 규정하는 연구 흐름의 대표적 학자이다. 또한 4·3을 한 지역에서 발생한 특정 사건 중 하나로 국한시키는 시각에 대해서 반대하며 4·3에 대한 인식을 보편적이고 세계사적 차원으로 변환해야 함을 주장하였다. 인용한 발표에서도 박명림은 "그 동안 저는 여러 차례 글에서나 토론에서 강조를 해 왔습니다. '조금 더 세계사적이고, 동아시아적인 지평에서, 그리고 전국적인 민족적인 지평에서 보자!' 말을 바꾸면, 보다 보편적 지평에서 우리 제주의 역사를 당당하게 드러내고, 소리지르고, 요구하고, 외치자고 얘기를 해 왔습니다."라고 밝혔다. 또한 발표에서 여러 세계적이고 다층적인 '대결'이 localization 되면서 발생한 것이 4·3이라고 정의하며 그러한 인식을 명료히 드러냈다. 때문에 인용한 논의는 박명림이 말하는 4·3의 두 번째 전환점에 서서 4·3을 바라보는 인식의 발로라 할 수 있다. 4·3연구를 지속해온 학자의 논의에서도 4·3을 단계적으로 파악하려는 시각이 포함될 수 있음을 지적하기 위해 해당 발표를 인용하였다. 지면의 한계상 해당 인용문이 포함된 발표문 전체를 실을 수 없었음을 밝힌다.

26 일반적인 개념의 트라우마와 달리 역사적 사건으로 인한 트라우마는 집단적인 형태를 띠며, 직접적인 피해자와, 사건을 경험한 사회구조 속에서 살아가는 후세대에게도 전이된다는 특징이 있다. (건국대학교 통일인문학연구단, 『통일인문학 - 인문학으로 분단의 장벽을 넘다』, 알렙, 2015, 173~176쪽.)

27 김종군 외, 「탈북 트라우마에 대한 인문학적 치유 방안의 가능성 - 구술 치유 방법론을 중심으로」, 『통일문제연구』 제29집 2권, 평화문제연구소, 2017, 218쪽.

28 근본적 문제가 해결되지 않은 정치적 문제 혹은 국가폭력과 같은 역사적 사건과 관련된 구술의 위험성은 지속적으로 지적되어 왔다. 그렇기 때문에 트라우마 치유에서 대상자의 '안전의

지금 늦게나마 그래도 성당에 나가고 하느님을 믿는데 있다 보니까 좋은
일로 우습잖은 날 위해 한 잔이래도 드리고 싶고 또 어저기 뭘, 도와주고
싶고 이런 마음으로 편안한 마음으로 사는데 왜 이런 복잡한 이런 이야기를
왜 물어보고, 왜 이런 이야기를 왜, (중략) 나는 좋은 얘기 좋은 것만 하고
잠시래도 살지 절대 그런 소리, 입에도 안 담고 이런 대화, 난 여기가 친가잖아.
친가 와서도 편안하고 좋고 기쁘고 이런 마음으로, 누가 조금이래도 나쁘고
뭐 이런 소리만 하면 머리 아프고, 아우 나는 그런 소리 안 들을래.

〈한국전쟁체험담 구술 내용 중에서〉[29]

국가폭력이나 국가적 차원에서 발생한 폭력상황에 피해를 입은 사람들이
'말하기'를 어려워하는 상황은 생각보다 쉽게 접할 수 있다. 위 인용문은 한
국전쟁을 직접 겪은 사람들의 체험담을 구술 조사하는 과정에서 수집된 내용
중 일부이다. 구술자는 조사자의 질문에 대답하고는 있지만 주체적으로 자세
한 내용을 구술하지는 않았던 상황이다. 인용된 부분은 그중 구술자의 구술
이 원활했던 부분이다. 그럼에도 불구하고 구술자는 '이야기하기 싫다', '이런
이야기를 왜 물어보느냐'는 등 거부감을 강하게 드러내고 있다. 심지어 구술
자는 한국전쟁과 관련된 기억을 '나쁜 것' 자체로 인식하고 있다.[30]
분단체제라는 이분법적 인식 구조에 기인한 분단적 사고, 분단적 행동, 분
단적 언술 등을 총체적으로 분단서사라 한다.[31] 분단체제라는 구조가 유지되

확립'이 강조되고 있는 것이다. (김종군, 「구술생애담 담론화를 통한 구술 치유 방안—『고난의
행군시기 탈북자 이야기』를 중심으로」, 『문학치료연구』 제26집, 2013, 114쪽.)

29 구술자: A(생년비공개, 여), 조사자: 오정미·김효실·한상효, 조사장소: 강원도 속초시 장사
동 마을회관, 조사일시: 2013. 11. 17.

30 심리학에서는 자신을 부정적으로 평가하는 사고·느낌·신체적 감각·기억, 그리고 이를 유발
하는 상황을 회피하거나 통제하려는 의도적인 노력을 '회피'라 칭한다. '회피적 대처방식'이란
개인의 수용능력을 위협하는 것을 다루려는 대처방식의 하나로서, 자신의 정신건강과 사회적
관계 등에 피해를 입지 않고자 하는 의식적·무의식적 범위를 포괄하는 자기보호 행위라 할
수 있다. 위의 구술에서 확인되는 구술의 양상 또한 사건을 언급하는 것조차 거부하는 등의
행동으로 전쟁 체험이 주는 갈등 혹은 그것과 연관됨으로 인해 사회적으로 받을 수 있는
피해로부터 회피하는 말하기 방식이라 할 수 있다.

고 있는 상황에서의 말하기 방식인 분단서사는 많은 경우 국가의 편에 서서 말하는 태도를 취하거나 언급 자체를 회피한다. 공인된 폭력을 가할 수 있는 존재를 적으로 두는 것은 안전하지 않기 때문이다.

같은 맥락에서 '제주4·3 제70주년 범국민위원회'와 '제주4·3 제70주년 범국민위원회'가 제시하는 '70년 제주4·3의 목표와 방향'을 이해할 필요가 있다. 이들의 목표는 첫 번째로 아픈 역사의 '정의로운' 청산과 치유이고, 두 번째로 4·3의 역사적 자리매김과 정명이며, 세 번째로 4·3의 전국화와 세계화이다. 4·3이 아직도 제대로 청산되지 못하였다는 인식을 명확히 확인할 수 있으며, 여기에는 '처벌을 원하지 않는다'가 아닌 '정의로운 처벌을 원한다는' 주장이 내포되어 있다. 아직도 4·3의 상처가 치유되지 않는 것은 그러한 '정의로운' 청산 과정이 없었기 때문인 것이다. 또한 4·3의 '역사'로서 자리매김과 '전국화'를 목표로 한다는 것은 아직도 4·3에 대한 담론이 공적인 영역에서 논의되는 것이 자유롭지 못함을 보여준다고 볼 수 있다.

때문에 '처벌을 원하지 않는다'는 판단은 4·3 피해자들의 '침묵' 혹은 '회피'에 대한 표면적 이해에서 비롯되었을 가능성이 높다. 이렇게 볼 때 4·3 피해자들이 처벌을 언급하지 않는 것은 4·3이 '정신적 승화의 단계'에 접어들었기 때문이라 해석하기 보다는 분단체제 아래서 분단서사가 회피 혹은 침묵의 성향을 드러내는 상황으로 해석할 여지가 더 많다고 할 수 있다. "집단 희생자의 후손들과 관련부대의 책임자들이 합동위령제를 지내더라도 '빨갱이는 죽여도 좋다'는 묵시록은 법과 정치의 세계에서 사라지지 않는다."[32] 그렇기 때문에 이것을 야기한 구조가 해체되지 않는 이상 화해와 상생의 담론에서 제시되는 '화해의 단계로 나아가야 할 때'라는 의견은 국가의 진정한 사

---

31 김종군, 「통합서사의 개념과 통합을 위한 문화사적 장치」, 『통일인문학』 제61집, 건국대학교 인문학연구원, 2015, 266~267쪽.
32 이재승, 「화해의 문법 - 시민정치의 관점에서 -」, 『민주법학』 제46집, 민주주의법학연구회, 2011, 133쪽.

죄와 분단체제의 유지를 전제하고 그 속에서 해법을 찾으려는 분단적 사고 속에서만 가능한 논의이다.

평화기념관의 전시에서도 피해자들의 후유증으로 레드 컴플렉스·연좌제 등을 사례로 제시하고 있다. 심지어 지금까지도 4·3을 공산폭동이라고 공공 연하게 표현하는 세력이 존재하고 있다. 그리고 그러한 시각은 불과 몇 해 전까지 4·3을 바라보는 지배적인 시각이었다. 이러한 상황에서 4·3 피해자 들이 자신의 아픔을 토로하고 화해와 상생의 길을 걸을 수 있게 되는 것은 요원하다.

2) 4·3의 정명(正名)은 무엇인가

제5관의 후반부를 채우고 있는 화해와 상생의 스토리텔링은 2017년 9월부 터 12월까지 실시된 평화기념관 상설전시실 리모델링 작업을 통해 변경되고 강화되었다. 4·3 70주년을 맞이하는 상황에서 더욱 문제 삼을 수 있는 부분 이다. 대통령의 사과를 기반으로 이루어지는 화해의 논의는 4·3의 기억에 있어서 가장 큰 문제를 야기할 수 있다.

기념물의 조성은 해당 주체의 의도가 반영된 결과이다. 그러나 그 과정에 서 당시의 정치·사회적 환경의 영향을 받게 된다. 문제는 정치·사회적 조건 이 고정 불변하지 않는다는 점이다. 심지어 주체의 의도 또한 불변의 대상이 아니다. 기념물은 과거의 기억을 현재로 불러와 계속해서 존재할 수 있도록 지속적으로 재생산하는 작업이다. 이러한 기억의 재생산이 바람직하지 않은 것으로 평가되기 시작하면 기념의 의미에 대한 논쟁이 발생할 수밖에 없다. 나아가 이러한 논의가 지속되고 기억의 재생산에 대한 반론이 강해지면 해당 기념물은 재구성되거나 해체된다. 기념물의 조성이 기억을 현재에 존재시키 는 것이라면, 기념물이 해체되는 순간 그 기억은 과거에만 존재하게 된다.[33] 계속해서 현재로 호명되지 않고 과거에 묶인 기억은 곧 소멸할 수밖에 없다.

계속해서 4·3을 기억하고자 하는 노력이 새로운 갈등을 야기할 수 있다는 주장은 갈등의 존재를 부정하는 언술이다. 평화를 위해 갈등의 발생을 억제하자는 주장으로 해석할 수 있는데, 갈등이 존재하지 않는 순간 평화 또한 존재할 수 없다. 또한 갈등은 사회에 역동성을 부여하는 순기능을 지니고 있다. 때문에 최근에 들어서 갈등을 소멸의 대상이 아니라 조정의 대상으로 바라보아야 한다는 의견이 주를 이룬다.

독일과 일본이 근래에 가장 강력한 홀로코스트였다고 할 수 있는 제2차 세계대전을 기억하는 방식을 비교하면 기억의 필요성이 명확하게 드러난다. 독일은 나치의 유대인 학살에 대해 끊임없이 사죄한다. 또한 그것에 관련된 모든 것을 보존하여 계속해서 기억되게 하고 있다. 이러한 기억의 방식은 유럽 전역에도 영향을 미치고 있다. 몇 년 전 자신의 애견에게 나치식 경례를 연습시키고 이를 유튜브에 올린 영국 청년은 불특정 다수로 인해 고발당하고 재판에 회부되어 실형이 선고되었다.[34] 당시 당국 경찰의 입장은 "신념, 인종, 성별, 성 취향, 장애와 관련한 악의나 적의로 촉발된 증오 범죄를 막는 데 신속히 대응할 것"이었다.

반면 일본은 동아시아지역에서의 수탈과 학살에 대해 온전한 사과를 한 적이 없다. 그들에게 제2차 세계대전은 세계로 나가 미국·유럽과 어깨를 나란히 할 수 있는 기회였고, 제국주의 식민정책은 동아시아 각국의 근대화를 촉진시킨 선행이었다. 이러한 기억의 방식은 현재 일본의 우경화를 가속하고 있다.

반복했던 바와 같이 4·3에 대한 대통령의 사과는 전향적인 것이었다. 지배적 담론에서 벗어난 것이기 때문에 역사적으로도 의미 있게 평가할 수 있을 것이다. 그러나 4·3을 기억하는 작업을 대통령의 사과와 평화공원·평화

---

33 정근식, 앞의 책, 2006, 282쪽.
34 〈강아지가 '나치 경례'… 비디오 제작자 체포〉, 『한겨레』, 2016. 05. 10.

기념관의 건립, 제한된 피해자들에 대한 보상 등에서 멈추어버린다면, 4·3은 제주도 내에서 발생한 과거의 지역적 사건에 지나지 않게 된다. 4·3의 기억이 고사하는 것을 막기 위해서는 대통령의 사과를 붙잡고 있을 것이 아니라 그것을 발판으로 삼아 지속적으로 4·3을 기억할 수 있는 방법을 찾아야 하는 것이다.

'4·3의 피해자들이 가해자의 처벌을 원하지 않는다고 바라보는 시각'이 존재할 수 있었던 것은 4·3의 피해자들이 변하지 않는 분단의 구조 속에서 해원(解冤)을 체념했기 때문일지도 모른다. 벽을 보고 말하는 것과 같은 감정을 느끼게 될 때 포기는 너무나 쉽기 때문이다.

백비에 정명을 기록하고자 하는 목표는 4·3의 진실을 기록하고자 하는 의지의 표명일 것이다. 그러나 대통령의 사과로 인해 4·3을 말하는 수많은 목소리가 말하기를 쉽게 멈추는 것처럼, 백비에 4·3을 가리키는 하나의 이름이 새겨지는 순간 4·3의 기억은 그 이름이 남기고자 하는 단선적인 것들만 존재하게 될 것이다.

그렇기 때문에 평화기념관에 울려 퍼지고 있는 노무현 대통령의 사과와 제주도민의 환호 소리는 강제적으로 반복되고 강제적으로 들려져서는 안 된다. 대신 제주4·3평화공원과 제주4·3평화기념관을 찾은 사람들이 4·3을 말하는 목소리가 울려 퍼져야 한다. 반공의 공포 속에서 말하지 못하던 4·3을, 피해를 감내하며 목소리 높여 말하던 〈순이삼촌〉의 목소리, 〈한라산〉의 목소리가 담겨야 한다.

트라우마는 치료되지 않는다. 다만 그것을 자신의 삶 속으로 받아들여 함께 살아갈 수 있게 될 때, 상처가 조금 나아지는 것이다. 4·3의 트라우마 또한 마찬가지이다. 수많은 생명이 그 빛을 잃었고, 지금까지도 그 아픔을 자유롭게 말하지 못하고 있다. 일각에서는 과거의 편향된 시선을 현재에 투영하며 상처 입은 사람들에게 또다시 상처를 입히고 있다. 이런 4·3의 역사는 결코 지워지지 않는다. 상처는 아물지언정 그 흉터는 깊이 남아 평생을 함께 한다.

4·3을 화해와 상생으로 마무리하고자 하는 의견은, 일견 갈등을 봉합하고 새로운 미래를 지향하는 이야기로 보일 수 있다. 그러나 아직도 수많은 진실들이 밝혀지지 않았고, 진정한 신원(伸冤)이 이루어지지 않은 4.3을 과거에 일어났던 일로 치부하는 것에 지나지 않는다. 이는 결국 4·3을 기억하고자 하는 많은 사람들의 목소리를 막고, 4·3을 고사시키는 행위일 뿐이다. 4·3에 대한 분단서사를 넘어서 고발하고, 동정하는 다수의 목소리[35]가 함께 울릴 때, 4·3은 진정한 용서와 화해의 길로 기억될 수 있을 것이다.

그렇기 때문에 4·3의 백비는 아무것도 쓰여 있지 않은, 어떤 사연을 가진 비석이 아니라 4·3과 관련된 모든 것을 담을 수 있는, 그래서 진정한 4·3을 보여줄 수 있는 그릇이 되어야 한다고 주장한다. 현재에서 끊임없이 4·3과 관련된 목소리와 4·3의 기억들을 드러낼 수 있는 원동력이자 지난 70년간 이어진 4·3에 대한 학대의 증거물로서 백비가 백비로 존재해야 할 필요성이 있는 것이다.

4. 4·3의 정명(定名)은 계속되어야 한다

본 논의에서는 4·3을 지칭하는 이름들을 알아보고 그 이름들이 4·3을 어떻게 기억하는지 살펴보았다. 그 연장선상에서 4·3을 기억하고 기념하는 대표적인 장소인 제주4·3평화기념관은 4·3을 어떠한 방식으로 기억하고 있는지 살펴보고자 하였다. 평화기념관은 스토리텔링과 같은 방식을 통해서 4·3의 진실을 밝히고자 하였다. 그러나 과거 '폭동론'이 4·3을 기억하는 방식

---

35 분단서사를 극복할 수 있는, 대안적 서사로 전환되는 과정을 말한다. 고발의 과정을 통해 '해원의 서사'로, 동정의 과정을 통해 '포용의 서사'로 나아갈 수 있다. 최종적으로는 화해의 과정을 통해 '통합서사'를 구성할 수 있다. 이처럼 분단서사를 극복하고 분열이 아닌 공존과 상생의 통합을 담고 있는 서사들을 아울러 '통합서사'라 칭한다. (김종군, 「통합서사의 개념과 통합을 위한 문화사적 장치」, 앞의 책, 267쪽.)

이 지배적 담론으로 자리 잡은 후였고, 다양한 요인으로 인해서 국가가 4·
3을 기억하는 방식에서 완전히 벗어나지는 못한 것을 확인하였다. 그 대표
적인 사례가 '화해와 상생'을 강조하는 담론이었다. 4·3을 화해와 상생으로
기억하고자 하는 방식은 화해의 주체와 화해의 과정에 대한 고려 없는 도약
을 상정하고 있다. 이것은 4·3을 기억하고자 하는 사람들에게 용서를 강요
하는 것이며, 나아가 4·3의 기억을 현재가 아닌 과거에 묶어두는 결과를 야
기한다. 이러한 4·3에 대한 이러한 인식은 분단체제 속에서 드러나는 분단
서사의 전형적인 양상으로 파악된다. 분단체제라는 강력한 구조 속에서 4·
3 피해자들은 진실을 규명하고 완전한 신원을 이루는 것을 쉽게 체념할 수
있다. 분단체제 속에서는 4·3을 말하지 않고 살아가는 것이 오히려 안전할
수 있기 때문이다. 그러나 4·3이 화해와 상생, 그리고 평화로 나아가는 길로
기억되기 위해서는 분단체제를 극복할 수 있는 '고발'과 '동정'의 목소리가 필
요하다. 그렇기 때문에 4·3은 어떤 하나의 이름으로 고정되지 않아야 한다.
많은 사람이 4·3을 다양하게 기억하는 방식, 다양한 이름과 다양한 목소리
가 공존할 때 4·3의 진정한 청산과 치유, 나아가 분단체제라는 문제적 구조
의 해체를 바라볼 수 있을 것이다.

참고문헌

건국대학교 통일인문학연구단, 『통일인문학 – 인문학으로 분단의 장벽을 넘다』, 알렙, 2015.

고성만, 「제주4·3담론의 형성과 정치적 작용」, 『4·3과 역사』 5, 2005.

고창훈, 「4·3민중항쟁의 전개와 성격」, 『해방전후사의 인식』 4, 한길사, 1989.

김민환, 「전장(戰場)이 된 제주4·3평화공원 – 폭동론의 '아른거림(absent presence)' 과 분열된 연대」, 『경제와사회』 102, 비판사회학회, 2014.

김영범, 「기억에서 대항기억으로, 혹은 역사적 진실의 회복」, 『민주주의와인권』, 3-2 호, 2003.

김종곤, 「제주4·3트라우마, 치유와 정치」, 『4·3과 역사』 16, 제주4·3연구소, 2016.

김종군 외, 「탈북 트라우마에 대한 인문학적 치유 방안의 가능성 – 구술 치유 방법론을 중심으로」, 『통일문제연구』 29-2, 평화문제연구소, 2017.

김종군, 「구술생애담 담론화를 통한 구술 치유 방안 –『고난의 행군시기 탈북자 이야기』 를 중심으로」, 『문학치료연구』 26, 2013.

김종군, 「통합서사의 개념과 통합을 위한 문화사적 장치」, 『통일인문학』 61, 건국대학 교 인문학연구원, 2015.

박명림, 「민주주의, 이성, 그리고 역사이해 – 제주4·3과 한국현대사」, 제주4·3 제50주 년 기념사업추진범국민위원회, 『제주 4·3연구』, 역사비평사, 1999, 435쪽.

박명림, 「제주 4·3, 화해 그리고 과거의 재현 : 과거에서 미래로」, 『4·3과 역사』 3, 제주4·3연구소, 2003.

박명림, 「제주도 4·3민중항쟁에 관한 연구」, 고려대 대학원 석사학위논문, 1988.

박찬식, 「4·3의 公的 인식 및 서술의 변천」, 『한국근현대사연구』 41, 한국근현대사학 회, 2007.

양정심, 『제주4·3항쟁 – 저항과 아픔의 역사』, 선인, 2008.

양정심, 『제주4·3항쟁에 관한 연구 – 남로당 제주도위원회를 중심으로』, 성균관대 대학원 석사학위논문, 1994.

이재승, 「인권과 과거청산의 측면에서 본 『보고서』의 성과와 한계」, 『4·3과 역사』 3, 제주4·3연구소, 2003.

이재승, 「화해의 문법 – 시민정치의 관점에서 –」, 『민주법학』 46, 민주주의법학연구회, 2011.

정근식, 「기억의 문화, 기념물과 역사교육」, 『역사교육』 97, 역사교육연구회, 2006.

제주4·3사건진상규명및희생자명예회복위원회, 『제주 4·3사건 진상보고서』, 선인, 2003.

제주4·3사건진상규명및희생자명예회복위원회, 『화해와 상생 – 제주4·3위원회 백서』, 제주4·3사건진상규명및희생자명예회복위원회, 2008.

홍순용 외, 「제주 4·3평화공원에 새겨진 '뒤엉킨 권력'의 흔적」, 『중앙사론』 42, 중앙대학교 중앙사학연구소, 2015.

〈강아지가 '나치 경례'··· 비디오 제작자 체포〉, 『한겨레』, 2016. 05. 10.

분단체제 속 5.18과
국가폭력에 맞선 사람들의 얼굴
- 영화 〈꽃잎〉, 〈화려한 휴가〉, 〈택시운전사〉를 중심으로 -

박재인

1. 분단체제 속 얼룩진 역사, 5.18

한국사회는 점점 분단의 현실에 둔감해져간다. 분단된 지 70년이 지난 현재, 분단의 상황을 절실하게 고민하는 사람들이 줄어들고 있다. 남북관계에 대한 무관심이나 통일에 대한 회의적 생각도 만연하다. 분단의 현실에 둔감해지는 원인 중에 하나는 '남북분단'과 '통일'의 문제가 자신의 삶과 거리가 먼 일이라고 치부하는 관점이라고 할 수 있다.

통일인문학은 그간 분단과 통일의 문제에서 '사람'을 소외시키고 이루어진 담론들을 성찰하면서 시작된 학문이다. 분단과 통일의 과제에서 인간 삶이 어떻게 꾸려지고, 어떠한 지향점을 마련하는가에 대한 논의가 미흡해서인지, 통일에 대한 당위성과 정당성에도 불구하고 여전히 우리 삶에 구체적으로 흡수되지는 않은 실정이라고 진단하였다.[1] 지금까지는 통일이라는 말이 주는 친숙성에 비해 우리 사회 이면에 작동하는 분단과 분열의 원인들에 대한 사유는 빈약했던 것이다.

이때 꼭 필요한 일은 분단이 현재 우리의 삶에 '무엇'인가를 다시 고민하는 것이다. 이 글에서는 그 가운데 분단 문제가 현재 한국사회의 갈등에 요인이 되는 사안을 다루려고 한다. 특히 분단 문제가 과거 역사를 기억하는 일에 중요한 '무엇'이 되고, 사회 갈등의 중심축이 되는 사태에 대해서 이야기하려는 것이다. 바로 5.18 광주민주화운동에 관한 이야기이다.

5.18광주민주화운동을 기억할 때 우리를 혼란에 빠뜨리는 문제가 있다. '북한군 개입설'이다. 1980년 신군부는 북한군 개입설을 근거로 광주시민들을 학살하고, 폭도로 매도하였다. 이후에도 '북한의 사주에 의한 폭동'으로 매도당한 피해자들은 침묵해야 했다. 이러한 신군부의 학살과 억압을 정당화하는 논리는 북한군 개입설이었다. 그렇게 분단과 냉전의 구조적 폭력[2]에 의해 억울한 오명을 쓴 피해자들의 수는 늘어만 갔다.

이후 이 일은 국가폭력을 정당화하기 위해 진실을 호도한 일로 인정되었음에도, 이에 대한 진실공방은 30여 년이 지난 지금까지 계속되고 있다. 북한군 개입설은 지워지지 않고 끊임없이 제기되었고, 한국사회 내 치열한 갈등의 쟁점으로 도마 위에 올랐다. '국가가 인정하였으니 되었다'는 수준으로 대응하기에는 북한군 개입설은 최근까지도 자주 논쟁되었다.

2013년 5월 3일과 15일 종편 방송에서 탈북민들이 출연하여 북한군 개입설을 주장했다.[3] 5.18은 김일성에게 주는 선물이었다는 등의 주장이었다. 탈북민들의 증언에 대한 신뢰성 여부가 문제가 되자, 방송관계자는 사실이 아니라는 증거가 어디에 있느냐는 반문으로 회피하였다.[4] 이에 5.18 관련 단체

---

1   김성민, 「분단과 통일, 그리고 한국의 인문학」, 『대동철학』 제53집, 대동철학회, 2010.
2   김병로·서보혁, 『분단 폭력』, 아카넷, 2016.
3   TV조선 〈장성민의 시사탱크〉 2013. 05. 03. 방영; 채널A 〈김광현의 탕탕평평〉 2013. 05. 15. 방영.
4   뉴스타파 〈5.18 다시 진실을 말하다〉 2013.08.01. 방영.

들은 비상대책위원회를 구성하여 법적으로 대응하였고, 북한군 개입설을 주장한 탈북민 및 변호사(신원미상인 포함) 등 4인과 광주 비하 게시물을 올린 인터넷 사이트 회원 6인을 고소하였다. 그리고 국회는 이 문제에 대한 당시 박근혜정부의 입장을 요구하였다. 당시의 국무총리는 "5.18 민주화운동에 북한군이 개입하지 않았다는 것이 정부의 판단이다."라고 답변하였다.

이 논란은 2017년에도 일어났다. 대한민국 제5공화국의 대통령이자, 12.12쿠데타로 권력을 잡고 5.18 때 수많은 민간인을 희생시킨 학살자인 전두환은 2017년 4월 자신의 회고록을 출간하였다. 그는 1996년 12개 항목의 혐의로 1심에서 사형을 선고받았으나 사면과 복권으로 결국 풀려났다. 5.18 당시에도 그는 북한군 개입설을 제기해 학살을 정당화하고자 하였는데, 30여 년이 지난 현재에도 5.18 당시 6백 명의 북한군 특수부대가 남한으로 넘어와 대한민국의 전복을 시도했다는 지만원 등의 말을 인용하며,[5] 민간인 학살도 없었고 자신은 유혈진압과 무관하다고 주장했다.

이에 2017년 8월 4일 법원은 전두환 회고록 제1권의 출판·배포 금지 가처분 신청에 대한 인용 결정을 내렸다. 5.18이 북한군이 개입한 폭동이라는 주장을 비롯하여 33가지 역사적 사실을 왜곡했다고 판단한 것이다. 이에 전두환 전 대통령은 33개 부분을 검은색 잉크로 덧씌운 뒤 재출간하였고, 5.18단체는 다시 40개 내용에 대한 왜곡을 주장하며 두 번째 출판·배포 금지 가처분 신청을 하였다. 그리고 전 전 대통령은 5.18 명예훼손과 관련한 검찰 소환에 두 차례나 응하지 않고, 두 번째 가처분 신청에 대한 반박을 진행하고 있을 뿐이다. 이러한 과정으로 5.18의 피해자들은 또다시 상처를 받게 되었다. 160여 명의 사망자, 5,000명에 이르는 부상자, 헤아릴 수 없는 실종자 등 5.18 광주의 피해자는 분명히 존재하는데 가해자는 사라진 비극이다.

---

5   여러 언론보도와 다큐멘터리에서 허위 주장에 대한 반박을 해왔고, 많은 사람들, 심지어 보수 논객들마저도 근거 없는 루머라고 대응했었다. 북한군 600명의 흔적은 발견되지 않았으며, 설사 그것이 사실이라고 할지라도 당시 계엄 당국이 책임져야 할 일이라고 말해왔다.

한국사회의 갈등에서 남북분단 문제가 큰 위치를 차지하는 가운데, 5.18에 대한 논쟁은 많은 이들을 아프게 하는 일이다. 진실을 말할 수 없었던 군부독재 시절에서부터 오늘날의 5.18과 광주를 말하는 것에까지 반공논리가 덧씌워지고 있다. 중요한 것은 그 속에서 희생당한 광주시민의 죽음과 상처인데, 여전히 우리는 그 일을 두고 남과 북의 적대성의 틀 안에서 벗어나기 어려운 것이다.

이때에 중요한 것은 5.18을 어떻게 기억할 것인가를 바로 세우는 일이다. 5.18은 대한민국이 인정한 민주화운동이며, 2011년 '5.18 광주민주화운동 기록물'이 유네스코 기록유산에 등재될 만큼 세계적인 위상을 자리 잡았다. 하지만 끝없는 논쟁으로 5.18에 대한 한국사회의 기억이 왜곡되고 있다는 점이 문제이다.

5.18기념재단의 5.18 인식조사(2017년 4월)에 따르면 '5.18이 북한과 연결됐다'는 질문에 대해 일반 국민 77.3%과 청소년 58.8%만이 동의하지 않는다고 말했고, '5.18 민주화 운동은 불순세력이 주도한 폭력사태였다'는 질문에 일반 국민 74.9%, 청소년 63.1%만이 동의하지 않는다고 답했다.[6] 이렇게 5.18의 역사를 기억하는 일에까지 혼란이 생기는 형국이다.

한국사회에 큰 영향을 미칠 수 있는 '입(口)'에서 북한군 개입설은 끊이지 않았고 그때마다 한국사회는 양쪽으로 갈리어 서로를 헐뜯었다. 이러한 일들이 반복되면서 '아시아 민주화운동의 희망'[7]으로의 자리는 흔들리고, 5.18은

---

6   5.18기념재단은 2017년 4월 성인 1,000명, 청소년 1,140명 대상으로 5.18에 대한 인식을 조사하였다. 그 결과 '5.18 민주화 운동은 국가의 부당한 폭력에 대한 정의로운 저항이었다'는 질문에 일반 국민의 77.1% 동의, 청소년의 77.3% 동의하였고, '5.18 민주화 운동은 북한과 연결되어 있었다'는 질문에 일반 국민의 77.3% 비동의, 6.9% 보통, 11.9% 동의, 청소년의 58.8% 비동의, 32.8% 보통, 8.4% 동의라고 답했다. 그리고 '5.18 민주화 운동은 불순세력이 주도한 폭력사태였다'는 질문에 일반 국민의 74.9% 비동의, 9.4% 보통, 13.3% 동의, 청소년의 63.1% 비동의, 24.9% 보통, 12.0% 동의라고 답했다. 또한 '인터넷, 대중매체에서의 5.18 민주화 운동의 의미와 가치를 훼손하는 비방과 왜곡에 대해 어떻게 생각하십니까?' 질문에 일반 국민의 67.1% 심각함, 19.7% 보통, 심각하지 않음 8.3%, 청소년의 74.8% 심각함, 22.1% 보통, 심각하지 않음 3.1%이라고 답했다.

왜곡된다. 그럴수록 피해자들의 상처는 가중된다. 망자들은 물론, 가족과 친구를 보냈던 사람들, 그리고 한국사회의 민주화에 희망을 품은 사람들까지 좌절한다.

문제는 이것이 일부의 왜곡으로 그치지 않는다는 점이다. 5.18 관련 단체들은 억울함을 호소하며 집회를 열고, 많은 이들이 5.18 정신을 훼손시키는 가해자의 증언에 분노한다. 그리고 반대편에 선 사람들의 목소리도 함께 커진다. '민주주의를 외치던 사람들이 이 책을 두고 왜 금서라고 하는 것이냐, 현재 우리나라는 무슨 독재이건데 회고록을 왜 못 사 읽게 하는 것인가, 논리적으로 반박하면 될 것을 책을 강제로 못 팔게 하는 것부터 수상하다, 세월호도 성역이고 5.18도 성역인가' 하는 등의 비난과 '종북', '빨갱이' 등 분단 적대성을 드러낸 원색적인 욕설이 난무한다. 결국 이 논쟁은 대북 관련 정치적 입장과 색깔론, 서로에 대한 분노와 적대성으로 확대된다.

5.18은 이미 1996년 국가가 기념하는 민주화운동으로 인정받았고 세계가 인정한 한국 민주주의의 분수령으로 평가되었지만, 이러한 논란 중에 5.18은 민주화운동으로 기억되기보다 이데올로기적 색깔 논쟁 혹은 정치적 선동 도구로 여겨지게 되었다. 5.18을 이야기하면 그것을 통하여 어떤 이익을 추구하는가 하는 의혹의 눈길에서 벗어나기 힘들고, 안타까운 피해자들까지 희롱하는 사태가 벌어진다. 5.18은 30여 년이 지난 지금도 현재의 우리에게 숭고한 의미의 역사, 민주주의를 진지하게 사유하게 하는 역사로 기억되지 못하고, 남북분단 상황과 결부된 예민한 문제, 한국사회의 갈등 원인으로 전락해 버린 것이다.

---

7   5.18기념재단(http://www.518.org/sub.php?PID=0101)에서는 광주민주화운동을 이렇게 정의한다.

2. 5.18을 기억하는 문화사적 흐름: 5.18 영화를 중심으로

분단체제의 지속과 한국사회의 분열 속에서 5.18 역사는 제자리를 지키기 어려웠으나, 한 축에서는 5.18에 대한 기억을 지켜내고 전승하기 위한 끊임없는 노력이 이뤄졌다. 국가의 공적 역사(public history)와 헌법의 약속도, 5.18 관련 단체들의 노력과 저항도 그러하지만, 대중적으로 깊숙이 파고들어 우리의 기억을 다시 세우는 일에 쉬지 않는 영역이 있다. 바로 5.18의 기억을 재구성하는 영화들이다.

5.18 광주민주화운동은 과거의 사실과 현재적 역사의 경계에서 대중의 기억과 관련된 수많은 논쟁거리를 생산한 대표적인 역사적 사건이다. 5.18은 1980년 5월 발발 당시에도 '광주 사태' 또는 '폭동'이라는 오명으로 대내외적으로 알려졌고, 이후 국가 권력의 억압이 정당화되던 1980년대에는 묵살되어 '말할 수 없는 상처'가 되었으며, 1990년대에 와서야 법적·정치적인 재평가를 받을 수 있었다.[8] 그러는 과정에서 5.18은 다양한 예술로 표현되어 왔다.

과거의 역사를 재현하는 예술 가운데 이 글에서는 영화에 집중한다. 왜냐하면 영화는 서사의 형태로 과거 사실에 대한 상세한 기록이 가능하면서, 동시에 현대인들이 쉽게 공감할 수 있는 영상이라는 매개로 확산되고 다양한 담론을 양산하기 때문이다. 어떤 예술보다도 큰 대중적 파급력을 보유하고 있기에, 공급과 수용의 정도에 있어서 가장 사회적 확산력이 높은 새로운 형태의 '역사 쓰기'라고 감히 말할 수 있다.[9]

---

8 황인성·강승묵, 「영화 〈꽃잎〉과 〈화려한 휴가〉의 영상 재현과 대중의 기억(Popular Memory)이 구성하는 영화와 역사의 관계에 관한 연구」, 『영화연구』 35, 한국영화학회, 2008, 45쪽.

9 영화의 역사 기록 기능에 대해서는 많이 논의되었다. 영화 자체를 역사성을 지닌 인류의 중요한 기록이자,(유지나, 「영화 속의 역사, 역사 속의 영화: 대중 기억의 재생산」, 『영상문화정보』 23, 2002, 26~31쪽.) "국가주의 서사(nationalism narrative)에 대한 대안 역사를 제시하기 위해 글에 의한 역사서술(written historiography)을 대체할 수 있는 시각적 역사서술(visual historiography)"(강승묵·황인성, 「영화의 역사 구성에 관한 언론의 담론 형성 과정 고찰: 5.18 광주민주화운동을 다룬 영화의 담론분석을 중심으로」, 『언론과학연구』 9-1,

그래서 이 글은 역사 쓰기의 한 갈래로서 영화의 기능을 중심으로 5.18 영화에 대해서 논하고자 한다. 특히 5.18 영화는 반복적으로 창작되었고, 사회문화적 배경과 맞물려 일정의 변화를 거쳐 왔기에 5.18을 기억하는 방식의 변천과정은 하나의 '문화사'로 칭할 만하다. 5.18 영화들이 반복해서 생산되는 까닭은 그 역사를 '기억'하는 방법의 반복적 도전이라고 할 수 있으며, 사회문화적 배경과 맞물려 5.18에 대한 기억을 다시 새롭게 하려는 기억의 투쟁[10]이라고 할 수 있다.

5.18 영화로 불리는 작품들은 〈칸트씨의 발표회〉(1987), 〈황무지〉(1988), 〈오 꿈의 나라〉(1989), 〈부활의 노래〉(1993), 〈꽃잎〉(1996), 〈박하사탕〉(2000), 〈화려한 휴가〉(2007), 〈26년〉(2012), 〈택시운전사〉(2017) 등이 있다. 5.18 영화들은 독립영화에서 상업영화로 점차 대중성을 겸비하는 형태로 변화되었고, 그 내용에 있어서는 역사 사실의 리얼리티적 재현에서 상처의 예술적 표현과 승화로 변화하기도 했다. 또 한편으로는 피해자 또는 가해자, 혹은 그 주변으로 그 중심적 시선을 변화시키며 사건을 다양한 각도로 조명

2009, 320쪽.)로 인정해 왔다. 그뿐 아니라 영화라는 대중매체가 집단적 기억(collective memory)을 재구성하고, 역사적 사실을 웅변하기도 하며, 새로운 의미와 사실을 생산한다고 주장한다.(김미현, 「영화, 역사와 관계 맺기」, 『영상예술연구』 3호, 2003, 9~28쪽.) 그리고 "과거를 그려내는 새로운 방식을 제안하고, 과거란 무엇인가에 관한 우리의 인식을 바꾸어 놓는 등 글로 쓰인 역사에 대해 일련의 도전을 제기"(로버트 A.로젠스톤 저, 김지혜 역, 『영화, 역사-영화와 새로운 과거의 만남』, 소나무, 2002, 28쪽.) 한다며 다수의 역사들이 서술될 수 있는 가능성의 장(field)을 펼치는 것이라는 긍정적 전망도 있었다. 이러한 주장들은 영화가 과거의 기억을 재현하고 대중적으로 확산하는 기능을 인정하는 것이다. 또한 영화에 의해 문자 중심의 역사 쓰기가 누락하거나 삭제했던 과거의 사건들이 재현되고, 영화작품을 둘러싼 다양한 담론을 통해 새로운 역사로 재구성될 수 있다(강승묵·황인성, 「영화의 역사 구성에 관한 언론의 담론 형성 과정 고찰: 5.18 광주민주화운동을 다룬 영화의 담론분석을 중심으로」, 『언론과학연구』 9-1, 2009, 320쪽.)는 관점이다.

10 5.18은 시간이 지날수록 '어떻게 기억할 것인가'의 사안이 중요한 역사적 사건이었다. 조혜영 은 "광주항쟁은 당시 폭력의 가해자였던 군사세력이 국가를 장악함으로써 진상을 제대로 밝힐 수 없는 상황에 처했고, '항쟁을 알리고 망각하지 않기' 위한 싸움을 지속해 나가야 했다"고 주장했다(조혜영, 「5.18의 문학,문화적 재현과 젠더: 항쟁의 기억 혹은 기억의 항쟁 -5.18의 영화적 재현과 매개로서의 여성」, 『여성문학연구』 17, 한국여성문학학회, 2007, 140쪽).

하여 5.18 역사를 두텁게 읽어낼 수 있는 시각을 제공했다.

이 글에서는 5.18을 재현하는 영화들을 통해 문화사적 흐름을 따라가면서, 특히 그 상업적 시도에 집중하려고 한다. 그간 영화계 전문가들은 5.18 영화의 상업적 도전을 중요한 의미로 해석해왔다. 특히 상업영화는 대중성과 불가분의 관계에 있다. 콘텐츠의 파급력을 환호하기에 앞서, 어떻게 관객들의 마음속에 파고드느냐의 문제를 먼저 고민해야 하기 때문이다. 영화 생산은 경제적 위험을 산포시키기 위해 다양성을 전제해야 하는데 그 토대는 관객의 구매력과 규모이다. 문화산업으로서의 영화는 '거의 모든 사람을 위한 무엇인가'를 제공한다는 것을 고민하지 않을 수 없다.[11] 5.18을 그린 상업영화의 감독들은 5.18을 민주화운동으로 기억하는 관객들을 물론이며, 5.18을 외면했던 관객들까지 사로잡아야 하는 고민을 해야 했다. 어떻게 5.18의 서사에 몰입하게 하고, 어떻게 진실을 설득시킬 것인가?

그러한 의미에서 영화 〈꽃잎〉은 5.18 영화의 최초 상업적 도전이라는 의미에서 중요한 기점에 해당되는 작품이다. 대중영화가 생산되는 역사적이고 사회적인 맥락에 의거한 분석을 담은 한 논의에서는 합법적 공간에서 아무도 말할 수 없었던 '광주'가 드러난 정치적 시기와 80년대적 정서와 맞물린 5.18 영화의 대중적 확산 가능성을 주장했다.[12]

> 항쟁 당시 소문만으로 분노하며 실제로는 아무것도 할 수 없었던 지식인들의 죄의식은 80년대적 정서의 핵심을 이루는 바, 한 소녀의 고통스러운 기억과 그녀를 바라보는 남자, 그녀의 흔적을 찾는 오빠의 친구들이 빚어내는(내용) 다중 시점(형식)은 지식인 독자들의 심층에 존재하는 죄의식을 심화시키는 동시에 피해자인 소녀로 하여금 스스로 그날을 '말하게' 함으로써 '광주'의 상처를 치유할 수 있는 계기를 부여했다.[13]

---

11 황혜진, 「『꽃잎』의 맥락, 역사적 사건의 대중문화적 수용」, 『영화연구』 14, 한국영화학회, 1998, 259쪽.
12 황혜진, 앞의 글, 253~271쪽.

이 평론가는 영화의 개봉 시점을 두고 1980년 이후 정권이 두 번 바뀌고 전·노 두 전직 대통령이 법정에 섰으며 5.18 특별법이 제정된 얼마 후라는 사회적 배경을 두고 제도권 영화의 공간이라는 광장으로 불러내 논쟁의 국면을 생산해냈다고 말한다. 또한 90년대 지식인의 위선적 모습을 담아낸 〈너에게 나를 보낸다〉를 연출한 영화계의 중견 감독의 후속작이라는 점[14]에서도 '죄의식'을 이야기하며, 이 영화의 리얼리티 기능을 넘어 치유적 가능성을 논한다.

또 다른 연구에서도 영화 〈꽃잎〉에서부터 상처의 치유에 대해서 이야기한다고 분석한다. 〈칸트씨의 발표회〉, 〈황무지〉, 〈오 꿈의 나라〉, 〈부활의 노래〉 등은 5.18은 어떤 사건이었는가, 사건의 의미는 무엇인가, 혹은 풀리지 않는 사건의 진상 규명과 책임소재를 중심으로 재현하고, 사실적으로 사건 그 자체를 알리는 데 초점을 맞춘 작품들이라고 평한다. 이에 비해 〈꽃잎〉과 〈박하사탕〉은 이전보다 비교적 자유로운 정치적 지형 속에서 생산된 영화이며, 미학적·형이상학적으로 형상화되어 우리의 집단 기억 속에 내재된 광주의 상처를 재현하고 그 치유의 문제에 접근한다고 분석했다.[15]

5.18 영화의 상업적 시도는 대중성이라는 수면 위로 5.18 기억 문제를 꺼내 놓는 일이면서도, 상처의 치유를 고민하기 시작한 기점이라고 할 수 있다. 물론 5.18 영화의 기본 목적은 역사를 기억하는 문제이고, 이는 말할 수 없던 과거의 기억을 꺼내어 그 아픔을 드러내는 '고발'의 역할을 감당하며 치유의 한 축을 이뤄내고 있다. 그에 더하여 대중성을 고려한 서사화 및 예술적 형상화를 이룬 작품들은 다수가 그 고통에 공감하게 하는 방향의 치유 기능을 발휘한다고 할 수 있다. 그것을 바라보는 관객으로부터 그 상처에 공감하게 함

13　황혜진, 앞의 글, 259쪽.

14　황혜진, 앞의 글, 254쪽.

15　김종헌, 「기억과 재현의 영상 이미지 -5.18 영화를 중심으로-」, 『민주주의와 인권』 3-2, 전남대 5.18연구소, 2003, 157쪽.

으로써 피해당사자와 관객들까지 포함한 범위의 사회 치유적 기능을 발휘하는 것이다.

로스버그는 트라우마의 리얼리즘이 수용해야 할 세 가지 요구를 말했다. 첫 번째는 기록의 요구이며, 두 번째는 재현의 형식적 한계에 대한 성찰의 요구이고, 세 번째는 홀로코스트 담론들의 위험을 감수한 대중적 유통에 대한 요구이다. 세 번째 항목에 의하면 5.18 영화의 상업적 시도는 사회 치유적 기능을 발휘하는 지점이라고 할 수 있다. 홀로코스트 담론의 대중적 유통은 홀로코스트 자체를 물화시킬 수 있는 위험성이 존재함에도 불구하고 그것의 유통과 대중적 확산은 궁극적으로 홀로코스트를 극복하고 그것의 재발을 막는 유일한 방법[16]이기 때문이다.

5.18 영화의 대중적 성공은 바로 이러한 사회 치유적 의미를 지닌다고 할 수 있다. 영화를 통한 새로운 역사 쓰기 작업에서, 치유 문제는 왜 우리가 과거를 기억해야 하는가라는 역사적 사명에 힘을 더해준다. 다수가 5.18을 기억하며 우리가 사는 공간은 5.18의 아픔을 기억하는 공간이 되고, 그 안에서 피해자는 가해자의 보복과 범죄 재발로부터 보호될 수 있기 때문이다. 5.18에 대한 기억이 희미해질수록 역사를 왜곡히는 방식으로 처벌을 피하려는 가해자의 행위는 정당화될 수 있다. 5.18에 대한 왜곡과 기억의 투쟁이 반복, 또 반복되고 있는 까닭은 바로 이러한 이유 때문일 것이다.

5.18에 대한 기억이 온전하게 바로 서고, 그 위상이 흔들리지 않는 순간까지 5.18의 상처를 말하는 영화는 계속될 것이다. 정신적 상처는 억압될수록 더욱 강렬하게 표출되기 때문이다. 상처에 대한 기억이 억압되거나 혹은 왜곡되어 '아프다'는 진실이 외면되는 순간, 상처는 묻히는 것이 아니라 더욱 뚜렷한 모습으로 나타날 것이다. 5.18의 영화들이 계속해서 생산되고 있으며, 상처를 드러내고 치유의 길을 비추는 작업이 반복·진화하고 있다는 문화

---

16 임경규, 「문화산업과 5/18의 재현 ―〈화려한 휴가〉의 한계와 가능성」, 『라깡과 현대정신분석』 12, 한국라깡과현대정신분석학회, 2010, 93~94쪽.

현상이 이를 대변한다고 할 수 있다.

3. 5.18 영화 속 국가폭력에 맞서는 사람들의 얼굴

5.18 영화로 본 문화사적 궤적은 기억의 재현을 거쳐 그 상처를 어떻게 치유할 것인가의 문제까지 흘러왔다고 할 수 있다. 특히 5.18의 상처를 그려낸 상업영화들은 점차 변화를 거치면서, 역사 왜곡 및 사회적 분열이라는 현재의 문제에 대한 돌파구를 제시하는 방향으로 진화해왔다. 즉 5.18에 대한 기억을 재현하면서도 대중성을 겸비한 영화작품들은 5.18을 둘러싼 논쟁들에 대한 영화적 답변으로 여길 수 있다는 것이다.[17]

이 글에서는 5.18을 그려낸 상업영화 가운데 현재의 우리에게 치유적 기능을 발휘할 수 있는 세 편의 영화에 집중하여 그 서사적 의미를 살펴보고자

17 5.18 영화들을 분석 대상 삼은 논의에서 더 나아가, 5.18 영화사적 흐름은 논의한 연구로 대표적인 경우는 다음과 같다. 우선 김종헌의 연구는 5.18 영화들이 담아낸 기억의 내용과 재현의 중심을 분석하며, 진실 고발에서부터 치유의 문제를 담기 시작한 영화사적 변화들을 발견하였다. 그러면서도 논문발표 시기 이후에 발표된 〈화려한 휴가〉 및 〈택시운전사〉를 제외하고 있다는 점에서, 그 대중적 소통이 본격적으로 이뤄진 상업영화의 계보를 논하지 못했다는 점에서 아쉽다. (김종헌, 「기억과 재현의 영상 이미지 −5.18 영화를 중심으로−」, 『민주주의와 인권』 3-2, 전남대 5.18연구소, 2003, 147−168쪽.) 두 번째, 채희숙의 연구는 5.18 영화 속 활력이미지들의 계보를 포착하면서, 한국사회 다중들의 투쟁은 아래로부터 근대화를 추동하고 구성해 온 활력을 증거한다는 분석을 발표했다(채희숙, 「5.18광주 소재 영화들에 드러나는 활력이미지의 계보와 대항담론 형성의 과제」, 『문화연구』 1-2, 한국문화연구학회, 2012, 189~240쪽). 5.18 영화 속에서 5.18 정신을 발견하고, 그 영화사적 명맥을 이어온 핵심을 파악한 연구이다. 하지만 그 활력의 이미지가 수용자인 우리들에게 무엇을 전달하는지에 대한 논의까지 이어지지 않아 본 연구와 차별점이 있다고 본다. 세 번째, 박선웅·김수련의 연구에서는 5·18 외상에 대한 국민적 공감이 부족한 상황을 문제제기하며, '인권', '민주주의', '불의에 대한 저항' 등의 가치로 5·18 민주화운동이 의미화되어야 말한다. 그리고 홀로코스트 연구에서 말하는 외상서사를 진보서사와 비극서사로 대별한다고 하며, 5.18 영화들을 유형화 하고 그 한계점을 논한다.(박선웅·김수련, 「5.18민주화운동의 서사적 재현과 문화적 외상의 한계 −5.18 영화를 중심으로」, 『문화와 사회』 한국문화사회학회, 2017, 117−160쪽.) 본고는 진보서사와 비극서사가 아닌 방식으로도 점차 현실의 문제에 돌파구를 제시하는 방향으로 진화되었다고 보며 5.18 리얼리즘의 한계점을 보완하고 있는 형세라고 파악한다.

한다. 그 세 편의 영화는 〈꽃잎〉, 〈화려한 휴가〉, 〈택시운전사〉이다.

이 글이 세 영화에 집중하는 까닭은 앞서 말한 바와 같이 그 상업적 도전에 의미를 두고 있기 때문이며, 5.18 속 다양한 군상들을 발견할 수 있기 때문이다. 특히 가해자와 피해자 등 직접적인 당사자가 아닌 그 주변을 인물들에 초점을 맞추면서도, 5.18에서 이데올로기와 정치 문제에 무관한 일반 사람들에 주목하고 있기 때문이다. 〈꽃잎〉과 〈화려한 휴가〉의 주인공의 경우는 5.18 현장에서 가족을 잃은 직접적인 피해자이지만 일정의 거리가 있는 사람들이고, 〈택시운전사〉의 주인공은 광주 외부인이다. 상업영화 이전의 작품들은 민주화를 위해 투쟁했던 현장의 리얼리티 복원을 중점으로 한 고발적 성격의 작품들이라면, 〈꽃잎〉 이후의 이 작품들은 5.18과 주인공들의 거리감에서 특별한 의미를 생산해낸다. 세 영화는 이러한 인물들을 조명하면서 5.18 당시 군인들의 총칼에 죽은 망자들이 생존하고 있지 않는 현실에서 왜 5.18을 기억해야 하는지를 생각해보게 한다.[18]

그리고 세 편의 영화는 화제성과 흥행 면에서 다수의 대중과 소통을 이뤄낸 작품이라 칭할 만하다. 〈꽃잎〉은 처음으로 대중에게 공개된 5.18 상업영화이고, 〈화려한 휴가〉는 680만 관객을 동원하였으며, 〈택시운전사〉는 천만이 넘는 관객을 끌어당겼다. 위험을 감수한 대중적 유통에 대한 요구를 충족

---

18 이 글에서는 〈박하사탕〉과 〈26년〉을 다루지 않았다. 〈박하사탕〉의 경우 주인공 영호는 과거 광주 진압군으로 가해자의 위치에서 사건에 관여했던 이들에게도 5.18은 헤어 나올 수 없는 상처라는 점과, 진짜 가해자인 국가권력은 뒤에 숨어버리고 가해자로서의 죄의식은 오롯이 영호와 같은 인물들이 감당하고 있다는 불합리를 다루는 영화이다. 5.18의 피해 범위를 확대하여 그 트라우마의 전이성에 대한 진지한 고민을 하게 하는 작품이지만, 세 편의 영화만큼 5.18이 왜곡되는 현실 문제에 대한 의미 전달이 적실하지 않다고 판단되었다. 또한 피해자들의 자손들이 펼치는 복수극인 〈26년〉은 원작 웹툰은 성공적이었으나 대중적 흥행에서는 성공하였다고 판단하기 어려우며, 원작만큼 대중적 확산 및 5.18 기억의 재구성에 큰 기여를 했다고 보기 어렵기 때문에 이 글에서 논의하지 않았다. 그리고 〈26년〉의 주인공들은 피해자들의 신원 문제를 다룬다는 점에서 또 다른 갈래의 치유적 기능을 발휘한다고 할 수 있으나, 피해자들의 자녀들이라는 설정과 그 영웅적 면모에서 관객의 공감대를 얻기 어렵고, 본고에서 주장하는 바인 '관객은 영화의 누구로 자신을 위치시키는가'를 논의하기에 적절하지 않은 작품이라고 판단하여, 차후의 논의로 미뤄두었다.

한 경우이며, 가장 많은 사람들에게 광주를 기억시키는 데 성공한 작품이라고 할 수 있다.

우리는 5.18을 왜 기억해야 하는가? 이 문제에 초점을 맞추어서 세 작품을 살펴보면, 우선 사건과 인물의 거리 및 영화가 비추는 그 얼굴들이 지닌 의미로 해석해 볼 수 있다.

1) 비쩍 마른 소녀의 얼굴과 분열된 기억, 〈꽃잎〉

먼저 〈꽃잎〉의 경우를 살펴보자. 이 영화는 1996년 김영삼 정부 때 발표된 작품이다. 장선우 감독은 "민중적 생명력을 화면 속에 열렬히 끌어안으려는 노력, 그리고 그 정신으로부터 출발하는 이야기"라고 창작 동기를 밝혔다. 소설을 원작으로 한 이 영화는 계엄군 진압 당시 어머니를 잃은 15세 소녀의 기억[19]을 통해 사건을 풀어간다.

영화에서 5.18은 직접적으로 제시되지 않고, 정신적으로 아픔을 가진 위태롭고 약한 소녀를 먼저 비춘다. 소녀의 형상은 비쩍 마르고 한동안 씻지도 않은 실성한 사람의 모습이다. 많은 평론가들은 이러한 소녀의 형상을 두고, 5.18의 상처로 해석했다.

이 영화는 5.18을 부분적으로 재현하고 있으며 그 사건 자체를 다루고 있지 않다.[20] 그렇게 작품 초반에는 소녀와 5.18이 먼 거리에 위치해 있다. 다만 작품 초반에 제시된 5.18 현장 영상과 소녀의 조각난 기억 장면을 통해 짐작될 뿐이다. 5.18로 인해 죽은 청년의 친구들이 청년의 여동생이 아직 살아 있다는 소식을 접해듣고 그녀의 행방을 찾는 과정이 이어지는데, 그러면서 소녀가 5.18로 오빠와 어머니를 잃고 어떤 삶을 살아왔는지 점점 드러난다.

---

19 김종헌, 앞의 글, 155쪽.
20 황혜진, 앞의 글, 270쪽.

　실성한 소녀는 자신의 몸과 마음을 훼손하고 있는 아픔의 근원지를 사유하지 못한 채 분열적 상태로 정지되어 있었다. 그리고 분열적 상태의 소녀는 남성들의 욕망에 의해 또다시 상처받는다. 소녀는 5.18 당시 계엄군의 공격에 뒤쫓기던 공포의 장면을 반복해서 떠올리는데, 소녀를 성적으로 강탈하려는 남성들을 피해 도망가는 장면과 겹친다. 그리고 그것은 소녀의 악몽으로 재현된다.

　정치적 폭력과 성적 폭력으로 소녀가 생명력을 잃게 된 사연이 서서히 드러나면서 5.18과 소녀의 아픔이 직결된다. 소녀는 실성한 채 남성들의 욕망에 강탈당하는 삶을 반복하다가, 어느 날 장씨의 집을 빠져나와 외딴 무덤가로 가 '말'을 시작한다. 그러면서 영화는 사연의 전모를 드러낸다.

> "오빠 나 할 얘기가 얼마나 많은디… 〈중략〉 절대 내가 얘기 하는데 귀
> 막으면 안 돼. 그러면 그 말이 가루가 돼서 완전히 무너지고 말어여. 〈중략〉
> 엄마가 이상진진 건 양복 입은 아저씨들이 하얀 봉투를 갖고 온 그 다음부터여.
> 오빠가 죽었다고."

　외딴 무덤가에 가서 오빠에게 이제 이야기를 하겠다고 한 소녀는 알 수 없는 소리로 중얼거리기만 한다. 그 중얼거림은 소녀의 분열적 사고를 그대로 노출한다. 차마 논리적인 언어로 표현할 수 없는 아픔 자체인 것이다. 무덤 앞 소녀의 광적인 중얼거림과 동시에, 그 충격적인 날의 사연이 흑백장면으

로 제시된다. 광적인 중얼거림이 거의 괴성에 가까운 지경이 되었을 때 비극의 현장에서 어머니가 비참하게 죽어가는 장면이 나온다.

소녀의 어머니는 아들의 죽음을 알고 난 뒤 한복을 곱게 차려입고 5.18 시위 현장을 찾았다. 소녀는 엄마가 자신을 버리고 가는 줄 알고 자신을 뿌리치는 엄마를 끝내 따라나섰다. 어머니는 계속 소녀에게 숨어있으라고 하지만 두려움에 소녀는 계속 어머니에게 매달렸다. 계엄군의 폭격이 시작되자 어머니는 현장을 빠져나가기 위해 소녀의 손을 잡고 달렸다. 그러다가 소녀가 넘어지면서 손을 놓쳤고, 어머니는 다시 소녀를 구하기 위해 달려와 소녀의 손을 잡았다. 그 순간 어머니가 총에 맞았는데, 소녀를 꼭 잡은 손은 죽는 순간에도 놓아지지 않았다. 계엄군의 총격에 공포를 느낀 소녀는 도망가려고 자신을 놓지 않고 있는 어머니의 손을 발로 떼어낸다. 이러한 과거의 비극을 떠올린 소녀는 무덤가에서 "엄마 이거 놔"라고 반복적으로 외치다가 결국 실신한다.

그리고 피 묻은 소녀는 다른 시체들과 함께 트럭에 실려 갔다. 소녀는 오빠에게 거기에 죽은 엄마도 함께 실려 있을까봐 너무 무서웠다고 말하며 오열했다. 그런 후 소녀는 장터에서 엄마가 죽었던 피 묻은 거리를 떠올리며 한참을 앉아 있다가 자리를 떠났다. 그리고 모두가 찾을 수 없는 곳으로 사라졌다.

이 영화는 5.18이 남긴 상처가 어떻게 현존하고 있는지에 초점을 맞추고 있다.[21] 이렇게 영화는 소녀가 자신의 정신적 분열과 고통을 직면해가는 과정을 그려내며, 5.18의 상처에 접근한다. 그 주인공은 민주화를 위해 투쟁했던 오빠도 아니고, 자식의 죽음으로 시위현장을 찾은 어머니도 아니라, 그 주변에서 김추자의 〈꽃잎〉을 부르며 평범한 삶을 살고자 했던 해맑은 소녀였다. 소녀의 처참한 모습은 훼손된 민중의 삶과 생명이었고, 그녀를 괴롭히던 악몽과 망상들은 5.18 현장에서 죽은 어머니를 뿌리치고 도망친 소녀의 죄의식

---

21 채희숙, 「5.18광주 소재 영화들에 드러나는 활력이미지의 계보와 대항담론 형성의 과제」, 『문화연구』 1-2, 한국문화연구학회, 2012, 189~240쪽.

이었다. 그리고 광적인 중얼거림은 죄의식에 대한 자기 고백이자, 처절한 고통이었다.

영화에서는 소녀의 고통이 실체가 점점 드러나는 전개과정을 보여주면서, 이와 같은 방식으로 소녀 주변인들도 점차 소녀와 가까워지면서 동시에 관객들이 5.18의 실체에 접근하게 한다. 오빠의 친구들, 영화에서 '우리들'이라고 칭해지는 인물들은 소녀의 행방을 뒤쫓으면서 점점 무기력에 빠진다. 끝내 찾아낸 후로 소녀의 상태, 즉 5.18로 인한 충격과 공포에서 벗어나지 못하고 분열에 빠진 상태를 직면하고 좌절한다. 한동안 5.18을 말할 수도, 기억할 수도 없었던 억압의 시기가 지나고 되찾으려던 5.18은 '우리들'이 목격한 소녀의 비극과도 닮아 있다.

소녀의 비극이 전모를 드러낸 후 영화는 나지막한 '우리들'의 목소리로 메시지를 전한다.

> "당신은 묘지를 지날 때, 아니면 강가에서나 어느 거리 모퉁이에서 어쩌면 이 소녀를 만날지도 모릅니다. 찢어지고 때 묻은 치마폭 사이로 맨살이 눈에 띠어도 못 본 척 그냥 지나쳐 주십시오. 어느 날 그녀가 당신을 쫓아오거든 그녀를 무서워하지도 말고, 무섭게 하지도 마십시오. 그저 잠시 관심 있게 봐주시기만 하면 됩니다."

정치적 억압에 눌려 있다가 1996년 이제 상업영화의 모습으로 세상에 나온 5.18의 기억은 분열 자체였다. 그리고 영화는 그 상처와 분열의 기억, 아직 논리적으로 정리되지도 선명하게 그려내지도 못할 그날의 상처를 두고 잠시 관심 있게 바라봐 달라고 말한다. 영화〈꽃잎〉이 말하는 5.18을 기억하는 일은 위의 대사와 같다. 말할 수 없는 기간 동안 5.18을 외면했던 우리들이 이제 5.18의 기억을 꺼내들고, 이리저리 찢긴 소녀의 모습을 충격과 공포의 시선으로 바라볼 뿐이다. 무서워하지도 말고, 소녀에게 무섭게 하지도 말고, 잠시 바라봐 달라는 말은 우리가 이제 무엇을 해야 하는지 고민하라는 의미로 해석된다.

한 연구에서는 "영화는 무엇이 치유되지 못한 것인지, 우리가 아직도 가져야 하는 부채의식이 무엇이며, 그것이 무엇을 향한 것인지에 답하지 못한다."며 이 영화의 한계에 대해서 논한다. "우리 사회에 존재하는 폭력이미지들을 그려내고 있으나, 그에 대항하는 역사적이며 정치적인 주체성에 대한 지도를 발견하지 못해 무차별적이고 혼란스러운 분열의 이미지를 생산하고 있는 점에서 한계를 보인다."고 말이다.[22]

이 논의에서 지적하는 분열된 기억과 혼란은 영화의 한계점이라기보다는 5.18을 대중 앞으로 끌어온 첫 시도의 작품으로서 관객이 5.18의 실체에 다가갔을 때 경험하는 충격 자체를 그려낸 것으로 보인다. 소녀의 모습은 5.18을 말하지 못하였던 정치적 억압 속에서 5.18의 상처를 논리적 언어로 설명하지 못했던 혼란과 닮아 있으며, 5.18의 진실을 알게 된 우리의 첫 충격과 닮아 있다. 5.18을 기억하고자 하였을 때의 분열적 상태가 바로 소녀의 모습이라는 것이다.

그리고 5.18의 충격으로 일상을 되찾지 못하는 소녀에게 가해지는 남성들의 폭력은 5.18 이후에 벌어졌던 정치적 억압과 유사하고, 자본의 논리로 5.18의 기억을 훼손시키는 사람들의 공격과도 유사하다. 말하지 못한 채 지연된 시간 속에 훼손된 5.18의 가치들과 고통을 지속한 시간들처럼 말이다. 또 소녀의 죄의식은 피해자만 남아있고 가해자는 사라지고 없는 상황 속에서 남겨진 사람들이 억지로 떠안은 죄의식이라고도 할 수 있다.

5.18을 말할 수 없던 억압의 시간을 지나고 나와 이제 5.18을 말할 수 있는 때에 발표된 〈꽃잎〉은 5.18 사건의 전말을 알리는 일에 급급하지 않았다. 이전의 영화들은 5.18 자체의 진실을 알리는 목적이 강한 리얼리티였다면, 〈꽃잎〉은 5.18의 상처를 그대로 노출하고 있다. 5.18을 기억할 때 무엇을 기억해야

---

22 채희숙, 앞의 글, 189~240쪽.

하는가에 대해서 '사람들의 상처'에 집중했던 것이다. 그리고 그것을 알게 된 우리에게 일어나는 충격을 온전히 담아내었다. 그렇게 영화는 충격과 공포, 죄의식을 그대로 드러내어 고발의 의미를 지니면서도, 한편으로는 우리로 하여금 그것을 소화할 수 있는 시간을 주는 듯한 메시지를 담고 있다고 할 수 있다.

2) 분노와 저항의지로 가득찬 시민군, 〈화려한 휴가〉

노무현 정부 2007년, 5.18을 그린 상업영화의 출범 이후 10여 년 후 김지훈 감독의 〈화려한 휴가〉가 발표되었다. "이 영화는 실제 사건을 극화한 것입니다."라는 자막과 함께 시작하는 이 영화는 5.18 사태의 전말을 밝히는 데에 주력하고 있다. 주인공 강민우 역시 5.18 때 시위에 동참했다가 희생당한 실존인물들을 모티브로 창작된 인물이다. 영화 〈꽃잎〉에서는 5.18이 상처의 원인으로서 과거의 분열된 기억으로서 존재한다면, 이 영화에서는 5.18 현장이 직접적으로 그려진다.

그러면서도 이 영화는 5.18의 상처를 담아낸다. 평범한 택시운전사 주인공을 내세워 하나밖에 없는 가족을 잃었다는 분노를 보여준다. 강민우는 이데올로기나 민주화에 무관심한 시민이었다. 하나밖에 없는 혈육인 동생을 위해 물심양면으로 뒷바라지하고, 이웃 간호사를 짝사랑하는 평범한 일상을 일궈가고 있었다.

무고한 사람들의 죽음에 분노한 시민들은 시위에 참여하고, 강민우의 동생도 시위에 참가한다. 이에 강민우는 동생에게 불같이 화를 내며, 절대 데모하지 말라고 말한다. 네가 나선다고 세상이 바뀌지 않는다는 것이었다.

> "세상이 아무리 난리쳐도 우리한텐 아무 일도 일어나선 안 돼. 가족이라곤 너와 나 둘 뿐이다. 너마저 없으면 형 살 이유가 없어. 나 혼자 남는 건 상상도 안 돼."

5.18에 동참하지 않는 강민우의 심정이다. 지켜야 할 가족이 있는 민우는 자신은 물론, 동생까지 그러한 위험에 가까이 해서는 안 되는 것이었다. 그렇게 이 영화에서 주인공은 5.18과 꽤 거리를 두고 있었다.

5월 21일 도청 앞 금남로, 사람들의 힘을 믿는 움직임이 커졌다. 계엄군이 철수를 약속하며 시위 모임을 해산해달라고 요청했다. 광주시민들은 우리의 힘으로 해냈다는 안도와 희열로 뒤덮였다. 동생도 자신을 말리던 형을 바라보며, 결국 우리의 힘으로 해냈다고 자신의 의지를 증명해낸 기쁨에 도취되었다. 그러던 중 갑자기 공수부대가 앞으로 전진 하고 사격이 시작되었다. 많은 사람들이 죽고, 강민우의 동생도 죽었다. 이때부터 주인공은 5.18과 분리되고 싶었던 소시민에서 분노와 저항의지로 가득찬 시민군으로 변화한다.

변모한 강민우는 예비역 대령과 함께 군사훈련을 시작하고, 조직적으로 광주를 지키는 시민군으로 활동한다. 그 주변 인물들도 삶을 내려놓고 광주를 지키는 시민군이 되었다. 간첩들과 불순분자들에게 현혹된 시민들이 사태를 더욱 심각하게 만들었고, 군경들만 사상되었고 시민의 인명 피해는 없었다는 뉴스 보도에 시민군은 더욱 분노한다. 죽은 우리 아들은 사람이 아니고 무엇이냐면서 억울함을 토해낸다. 그리고 더 강한 저항의지를 품게 된다.

이 과정은 5.18이 일부의 문제가 아니라 광주 시민들의 문제가 되었는지를 보여준다. 5.18로부터 멀리 있던 사람들이 위험한 5.18 안으로 깊숙이 들어오는 과정이다. 가족을 잃은 사람들의 분노, 날조된 정보로 진실을 숨기는 계엄당국에 대한 분노, 강민우를 포함한 시민들이 자신의 역사적 정체성을 인식하며 5.18로 뛰어든 계기는 분노 때문이었고, 분노는 강렬한 저항의지를 낳았다.

일부 대학생들의 데모에서 이제 광주 시민들의 저항의지로 확대된 사태는 흡사 전쟁의 모습과 같았다. 계엄군의 압박이 심해지자 강민우는 TNT를 챙겨온다. 예비역 대령은 이를 비판하며 "진짜 폭도가 되고 싶은 거야"라며 폭력에 폭력으로 항거하는 일을 말린다. 그러자 강민우는 "우리가 왜 폭도입니까? 우리가 폭도라고요?"라며 화를 낸다. 모두가 죽는 파국으로 치닫게 될 것이라고 생각한 예비역 대령은 계엄군의 수장을 찾아가 설득하고 전 장군을 만나게 해달라고 한다.

> "자네들 그 작전 감행되면 절대 안 돼. 지금 시민들은 TNT를 마지막 보루로 믿고 있어. 자네 새끼들도 다 죽어."
> "자전거는 보험이라는 것을 들 수 있어. 그런데 항공모함은 보험에 들어주지 않아. 왠지 아나? 군사용이거든. 군인이라는 거는 바로 군사용 인간 아니야? 광주가 통째로 날아간다면 그래주면 우린 고맙지."

계엄군의 본심을 알게 된 예비역 대령은 이제 곧 광주의 모든 사람들이 죽게 될 것이라고 확신하고, 자신은 광주를 지킨다. 그리고 안타까운 목숨은 지켜내기 위해 하나 둘 광주에서부터 내보낸다. 예비역 대령은 강민우에게 자기 딸을 데리고 광주를 빠져나가라고 말한다. 강민우는 그 딸을 데리고 광주 밖을 벗어났다가, 자기만 다시 광주로 돌아온다. 예비역 대령의 딸도 다시 광주로 들어와 광주 전역에 계엄군의 폭력을 고발하면서 다 같이 힘을 내자고 외친다.

> "우리 모두 일어나서 계엄군과 끝까지 싸웁시다. 우리는 광주를 지키고야 말 것입니다."

광주를 지키는 몇몇의 사람들, 이제 곧 그들은 계엄군에 의해 진압 당한다.

모두가 알고 있는 사실이다. 영화는 끝을 알고도 그 자리를 지키고 있는 사람들을 비춘다. 그리고 아무도 밖에 나오지 않는 깜깜한 밤 광주 시내에 그녀의 울먹이는 목소리만 외롭게 들린다. 5.18이 잊혀져가는 현실과 다를 바가 없다.

비극을 알고도 광주를 지키는 시민군과 죽음을 앞에 두고도 떠나지 못하고 돌아오는 주인공을 그려내면서 이 영화는 5.18 정신을 상기시킨다. 어떻게 지켜낸 민주주의인지 관객에게 보여준다. 자신의 목숨을 버리고 지켜낸 광주라는 것이다.

"폭도 아니야, 이 개새끼들아!"

결국 마지막까지 남은 최후의 1인인 강민우는 수많은 총부리 앞에서 홀로 저항하다 죽음을 맞이한다. 마치 5.18을 매도하는 과거와 현재의 사람들에게 외치는 일갈과도 같다. 진실을 위해 끝까지 싸우는 강인한 의지를 보여준다. 이 영화를 통해 우리는 5.18 현장에 기꺼이 동참했던 시민들의 강렬한 에너지를 전달받는다.

그리고 강민우의 죽음 뒤로 영화는 모두가 모인 강민우와 예비역 대령 딸의 결혼식 장면을 보여준다. 모두가 행복한 웃음을 짓는 광경 속에 예비역 대령 딸만이 슬픔을 머금은 표정으로 서 있다.

영화 〈화려한 휴가〉는 대중적으로 사랑을 받았으나 많은 전문가들로부터 혹평을 받기도 하였다. 5.18을 영상으로 재현하는 일에 몰두한 고발의 성격을 지니고 있기는 하지만, 소수로 압축되는 영웅성과 눈물샘을 자극하는 가족애 자극이 5.18의 슬픔을 온전히 담아내고 있지는 못하다는 것이다.[23] 살아있는 듯 죽어있는 그녀의 표정, 이 영화에서 유일하게 5.18이 지니는 트라

---

23 그 내용이 정치적 역사적 해석을 진지하게 제공하기보다는 멜로와 휴먼 드라마를 중심으로 감동을 주는 데에 목적을 두고 있다(금희조, 「영화 〈화려한 휴가〉 관람이 정치태도의 변화에 미치는 영향」, 『한국언론학보』 52-2, 2008, 88쪽.)고 평가하던가, 역사에서 정치적 화두를 삭제하고 인간적인 정서에 초점을 맞추고자 한다고 비평했다(채희숙, 앞의 글, 189~240쪽).

우마의 깊이를 담아내고 있는 장면[24]이라고 평하기도 했다.

> 〈화려한 휴가〉는 과거를 현재화하는 데 급급할 뿐, 과거를 기억하는 방식을
> 새롭게 하지는 못한다. 물론 광주항쟁은 여전히 미학적 기준을 들이대기에
> 부담스러울 정도로 강한 트라우마다. 하지만 27년 만에 다시 그 아픈 기억을
> 끄집어냈다면, 적어도 그것을 단순한 기억술을 넘어서 기억의 예술(arts
> mamoria)로 승화시켰어야 하지 않을까?[25]

단순한 기억술만으로는 5.18에 내재된 트라우마의 치유 기능을 발휘하지 못한다는 평가이다. 화려한 휴가는 5.18이 존재했던 방향만을 지시하는 인덱스의 기능만 하고 있으며, 악몽으로서의 역사가 배제되면서 남는 것은 한 개인의 영웅적 무용담과 감상적 로맨스, 그리고 선과 악의 투쟁으로 치환된 시민군과 계엄군 간의 전투뿐이라고 말한다.[26]

이 영화는 〈꽃잎〉에서는 잘 보여지지 않았던 5.18의 현장을 비추어 사건의 전말을 상세하게 이해하도록 한다. 그런데 평론자들의 말처럼 영웅성과 감상적 로맨스, 눈물샘을 자극하는 가족애는 유치한 형상화에 불과하지 않는다. 관객들이 떠올리기 어렵고 마주하기 어려운 5.18의 비극을 정면으로 바라볼 수 있게 하는 정서적 공감의 역할을 충분히 발휘하기도 한다. 그러한 효과를 부정할 수는 없을 것이다. 5.18을 기억하지 못하고 회피하고 싶은 사람들까지 스크린 앞으로 끌어들이는 일은 바로 이러한 감상적 요소들로 가능했다.

문제는 그것이 영웅적 무용담으로 받아들여질 수 있는 지점이다. 이 영화에서 그려내고 있는 5.18의 리얼리티는 우리를 분노하게 하고, 강민우와 예비역 대령은 우리에게 숭고함을 느끼게 하지만 그 저항의지에 동참하게 하기

---

24 임경규, 앞의 글, 92쪽.

25 진중권, 「기억을 어떻게 기록할 것인가?」, 『씨네21』, 2007 (http://www.cine21.com/news/view/?mag_id=47797).

26 임경규, 앞의 글, 91쪽.

어렵다는 것이다. 대다수는 강민우와 예비역 대령처럼 나의 모든 것을 내걸고 광주를 지켜낼 수 없기 때문이다. 〈꽃잎〉에서 충격과 공포로 주춤할 수밖에 없던 대중들은 이 영화를 통해 사태를 정면으로 바라보게 되었는데, 이후 우리가 할 수 있는 일에 대해서 다시 주춤하게 한다. 그럼에도 5.18을 정면으로 응시하게 한다는 점과 당시의 분노와 저항의지를 인지하게 한다는 점에서 이 영화를 낮게 평가할 수 없는 것도 사실이다.

3) 평범한 사람이 전하는 5.18, 〈택시운전사〉

2017년 3월 촛불의 의지로 부당한 권력은 물러가고 난 이후 2017년 8월 〈택시운전사〉가 개봉되었다. 저항과 민주주의의 물결을 타고 영화는 천만이 넘는 관객을 끌어 모으며 성공했다. 세월호의 아픔이 곧 우리의 현실이라고 자각했던 시민들은 5.18의 비극에 몰입할 준비가 되어 있었던 듯했다. 그렇기도 하였으나, 〈택시운전사〉는 작품 자체로도 성공요인을 많이 품고 있었다. 5.18의 전말을 그려내고, 또 그 안의 상처도 세련된 방식으로 공감하게 하면서, 영화를 바라보는 현재의 우리가 어떤 존재이고 무엇을 해야 할지 이정표를 제시한다.

〈꽃잎〉과 〈화려한 휴가〉는 국가폭력에 맞서 민주화를 주장했던 갈등의 정점 인물들이 아닌 그의 가족들의 모습을 보여주며, 이것이 단순히 일부의 정치 혹은 이데올로기 싸움이 아니었다는 사실을 보여준다. 그리고 5.18의 주변인을 다룸으로써 얻는 일정의 효과가 있었다. 그것은 〈택시운전사〉에 정점을 이룬다. 5.18과 같은 비극을 떠올릴 때 사건에 직접적으로 관련되지 않은 보통의 사람들은 우선 이 비극으로부터 자신을 분리하고 싶은 회피 욕망에 빠져든다. 〈택시운전사〉는 평범하면서도 광주 외부인으로 주인공의 위치를 설정함으로써 그 심리 변화를 통해 사건과 멀리 떨어진 우리로 하여금 사건 안으로 깊숙이 몰입하게 만든다.

이 영화는 5.18의 진실을 세계에 알린 위르겐 힌츠페터 기자와 그를 도운 택시운전사 김사복씨의 실제 이야기를 배경으로 한 영화이다. 작품의 중요한 인물들이 광주 외부의 사람이다. 그리고 이들은 광주 내부의 5.18의 진실을 광부 밖으로 알리는 역할을 한다. 공간적으로나 언론 및 통신이 모두 단절되었던 당시 계엄당국은 많은 사람을 죽이면서까지 진실을 은폐하려 했으나 이 두 사람의 활약으로 진실은 숨길 수 없게 되었다.

"데모하려고 대학 갔나? 호강에 젖은 저것들은 모두 싸그리 잡아다가 사우디로 보내야 한다니까. 지들이 펄펄 끓는 모래사막에서 죽도록 고생을 해봐야 '야- 우리나라가 살기 좋은 나라였구나.'하고 정신들을 차리지."

작품 초반 만섭은 5.18과 꽤 거리가 멀었다. 대학생들이 왜 데모를 하는지 알려고 하지도 않았고, 광주로 갔을 때만 하여도 택시비 10만 원에만 집중했었다. 위의 대사와 같이 5.18을 외면하고 미워하는 현재의 사람들이나 저항과 진보를 두려워하는 사람들처럼 말했다.

그리고 위험한 광주로부터 빠져나오기만을 바랐다. 1980년 5월 20일 주인공은 남녀노소 평범한 시민들이 모두 모인 시위 현장을 목격한다. 계엄군의 사격이 시작되고, 시위집단이 무자비한 폭력에 희생당한다. 이때 스크린은 할아버지를 폭행하는 계엄군에 포커스를 맞춘다. 분노를 참지 못하는 대학생이 폭력의 현장으로 뛰어들려 하자, 만섭은 말린다.

"학생이 지금 내려간다고 뭐가 달라져?"

만섭의 대사는 5.18을 외면하려는 회피의 욕망을 드러내고 있다. 5.18의 진실을 알리려는 광주 언론의 움직임도 그러했다. 일부 기자들은 광주의 진실을 알리려고 하였으나, 그 수장은 신문 발간을 멈춘다.

"우리들 기자들 아니오. 시방 무슨 일이 벌어지고 있는지, 뭣 때문에 이런 일이 벌어지고 있는지 알려야 할 것 아니오."

"그럼 뭐가 달라져. 그날로 신문사 닫고 끌려가는 것 아니오."

총과 칼을 든 계엄군에 맞서면, 5.18을 왜곡하려는 그들에 맞서면 무엇이 달라지겠는가? 영화는 '무엇이 달라지는가?'라는 질문을 계속 던진다. 이때까지는 현실 앞에 체념하게 만드는 질문이었다.

만섭은 계속 회피한다. 5.18과 주인공의 거리가 좁혀지는 과정은 다른 영화들과 다르다. 앞의 두 영화는 점차 가까워지는 방향으로 변화된다면, 만섭은 5.18 속으로 들어갔다 나오기를 2차례 반복한다. 첫 번째는 광주에 도착하자마자 사정을 알게 되어 외신기자를 버리고 도망쳤었고, 두 번째는 계엄군의 폭력에 공포를 실감하고 돌아섰을 때이다.

그리고 만섭이 5.18로부터 도망칠 수밖에 없는 사정이 그러했다. 서울 집에 딸이 홀로 아빠만을 기다리고 있었기 때문이다. 만섭은 젊은 날 아내를 잃고 실의에 빠졌다가, 딸을 잘 키워내야 한다는 생각으로 삶의 의지를 되찾았다. 그에게는 광주 시민들보다, 지켜야할 자기 가족이 있었던 것이다.

대학가요제에 나가고 싶다던 대학생이 눈앞에서 죽고, 처참한 현실을 목도하는 순간에도 만섭은 회피할 수밖에 없었다. 결국 만섭은 "산 사람은 살아야 하지 않습니까?"라고 말한 후 외신기자를 남겨두고 홀로 광주를 빠져나온다. 외신기자는 만섭이 자신을 버리고 떠난다는 사실을 알면서도 모른 척한다. 만섭은 광주의 택시운전사로부터 외신기자가 미리 택시비를 주었다는 사실을 알게 된다.

만섭이 5.18로부터 도망치는 장면들에서 우리는 '비겁함'을 느끼기보다 그로부터 위안을 얻는다. 외부인으로서 5.18에 깊숙이 참여하며 자기 삶을 위태롭게 하는 일은 참 어려웠다는 우리의 심정을 대변하고 있기 때문이다.

〈화려한 휴가〉의 영웅들에 깊이 몰입하지 못하는 까닭은 바로 이러한 심정 때문이었다. 사회적 문제에 대한 방관이 개인의 삶에 득이 되는 구조 속에서는 방관자로 사는 일이 현명한 선택이고, 현실적으로 폭력에 폭력으로 맞서는 운동가의 모습을 기대하기 어렵다. 폭력적 저항, 그것이 유일한 타개책이었던 과거와 달리, 2018년을 살아가는 우리가 무기를 들고 싸워낼 수는 없는 것이다. 커다란 무력 앞에 우리는 미약한 소시민으로 목숨만 부지하고 살더라도, 죄의식은 감당할 수 있지만 그 위험은 감당할 수 없기 때문이다.

그리고 그는 단지 자신과 가족을 지켜내고 싶은 평범한 사람일 뿐이지, 악인은 아니었다는 점도 그러했다. 그는 택시비 10만 원만 탐하고 외신기자를 버리고 홀로 위험에서 빠져나오려 했던 1차 도주 때도 애처로운 할머니가 아들을 찾으러 나서는 길을 기꺼이 함께한다. 그리고 두 번째 광주에서 벗어나려는 길에도 만섭은 죄책감에 눈물을 흘리고, 자기 고백을 했다. 광주 택시운전사로부터 택시비를 전해 받는 장면에서도 이것을 어떻게 받느냐며 한사코 거절했다. 5.18로부터 도망치는 그 순간에도 만섭은 인간의 도리를 외면하지 않는 '사람'이었다는 것이다. 차마 죽을 수 없어 5.18을 밀어낸 만섭에게서 발견되는 따뜻한 인간애는 설사 5.18을 외면하였더라도 당신은 착한 사람이라며, '누구나 다 그럴 수 있다'는 위로를 전한다.

그리고 광주 택시운전사는 혼자 도망가는 그에게 비난하기보다는 어서 빨리 딸에게 돌아가라고 다독였다. 서울택시에 대한 경계가 삼엄하니 광주 표지판을 달아주고, 광주 사람들도 잘 모르는 샛길을 알려준다.

> "미안합니다. 정말 미안합니다."
> "형씨가 뭐가 미안하오. 나쁜 놈들 저기 따로 있건만. 아이고 날씨
>   지랄 맞게 좋구먼. 나중에 딸내미 데리고 놀러오소."
> "몸조심 하세요."
> "몸조심 하시오."

죄의식을 느끼는 만섭에서 광주시민은 '나쁜 놈들은 저기 따로 있다'고 말

한다. 〈꽃잎〉이 피해자만 남아있고 가해자는 사라지고 없는 상황 속에서 남겨진 사람들이 억지로 떠안은 죄의식을 그려내고 그에 대한 동참을 권하는 영화라면, 〈택시운전사〉는 미안해하지 말라고 진짜 죄의식을 느낄 사람들은 저기 따로 있다고 말하는 것이다.

이렇게 영화는 5.18을 외면했던 우리를 위로해준다. 마치 5.18의 희생자들이 '용서'해주는 듯한 위로를 받는 것이다. 이 점은 〈꽃잎〉이나 〈화려한 휴가〉가 담아내지 않았던 지점이며, 관객들은 그러한 따뜻한 위로와 용서에 점점 더 5.18 속으로 몰입하게 된다. 진실의 처참함이나 가족의 비극 등 어두운 자극뿐만 아니라 따뜻한 포용으로 관객을 5.18로 끌어들인다는 것이다.

따뜻한 포용으로 5.18과 만섭, 그리고 관객의 거리는 급속도로 가까워진다. 결국 만섭은 광주로 돌아온다. 〈꽃잎〉이나 〈화려한 휴가〉와 같이 가족의 죽음도 아니었고, 〈화려한 휴가〉의 영웅처럼 져버릴 수 없는 저항의지는 아니었다. 단지 차마 외면할 수 없는 사람의 도리 때문이었다.

순천에 도착한 만섭은 차를 수리하고 집에 전화하며 딸을 다독였다. 그리고 제 발에 잘 맞는 구두하나 사주지 못했던 아버지는 우선 사지를 벗어나자마자 딸에게 줄 예쁜 구두를 샀다. 그렇게 만섭은 광주를 등지고 자신의 평범한 삶으로 돌아가려고 했다. 이때 사람들의 목소리가 들려온다.

> "광주에 사람이 여럿 죽었다더만 그것이 참말인갑네잉. 군인들이 광주에 쳐들어가갔고 난리도 그런 난리가 없디야."
> "뭔소리여?"
> "벌써 죽은 사람들이 수두룩하고 잡혀간 사람도 어마어마 하디야."
> "에이, 그것이 아니라 대학생들이 서울서 몰려와갔고 데모를 겁나게 해부는 바람에 애꿎은 군인만 몇 명 죽었다드만."
> "아니랑께. 사람이 참말로 죽는 걸 사람이 직접 봤다 안하요."
> "뉴스에도 나왔구만. 그것들이 그냥 대학생이 아니라 순 빨갱이라 안하요. 서울서 깡패까지 데리고 몰려왔당게."

"참말인가? 그것이 뉴스에 나왔어라?"
"그렇당게. 신문에도 대문짝만하게 나왔다 안혀요. 데모를 하려면 그냥
서울서 하지 뭣 하려고 여기까지 몰려왔어."

만섭은 광주 바로 옆 순천사람들마저도 광주의 실상을 알지 못하는 현실을
목도한 것이다. 그것은 광주의 현장보다 더 비극적이었다. 그리고 눈에 들어
온 신문기사 "광주 일원 데모 사태, 군경 5명 사망, 불순세력 및 폭도 등"는
광주의 비극을 더욱 비참하게 만들었다. 진실과 너무 다른 언론보도와 바로
옆의 비극도 알아차리지 못한 사람들의 모습에 놀란 만섭은 충격을 받는다.
주문한 국수를 앞에 두고 가슴이 먹먹해졌다가 이내 정신을 되찾고 허겁지겁
국수를 먹는다. 그때 만섭은 가게주인이 건네준 주먹밥을 본다. 그 주먹밥은
광주시민이 광주를 찾아주어서 고맙다고 주었던 주먹밥과 같은 모습이었다.
만섭은 주먹밥을 먹으며 눈시울을 붉힌다.
　만섭은 여느 때와 마찬가지로 노래를 부르며 마음을 억누르고 돌아가려 했
다. 그러다가 이내 곧 눈물을 흘린다. 차마 눌러둘 수 없었던 죄의식이 터져
나온 것이다.

"아빠가 해야 할 일이 있어서. 아빠가 손님을 두고 왔어. 아빠 택시에
꼭 태워줘야 하는 손님인데, 그 손님만 태워주고 아빠 금방 갈게."

광주의 진실을 외부로 전해야 하는 의무로부터 도망치려던 만섭은 스스로
그 무게를 감당하러 다시 광주로 돌아간다. 그것은 〈화려한 휴가〉의 분노와
저항의지보다, 사람으로서 져버릴 수 없는 인도적 차원의 것이었으며, 영웅성
도 아닌 평범한 택시운전사로서 할 수 있는 일을 해보겠다는 것이었다. 손님을
태우는 일 그것만 만섭이 감당한 무게였다. 매우 가벼워 보일 수 있으나 〈화려
한 휴가〉의 영웅들이 보여주었던 정도의 용기로 가능한 위험천만한 도전이다.
더 이상 광주가 남들이 사는 곳이 아니게 되었기 때문에 참상을 알리는 데 동

참하는 것이 최소한의 책임이 된 상황을 그는 기꺼이 떠안는 것이다.[27]

이 영화는 시민군의 저항의지와 용맹함으로 맞서는 기량에 집중하지 않았다. 다수가 자신이 할 수 있는 일을 최대한 해내는 방식으로 해내는 과정을 그려냈다. 외신기자는 카메라 앵글을 놓지 않는 일로, 만섭은 손님을 목적지까지 데려다 주는 일로, 군인은 만섭의 택시를 보내주는 일로, 광주 택시운전사들은 무력투쟁이 아닌 자신의 택시로 계엄군의 추격을 막아주며 국가권력에 저항했다. 각자의 위치에서 자신이 할 수 있는 최대한 해내며 힘을 모아 다행히 광주의 진실이 광주 밖으로 전해질 수 있었다. 이들은 분명 군대에 필적하는 것이 무리라는 것과 희생이 뒤따른다는 사실을 알고 있지만 그래도 자신들의 미력을 보태고 연대를 형성해 국가 억압기구와 싸웠던 것이다.[28]

광주를 담은 기록을 신군부로부터 지켜내고, 세상에 알리는 주인공의 모습은 총을 든 영웅의 모습이 아니었다. 그리고 5.18의 진실을 지켜낸 힘은 평범한 소시민에게서 발현되는 '마음'이었다. 이는 현재 우리들이 할 수 있는 일, 기꺼이 하고자 하는 일이 될 수 있다. 영화는 진실을 덮어버리는 왜곡된 권력에 맞서 '우리가 할 수 있는 일'은 사람과 진실의 힘을 믿는 것이며, 평범한 사람으로서 우리는 5.18의 기억이 삭제되지 않도록 지속하는 것뿐이라고 말해준다.

---

27 황혜진, 「『택시운전사』, 외부인이 경험한 '광주'」, 『공연과 리뷰』 23-3, 현대미학사, 2017, 182쪽.

28 조흡, 「[조흡의 영화이야기] 〈택시운전사〉」, 『대한토목학회지』 65-11, 대한토목학회, 2017, 74쪽.

영화는 마지막까지 우리를 안심시킨다. 공항에 안전하게 도착한 외신기자는 만섭에게 이름과 연락처를 묻는다. 만섭은 '김사복'이라는 가명과 거짓 연락처를 알려주고, 외신기자를 배웅한다. 오랜 시간이 지난 후 이제는 5.18을 말할 수 있는 시절이 왔음에도 만섭은 자신이 김사복이라고 알리지 않는다. 5.18의 진실을 알리는 업적에 대한 공헌을 모두 외신기자의 몫으로 돌리고 건강히 잘 살고 있다니 다행이라는 안도만 할 뿐이다.

만섭이 김사복으로 정체를 가리고 숨어 있는 모습은 여전히 세상일에 쉽게 나설 수 없는 평범한 사람으로서의 마음을 대변한다. 그리고 영화는 마지막 장면 '광화문'으로 향하는 만섭의 택시를 보여주며 끝까지 우리가 우리로서 할 수 있는 일을 안내한다. 다 버리고 맞서 싸우라고, 왜 우리 일을 외면하느냐고 다그치지 않고, 이제 깨달았으니 어서 움직이라고 하지 않는다. 그렇게 자신의 삶을 안전하게 지키면서 충분히 잘해낼 수 있는 길을 말해주는 것이다. 5.18을 잊지 않고 기억을 보존하는 것만으로도 충분하다고 우리의 '죄의식과 분노'를 치유해주고, 우리가 더 이상 5.18에 기꺼이 동참하도록 포용해준다.[29] 5.18을 기억하고, 그 기억 전승을 위해 '내가 할 수 있는 일'을 깨닫게 하는 이 영화는 미약한 힘을 가치 있는 것으로 거듭하게 한다.

4. 분단 폭력에 맞선 비폭력적 방어로서 5.18 역사 쓰기

5.18을 그려낸 상업영화들은 당시의 상처를 고발하는 일과 함께, 비극에

---

29 5.18 영화를 분석한 연구에서 만약 5.18 민주화운동의 외상성을 원인, 과정, 결과를 구체적으로 묘사했을 뿐만 아니라 희생자의 고통과 가해자의 평범성을 '그들'이 아닌 '우리'의 것으로 받아들이게 하는 영화가 종종 제작되어 엄청난 사회적 파장과 충격을 — 마치 의례처럼 — 주기적이고 반복적으로 주었다면, 5.18은 지금보다 더 도덕적 보편성에 다가갔을 것이라고 주장한 바가 있다.(박선웅·김수련, 「5.18민주화운동의 서사적 재현과 문화적 외상의 한계 –5.18 영화를 중심으로」, 『문화와 사회』 한국문화사회학회, 2017, 153쪽.) 그런데 〈택시운전사〉는 희생자의 고통과 가해자의 평범성을 '우리'의 것으로 끌어오지 않아도 다수가 5.18을 기억하는 일에 참여하도록 하며 도덕적 보편성에 다가가게 한다.

맞선 사람들의 얼굴을 자세히 비추며 우리로 하여금 "나라면?"이라는 질문을 던진다. 만약 내가 그 비극을 마주한 인물이라면 나는 무엇을 할 수 있는가? 대중성을 겸비한 공감적 서사화 및 예술적 미학은 관객으로 하여금 그러한 깊은 몰입으로 유도한다.

이와 더불어 현재의 사태, 분단이 쟁점이 되어 민주화운동이 왜곡되고 있는 이 문제에서 "우리는 어떠한 존재이며, 어떻게 대응해야 하는가?"라는 질문에 대한 여러 길을 제시한다고 할 수 있다. 더 나아가 분단을 둘러싼 다양한 갈등 속에서 우리는 어떤 존재이며, 어떻게 대응해야 하는가라는 질문에 대한 한 갈래의 답변도 될 수 있다.

세 영화를 중심으로 보았을 때, 5.18을 기억하는 영화사적 흐름은 너무 아프다고 하면서 5.18을 직접적으로 보여주지 않고 있다가, 5.18의 진실을 목도하게 하고, 이제 그 상처를 기억하는 방법까지 제시한다. 이 흐름은 마치 5.18의 진실을 처음 접한 관객들이 경험하는 감정과 사고의 추이와도 비슷하다.

그리고 세 영화는 광주 현장에서 엄마를 잃은 소녀에서 내 몸보다 아끼는 동생을 잃은 성인 남자로, 그리고 피해자와 가해자도 아닌 외부인으로 점점 5.18 사건으로부터 멀어진 인물을 제시한다. 그런데 관객들은 점차 더 가까이 5.18을 바라보게 된다.

〈꽃잎〉에서 가냘픈 소녀가 생명력을 잃어가고 광분하는 모습으로 피해자의 상처를 보여주었다면, 〈화려한 휴가〉에서는 강인한 의지를 상징하는 건장한 남성으로 죽음도 가릴 수 없는 저항의지를 보여주었고, 〈택시운전사〉는 너무도 평범한 사람으로서 5.18을 차마 외면할 수 없는 인정의 힘을 보여주었다. 그러니까 〈꽃잎〉의 경우는 5.18 현장에 버려진 희생자들에 대한 죄의식, 〈화려한 휴가〉는 당시의 분노와 저항의지로 5.18을 기억하게 했다면, 〈택시운전사〉는 기억하는 일만으로도 5.18에 동참하는 참여의지라는 것을 깨우치게 하며 포용의 힘으로 5.18을 기억하게 한 것이다. 5.18 상업영화의 변천과정은 점차 5.18 상처를 고발하는 방식에서 분노와 저항의지를 담은 서사, 그리고 현재의 우리를 5.18 역사 쓰기에 참여하게 하는 서사로 발전되고 있다고 할 수 있다. 피해자에서 저항하는 시민군으로, 그리고 기꺼이 5.18 역사 쓰기에 동참하는 방어자의 모습들은 국가폭력에 대한 방어의 영화사적 흐름이자, 영화적 답변들이라고 할 수 있다.

영화를 통해 5.18의 진실을 알게 되고 꼭 기억하리라 다짐하는 외부적 동참도 역시 새롭게 쓰여지는 5.18의 역사이다.

> '기억(remembrance)'이란 비록 과거는 현재 존재하지 않지만, 과거야말로 우리가 행동하기 위해서 끌어내야 하는 결론들의 원천임을 인정하는 것이다. 이런 점에서 과거의 힘은 실제로 패배와 비극을, 나아가서는 공포까지도 연대기적으로 기록하는 작업과 더불어 시작된다. 기억은 진정 존경심과 올바른 마음을 지니고 고통 받은 사람들과 자신을 변호하거나 변호할 수 없었던 사람들에 관하여 '기꺼이 증언하려는 의지'이다.[30]

수많은 촛불이 진실의 눈이 되어 부당한 권력을 압도하는 힘이 되었듯, 그 아픔과 의지를 기억하고 우리가 해야 할 일을 잘 알고 있는 것만으로도 국가폭력의 재발을 방어할 수 있다는 메시지였다.

다시 분단의 문제로 돌아가, 분단을 둘러싼 다양한 갈등 속에서 우리는 어떤 존재이며, 어떻게 대응해야 하는가를 생각해보자. 남북분단의 문제를 걷어내더라도, 또 다른 '무엇'을 끌어와 진실을 왜곡하고 상대를 미워하는 일은 지속될 것이다. 그러나 한반도의 평화와 통일을 논구하는 일에서 분단의 상처가 또 다른 상처에 덧붙여져 극복의 사안이나 성장의 디딤돌이 아닌 현실의 장벽으로 기능하는 사태를 외면할 수 없다. 지금 여기에서부터 타개책을 강구하여야 또 다른 모습으로 둔갑하여 출몰할 문제도 감당할 수 있다는 것이다. 그러한 의미에서도 5.18의 기억을 재구성하는 영화들의 메시지는 의미가 깊다고 할 수 있다.

---

30 하비 케이, 오인영 옮김, 『과거의 힘: 역사의식, 기억과 상상력』, 삼인, 2004, 224쪽.

참고문헌

TV조선 〈장성민의 시사탱크〉 2013.05.03.

채널A 〈김광현의 탕탕평평〉 2013.05.15.

강승묵·황인성, 「영화의 역사 구성에 관한 언론의 담론 형성 과정 고찰: 5.18 광주민주화운동을 다룬 영화의 담론분석을 중심으로」, 『언론과학연구』 9-1, 2009.

금희조, 「영화 〈화려한 휴가〉 관람이 정치태도의 변화에 미치는 영향」, 『한국언론학보』 52-2, 2008.

김미현, 「영화, 역사와 관계 맺기」, 『영상예술연구』 3호, 2003, 9~28쪽.) 그리고 "과거를 그려내는 새로운 방식을 제안하고, 과거란 무엇인가에 관한 우리의 인식을 바꾸어 놓는 등 글로 쓰인 역사에 대해 일련의 도전을 제기"(로버트 A.로젠스톤 저, 김지혜 역, 『영화, 역사—영화와 새로운 과거의 만남』, 소나무, 2002.

김병로·서보혁, 『분단 폭력』, 아카넷, 2016.

김성민, 「분단과 통일, 그리고 한국의 인문학」, 『대동철학』 제53집, 대동철학회, 2010.

김종헌, 「기억과 재현의 영상 이미지 -5.18 영화를 중심으로-」, 『민주주의와 인권』 3-2, 전남대 5.18연구소, 2003.

뉴스타파 〈5.18 다시 진실을 말하다〉 2013.08.01.

박선웅·김수련, 「5.18민주화운동의 서사적 재현과 문화적 외상의 한계 -5.18 영화를 중심으로」, 『문화와 사회』 한국문화사회학회, 2017.

유지나, 「영화 속의 역사, 역사 속의 영화: 대중 기억의 재생산」, 『영상문화정보』 23, 2002.

임경규, 「문화산업과 5/18의 재현 -〈화려한 휴가〉의 한계와 가능성」, 『라깡과 현대정신분석』 12, 한국라깡과현대정신분석학회, 2010.

조혜영, 「5.18의 문학,문화적 재현과 젠더: 항쟁의 기억 혹은 기억의 항쟁 -5.18의 영화적 재현과 매개로서의 여성」, 『여성문학연구』 17, 한국여성문학학회, 2007.

조흡, 「[조흡의 영화이야기] 〈택시운전사〉」, 『대한토목학회지』 65-11, 대한토목학회, 2017.

진중권, 「기억을 어떻게 기록할 것인가?」, 『씨네21』, 2007 (http://www.cine21.com/news/view/?mag_id=47797).

채희숙, 「5.18광주 소재 영화들에 드러나는 활력이미지의 계보와 대항담론 형성의

　　과제」, 『문화연구』 1-2, 한국문화연구학회, 2012.

하비 케이, 오인영 옮김, 『과거의 힘 : 역사의식, 기억과 상상력』, 삼인, 2004.

황인성·강승묵, 「영화 〈꽃잎〉과 〈화려한 휴가〉의 영상 재현과 대중의 기억(Popular Memory)이 구성하는 영화와 역사의 관계에 관한 연구」, 『영화연구』 35, 한국영화학회, 2008.

황혜진, 「『꽃잎』의 맥락, 역사적 사건의 대중문화적 수용」, 『영화연구』 14, 한국영화학회, 1998.

황혜진, 「『택시운전사』, 외부인이 경험한 '광주'」, 『공연과 리뷰』 23-3, 현대미학사, 2017.

나무 - 몸 - 시체

: 5.18 전후의 역사 폭력을 생각하는 삼각 운동

한순미

1. 나무에게서 듣지 못한 말

> 말은 이미 빼앗긴 사상(事象)에서조차 멀어져 있고 /
> 의미는 원래의 말에서 완전히 박리(剝離)된다.[1]

> 말이란 세 치 혓바닥으로만 하는 것이 아님을, 그것은 손짓과 발짓과 몸짓
> 으로, 온몸으로 전해야만 하는 것임을, 마침내 너희 스스로 깨닫게 될 때까지[2]

생각이란 제 몸에서 스스로 생겨나는 것이 아니라 다른 무엇을 매개로 하
여 불현듯 솟아나 점점 어떤 형상을 짓게 된다. 5.18에 관하여 쓰고 있는 이
글 또한 그렇게 시작된 것이다. 5.18에 관한 연구는 그동안 철학, 정치학,
인류학, 역사학, 사회학 등 다양한 분야에서 이루어져 왔고 그 끔찍한 실체는
참여자와 부상자, 구속자, 유족들을 비롯해 목격자들의 증언이 추가되면서

---

1   김시종, 「입 다문 말—박관현에게」, 『광주시편』(1983), 푸른역사, 2014, 41쪽.
2   임철우, 「봄날」, 『그리운 남쪽』, 문학과지성사, 1985, 158쪽.

구체적으로 드러나고 있다. 그러나 5.18은 몇 마디의 말로 설명할 수 있는 사건이거나 이해하려고 해서 할 수 있는 문제가 아니다. 말과 글로 다할 수 없는 이 무능과 결여 앞에서 살아 있는 역사적 현실인 그날에 대한 생각이 끊임없이 이어지고 더딘 글쓰기가 전개된다.

그날의 참혹한 장면들을 사실적으로 기록하는 일은 말할 나위 없이 중요한 작업이다. 하지만 그날이 남겨준 슬픔과 분노, 쓸쓸함과 무력감을 온전하게 담아낼 수 있는 말이 있을 수 있을까? 극단적인 폭력으로 인해 언어를 상실한 자들은 더 이상 이전과 똑같은 언어로 말할 수 없다. 그런데도 오월을 말하고 쓴다는 것은 애써 말함으로써 망각되는 것을 거부하면서 그날을 아픈 기억 정도로만 요약하지 않기 위해서이다. 그날과 더불어 그날 이후부터 억울함과 서러움, 증오와 복수, 저주와 원한이 뒤섞여 있는 몸의 기억을 이야기할 수 있는 다른 말들을 찾고 있는 것이다. 이 계속되는 유랑 속에서 1980년 5월 26일 밤, 옛 전남도청에 남아 있었던 한 시민군의 증언과 다시 마주친다.

> 얼마 있다가 공수부대가 총을 갈기면서 쳐들어 왔습니다. 내 옆에 있던 사람들은 하나 둘씩 총 맞아 쓰러지고, 뒤에는 피가 흥건하게 고여 있었습니다. 그 순간 2층까지 쭉 뻗은 나무가 보였습니다. 저는 그 나무를 타고 내려왔습니다. 내려와 보니 나무는 화창한데 동료들이 시체로 있더라구요. (…) 누군가는 그때의 상황을 있는 그대로 밝혀야 되는데 이대로 죽으면 아무 의미 없다는 생각을 했습니다. 그래서 죽고 싶은 마음을 이겨 내려고 도청 가서 그때 그 나무한테 물어봤습니다. 너희들 그때 본 장면을 한번 말해봐라. 그런데 아무 말이 없더라구요.[3]

시민군에게 '나무'는 무엇인가? 그날 그가 시체 곁으로 타고 내려 온 나무

---

3 5.18 시민군 박천만 씨의 증언, "80년 5월에 멈춰버린 내 이야기, 내 고통, 내 삶", 광주트라우마센터 집단상담 결과 발표회 자료집 『5.18민주화운동 트라우마, 치유의 첫발을 내딛다』 (2013.4.3.) http://www.hani.co.kr/arti/society/area/581203.html 참조.(2013.04.04. 검색)

는 어쩌면 그날을 말할 수 있는 유일한 무엇인지도 모른다. 그러나 나무는 아무 말도 하지 않는다, 아니 하지 못한다. 나무는 그날을 말할 수 있는 모든 것이면서 아무 것도 아닌 것이다. 나무는 그날 이후 실어증을 앓고 있는 시민군의 몸, 수많은 사람들의 몸일 것이다. 모든 것이면서 아무 것도 아닌 나무는 대체 그날에 대해 무엇을 더 생각하게 하는가? 여기에서 우리는 어떤 물음들을 다시 시작할 수 있을 것인가? 저 화창한 나무와 시민군의 막막한 몸짓, 말없이 누워 있는 시체 사이를 어떻게 말하고 쓸 수 있을 것인가?

시민군의 증언에서 펼쳐진 나무—몸—시체, 이 삼각 구도는 지금 우리에게 그날이 남겨준 것들을 더 듣고 말하고 만지길 요구한다. 시인 김남주는 "학살과 저항 사이에는 / 바리케이드의 이편과 저편 사이에는 / 서정이 들어 설 자리가 없다 자격도 없다 / 적어도 적어도 오월의 광주에는!"[4]이라고 단호하게 썼다. 김준태는 "불꽃"으로 살다간 사람들의 삶을 이렇게 부른다. "어떤 사람은 아우성과 노래의 길을 한꺼번에 간다 / 어떤 사람은 불과 꽃의 길을 한꺼번에 한꺼번에 간다."[5] 바리케이드 사이로, 불과 꽃의 길로, 오월의 그 거리로 돌아가기 위해서는 그곳에 연루되는 '서정' 없이는 불가능하다.[6] 다음의 증언들은 분명 김남주가 경계한 그런 서정이 아닌 다른 서정을 호소한다.[7]

---

4   김남주, 「바람에 지는 풀잎으로 오월을 노래하지 말아라」, 『조국은 하나다』(백낙청·염무웅황석영 엮음), 도서출판 남풍, 1988, 161~162쪽.

5   김준태·홍성담, 「불이냐 꽃이냐」, 판화시집 『오월에서 통일로』(오월민중항쟁자료집 5), 빛고을출판사, 1989, 74~75쪽.

6   앞의 증언과 김남주의 시에 대해서는 한순미, 『미적 근대의 주변부: 추방당한 자들의 귀환』, (문학들, 2014)에서 짧게 언급한 바 있다. 그런데 시민군의 증언을 다만 광주 오월 이후 실어증을 앓고 있는 사람들의 이야기로 요약하지 않고 김남주의 시에서 말한 '서정'을 다르게 해석할 필요가 있다고 생각했다. 이것이 이 글을 시작하는 계기가 되었다.

7   이 글에서 말하는 '서정'은 다음의 글과 같은 맥락에 있다. "5월의 광주는 한국의 현대시에서 시가 되는 말과 시가 되지 않는 말의 구분을 없애고 시적 주제의 범위를 넓힘으로써 '서정'에 새로운 깊이를 부여하였다. 총칼 앞에서는 모든 말이 희망의 말이었고 분노의 말이었으며, 죽음 앞에서는 모든 말이 생명의 절규였고 역사적 진실일 수밖에 없다. 그 말들은 어떤 시보다도 더 강한 미학적 감동을 불러일으키게 마련이었다. 광주는 이렇게 긴 정치적 연설을 통해서나 짧은 외마디 비명을 통해서나 일상의 비근한 언어들이 높은 시하(詩荷)를 지니는 심미적

(그러고 보니) 제가 시체 염도 다 했어요. 내 손으로 15구 시체를 싸서 줬는데, 어떤 사람은 완전히 이렇게 걸럭지(걸레)가 돼갖고, 정말로 걸럭지예요. 다리 따로, 귀 따로, 뭐 따로, 그것을 모으는데 정말 분하죠.[8]

저녁에는 총소리 나고 이러니까 무서웠죠. 근데 사람들한테 그냥 무서움보다는 분노 같은 게 더 심했던 것 같아요. 누군가한테 알려야 한다, 이건 정말 전쟁이다, 막 이래 가지고. 뭉치자, 막 이런 것도 아니에요. 여기만 딱 고립돼서 언제 죽어도 아무도 모를 거라는 위기의식 같은 거였지. 이 나라에서 누가 죽어도 아무도 모르고 딱 통제된다는 걸 느낀 거잖아요. 그래서 그런 분노가 있었던 것 같아. 딱 여기만 단절되고 우리만 죽을 수도 있다. 그래서 아무도 기억하지 못할 수 있다, 라는 것.[9]

걸레가 되어버린 몸의 조각들을 주워 모으면서 느낀 분노는 그날 광주에서 어떤 일들이 벌어졌는지를 각인시켜 준다. 뿐만 아니라 저 손길에 실린 분함은 "손"과 "다리"를 가리키던 기존의 단어들이 아닌 다른 말들을 찾아 헤매고 있다. 그 무엇으로도 저런 "따로" "따로"의 세계를 표현할 수 없다. 산산이 흩어져버린 몸의 조각들을 모으면서 느꼈던 분함과 우리만 죽을 것 같고 아무도 기억하지 못할 것 같은 고립감을 담아낼 수 있는 말들을 대체 어디에서 찾을 수 있을 것인가?[10] 이것은 아무 것도 말할 수 없다는 절망이 아니라 새로운 말들의 출현을 기다리는 시간이다. "말이란 세 치 혓바닥으로만 하는 것이 아님을, 그것은 손짓과 발짓과 몸짓으로, 온몸으로 전해야만 하는 것임

언어가 되는 체험을 했다."(황현산, 「광주 5월 시의 문학사적 위상」, 『평론-5월문학총서·4』(5월문학총서간행위원회), 5.18기념재단, 2013/2015, 40~41쪽.)

8 정순자, 「더 많이 도와주지 못한 게 후회가 돼요」, 『광주, 여성-그녀들의 가슴에 묻어 둔 5.18 이야기』, 후마니타스, 2012, 187쪽.

9 정미례, 「아줌마들이 움직여야 변화가 생겨요」, 『광주, 여성-그녀들의 가슴에 묻어 둔 5.18 이야기』, 후마니타스, 2012, 322~323쪽.

10 정순자와 정미례의 증언은 필자의 글 「오월의 기억을 말한다는 것」(『한국 근현대사 역사의 현장 40-근대의 심장 경복궁에서 분단의 상징 판문점까지』, 교수신문·부산대학교 한국민족문화연구소 로컬리티의 인문학 연구단, 휴머니스트, 2016)에서 인용한 적이 있다.

을, 마침내 너희 스스로 깨닫게 될 때까지"[11] 지속될 떨림과 운동.

다시 말해 저 증언들에서 확보할 수 있는 것은 어느 봄날 광주에서 일어난 학살에 대한 구체적인 사실 확인만이 아니다. 그것들은 그 거리에 휩쓸렸던 수많은 사람들의 감정, 감각, 느낌, 생각, 행위, 모든 것들이 한꺼번에 바뀌었다는 것을 그러니까 우리의 몸이 이전과 완전히 다른 것이 되었다는 사실을 말해준다. 그러므로 5.18의 참모습은 "증언을 통해 시민들이 당시 가졌던 생각, 감정 상태 등을 감정이입을 통해 재구성하는 것"[12]을 통해서 드러날 수 있다. 무엇보다 그날 이후 침묵은 "어쩌면 보다 근원적인 사태, 곧 증언의 본성과 말함의 (불)가능성이 문제가 되고 있"는 지점을 현시하는 것이며 "결코 불활성적인 것도 헛된 것도 아닌, 모종의 활동과 능력"[13]이 잠재된 지층으로 사유된다. 5.18은 "침묵"과 "수다", 이 극단에 위치한 말들이 동시에 출현하는 사건이기 때문이다.[14]

나무와 몸, 시체는 그날 무엇을 보았는가? 나무에게서 듣지 못한 말들은 어디에 있는가? 그것들 사이에서 무엇이 보이고 들리는가? 그 무엇들은 어디에 있으며 왜 여기로 오고 있는 것인가? 이런 물음들에서 시작된 이 글에서는 나무—몸—시체, 이 삼각 구도를 오월 전후에 지속된 역사 폭력을 사유하는 근본 형식으로 삼으려 한다. 이를 바탕으로 오월을 직간접적으로 경험

---

11 임철우, 「봄날」, 『그리운 남쪽』, 문학과지성사, 1985, 158쪽.

12 최정운, 『오월의 사회과학』, 오월의 봄, 1999/2015, 25쪽.

13 정문영, 「침묵의 고고학, 혹은 '유언비어'에 관하여」, 『민주주의와 인권』 14권 1호, 전남대학교 5.18연구소, 2014.4, 19쪽; 17~45쪽.

14 정문영, 「의의 소망을 기다리며: 소망의 재현, 재현의 소망」, 조선대학교 인문학연구원 이미지연구소 학술대회 자료집 『트라우마, 그 재현 (불)가능한 것들의 이미지』, 2016.2.15. 이 발표문에서는 광주항쟁 직후에 김준태가 쓴 시 「아아 광주여, 우리나라의 십자가여!」에 대한 시인의 회고글(「광주항쟁의 교훈과 살아남은 자들의 과제」(1993)) 5.18 직후 김준태는 "절대로 시를 쓰지 않으리라"고 결심하지만 어떤 '말의 분출'을 경험한다. 정문영의 문제의식은 "'침묵'과 이 '수다스러움' 사이에는 어떤 경계가 존재하지만 그럼에도 불구하고 이 둘은 서로 분리되지는 않는 듯하다"는 것, 즉 시인이 경험한 "이 놀라운 '전환(conversion)'을 어떻게 이해해야 하는가"에 관한 것이다.

한 작가 임철우, 공선옥, 한강의 최근 작품들[15]에서 역사 폭력이 남긴 고통의 잔해를 어떻게 드러내고 있는지를 읽고 증언의 문제에 대해 다시 생각해보려는 시도이다.

증언은 일차적으로 눈, 귀, 입을 비롯한 몸의 감각을 통해 이루어지는 것이며 보는 자, 듣는 자, 말하는 자를 전제한 발화 행위로 이해된다. 여기에서 출발해 우리는 증언이란 무엇이며 증언은 어떻게 가능한 것인가라는 물음을 제출할 것이다. 이들의 소설에 자주 등장하는 소문, 이야기, 소리, 노래, 유령, 환상 등은 기나긴 역사 폭력의 흔적을 증언하는 장치들이라는 점에서 주의 깊은 독해를 요구한다. 다음에 인용한 말들은 우리의 발걸음을 멈추게 한다.

> 5.18 이후 서울 가서 많이 싸웠제. 주로 택시 기사들하고. "평화시장에 갑시다." 내가 그랬어. 긍께 "어디서 왔어요?" 하고 물어. "전라도 광주에서 왔소." 긍께 "전라도 광주는 왜 그랬대요?" 그래. 다 용공 분자라고 그러는 거야. 그래서 내가 "여보시오. 글믄 당신은 자식이 나가서 앞에서 총 맞아 죽고, 동생이 가서 맞아 죽고. 그래도 이불만 둘러쓰고 있겠소? 다 이유가 있으니까 나가지" 그랬지. 아, 그러고서는 "아저씨, 우리가 그렇게 다 빨갱이로 보여요?"[16]

이 할머니들은 누구인가. 그렇다, 이대로는 절대 안 된다. 돈이면 다 된다고 생각하는 이 숭악한 세상은 엎어버려야 한다. 이 할머니들도 종북좌파인가? 돈세상인 자본주의 체제를 전복시켜야 한다고 주장하는 할머니들은 혹시 체제전복 기도자들인가? 뭔 난리가 나도 나게 생겼다고 은근히 바람을 넣는

---

15 이 글에서 읽어볼 주요한 작품들은 공선옥의 장편 『그 노래는 어디서 왔을까』(창비, 2013), 임철우의 소설집 『황천기담』(문학동네, 2014), 한강의 장편 『소년이 온다』(창비, 2014) 등이다. 임철우의 연작소설집 『황천기담』은 「칠선녀주」(2004), 「나비길」(2005), 「황금귀」(2010), 「월녀」(2010), 「묘약」(2008), 이 다섯 편의 연작소설로 구성되어 있다. 이하 본문에서는 소설 제목과 쪽수만 표기.

16 박수복, 「우리가 다 그렇게 빨갱이로 보여요?」, 『광주, 여성—그녀들의 가슴에 묻어 둔 5.18 이야기』, 후마니타스, 2012, 63쪽.

것이 혹시 내란음모자들인가.[17]

위에서 읽을 수 있는 "용공 분자", "빨갱이", "종북좌파", "체제전복 기도자", "내란음모자" 등은 해방 이후 제주 4.3과 여순사건, 한국전쟁, 유신독재, 1980년 광주 오월을 거치는 동안 수없이 반복된 말들이다. 분단 트라우마는 사라진 것이 아니라 시공간을 달리하면서 다른 모습으로 변형되어 우리의 일상에 늘 잠복해 있었던 것이다. 이제 그 말들은 뚜렷한 지시 대상과 분리된 채, 기회가 있을 때마다 모종의 위험을 내포한 자들을 지칭하는 용어로 재활용되고 있다.

폭력의 기억은 남겨진 말들에서 한결 분명하게 감지된다. 지금 우리가 해야 할 일들 중의 하나는 그런 말들에 새겨진 기억을 다시 발굴하고 생각하는 일이다. 그러면 문학은 그런 작업에서 어떤 의미를 가질 수 있을 것인가? 역사적 사건에 대한 경험과 기억의 편린을 수집해 재구성한 문학이, 만약 역사 폭력을 사유하는 자리에서 나름대로 의미를 지닐 수 있다면 그것은 기록된 역사의 여백에 있는 또 다른 진실과 조우할 수 있는 지점을 열어주기 때문일 것이다. 달리 말해 문학은 어둠에 싸인 침묵의 심연에 닿으려는 정념의 운동이며 사건의 숨겨진 진실로 근접해가는 사유의 형식이다. 이 글에서는 광주 오월의 기억을 다룬 몇 편의 작품들에 의지해 문학은 어떻게 역사 폭력의 상흔을 증언하고 있으며 또 증언할 수 있는 것인지를 묻고, 거기에서 무엇을 더 생각해야 할 것인지를 질문하려 한다.

---

17 공선옥, 「간첩처럼 숨어서 귀신처럼 기도하는 할머니」, 『귀신 간첩 할머니—근대에 맞서는 근대』(SeMA 비엔날레 '미디어시티서울' 2014, 서울시립미술관, 2014.9.2.–11.23.), 현실문화연구, 2014, 131쪽; 127~134쪽.

2. 파열음: 이것이 증언인가

임철우가 광주 오월을 '사실적'으로 그려낸 『봄날』(1997)을 발표한 후, 『백년여관』(2004)을 쓰면서 남긴 후기에 눈길이 머문다. 그는 말한다. "산 자의 시간과 죽은 자의 시간. 이 세계엔 그 두 개의 서로 다른 시간이 공존한다. (…) 그러므로 그것을 기억하는 자들이 아직 우리와 더불어 살고 있는 한, '죽은 자의 시간'은 과거이면서 동시에 엄연한 현재형의 시간인 것이다."[18] 즉 임철우에게 소설쓰기란 죽은 자의 시간을 잊지 않고 기억하는 것, 다시 말해 죽은 자들의 얼굴을 반복해 기억함으로써 망각에 저항하는 행위이다. 소설쓰기는 죽은 자와 산 자가 서로의 아픔을 공유하는 제의(祭儀)에 비견된다.[19]

『봄날』과 『백년여관』을 잇는 임철우의 연작소설집 『황천기담』(2014)은 산 자의 시간과 죽은 자의 시간, 이 두 겹의 시간이 공존하는 세계를 통해 역사 폭력의 흔적을 기록한 증언집으로 읽힌다. 여기에 수록된 다섯 편의 단편소설들은 모두 '황천읍'을 배경으로 하고 있다. 첫 번째 소설 「칠선녀주」(2004)의 서두에서 소설가 '나'가 황천(黃川)이라는 지명을 황천(黃泉), 저승 혹은 명부(冥府)라는 불길한 의미로 잘못 읽는 장면에서 암시되고 있듯이 황천읍은 죽음의 기억에 갇혀 있는 사람들이 살고 있는 황폐한 마을이다. 이 소설집에서 우리의 관심을 끄는 대목은 일제강점기에서 한국전쟁, 베트남전쟁, 5.18이 남긴 역사적 트라우마를 증언하는 방식이다. 그의 이전 소설들에서 본 것처럼 소문은 공식적인 기록에서 배제된 역사의 파편들을 드러내며 이 소설집 전체에 드리워진 환상적인 분위기는 죽은 자의 시간과 산 자의 시간을 연결한다.

임철우 소설 속의 소문은 오월의 거리에서 소문과 유언비어가 결코 가볍지 않은 위상을 지녔다는 점에서 간과할 수 없는 부분이다. 폭력이 휩쓸고 간

---

18 임철우, 「작가 후기」, 『백년여관』, 한겨레출판, 2004, 343~344쪽.
19 한순미, 「주변부의 역사 기억과 망각을 위한 제의―임철우 소설에서 역사적 트라우마를 서사화하는 방식과 그 심층적 의미」, 『한국민족문화』 38, 부산대학교 한국민족문화연구소, 2010, 161~191쪽.

후 침묵의 광장을 채운 것은 어딘가에서 쏟아져 나온 무수한 말들이었다. 끊임없이 이어진 소문 중에서 어느 것이 사실인지 아닌지를 분별하는 일은 그리 간단하지 않는 문제다. 소문은 광주 오월의 진실과 왜곡의 경계를 가르는 예민한 논점이라고 할 수 있다.[20] 이런 역사적 정황을 참조할 때, 「나비길」(2005)은 소문을 매개로 학살의 현장을 상징적으로 포착한 작품으로 보인다. 이 소설의 중심 주제는 '폭력과 희생'에 관한 문제로 요약할 수 있다. 표면적으로 보아 나수칠, 양성구, 기병대[21]은 각각 가해자, 방관자, 피해자의 위치를 대변하는 인물로 보이는데 소문을 그 중심에 놓고 보면 그들 사이에 놓인 폭력과 희생은 훨씬 더 복잡한 문제로 현상된다.

어느 날 마을에 유령이 나타났다는 소문과 함께 늪에서 나오는 부패한 냄새가 '나비 선생' 기병대 때문이라는 이야기가 떠돌기 시작한다. 아홉 명의 아이들은 늪 근처에서 "짐승의 살이 부패할 때 풍기는 냄새"를 맡았다고 하고 "응고된 검붉은 핏덩이"처럼 보이는 무엇인가를 발견했다고 말한다. 아이들은 모두 "노래 같기도 하고 읊조림 같기도 한 목소리"를 들었다고 한다. '황천이발관' 주인 사내도 그 정체불명의 소리를 듣게 된다. 서두에 제시된 소문에 관한 진술에서 저 떠도는 소문이 어떤 성격을 지닌 것인지를 짐작할 수 있다.

---

20 5.18은 오랫동안 진실이 은폐되는 동안 유언비어의 주제였다. (최정운, 앞의 책, 86~88쪽.) 5.18 당시에 신군부가 유언비어를 강제진압에 어떻게 활용하였고 소문의 일부는 사실과 관련되어 있다는 점을 밝힌 연구로는 오승용··한선·유경남, 「5.18항쟁 당시의 유언비어와 실제」, 『5.18 왜곡의 기원과 진실』, 심미안, 2012/2015, 165~225쪽 참조.

21 이 소설에서 '나비'는 역사적 기억과 관련된 상징이다. 기병대는 어린 시절 어머니가 사고로 죽은 뒤 돌연한 실어증에 걸린다. 어느 날 "어미의 넋"인 듯한 나비 한 마리를 만난다. 기병대는 그 나비의 이름이 해남 대흥사 뒷산인 두륜산 일대에서만 서식하는 '남방녹색부전나비'임을 알게 된다. 해남 대흥사 두륜산 일대에서만 서식하는 '남방녹색부전나비'와 더불어 제주도 한라산 함덕 부근에서만 사는 '남방남색부전나비'가 등장한다. 한편 군대 연병장의 악몽을 잊지 못하고 있는 이발사는 자신의 삶이 "항상 정해진 길만 따라서 날아다니는 특이한 습성"을 지닌 호랑나비의 '나비길'과 다르지 않다고 생각한다. 여기서 나비들은 제주 4.3과 광주 5.18의 기억을 환기시킨다.

소문이란 때로 낚싯바늘과 같다. 그건 눈도 없이 다만 이빨만 지녔으니까. 그 무엇이건 대상을 가리지 않는, 오로지 철저하게 맹목적이고 무차별적인 공격성. 일단 살 속에 갈고리째 깊숙이 찔러 박히면 끝끝내 상대를 유린해놓고야 마는 집요한 잔혹성과 폭력성. 그 때문에 소문과 낚싯바늘은 항상 어딘가에 피냄새를 감추고 있다. 그리고 종종 예기치 못한 순간과 엉뚱한 장소에서, 그것은 은폐된 모종의 범죄 혹은 비밀의 피 묻은 옷자락 따위를 불시에 낚아채어 수면 바깥으로 끄집어내기도 한다.[22]

소문은 "오로지 철저하게 맹목적이고 무차별적인 공격성"과 "집요한 잔혹성과 폭력성"을 감추고 있다. 그것은 "눈도 없이 이빨만 지녔"다. 소문이 낚아챈 것은 피, 범죄와 같은 것들이다. '나비 선생' 기병대에 대한 소문도 그렇게 만들어진다. 여러 사람들의 이야기가 덧붙여지면서 만들어진 소문은 어느덧 믿을 만한 사실이 된다. 기병대가 변태라는 추문은 마을 사람들의 무의식을 지배한다. 이후 제복 차림의 자율방범대장 나수칠이 기병대에게 폭력을 행사하는 끔찍한 사건이 일어나고 만다. 결국 기병대는 소문에 근거한 집단폭력에 의해 희생된다. 이러한 사건의 전말과 함께 주목해서 읽을 부분은 이발사 양성구가 기병대가 폭력을 당하고 있는 것을 냉정한 얼굴로 지켜보고 있는 장면이다.

추방되느냐 아니면 살아남느냐. 그건 생사를 건 싸움이었다. 그는 살아남고 싶었다. 살아남아야만 했다. 그들 속에서. 때문에 둥글게 에워싼 구경꾼들의 대열에서 그는 끝까지 이탈하지 않았다. 그들과 함께, 그들의 등뒤에 서서, 한 사람의 구경꾼이 되는 쪽을 선택했다. 그리고 처음부터 끝까지, 피투성이로 변해가는 나비 선생의 처참한 몰골을, 그는 한껏 태연하고 냉정한 얼굴로 지켜보았던 것이다.[23]

---

22 임철우, 「나비길」, 『황천기담』, 문학동네, 2014, 55쪽.
23 임철우, 「나비길」, 앞의 책, 108~109쪽.

이 장면은 5.18 당시의 상황과 관련해서 분석할 때 중층적인 맥락을 지닌다. 이발사의 모습은 공수부대원들이 '전시적(展示的, demonstrative) 폭력'으로 공포를 연출하던 순간에 아무런 말도 할 수 없는 채 방관자가 될 수밖에 없었던 '평범한 사람들'을 연상케 한다.[24] 이발사는 학살의 광경을 지켜만 봤던 방관자들의 위치를 대신하고 있는 인물이라고도 할 수 있다. 하지만 이발사가 그 끔찍한 폭력의 현장을 목격하면서도 구경꾼이 되는 쪽을 선택한 것을 단순하게 비난할 수는 없다. 그는 누구보다도 군대 연병장에서 경험한 두려운 폭력을 잊지 못하고 있는 사람이었고 외로운 처지에 있던 기병대의 고통을 함께 나누던 사이였다. 그런 그가 마을에서 추방되지 않고 살아남는 길을 선택한 것은 이전에 경험했던 폭력의 기억을 다시 겪지 않으려는 뜻으로 해석할 수 있을 것이다.

이와 같이 「나비길」에서는 다각도의 시선에서 학살의 현장을 둘러싼 보이지 않는 시선과 흐름을 그려낸다. 여기서 간과하지 않아야 할 점은 가까운 이웃 사람들이 나수칠의 폭력이 들어선 순간 서로 증오하는 관계로 변모한다는 사실이다. 결국 기병대가 마을에서 추방된 것은 나수칠로 상징되는 국가폭력과 유언비어, 그리고 방관자들의 침묵이 공모한 결과였다. 그 후 나수칠의 폭력이 자리하게 된 마을의 상황은 오월 "거리의 부랑아·잡상인·산책자·장애인들이 청소"[25]된 후에 신군부의 권력이 들어선 후의 장면과 겹친다.

---

24 최정운, 앞의 책, 90쪽. 같은 맥락에서 김정한은 이 평범한 주체들이 "1980년대 국가중심적 재현 틀에서 제시한 바 있듯이 무장봉기로 국가권력을 창출하는 '투자' 내지 '전사'라는 저항주체의 모델을 통해서도, 최근 주체 중심적 재현에서 제기하는 초인이나 비인칭적 특이성이라는 저항주체의 모델을 통해서도 여전히 적절하게 포착되지 못하고 있다."고 지적한다. 그는 오월의 주체들이 국가권력에 종속되는 주체이면서도 저항하는 주체라는 점에서 보다 정교하게 분석되어야 한다고 말한다.(김정한, 『1980 대중 봉기의 민주주의』, 소명출판, 2013, 35~36쪽)

25 이 장면은 마치 80년 5월 26일 이후 "날이 밝자 아주 말끔하게, 거리의 부랑아·잡상인·산책자·장애인들이 청소된 후, 그 자리에 불청객처럼, 아니 도둑처럼 제5공화국이 끼어든다."고 증언한 것과 겹쳐 읽을 수 있다.(김형수, 「흩어진 '중심'의 향기」, 『평론—5월 문학총서·4』(5월문학총서간행위원회), 5.18기념재단, 2013/2015, 14쪽)

그런데 이 소설의 마지막 부분에서는 기병대가 자취를 감춘 후에도 지리산, 인천항, 서울역 등지에서 나비 선생을 목격했다는 등 그에 대한 "이상한 소문"이 지속되는 현상에 다시 주목한다. 삼 년 후, 이발사는 남방녹색부전나비를 보게 되는데 그때 "두렵습니다. 저는 이제 모든 것을 잃었습니다. 제발 도와주세요."라는 목소리를 듣는다. 이상한 소문과 익명의 목소리는 묻혀 있던 기억을 다시 불러들인다. 폭력과 희생의 기억은 완전히 사라진 것이 아니라 살아남은 자들에게로 되돌아온다.[26] 사라진 기억들은 그들만큼 아픈 기억을 껴안고 살아가는 사람들, 그 아픔과 접촉할 수 있는 사람에게 더욱 뚜렷하게 들린다. 「월녀」에서 극장집 주인 월녀는 "타인의 몸안에 갇혀 있는 말, 토해내지 못한 이야기를 알아듣는" "특별한 능력"을 지니고 있는데 그녀의 귀에 들리는 것은 "차마 언어가 되지 못한" 소리들이다.

> 타인의 가슴속에 차마 언어가 되지 못한 채 돌덩이로 얹혀버린 말, 목구멍에 갇혀버린 핏덩이의 말들이 그녀의 귀에는 또렷하게 들려왔다. 때로는 죽은 이의 음성도 들렸다. 눈을 감으면 먼지처럼 우우 떠오르는 목소리들, 누군가 제 이름을 호명해주기를 갈망하는 마음들, 길을 잃고 허공을 떠도는 숨결들, 흐느낌들, 넋두리들, 울음들, 슬픔들, 아픔과 고통들, 그리움과 원망과 하소연들…… 저 우주의 무한천공은 온통 그것들로 가득 차 있었던 것이다.[27]

월녀가 듣는 것은 우주에 가득 차 있는 온갖 신음소리들이다. 그 소리들은 이미 죽은 사람들, 그리고 살아 있으나 죽은 것과 다름없는 사람들에게서 흘러나오는 파열음이다. 보고 듣는 것이 아니라 보이고 들리는 것들에게서 무엇인가가 끊임없이 이야기된다. 보이고 들리는 소리들은 죽은 자와 산 자의

---

26 공수부대에 의한 학살과 폭력은 전화, 유언비어, 유인물을 통해 확산되어 지역적·공간적 제한성을 해소시키면서 폭력의 현장에 있지 않은 사람들까지도 잠재적 피해자로 만들었다. (임종명, 「5월항쟁의 대중적 참여와 그 계기 및 의식성」, 『역사학연구』 32집, 호남사학회, 2008, 181~217쪽.)

27 임철우, 「월녀」, 『황천기담』, 문학동네, 2014, 203쪽.

경계에 거주하고 있는 고통스러운 기억을 증언한다. 증언은 살아남은 자들이 몇 마디로 된 말들로 진술한다고 해서 종결될 수 없는 것이다. 증언은 죽음의 영역에서 들려온다. 증언은 죽은 자들을 기억하고 있는 산 자들의 몸을 빌려 지속된다.

공선옥의 장편 『그 노래는 어디서 왔을까』(2013)는 전쟁, 학살, 유신독재를 경험한 사람들이 오월 광주의 상처를 다시 겪게 된 후 여태껏 어떻게 살아왔고 살아가고 있는지를 그린 작품이다. 작가는 이 소설을 "하고 싶은 말은 많으나 들어주는 사람 없어 혼자 울어야 했던 그대, '광주'에 바친다."라고 썼다. 작가의 말에 따르면 이 소설은 말을 해도 들어주는 사람 없었던 광주에서 터져 나온 울음이며 그 깊은 슬픔을 오직 혼자서 달랠 수밖에 없었던 사람들이 부르는 노래이다. 「씨앗불」에서 가슴 속에 묻어둔 아픔, "가슴속에 이제는 굿을 해도 나가지 않을 귀신", "영영 그의 가슴 한복판에 씨앗불로 남아 이글대고 있"는 "오일팔 귀신들"[28]의 노래가 시작된 것이다.

그 슬프고 억울한 노래는 단지 오월 광주에서만 흘러나온 것이 아니다. 이 소설에서 '광주'는 오래 전의 아픔들을 한꺼번에 말하기 시작하는 장소이다. 유신체제 하의 새마을운동 시기부터 광주 오월까지의 현재적 시간대 위에 한국전쟁 전후 변두리 마을 사람들이 겪은 학살의 기억들이 겹쳐 있다. 아래에 인용한 문단은 좌우 이데올로기 대립 상황 하에서 일어난 민간인 학살의 한 장면과 묘자 할머니의 이야기를 듣고 난 후 정애의 내적 방황을 묘사하고 있는 부분이다. 다음의 장면들은 증언에 관한 몇 가지 질문들을 함축적으로 제기한다.

> 아조 옛날 이야기여. 순자가 방죽굴 우리 앞집서 살았드란다. 살았는디, 즈그 아부지가 지 앞에서 총 맞아 죽어부렀어. 즈그 아부지, 시앙굴 양반 피가 순자한티로 홈빡 쏟아져붓제. 그래 농게로 야가 그때부텀 농해져분

28 공선옥, 「씨앗불」, 『창작과비평』, 1991년 겨울호, 창작과비평사, 210쪽.

거여. 시앙굴 양반이 산사람들한테 깡냉이 몇알 준 것이 죄가 된 것이여. 그것이 큰 죄가 되야 부렀어. 사람의 자식들이 밤에 불쑥 와서는 배고파 죽겄소, 암거나 묵을 것 좀 주씨요, 허먼 짐승한티도 그럴란지거나 사람이 묵을 것 달라는디 있음사 주제 한 주던 못헌디 그것이 죄가 되야부렀어. 징헌 놈의 시상.(…)

거센 비가 한바탕 쏟아지고 난 고요한 저녁 위로 묘자 할머니가 피우는 담배 연기가 한숨처럼 날아갔다. 나는 아무 말도 않기로 했다. 돼지 새끼를 박샌이 먹어버린 것도, 우물가에서 부로꾸 찍는 남자가 나에게 몹쓸 짓을 한 것도, 김주사가 순예 혼을 뺏어간 것도 다 말하지 않기로 했다. 왜냐하면 말하고 나면 나도 엄마처럼 농해져버릴 것 같았기 때문이다. 나는 그것이 겁났다. 나는 내 속에다 용을 한 마리 키우기로 했다. 그 용이 자라서 승천할 때 나는 세상을 향해 말하리라. 내 말이 빗물을 타고 내려서 세상을 적시리라. 그러면 세상 사람들이 나 때문에 울 것이다. 나한테 미안해서 울 것이다. 나한테 잘해주지 못해서 울 것이다. 그러나 나는 아직 용이 되지 못하고 용이 아닌 내 말을 듣고 울어줄 사람은 없다. 그러니까 나는 말하지 않을 것이다. 내 말을 들어주는 사람도 없고 내 말을 듣고 울어주는 사람이 없어서 나도 엄마처럼 우는 병에 걸리면 안되기 때문이다. 내가 울면 엄마는 울지 못한다. 엄마는 울어야 살고 엄마를 살게 하려면 내가 울지 말아야 하는 것이다.[29]

묘자 할머니에 따르면 순자 아버지는 배고픈 사람들에게 먹을 것을 준 죄로 총에 맞아 죽었고, 그때 순자는 아버지의 피가 자신의 몸에 쏟아진 뒤로 정신이 이상해져버렸다고 한다. 묘자 할머니의 이야기는 죽은 순자 아버지와 미쳐버린 순자를 대신해 말하고 있는 것이다. 그런데 묘자 할머니의 이야기를 듣고 난 후 정애는 가족들이 겪은 억울한 일들을 누군가에게 말해야겠다고 생각하지만 쉽게 말이 되어 나오지 않는다. 그래서 정애는 "아무 말도 않기로 했다."고 생각한다. "말하고 나면" 엄마처럼 미쳐버릴 수 있기 때문이

29 공선옥, 『그 노래는 어디서 왔을까』, 창비, 2013, 35~37쪽.

다. 정애는 몸 안에 용을 키워서 용이 승천할 때 말하면 사람들이 자기에게 미안해서 울 것이라고 상상하기도 한다. 하지만 다시 "내 말을 들어주는 사람도 없고 내 말을 듣고 울어주는 사람이 없"기 때문에 "말하지 않을 것"이라고 다짐한다. 그렇지만 정애는 "난 살아 있고 순애는 죽었기 때문에" 살아 있는 '나'는 이미 죽은 순애를 대신해서 말해야 한다고 고쳐 생각한다. 정애는 가죽나무, 뜸부기, 구렁이, 제비를 차례대로 찾아가 가족들에게 일어난 일들에 대해 물어본다. "우리 집에 무슨 일이 있었던 거니?" 정애는 아무런 대답을 듣지 못한다.[30]

여기에서 우리는 누가 증언할 수 있고 증언해야 하는 것이며 대체 증언이란 어떻게 가능한 것인가라는 질문을 던지게 된다. 산 자는 죽은 자에게 일어난 일을 말해야 한다. 증언은 살아 있는 사람에게 남겨진 몫이다. 하지만 그 끔찍한 기억들은 말이 되지 못한다. 설령 무엇인가를 말한다 해도 그 말들을 들어주는 사람이 없을 때 그 말들은 증언이 될 수 없다. 또 증언은 당사자들과 목격자들을 포함해 살아남은 자들에게 요청되는 것이지만 그것은 오직 죽은 자와 미쳐버린 자들에게서만 들을 수 있는 말이다. 아버지의 죽음 이후에 정신이 이상하게 된 순자와 오월 어느 날 밤거리를 헤맨 후 미쳐버린 정애는 박샌댁의 말대로("미친 세상에서 미친 사람만이 미치지 않은 거여") 광기의 시대를 증언할 수 있는 사람들인 것이다. 미치지 않고서는 부를 수 없는 노래가 여기에 있다.

전남북계엄분소에서어시민여러분께에알려드립니이다본의아니게에폭도들로부우터무기를획득하안시민으은무기를잘보관하였다가아군에서별도에지시가있을때반납하여주시기바랍니다아폭도들에합류한선량한시민이나학생은즉시귀가하십시요오불법무기를자진반납하거나자수한시민느은신분을절대로보장합니다아주변에불법으로무기를소지한자나난동을주동한자르을

---

30 이 장면은 앞서 언급한 나무에게서 아무런 말도 듣지 못한 시민군의 모습과 겹친다.

눈여겨보았다가사태가정상화되며는군부대에신고하여주시기바랍니다아오
후여덟시이후밤거리를방황하는자느은무조건폭도로간주하겠으니밤에는일
체외출을하지마십시요오두두두두두두두두두폭도들에게알린다폭도들은즉
시자수하라자수한자는생명을보장한다.[31]

5월 당시에 공수부대 특전사 무전병이었던 오만수가 가락을 넣어서 잇는
말들에는 "폭도들에합류한선량한시민이나학생"들에게 자진해서 무기를 반납
할 것을 지시하고 "밤거리를방황하는자느은무조건폭도로간주하겠으니" 서둘
러 귀가하길 촉구하는 내용이 담겨 있다. 이 파열된 음절 사이에는 그날 광장
에 모여든 사람들을 "폭도"와 "시민"으로 구별 짓고 "선량한 시민이나 학생"
들을 위해 "폭도들"을 학살한다는 공수부대의 논리가 그대로 드러난다. 용순
은 "대한민국의 군인"이었던 남편 만수가 왜 그렇게 되어버렸는지 도무지 이
해할 수 없다. 이 미친 노랫가락은 폭도들을 진압하기 위해서 그 거리에 있었
던 군인들마저도 결국 희생자일 뿐이라는 것을 보여준다.

이 소설의 마지막 부분에서 묘자는 "정애가 아니면서 정애인" "정애이면서
정애가 아닌 여자"의 환영을 본다. 그 환영에서 묘자는 "아이 같기도 하고
노인 같기도" 목소리를, 정애가 사라진 그 자리에서 "울음인지, 웃음인지 알
수 없는 노래"를 듣는다. "아아아아아이이잉리리리리리링이이이이오오오이
이이리리리리……" 울음도 웃음도 아닌 노래는 문자로 전달할 수 없는 고통
의 흔적이며 그날 이후 그침 없이 전염되고 있는 슬픔의 가락이다. 그날을
아직 잊지 못하는 한, 우리는 그 노래를 계속 들어야 할 것이다.

앞서 읽었듯이 임철우와 공선옥의 소설에서는 섬뜩한 폭력의 기억들이 여
기로 되돌아온다. 말이 되지 못한 소리들, 고통스러운 파열음들은 이곳으로
귀환하면서 듣는 자를 요청한다. 증언은 이미 죽은 자, 미쳐버린 자, 추방된
자들에 의해 지속되고 있는 행위이다. 증언의 목록에는 죽은 자와 산 자의 경

---

31 공선옥, 『그 노래는 어디서 왔을까』, 앞의 책, 146쪽.

계에 거주하고 있는 소리, 노래, 광기가 포함된다. 무엇보다 증언은 살아남은 자들에게 부여된 몫이다. 하지만 산 자들은 이미 죽은 자들을 어떻게 증언할 수 있는가? 죽음 앞에 선 그들이 마주친 '물음과 선택'의 순간으로 다가설 수 없다면 죽은 자를 대신해 산 자가 증언한다는 것은 과연 가능한 일인가?

한강의 장편『소년이 온다』(2014)에서는 산 자가 죽은 자를 증언한다는 것이 결코 쉽지 않은 과제라는 것을 다시 확인시켜 준다. 이 소설에서 증언은 서로 다른 위치에 있었던 여러 사람들의 경험과 기억을 통해서 이루어지지만 그것은 더 많은 생각들을 이끌어내는 문제로 제출된다. 각 장에서는 중학생 동호와 정대, 여고생 김은숙과 미싱사 임선주, 대학생 김진수와 고문을 당했던 남자, 동호의 어머니 등 여러 목소리를 통해 오월 전후에 일어난 학살과 고문의 기억, 죽은 자들과 살아남은 자들의 슬픔을 들려준다. 그리하여 이 소설에서 궁극적으로 묻고 있는 것은 연약한 생명들을 잔인하게 학살하고 고문한 사람들과, 학살과 고문으로 인해 비참하게 부서져야 했던 사람들을 포함해서 대체 '인간이란 무엇인가'라는 물음이다. '인간이란 무엇인가'라는 물음은 곧 '증언이란 무엇인가'라는 물음과 맞닿아 있다.

5.18에서의 학살은 단지 10일간으로 끝나지 않았다. 시위 현장에서 상무대로 끌려간 사람들은 말할 수 없는 고문과 학대를 당했다. 상무대는 인간으로서의 존엄을 무너뜨리고 결국 짐승에 불과할 뿐이라는 것을 확인시켜준 수용소였다. 이 소설의 4장「쇠와 피」에서는 고문과 학대를 당한 사람들이 이후 어떤 삶을 살아가고 있는지를 보여준다. 도청에 남아 있었던 김진수와 함께 수감된 후 고문을 당한 한 남자는 "왜 그는 죽었고, 아직 나는 살아 있는지"를 묻는다. 또 그는 김진수가 자살한 이유를 왜 자신이 증명해야 하는 것인지 그리고 김진수 자신에게 직접 듣지 않는 한 아무도 한 사람의 죽음을 증언할 수 없다고 말한다. 누가 자살한 김진수의 '마음'을 증언할 수 있을 것인가? 당사자가 아닌 그 누구도 한 사람이 지니고 있었을 '선택과 물음'을 온전하게 읽을 수 없는 것이며 그것은 심리적 부검을 통해서도 밝힐 수 없는 문제인

것이다. 인간 존재의 본질을 묻지 않고서는 인간이 행한 그 잔인한 역사에 대한 어떤 설명이나 이해도 가능하지 않다. 그는 묻고 답한다.

그러니까 인간은, 근본적으로 잔인한 존재인 것입니까? 우리들은 단지 보편적인 경험을 한 것뿐입니까? 우리는 존엄하다는 착각 속에 살고 있을 뿐, 언제든 아무것도 아닌 것, 벌레, 짐승, 고름과 진물의 덩어리로 변할 수 있는 겁니까? 굴욕당하고 훼손되고 살해되는 것, 그것이 역사 속에서 증명된 인간의 본질입니까?[32]

지나간 역사를 향해 인간이란 무엇인가를 다시 질문하지 않을 수 없다. 그는 부마항쟁에 공수부대로 투입됐던 사람들, 베트남전에 파견됐던 어느 한국군 소대가 잔인한 학살의 기억을 지니고 오월 광주로 온 것이라고 확신한다. "제주도에서, 관동과 난징에서, 보스니아에서, 모든 신대륙에서 그렇게 했던 것처럼, 유전자에 새겨진 듯 동일한 잔인성으로."(135면) 5.18에서 자행된 학살과 고문은 인간들이 지닌 "잔인성"이 표출된 것이 아니라면 도무지 이해할 수 없는 것이다. 이것은 '인간'이라는 보편적인 단어에 균열을 일으킨다. 뿐만 아니라 그 폭력의 경험은 "열흘이란 짧은 항쟁 기간으로 국한할 수 없"는 것이며 "체르노빌의 피폭이 지나간 것이 아니라 몇 십 년에 걸쳐 계속되고 있는 것"처럼 지속되고 있는 것. 그 잔인한 폭력의 역사를 몇 문장으로 압축해서 전달할 수 없다.

시민군의 자살에 대한 심리 부검 연구논문을 준비하고 있는 '윤'은 그날의 기억을 증언해달라고 부탁하지만 선주는 그의 요청을 쉽게 수락하지 못한다. 물론 선주는 윤의 메일에서 반복되고 있는 "증언. 의미. 기억. 미래를 위해"와 같은 말들이 더 없이 중요한 가치라는 것을 알고 있다. 그렇지만 선주에겐 한 사람의 기억을 온전히 증언한다는 것이 어떻게 가능할 수 있으며 그 일이 미

---

32 한강, 『소년이 온다』, 창비, 2014, 135쪽.

래를 위해 어떤 의미를 지닐 수 있는가라는 물음이 증언보다 앞서 있다. 선주
는 윤의 녹취록에서 읽은 한 증언자의 악몽과 자신이 꾸고 있는 악몽이 서로
다르다고 생각한다. 한 증언자의 악몽과 달리 선주가 꾸는 "악몽은 차갑거나
고요하다. 흔적 없이 피가 마르고 뼈가 풍화되어 사라진 후의 어떤 장소
다."(146) 이렇듯 동일한 사건에 대한 경험이 서로 다른 모습으로 변형되어
각자의 삶에 간직되는 것이라면 그날의 기억을 증언한다는 것은 그날에 일어
난 사실만을 말하는 것으로는 불충분하다. 선주는 기억과 직면하고 증언해주
라는 윤을 향해 이렇게 반문한다. 여기에 아직 증언하지 않는 증언이 있다.

> 삼십 센티 나무 자가 자궁 끝까지 수십 번 후벼 들어왔다고 증언할 수
> 있는가? 소총 개머리판이 자궁 입구를 찢고 짓이겼다고 증언할 수 있는가?
> 하혈이 멈추지 않아 쇼크를 일으킨 당신을 그들이 통합병원에 데려가 수혈
> 받게 했다고 증언할 수 있는가? 이년 동안 그 하혈이 계속되었다고, 혈전이
> 나팔관을 막아 영구히 아이를 가질 수 없게 되었다고 증언할 수 있는가?
> 타인과, 특히 남자와 접촉하는 일을 견딜 수 없게 됐다고 증언할 수 있는가?
> 짧은 입맞춤, 뺨을 어루만지는 손길, 여름에 팔과 종아리를 내놓아 누군가의
> 시선이 머무는 일조차 고통스러웠다고 증언할 수 있는가? 몸을 증오하게
> 되었다고, 모든 따뜻함과 지극한 사랑을 스스로 부숴뜨리며 도망쳤다고 증언
> 할 수 있는가? 더 추운 곳, 더 안전한 곳으로. 오직 살아남기 위하여.[33]

이것은 그날을 말하지 않으면서 그날과 더불어 그날 이전과 이후를 말하고
있는 증언이다. 선주는 그날 이후부터 자신의 "몸을 증오하게 되었다고, 모
든 따뜻함과 지극한 사랑을 스스로 부숴뜨리며 도망쳤다고" 증언할 수 있는
가를 되물으면서 더 오래된 기억들을 떠올린다. 선주의 증언에는 오월 이전
부터 준비된 국가권력의 각본에 의해 희생된 몸, 그리고 그날 이후에 몸 전체
가 겪어야만 했던 총체적인 위기 상황에 대한 상세한 보고가 담겨 있다. "간

---

33 한강, 앞의 책, 166~167쪽.

첩 지령을 받아왔다는 각본을 완성하기 위해" 마련된 조사실에서 아무런 의미를 지닐 수 없었던 말들, 고문을 당할 때 자신의 이름 대신 "더러운 빨갱이년"으로 불렸던 기억들, 그것들이 한 사람의 몸과 마음을 어떻게 완전히 훼손시켜 왔는지를 말하지 않고서는, 다시 말해 그날 이전과 이후를 한꺼번에 증언하지 않고서는 그날을 증언했다고 말할 수 없는 것이다. 한 사람의 영혼을 서서히 파괴시킨 그 잔인한 기억들을 모두 말할 수 없다면 증언을 거부하는 것 자체가 증언이 된다. 증언하는 것을 거부하는 몸짓이 바로 증언이다.

증언은 어떤 사건에 대한 사실 확인이 결여된 곳에서 자라난다. 말이 되지 못한 기억과 말하지 않은 이야기들이 너무 많은 까닭이다. 또 그와 유사한 사건들이 반복해서 일어날 때마다 그날이 남긴 잔해를 더듬게 된다. 그러므로 이 소설에서 "2009년 1월 새벽, 용산에서 망루가 불타는 영상을 보다가" "광주가 수없이 되태어나 살해되었다."고 쓴 것은 1980년 5월 광주의 특수성을 일반화하고 있는 것이 아니라 서로 다른 사건들을 겹쳐보는 과정에서 5월의 실체를 더욱 명료하게 인식하게 되는 순간이다. 광주 오월에 대한 증언은 그렇게 오월 전후의 기억들과 더불어 무한하게 증식한다. 증언은 지연된 시간 속에서 다시 태어난다. 차마 하지 못한 말들과 아직 하지 않은 말들이 더 남겨져 있는 것이다.

3. 유령의 목소리: 사라진 말들

앞서, 우리는 아직 하지 않은 말들과 차마 하지 못한 말들이 더 남겨져 있다고 했다. 그것들은 공식적인 기록에 실리지 못한/않은 말들이다. 강요된 침묵의 역사 속에서 추방된 말들은 어떻게 지금까지 전승되어 왔을까? 임철우의 『백년여관』에서는 영도(影島)라는 섬 주변에서 섬사람들과 함께 살아가고 있는 어둠 속의 존재들, 즉 "저승에도 영영 들지 못해서, 허깨비가 되어 끝없이 중음을 떠돌아야 하는" "한을 품은 혼들", "그림자", "도깨비불"에 주목한다. 그리고 '나'는 "그 해 오월, 도청에서 최후까지 버티다 죽은 이름들"을 떠올리면서 그 오월의 혼들은 지금 어디에 있을까하고 묻는다.

임철우의 연작소설집 『황천기담』은 그 유령들이 겪은 수난의 역사를 여기에 펼쳐 놓음으로써 유령들이 우리와 공존하고 있다고 대답한다. 「황금귀」(2010)에서는 유령이 나타난 것과 동시에 마을에 온통 이변이 일어난다. 한 몸뚱이에 머리통 둘 달린 염소가 태어나는가 하면 태풍이 폭우를 몰고 와 산사태가 일어나기도 한다. 산사태로 인해 1930년대 황금 열풍이 한반도 전역을 휩쓸었던 때에 금광 채굴 지역이었던 이곳의 폐갱에 묻힌 광부들의 "무수한 해골들"과 "흉측한 뼈다귀들"이 드러난다. 그러던 어느 날, 백화는 그 정체불명의 소리를 처음으로 듣는다. "상처 입은 짐승처럼 가쁘고 불안하게 씨근덕대는 숨소리"는 삼십육 년 전, 남편 황충이 틀림없었다. 지하에 묻혀 있는 동안 황충의 몸속에는 낯선 생명체가 공존하고 있었다. 그것은 황충의 내장과 뼈마디를 물어뜯으면서 "어서 서둘러라. 시간이 없다."며 외치고 있었다. 소설의 마지막 부분은 "흉측하기 그지없는 괴물"이 황충의 몸에서 나와 유유히 어딘가로 떠나는 장면으로 끝이 난다. 그러나 죽은 몸을 숙주로 하여 기생하고 있던 괴물은 어딘가로 자취를 감추었을 뿐 완전히 사라진 것은 아니다.

「월녀」(2010)에서는 유령들과 함께 살고 있는 평범한 사람들의 평범하지 않은 이야기를 들려준다. 황천읍에서 명당이라고 불리는 곳에 살고 있는 월녀는 "톡. 토독. 톡. 토톡……"하는 소리를 정확히 삼 년 만에 다시 듣는다. 그 소리와 함께 죽어가는 나무 가지마다 무수한 꽃망울들이 일제히 돋아난다. 때에 맞춰 월녀는 황천극장 주변에 살고 있는 일곱 명의 남자들의 아픔을 씻기는 의식을 준비한다. 월녀의 집으로 모여든 두부집 허씨, 극장 지배인 천씨, 전직 경찰서장 최씨, 가구점 주인 박달구, 우체국장, 홍성청과물 이남출, 총각 양성복은 저마다 잊지 못할 사연들을 지니고 있는 사람들이다. 아래에서 읽어볼 허씨, 박달구, 이남출의 사연은 각각 한국전쟁기 민간인 학살,

베트남 전쟁, 광주 오월의 기억을 증언하고 있다. 이들의 몸이 앓고 있는 증상들은 그동안 역사 기록에서 소홀하게 다루어졌던 사람들의 기억이거나 사건이 일어난 지 한참 후 비로소 알려지게 된 사실들을 증언한다.

한 무리 군인들이 트럭에서 우르르 뛰어내리더니, 한꺼번에 움막촌 쪽으로 몰려갔다. 저만치 아버지와 형이 개천가에 나와서 저녁밥을 짓고 있는 모습이 보였다. 군인들이 환자들을 불러모으더니, 별안간 하늘에 대고 탕탕탕 총을 쏘아댔다. (…) 며칠 후, 나환자들이 떼죽음을 당했다는 소문이 돌았다. 어머니는 어린 그를 이끌고 그곳으로 달려갔다. 빈 움막들만 엉망으로 헝클어져 있을 뿐, 아무도 없었다. 그 많은 환자들은 어디로 사라졌을까. 한꺼번에 생매장 당했다는 소문도 있었지만, 어딘가에 강제로 이주시켰다는 소문 쪽에 어머니는 애써 매달렸다.[34]

당시만 해도 섬엔 아직 초분(草墳) 풍습이 존재했다. 일단 삼 년 정도 시신을 초분에 보존해 육탈을 시키고 나면, 유골만 깨끗한 상태로 남게 된다. 그 유골을 수습하여, 재차 의식을 치른 연후에 비로소 땅에 매장하는 풍습이다. 때마침 이웃 마을에 적당한 초분이 하나 나왔다. 두어 달 전에 죽은 어린 처녀였다. (…) 신통하게도 병세가 전에 비해 많이 나아졌다. 어미가 달여준 약 덕분이었는지도 모른다. 하지만 어미가 눈을 감는 날까지, 그는 약에 관해선 단 한마디도 묻지 않았다.
박달구가 어미에게 말하지 못한 건 또 하나 있다. 어느 날 갑자기 나타나 자신의 등뒤에 바싹 들러붙어 떨어지지 않는 낯선 숨소리, 그 얼음같이 차가운 숨결에 대해서 말이다. 후우. 후우우, 후우. 목소리는 없지만, 그 애가 무슨 말을 하려는지를 박달구는 잘 알고 있다. 잊지 마요, 아저씨. 난 아저씨랑 함께 있을께. 앞으로도 쭈욱 여기, 이렇게, 아저씨 몸속에. 후우. 후우우 ……[35]
남출씨는 꼬박 십오 년을 감옥 안에 있었다. 감옥에서 그는 날마다 머리를

---

34   임철우, 「월녀」, 『황천기담』, 212쪽.
35   임철우, 「월녀」, 앞의 책, 216~217쪽.

싸안고 그 수수께끼의 답을 찾기 위해 골몰했다. 왜 그랬을까. 어째서 하필이
면 나였을까. 이 희한한 칠인조 일가족 간첩단 연극의 주인공들로, 무려
사천만 인구 중에서, 그 자들은 왜 하필이면 우리 일가족을 선택했을까.
망치는 어째서 일곱 개도 아닌, 딱 한 개라고 정했을까.[36]

전쟁이 나던 해, 허씨가 살던 경상남도 함안 일대엔 아직 전투가 없었다.
어린 그는 나환자들과 함께 읍내 인근의 움막촌에서 지내고 있는 아버지와
형에게 먹을 것을 전해주러 갔을 때 총소리를 듣게 된다. 이후 발견된 스물여
덟 구의 시신 가운데는 아버지와 형도 있었다. 당국에선 나환자촌 학살 사건
을 수사한다고 했지만 학살 사건은 흐지부지 종결되고 말았다.[37] 험악하고
끔찍스러운 전쟁 시국에 문둥이 목숨 몇 개쯤이야 아무 가치도 없다는 식이
었다. 허씨의 어머니는 아버지와 형이 죽지 않았고 어딘가로 강제 이주되었
다는 소문에 매달렸다. 그 일로 허씨는 가족들에게 죄의식을 느끼고 매일 밤
"야, 문디이다! 저기, 문디이 간다!"는 악몽에 시달리면서 살아 왔다.
　박달구는 "귀신 잡는 해병대", 베트남 전쟁에 참전한 군인이었다. 남해안
의 작은 섬에서 태어난 그는 돈을 벌어서 육지에 가정을 꾸리는 게 꿈이었다.
그런데 박달구는 베트남 전쟁에서 '국제매독'[38]이라 불리는 지독스럽고 고약

36　임철우, 「월녀」, 앞의 책, 227~228쪽.

37　허씨의 사연은 한국전쟁 직후 국가폭력에 의해 희생된 '나환자 학살 사건'의 전말을 보여준
　　다.(국가인권위원회 인권상황실태조사 연구용역보고서, 『한센인 인권 실태조사』, 서울대학
　　교 사회발전연구소, 2005.12, 61쪽) 이 사건은 2005년 신문에서 보도되었다. 1950년 7월
　　함안 물문 한센인 학살사건을 기억하는 세 노인의 증언을 토대로, 한센인들이 "빨갱이"로
　　몰려 학살당했고 발굴된 주검 28구는 성경책과 찬송가를 들고 웅크려 있었다는 것(『한겨레신
　　문』, 2005.09.02.) 또 "1950년에는 경남 함안에서 보도연맹이 나환자 29명을 살해", "1950
　　년 강원도 강릉에서는 나환자들을 굴에 가둔 뒤 폭탄을 투척하여 집단학살"(『서울신문』,
　　2005.10.30.)했다는 기사를 읽을 수 있다.

38　많은 사람들은 베트남 전쟁기에 미국이 살포한 고엽제로 인해 참전 군인들이 '고엽제 후유증'
　　을 앓고 있다는 사실이 밝혀지기 전까지 그 증상을 '국제 매독'이라고 부르는 난치병으로
　　알고 있었다. 그런 점에서 베트남 전쟁에 참전한 군인들은 "개발로서의 파병"에 참여했던
　　피해자이자 전쟁에서 돌아온 뒤에는 도덕적인 비난의 대상이 되어 고통을 겪었다. 이런 기억
　　들은 베트남 전쟁의 기억을 다룬 다수의 문학작품들(이에 관한 상세한 논의는 신형기, 「베트

한 균에 감염되어 돌아왔다. 그는 정강이뼈가 효험이 있다는 말을 듣고 초분의 유골을 먹은 후부터 이십 년 동안 등 뒤에 들러붙은 계집아이의 휘파람 같은 숨소리를 견디며 살아 왔다.

전라남도 진도가 고향인 이남출은 1981년 3월, 느닷없이 고향집 안방으로 들이닥친 기관원들에게 붙잡혀 안기부 취조실에서 고문을 받았고 고정간첩 혐의로 체포되어 무기형을 언도받아 복역 십오 년 만에 풀려난 전과를 가지게 되었다. 그는 그들이 원하는 대답을 해준 대가로 "무시무시한 칠인조 '진도 일가족 간첩단'의 주인공들로 둔갑"하여 세상에 나왔다. 이후 그의 역할은 "전쟁통에 행방불명된 아비를 만나 두 차례나 월북한 고정간첩 역이었다."

이처럼 그들은 전쟁과 학살, 고문으로 인해 죄의식과 악몽에 사로잡힌 채 살아 왔다. 그러나 그들이 겪어온 고통은 단지 몸이 앓고 있는 증상 때문만은 아니다. 전쟁, 학살, 고문이 끝난 후에 그들은 "문둥이", "국제매독", "빨갱이"라는 낙인(stigma)이 찍혀 가족과 사회에서 추방되어야 사람들로 규정되었다. 그들을 향한 낙인은 오히려 학살, 전쟁, 고문 그 이후에 완성된 것이다.

이들의 아픔을 씻기는 제의를 주관한 월녀 또한 이남출과 비슷한 아픔을 겪었다. 전쟁이 터지자 허기지고 지친 군인들에게 숙식을 제공했다는 이유로 월녀에게는 적을 도와준 "빨갱이 부역자"라는 죄명이 씌어졌다. 또 술집을 경영하던 중 미국 상병이 홀 여급을 살해한 사건이 터져 단식농성을 했을 때에도 "빨갱이년"이 "폭동"을 일으키려 했다는 혐의를 받았다. 이후 월녀는 끔찍한 고문과 폭행을 견디다 못해 몇 차례나 의식을 잃었다. 그런데 황천읍으로 돌아온 월녀는 우물에 떨어져 자살하려는 순간 무언가가 그녀의 몸을 가볍게 받아 안는 듯한 일을 경험한다. 그때 월녀는 "바로 그 우물이야말로 무수한 떠돌이 혼령들의 거처라는 사실을", 극장 안에 잠들어 있는 "가엽은 혼령들"이 "전쟁통에 총 맞아 죽고, 굶어 죽고, 맞아 죽은 이들. 무덤도 비석도

남 파병과 월남 이야기」, 『시대의 이야기, 이야기의 시대』, 삼인, 2015, 279~314쪽 참조.)에서 충분하게 '이야기'되지 않았다.

없이 흙속에 암매장된 이들. 사고로 매몰된 갱 밑에 연장을 껴안은 채 고스란히 파묻혀 죽은 이들"(203면)이라는 것을 깨닫는다. 월녀의 집에 모여든 사내들이 자신들의 몸을 씻자 "거기, 뭔가 정체 모를 형체들이 그림자처럼 소리 없이" 극장 안에서 쏟아져 나와 우물 속으로 모습을 감추어버린다.

이 유령들의 행로는 매우 암시적인 대목이다. 사내들의 몸과 극장에 머물러 있던 유령들이 우물 속으로 들어가는 장면은 그들이 저 세상으로 완전히 떠난 것이 아니라 우리의 친근한 이웃이 되어 우리와 함께 살아가리라는 예감을 준다. 그렇다면 월녀가 주관하는 굿은 산 자들의 아픔을 위로하는 씻김굿임과 동시에 산 자들과 함께 살아갈 혼령들의 거처를 마련해주는 의식이라고 할 수 있다. 아직 하지 못한 말들은 여전히 깊은 우물과 어두운 극장 안에 남겨져 있는 것이다.

한강의 『소년이 온다』에서는 산 자와 죽은 자의 목소리를 교차시켜 차마 하지 못한 말들을 들려준다. 살아 있는 동호와 죽은 정대는 끊임없이 '혼'과 '몸'에 대해 질문하고 생각한다. 이 질문들은 죽음 이전과 이후, 산 자와 죽은 자의 기억을 연결한다. 동호는 친구 정대가 계엄군의 총에 맞아 죽는 장면을 목격했지만 그때 두려워서 달아났던 자기 자신에 대한 "죄의식"에 사로잡혀 있다. 그런 동호는 시체들의 이름과 번호를 적어 목록을 만드는 일을 거들면서 도청을 떠나지 않는다. 살아 있는 동호가 먼저 묻는다.

> 산 사람이 죽은 사람을 들여다볼 때,
> 혼도 곁에서 함께 제 얼굴을 들여다보지 않을까.
>
> 혼한테는 몸이 없는데, 어떻게 눈을 뜨고 우릴 지켜볼까.
>
> 지금 상무관에 있는 사람들의 혼도 갑자기 새처럼 몸을 빠져나갔을까.
> 놀란 그 새들은 어디 있을까.

사람이 죽으면 빠져나가는 어린 새는, 살았을 땐 몸 어디에 있을까.
찌푸린 저 미간에, 후광처럼 정수리 뒤에, 아니면 심장 어디께에 있을까.

혼은 자기 몸 곁에 얼마나 오래 머물러 있을까.
그게 무슨 날개같이 파닥이기도 할까. 촛불의 가장자릴 흔들리게 할까.[39]

혼은 살아 있는 사람의 몸, 어디에 있었던 것일까? 혼은 얼마 동안 자기 몸 곁에 머물러 있는 것일까? 혼한테는 몸이 없는데 어떻게 혼은 살아 있는 우리를 지켜볼 수 있을까? 몸이 죽으면 혼은 어디로 가는 것일까? 동호가 던지는 그 물음들은 혼이 살아 있는 사람의 몸 어딘가에 머물러 있다가 어디로 가는 것인가라는 것, 즉 혼이 머물고 사라지는 시간과 장소에 관한 것이다. 그러나 동호는 "혼들은 어디에도 없다."고 생각한다. 그럼에도 불구하고 혼에 대한 동호의 지속적인 물음들이 말하고 있는 것은 몸의 물리적인 죽음을 죽음의 완성으로 받아들이지 않겠다는 의지의 표현이다. 그것은 시체로 남겨진 몸을 끝내 죽음이 완료되었다는 뜻으로 승인하지 않겠다는 말이다. 살아남은 동호가 정대와 정미 누나의 죽음을 증언하기 위해서는 먼저 서로를 확인시켜 줄 수 있는 그들 중의 한 사람이라도 살아 있어야 한다.

정대가 있어야 저 사람이 정미 누나가 아니란 걸 확인해줄 수 있다.
하지만 정대를 찾으려면 거꾸로 정미 누나가 있어야 한다.[40]

하지만 서로를 확인시켜 줄 수 있는 정대와 정미 누나가 모두 사라지고 없다면 그들의 죽음을 증언할 수 있는 방법은 없다. 아무런 말도 하지 못하는 시체와 시체만이 서로의 존재를 확인해줄 수 있는 유일한 무엇이다. 서로의 존재를 확인시켜줄 수 있는 그들이 사라졌고 서로를 증언할 수 있는 시체들

---

39 한강, 앞의 책, 12~13쪽; 22쪽; 23쪽; 27쪽; 45쪽.
40 한강, 앞의 책, 41쪽.

마저 찾을 수 없다면 누가 그들의 죽음에 대해 증언할 수 있을 것인가? 이제 앞서 던진 모든 질문들은 그들의 죽음을 막지 못했던 살아남은 자들에게로 향한다. 이때, 용서라는 말은 가해자에게만 요구하는 말이 아니라 '나 자신까지도' 포함해서 살아 있는 모든 사람들에게 요구되는 것이다. *"아무것도 용서하지 않을 거다. 나 자신까지도."*

증언은 죽은 자에게로 옮겨간다. 『소년이 온다』의 2장 「검은 숨」 전체는 죽음 이전과 이후를 기억하려고 애쓰는 죽은 정대의 목소리로 전개된다. 정대는 죽어가는 자신의 몸에서 혼에 대해 질문하고 생각한다. 그 "이상하고 격렬한 힘"은 "죽음 때문이 아니라 오직 멈추지 않는 생각들 때문에 생겨난"다. 혼은 "아직 몸을 가지고 있었던 그 밤의 모든 것"을 기억하려고 온힘을 기울인다. 혼의 생각은 자신을 죽인 그들에게로 다가간다. 여기에 아직 듣지 못한 말, 차마 하지 않은 말이 있다.

> *썩어가는 내 옆구리를 생각해.*
> *거길 관통한 총알을 생각해.*
> *처음엔 차디찬 몽둥이 같았던 그것.*
> *순식간에 뱃속을 휘젓는 불덩어리가 된 그것.*
> *그게 반대편 옆구리에 만들어놓은, 내 모든 따뜻한 피를 흘러나가게 한*
> *구멍을 생각해.*
> *그걸 쏘아보낸 총구를 생각해.*
> *차디찬 방아쇠를 생각해.*
> *그걸 당긴 따뜻한 손가락을 생각해.*
> *나를 조준한 눈을 생각해.*
> *쏘라고 명령한 사람의 눈을 생각해.*
>
> *그들의 얼굴을 보고 싶다. 잠든 그들의 눈꺼풀 위로 어른거리고 싶다.*
> *꿈속으로 불쑥 들어가고 싶다. 그 이마, 그 눈꺼풀들을 밤새 건너다니며*
> *어른거리고 싶다. 그들이 악몽 속에서 피 흐르는 내 눈을 볼 때까지. 내*

목소리를 들을 때까지. 왜 나를 쐈지, 왜 나를 죽였지. [41]

죽은 정대의 생각은 "옆구리—총알—몽둥이—(구멍)—총구—방아쇠—손가락—눈—(눈)"의 순서로 전개된다. 총알이 뚫고 지나간 구멍은 죽은 자와 산 자의 몸을 연결한다. 구멍을 중심으로 전개되는 생각은 비대칭적인 무늬로 접힌 한 장의 데칼코마니와 같다. 자신의 몸에 난 '구멍'을 통과한 생각은 죽기 전의 몸으로 이동한 후 그 구멍을 낸 사람의 '눈'을 겨냥한다. 총에 맞아 죽은 몸에서 시작된 생각은 보이지 않는 저편에 위치한 살아 있는 권력자의 눈에 이른다. 이 자유로운 영혼은 몸마저도 버리고 어디든지 날아갈 수 있다. 혼은 총알이 관통한 몸의 구멍을 지나서 살아 있는 '너'와 '누나'를 찾고, 마지막으로 총을 쏘라고 명령한 '그들'에게로 간다. 그들을 향해 날아가서 묻고 싶다. *"왜 나를 쐈지, 왜 나를 죽였지."* 아직 하지 못한 말, 차마 하지 못한 말들은 죽어가는 자들의 몸, 시체들에서 여전히 계속되고 있다.

이들의 소설에서 공통으로 출몰하는 유령들을 단지 '죽은 자들의 부활'이라고 여겨서는 안 된다. 이 유령들은 전쟁과 학살, 고문의 기억을 상기시키면서 역사의 심연에 가라앉은 폭력의 흔적을 말하는 또 다른 증인들이다. 이 추방된 자들의 목소리는 공식적인 역사 자료에 기록되지 않은 것들이다. 그러나 "이들 보이지 않는 존재가 들려주는 역사는 때로 가족사나 민족사에서 배우는 것 이상으로 공동체가 겪은 경험에 보다 진실할 수 있다."[42] 유령들은 산

---

41 한강, 앞의 책, 57~58쪽.

42 권헌익은 동아시아 문학 전통에서 주변적인 존재들을 서사의 중심 무대로 불러들인 시도한 예로, 18세기 후반 베트남 시인 응우옌 듀(Nguyen Du)와 15세기 조선의 천재 문인 김시습을 들고 있다. 그는 이 두 사람의 작품에서 "핵심은 죽은 자의 도덕적인 정체성이 변화한다는 데 있다."는 점에 주목한다. "산 자의 처지와 죽은 자의 처지가 거울처럼 서로를 비추면서, 그때부터 혼령은 더 이상 어떤 곳에 두려움을 불러일으키는 이방의 존재가 아니라, 추방이라는 고난의 여정을 함께 나눌 수 있는 마음 맞는 동반자가 된다. (…) 진정 혼령의 경이로운 점은 산 자에게 경외와 두려움을 야기하는 그런 기이함이 아니라, 산 자와 친밀하게 교류하는 능력이라 하겠다. 즉, 순전히 평범하게 머물다가 역사를 살아가는 존재들이 추방이라는 삶의 처지를 공유하게 되는 그런 역사적 위기의 순간에 온전히 스스로를 발현하는 능력이다."(권헌

자들이 희생과 추방의 위기에 직면할 때마다 산 자의 공간으로 지속적으로 회귀한다. 그들은 산 자들과 '추방이라는 고난의 여정'을 함께 하면서 친밀하게 교류하고 연대한다. 산 자들과 더불어 살아가고 있는 유령들은 삶과 죽음으로 구획된 경계를 흔들고 혼돈을 일으킨다. 이 혼돈 속에서 유령들의 목소리에 들린 산 자들은 남겨진 아픔에 대해 생각한다. 남겨진 아픔들이 완전히 거두어지지 않는 한, 빙의(憑依)는 계속될 것이다.

4. 빙의(憑依): 남겨진 아픔에 대하여

위와 같은 작품들을 읽는 동안 우리는 '보는 자—듣는 자—말하는 자'라는 증언의 일반적인 구조 안에서 충분하게 말해지지 않았고 말할 수 없었던 역사 폭력의 기억이 남겨져 있음을 확인하게 된다. 회귀하는 유령들은 그 기억을 다시 듣고 말하는 자를 요청한다. 이 점에서 나무—몸—시체, 이 삼각이 환기하는 문제는 이미 본 것을 말할 수 있다거나 말할 수 없다는 것, 즉 증언의 (불)가능성이 아니다. 여기서 증언이란 보고 들은 것을 사실 그대로 증명하는 말로 그치지 않고 남겨진 아픔들을 더 듣고 말하고 생각하는 사건으로 재정의 된다.

『황천기담』의 마지막 소설 「묘약」(2008)에서는 베트남 전쟁이 남긴 아픔들을 여전히 견디면서 살아가고 있는 사람들을 보여준다. 허기진씨는 성한 오른쪽 눈과 "텅 빈 구멍일 뿐"인 왼쪽 눈을 가지고 돌아온 "무공훈장에 빛나는 베트남 참전 용사이자 장애인"이다. 허기진씨는 잃어버린 한쪽 눈의 구멍이 자꾸만 무엇인가를 말하려고 하는 것 같아 견딜 수가 없다. "구멍이 나한테 하고 싶은 말이란 대체 무엇일까." 허기진씨의 그 텅 빈 구멍은, 흰 아오자이 옷을 입은 소녀가 살려달라고 애원했지만 중대장의 명령에 복종해 학살

익, 「친근한 이방인」, 『귀신 간첩 할머니—근대에 맞서는 근대』, 앞의 책, 49~53쪽).

했던 일들을 말하고 있다.

> 너와 마주선 순간, 난 네가 한쪽 눈을 잃었다는 사실을 그때 처음 알았던
> 거야. 한순간 머릿속이 하얘져버리더구나. 네 시선과 마주친 순간, 난 숨이
> 멎는 것만 같았어. 그 의안 때문이 아니야. 정작 너의 성한 한쪽 눈이 너무나
> 낯설고 무서웠어. 그 눈. 그 눈빛. 그건 예전의 네가 아니었어. 얼음보다
> 차고 냉정한 그 눈빛 속엔 내가 들어설 자리는 남아 있지 않았어. 섬뜩한
> 증오와 불신, 자학과 냉소만 가득 차 있었던 거야. 난 그때 직감했단다. 네가
> 나를, 우리의 사랑을 전혀 기억하지 못하고 있다는 사실을. 너한테서 그토록
> 다시 듣고 싶었던 그 말! 그날 밤 호숫가에서 했던 그 약속을 네가 까맣게
> 잊어버렸다는 사실을 말이야.[43]

홍녀는 허기진씨의 눈빛에서 오직 증오와 불신, 자학과 냉소만 가득 차 있
다는 것을 읽는다. 그러나 홍녀가 두려운 것은 그의 가짜 눈이 기억하고 있는
그 끔찍한 학살의 기억뿐만이 아니라 그의 성한 한쪽 눈빛이 예전과 같지 않
다는 사실 때문이다. 그 눈빛을 견딜 수 없는 이유는 전쟁에서 사람들을 학살
하고 돌아온 그가 더 이상 지난 날 자신과 약속했던 사랑의 말들을 기억하지
못하기 때문이다. 그의 눈빛은 학살 이전의 상태로 회복될 수 없다. 그에게서
다시는 사랑의 말들을 들을 수 없게 된 것이다.

『그 노래는 어디서 왔을까』에서는 이렇게 묻고 답한다. "왜 지금 맞은 사
람이나 때리고 몹쓸 짓을 한 사람이나 똑같이 아픈 것일까." 오월을 겪은 사
람들 중에서 누가 좋은 사람인지 나쁜 사람인지를 알 수는 없어도 "다만 그가
아픈 사람이라는 것만"은 분명하게 알 수 있다.

> 그는 군인들에게 맞았다는데, 혹시 용순의 남편이 그를 때린 것일까. 그를
> 군홧발로 짓밟고 총개머리로 두들기고 칼로 찌른 것일까. 그래놓고는 또

---

43 임철우, 앞의 책, 306쪽.

끌고 가서 감옥에 처넣고 삼청교육대에 집어넣었던 것일까. 뿐만 아니라, 정애한테 몹쓸 짓을 한 것도 용순의 남편일까. 그런데 왜 지금 맞은 사람이나 때리고 몹쓸 짓을 한 사람이나 똑같이 아픈 것일까.

(…) 용순의 남편 오만수가 나쁜 사람인지, 훌륭한 사람인지를 나는 알 수가 없었다. 다만 그가 아픈 사람이라는 것만을 알아볼 수 있을 뿐.[44]

그날 그 거리에 있었던 사람들이 어느 편에 속해 있었든지 간에 그날 이후 모두 미쳐버렸거나 아파하고 있다는 것은 분명한 사실이다. 학살자, 저항의 주체 혹은 희생자, 도망자, 가해자로 구획된 말들로는 그날이 남겨준 아픔들을 내포한 다층을 들여다볼 수 없다. 또 기억의 상속자들이 앓고 있는 트라우마는 결코 동일한 방식으로 치유할 수 없는 것이다. 우리에게 남겨진 문제는 "살아남은 자들"을 가해자와 피해자의 대결 구도로 파악하지 않고, 저항의 주체가 곧 피해자이고 방관자는 도망자라고 분류하지 않으면서 다양한 사람들의 아픔을 응시하는 것이다. 이것은 역사적 사건의 실체를 정확하게 인식하는 일이 필요하지 않다는 말이 아니다. 간결한 언어로 말할 수 없는 아픔들, 그 혼돈을 사유하는 것은 오히려 폭력의 지층을 더욱 예각화한다.

『소년이 온다』에서는 무차별적인 학살과 고문을 당하는 순간에 인간의 존엄성을 지킨다는 것이 어떤 의미를 지닐 수 있는가를 질문한다. 김은숙은 도청에서의 마지막 날을 이렇게 기억한다. 그때 "죽어도 좋다고 생각했지만, 동시에 죽음을 피하고 싶었다. 죽은 사람들의 모습을 많이 봤기 때문에 둔감해졌다고 생각했지만, 그래서 더 두려웠다. 입을 벌리고 몸에 구멍이 뚫린 채, 반투명한 창자를 쏟아내며 숨이 끊어지고 싶지 않았다."(89면) 죽어도 좋다고 생각했지만 그 누구도 처참한 모습으로 죽음을 맞이하길 원하지 않았다. 이것은 무자비한 폭력에 저항하지 않겠다는 뜻이 아니라 그런 무차별적인 죽음 앞에 선 인간의 존엄성을 묻고 있는 것이다. 은숙은 어렵게 검열을

---

44 공선옥, 『그 노래는 어디서 왔을까』, 앞의 책, 144~146쪽.

통과한 번역서의 한 대목을 읽으면서 생각한다. *"인간은 무엇인가. 인간이 무엇이지 않기 위해 우리는 무엇을 해야 하는가."*

그러면 그토록 공포스러운 죽음이 임박해 있다는 것을 예감했으면서도 그들은 왜 그 거리에서 떠나지 않고 하나가 될 수 있었을까? 대체 무엇이 그들을 오월의 광장에 모여들게 했고 그곳에서 끝까지 남아있게 했던 것일까?

군인들이 쏘아 죽인 사람들의 시신을 리어카에 실어 앞세우고 수십만의 사람들과 함께 총구 앞에 섰던 날, 느닷없이 발견한 내 안의 깨끗한 무엇에 나는 놀랐습니다. 더 이상 두렵지 않다는 느낌, 지금 죽어도 좋다는 느낌, 수십만 사람들의 피가 모여 거대한 혈관을 이룬 것 같던 생생한 느낌을 기억합니다. 그 혈관에 흐르며 고동치는, 세상에서 가장 거대하고 숭고한 심장의 맥박을 나는 느꼈습니다. 감히 내가 그것의 일부가 되었다고 느꼈습니다. (…)

자신이 완전하게 깨끗하고 선한 존재가 되었다는 느낌이 얼마나 강렬한 것인지. 양심이라는 눈부시게 깨끗한 보석이 내 이마에 들어와 박힌 것 같은 순간의 광휘를.[45]

어딘가 흡사한 태도가 도청에 남은 시민군들에게도 있었다. 대부분의 사람들이 총을 받기만 했을 뿐 쏘지 못했다. 패배할 것을 알면서 왜 남았느냐는 질문에, 살아남은 증언자들은 모두 비슷하게 대답했다. 모르겠습니다. 그냥 그래야 할 것 같았습니다.

그들이 희생자라고 생각했던 것은 내 오해였다. 그들은 희생자가 되기를 원하지 않기 때문에 거기 남았다.[46]

많은 사람들이 한 몸이 되었던 그 기적 같은 순간에 그는 "숭고한 심장의 맥박을" 느꼈으며 "내 안의 깨끗한 무엇", "양심"이라는 것이 있어서 거기에

---

45 한강, 앞의 책, 114~116쪽.
46 한강, 앞의 책, 212~213쪽.

있을 수 있었다고 말한다. 시민군들은 모두 "희생자가 되길 원하지 않았기 때문에"라고 끝까지 그곳에 남아 있었노라고 증언한다. 그들이 총을 들었던 것은 윤리적 자각에 의한 결연한 행동이거나 뚜렷한 이념체계에서 출발한 것이 아니라 지극히 약한 몸들의 호소에 지나지 않는 것이었다. 그들의 온몸을 감싸고 있던 격렬한 분노는 아무렇게 희생되지 않으려는 연약한 생명들의 간절한 몸부림이었다. 오히려 광주 바깥의 사람들에게는 광주의 거리를 채운 사람들이 광기로 가득 찬 '폭도'로 비춰졌다는 것 혹은 "한국인들은 들쥐와 같다"[47]라는 나쁜 표현들이 그 생명들의 분노를 적절하게 표현할 수 있는 말인지도 모른다. 처절한 생명들의 몸부림을 저항과 사랑으로 뭉친 '절대공동체'라고 이름 붙일 수 있을 뿐이다.[48] 어떻게 그런 저항과 사랑의 물결이 일어날 수 있었던 것일까?

> 그러니까 그 여름에 넌 죽어 있었어. 내 몸이 끝없이 피를 쏟아낼 때,
> 네 몸은 땅속에서 맹렬하게 썩어가고 있었어.
> 그 순간 네가 날 살렸어. 삽시간에 내 피를 끓게 해 펄펄 되살게 했어.
> 심장이 터질 것 같은 고통의 힘, 분노의 힘으로.[49]

고통의 힘과 분노의 힘은 바로 죽어가고 있는 '너'의 몸들에서 생겨난 것이다. 그 힘은 침묵하고 있는 시체들에 빙의된 또 다른 몸들에게서 촉발된 것이다. 널려 있는 시체들을 목도한 순간에 생겨난 고통과 저항의 힘은 앞으로 또 다시 마주하게 될 지도 모를 학살과 폭력을 미리 거절하는 미래형을 뜻했

---

47 위컴, 『뉴욕 타임즈』, 1982.7.6. 이수인·전원하, 「광주5월민중항쟁 전후의 국제정세와 미국의 대한정책」, 한국현대사사료연구소, 『광주5월민중항쟁』, 한길사, 1990, 54 재인용.

48 최정운의 '절대공동체'에 대한 비판적 해석을 통해 5.18공동체론을 위한 철학적 시도로서 다음 글을 참조. 김상봉은 절대공동체라는 명명이 "5.18민중항쟁이 뭐라 이름을 붙일 수 없는 공동체라는 바로 그 곤경을 정면으로 직시하고 명확하게 드러낸 데 있"지만 "항쟁을 그 자체로서 파악하고 해명하려는 시도를 포기하지 않아야" 한다고 말한다.(김상봉, 「항쟁공동체와 지양된 국가」, 『철학의 헌정─5·18을 생각함』, 길, 2015, 97~133쪽.)

49 한강, 앞의 책, 173쪽.

다. 저항의 힘은 누워 있는 시체들의 고통에 몸을 기울여 그 고통을 자신의 것과 동일시하면서 분리하는 순간에 생겨난 것이다. 그것은 고통과 연대해 더 큰 사랑의 힘으로 발산된 것이다. 인간 존재가 지닌 양심에 충실하고 다만 희생되지 않기 위해 거기에서 한 몸이 되었던 사람들에겐 고통과 분노, 저항과 두려움, 사랑과 죽음은 전혀 다른 의미를 지닌 말들이 아니었다.

거리를 가득 채운 함성, 외침, 통곡, 신음소리는 숱한 생명들이 분분히 날리고 뭉개졌을 때 절제할 수 없이 흘러나온 어떤 분출물이었다. 그것은 우리의 몸을 다시 꿈틀거리게 하는 음악이 되어 지금의 우리를 만들었다. "그것이 묵언 가운데 있지만 우리의 내면에서 가장 믿을 만한, 적어도 어떠한 관념보다도 믿을 만한 '음악'으로 울리고 있기 때문이다."[50] 아무런 말도 없이 누워 있는 시체들에서 전염되는 고통, 한 없이 두렵고 연약한 몸짓에서 솟아난 불꽃 같은 저항, 무참히 쓰러지는 사람들을 향해 타오르던 사랑의 눈빛, 그 모든 것들을 그저 지켜볼 수밖에 없었던 나무들에게서 잔인한 학살의 기억을 돌이킬 수 있는 사유의 운동이 시작된다.

5. 사유의 운동

말은 실천을 위해 있을 때 말이지/ 말은 말을 위해 있을 때는 말이 아니다.[51]

레비는 자신이 작가라고 생각하지는 않았다.
그는 증언하기 위해서만 작가가 된다.[52]

---

50 박준상, 「무상(無想) 무상(無償)—5·18이라는 사건」, 『빈 중심』, 그린비, 2008, 206쪽.
51 문병란, 「그대의 무덤 앞에 서면—다시 불러 보는 부활의 노래」, 『들불의 초상』, 풀빛, 1991, 박호재·임낙평, 『윤상원 평전』, 풀빛, 2007, 5~6쪽.
52 Giorgio Agamben, 정문영 옮김, 『아우슈비츠의 남은 자들: 문서고와 증인』, 새물결, 2012, 21쪽.

5.18은 분단 이후 우리의 삶에 내장된 아픔들이 한꺼번에 터져 나온 사건이었다. 그날을 통과하면서 이전에 통용되던 언어의 용법과 의미는 단일한 의미로 규정할 수 없을 만큼 중층적인 성격을 지니게 되었다. 가령 1980년 5월 27일 숨어 있던 시민군을 발견한 계엄군이 "지가 뭔데 태극기를 품고 있어. 이 새끼 간첩이 아닌가. 빨갱이 아냐"[53]라고 말한 것에서 우리는 광장에서 휘날리던 "태극기"가 "간첩"과 "빨갱이"를 식별하는 표지로 전환되고 있는 장면을 보게 된다. 태극기로 시체들을 감싸고 "애국가"를 부르던 사람들은 불과 며칠 만에 "폭도", "불순분자", "극렬분자"로 내몰렸다.

이런 언어의 위치 변환을 어떻게 이해할 수 있을 것인가? 그것은 그날 갑자기 일어난 현상이 아니라 분단 이후부터 오랫동안 우리 사회에 자리해 있었던 갈등이 광주 오월을 통과하면서 드러난 것이라는 점에서 더욱 문제적이다. 따라서 5.18에 관한 사실을 규명하는 작업과 더불어 다수의 증언집이 나왔다고 해서 5.18이라는 사건이 마무리된 것은 아니다. 이제 5.18에 관한 증언들은 다만 고통의 기억을 정리한 것에 그치지 않고 어떤 생각들을 개시하고 고통과 연대하는 매개로서의 의미를 획득한다. 5.18 전후의 역사 폭력을 생각한다는 것은 그날 이전과 이후를 동시에 말함으로써 혹은 말하지 못함으로써 나아가 말하지 않음으로써 무엇인가를 계속하는 말하는 행위이다. 이것은 어떤 발언의 시작이다.

다시 말해 5.18이 요구하는 증언이란 단지 사실을 말하는 것만으로 끝나지 않는 말들의 행렬이며 이전의 말들을 회복하기 위한 움직임이다. 오월을 말하고 쓰기 위해서는 마지막까지 도청에 남아 있었던 그들의 눈빛에 가장 마지막으로 찍힌 것들이 무엇이었는지를 다시 떠올리지 않으면 안 된다. 마지막 날 밤에 그들은 무슨 생각을 하고 있었는지, 그때 그들의 마음속에 어떤 음악이 흐르고 있었는지, 죽음 직전에 그들은 무슨 이야기들을 함께 나누었

---

53 한국현대사사료연구소 엮음, 『광주오월민중항쟁사료전집』, 풀빛, 1990, 838쪽.

는지를 생각해야 한다.[54] 다시, 이제 막 총을 맞고 숨은 거둔 '너'의 몸을 읽어본다.

> 누가 너를 보고 죽었다 하랴. 네 무덤 앞에서 사람들은 분향을 하고 술을 따르고 꽃다발을 바치며 말했었다. 망자의 뼈가 삭아 스며든 한줌 진흙에 언젠가는 한 알의 작은 풀씨가 날아와 뿌리를 내리리라고, 그 뿌리는 다시 뿌리를 뻗고 그 뿌리는 또 다른 뿌리를 낳아서 더 굵고 더 억센 풀뿌리가 이윽고는 들판을 덮고 산을 덮고 온 땅을 가득히 덮으리라고. 하지만 열에 떠 읊조리고 있는 그들 곁에서 나는 홀로 그들을 비웃었다. 너는 결코 죽지 않았다. 겨우 지게 두 짐만큼의 진흙더미를 가슴 위에 올려 놓고 일어서지 못하는 한줌 삭아빠진 시신을, 그리고 흙 묻은 뼈다귀와 부패한 살점의 악취와 흐물거리는 오장의 어디쯤에 틀어박혀 있을 종류 미상의 녹슬은 쇠붙이 파편 몇 개를 어떻게 너의 전부라고 할 수 있을 것이냐. 어찌 한 인간의 생명이 고작 육신의 죽음과 함께 끝나버리고 마는 것이랴. 살덩이를 흙 속에 묻고 나서 너는 나의 기억 속으로 살아 걸어 들어왔다. 그리고 너는 이제 내가 죽는 날까지 나와 함께 살아갈 것이다. 그것은 참으로 완전한 저주였다. 이제 영영 네 손아귀로부터 벗어나지 못할 것임을, 너로 하여 내 발에 채워진 족쇄로부터 영원히 자유롭지 못할 것임을 나는 알았다. 너는 밤마다 방문을 잡아 흔들며 문을 열어 달라고 애원한다. ―어디에 있었느냐, 그 새벽 네 이름을 불러 찾았을 때 너는 어디서 무얼하고 있더냐…… 하고.[55]

'나'는 '너'의 몸을 흙 속에 묻는 것만으로 '너'가 죽었다고 말할 수 없다.

---

54 『봄날』의 마지막 장면을 쓰면서 임철우는 도청에서 마지막까지 남아 있었던 그들을 도저히 떠올릴 수 없다는 점이 그의 괴로움이었다고 말한다. "윤상원 선배가 총을 맞고 숨을 거두는 부분인데, 그날 도청에서의 마지막 순간 그 형은 무슨 생각을 했을까. 무슨 얘기를 나누고, 어떤 마음으로 죽음을 준비했을까. 눈을 감기 전, 그 최후의 순간에 형의 시야에 무엇이 보였을까. 그런 장면들을 눈앞에 떠올리려고, 그의 마음을 읽고, 그의 몸 안으로 들어가 느껴야 한다고 애를 쓰는데, 정말이지 너무나 힘들고 고통스러운 겁니다. 울음부터 터지고 그냥 가슴이 터질 것만 같았습니다."(임철우·김정한 대담, 「역사의 비극에 맞서는 문학의 소명」, 『실천문학』 112호, 실천문학사, 2013, 92~93쪽.)

55 임철우, 「봄날」, 앞의 책, 160~161쪽.

흙 속에 시체를 묻었다고 해서 한 생명의 죽음이 완성될 수 있는 것은 아니다. 시체는 나무의 뿌리로 변형되어 언젠가 온 땅을 덮을 것이다. '너'의 죽음을 애써 망각하려 하면 할수록 기억은 더욱 선명한 빛으로 되살아난다. 자신의 죽은 몸을 보지 못하고 말하지 못하는 '너'를 대신해 살아 있는 '나'는 매일밤 찾아오는 '너'를 맞이할 것이다. 당신들이 우리와 함께 "영원히" 살아가게되리라는 사실을 알고 있다. 그러니까, "너는 결코 죽지 않았다."

위에서 읽은 문장들은 오월의 넋들에게 바치는 추모나 애도의 글이 아니다. 이것은 죽은 자들이 살아남은 자들에게 남겨준 "저주"이다. 여기에서 새롭게 펼쳐지는 나무―몸―시체라는 삼각은 결코 상투적인 은유도 아니며 정지된 이미지도 아니다. 그것은 다른 사유를 낳는 형식이다. 도대체 그날 '너'에게 무슨 일이 일어났는지, 그리고 그날 이후부터 '너'는 어떻게 살아왔는지, 그날 이후 우리의 몸과 마음은 어떻게 달라졌는지, 그리고 앞으로 우리는어떻게 살아가야 할 것인지를 생각하게 하는 혼돈의 진원지이다. 다음에 인용한 증언은 문장과 문장 사이에 침묵하면서 꿈틀거리고 있는 몸짓을 상상하지 않고서는 단 한 줄도 제대로 읽을 수 없다.

어쩌다 정신이 돌아올 때 어머니가 그녀를 통해 확인한 내용은 이러했다. 1980년 5월 19일 오전 10시경, 외삼촌 집을 나와 광주역으로 가던 중 전일빌딩 뒤편 골목에서 공수부대원들에게 붙잡혀 두들겨 맞아 그 자리에서 정신을 잃었는데 나중에 정신을 차리고 보니 전남 무안의 정신질환자 수용소였던 애증원이었다. 그곳에서 지내다가 탈출하여 집으로 돌아왔다고 했다. 실제 애증원의 기록도 그녀의 이야기를 뒷받침하고 있다. '80년 6월 22일 정신질환자로서 목포시 동명동 부근을 배회하며 행패를 부리고 거리질서를 어지럽히는 등 주민의 불안심리를 유발하여 목포시 사회과에서 단속, 당시 정신증이 심해 정상적인 언어소통이 불가능하여 연고 관계 파악이 전혀 불가능한 상태여서 수용지시에 의거 수용. 83년 12월 18일 무단이탈 퇴소'라고 기록되어 있다.[56]

56 5.18민주유공자유족회 엮음, 「감춰진 슬픔까지도 거둘 수 있어야」, 『꽃만 봐도 서럽고 그리운

이 여자의 삶과 죽음에 대한 증언은 몇 겹의 시간과 여러 사람들의 이야기로 이루어져 있다. 그녀가 간혹 정신이 들 때마다 했던 구술과 그녀의 말을 듣고 기억한 어머니의 이야기, 그녀가 정신병원에 수용되었던 기록, 그리고 그 모든 것들을 전해 듣고 진술하고 있는 남편의 말들이 겹쳐 있는 것이다. 이 증언은 여자가 공수부대원들에게 두들겨 맞고 정신을 잃기까지의 일들, 정신질환자 수용소였던 애중원에서 지냈던 일들, 도시의 거리를 배회하며 행패를 부리고 거리질서를 어지럽히고 돌아다녔던 일들에 이르기까지 그녀 자신에 의해서 말해질 수 없었던 이야기들이 망각된 채 스며들어 있다. 이 여자의 삶과 죽음은 살아남은 사람들의 몸을 빌려서 또 다시 증언되길 기다리고 있는 것이다.

우리는 여러 사람들의 기억과 이야기가 덧붙여진 증언에 의지해 그날 그 거리에 있었던 사람들의 마음을 상상하고 생각한다. 사건의 진상을 규명하는 작업과 함께 중요한 과제 중의 하나는 그들의 경험과 기억, 마음과 생각들을 펼치는 이야기의 공간을 열어가는 일이다.[57] 다시 말해 "이야기와 기억을 통해 타자의 '고통'에 끝없이 응답하는 것"이 4.3과 5.18에 대해 진정으로 보상할 수 있는 방법이다.[58] 한편 그날 이후 겪게 된 '실어증'은 '감성적인 것들의

날들 4: 5.18민중항쟁 증언록—상이 후 사망자편』, 5.18기념재단, 2008, 142~143쪽. 이 증언의 주인공 장복순은 5.18당시 부상을 입고 정신질환을 앓아오던 끝에 스스로 목숨을 끊었다. 장복순은 1980년 5월 서울에서 광주 외삼촌 집에 내려왔다가 어머니가 계시는 나주로 간 후로 소식이 끊겼다. 3년 동안 소식이 없던 장복순은 1983년 10월 갑자기 집에 나타났고 정신분열 증세가 심각한 상태였다. 그 후 장복순은 주영국 씨와 1985년 결혼하였고 1993년 10월 24일에 사망했다. 어머니도 돌아가시고 가족들도 흩어져 살고 있어서 아무도 그녀의 삶에 관해 증언해줄 사람이 없었다. 이 증언 내용은 남편 주영국 씨의 구술을 토대로 작성된 것이다.

57 이종범은 일찍이 5.18항쟁 참가자나 목격자의 구술증언을 바탕으로 기층민중의 경험과 생활에 대한 '미시적 사회사' 연구가 필요하다고 지적하고 수행한 바 있다. "아직도 '그들은 어떻게 살았으며, 무슨 생각을 하고 있었는가?'에 대한 분석은 없다."는 그의 진단은 앞으로 해결할 과제를 제시해준다.(이종범, 「5.18항쟁'에 나타난 '기층민중'의 경험과 생활」, 『한국근현대사연구』 29집, 한국근현대사학회, 2004, 205쪽.)

58 박구용은 '사건으로서의 역사', '이념으로서의 역사'에 갇혀 있는 5.18담론을 비판적으로 성찰

재분할'을 요구하면서 급진적인 문학의 장을 개시하는 사건이었다.[59] 그러므로 '오월 문학'의 과제에는 항쟁의 사실적인 재현만이 아니라 투명한 언어로 재현할 수 없는 침묵과 사건 밖에서 서성거리는 말들, 재현을 초과하는 경험의 강도, 뼈와 살과 피로 얼룩진 자국들을 기록하는 일들이 포함된다.

증언한다는 것은 거리를 휩쓸고 지나간 모든 것들, 구호, 전단지, 신문 방송 보도, 함성, 숨결, 불꽃, 신음, 마음, 몸짓, 풍경들을 다시 기억하고 생각하는 것이다. 이와 같은 점에서 '5.18민주화운동'이라는 공식 명칭에서, '운동'은 단지 '정지'와 반대되는 말이 아니다. 그것은 어떤 움직임이 머물러 있는 상태를 가리키는 명사형이 아니라 어딘가로 흘러갈 것인지 도무지 예측할 수 없는 저항의 몸짓이자 꿈틀거리는 생각을 뜻하는 현재진행형 동사로 새겨 읽어야 한다. 애도는 끝없이 계속 될 때에만 진정 애도다. 결코 닿지 못할 그 거리의 풍경 속으로 들어가기 위해, 사라진 말들의 문턱에 이를 수 있을 때까지, 그 기약 없는 기다림 속에서 지속해야 할 사유의 운동.

프리모 레비는 아우슈비츠 수용소에서의 체험을 기록한 몇 권의 책을 남겼다. 그러나 그의 기록에서 아우슈비츠 학살의 실체를 구체적으로 만나긴 어려운 일이다. 야만적인 학살의 역사는 '이것이 인간인가'라는 단호한 물음 속에 압축되어 있다. 프리모 레비의 기록에는 수용소라는 공간이 야기한 인간

하면서 문화예술을 매개로 한 '소통(관계)'으로서의 역사를 딛고서 '우리 안의 타자'를 발견하는 '바깥으로(에서)의 역사'를 제안한다. 여기서 바깥(에서)으로 나가는 것은 사실 규명, 이념의 발견, 문화예술적 재현을 넘어서는 비판적 계기의 '모형'이다.(박구용, 『부정의 역사철학-역사상실에 맞선 철학적 도전』, 한길사, 2012, 387~426쪽.)

59 "아마도 80년 오월 이후 80년대 내내 한국문학이 급진적이었다면 그것은 그것이 지극히 정치적인 사안들을 다루었다는 이유 때문이 아니다. 오히려 그것은 실어증 때문이었다고 말해야 한다."(김형중, 「오월문학과 실어증—야콥슨, 바디우, 랑시에르를 중심으로」, 『인문학연구』 45집, 계명대학교 인문과학연구소, 2011, 83~87쪽.) 또 다른 기억, 증언, 연대의 가능성을 모색하기 위해서 "입이 없는 이들을 오감(五感)을 통해서 만나"고 "문자로 회귀되지 않는 자기 재현의 형태"들에도 관심을 기울여야 한다.(김원, 「한국 현대사와 르포—망각된 목소리와 공감하다」(해설), 『민중을 기록하라—작가들이 발로 쓴 한국 현대사: 전태일에서 세월호까지』, 실천문학사, 2015, 559~560쪽.)

존재에 대한 근본적인 물음과 인간의 존엄성에 대한 깊이 있는 사유가 충만하게 담겨 있다. 간결하면서도 정확한 언어로 무장한 그의 손끝에서 우리는 '인간이란 무엇인가'라는 물음과 마주친다. 학살의 기억은 분절된 말들의 행간에 자리한 어떤 목소리와 몸짓에 의해 증언된다.

물론 아우슈비츠와 5.18이 동일한 위치에 놓을 수 있는 사건이 아니라는 점을 여기서 새삼 강조할 필요는 없을 것이다. 중요한 것은 시공간의 격차를 두고 일어난 두 사건 사이의 유사점과 차이점을 상기하면서 그 사건들이 우리에게 던지고 있는 공통의 문제의식을 추출하는 일이다. 수기, 회고록, 소설의 형식을 빌려서 쓴 프리모 레비의 기록들은 기억을 기억하는 과정에 의해서 사건이 파생시킨 물음들로 우리를 이끈다. '작가의 작은 손'은 현장에서 일어난 사실들에 대한 상상과 추론을 통해 인간과 세계를 이전과 다른 각도에서 성찰하면서 사건에 대한 증언의 영역을 넓힌다. 그것은 남겨진 아픔들이 완전히 증류될 때까지 "고통스러운 기억을 회상하는 것"[60]이며 "단지 고통 속에 함께 있음으로서의 저항"[61]을 생각하는 일이다.

"말들이 있는 한, 그것을 말해야 한다, 말들이 나를 찾을 때까지, 말들이 나를 말할 때까지, 기이한 고통, 기이한 잘못, 계속해야 한다, (…) 알지 못하는 침묵 속에서, 계속해야 한다, 계속할 수 없다, 계속할 것이다."[62] 이 더듬거리는 말과 계속되는 글쓰기. 글쓰기라는 행위는 인간의 존재와 조건을 다른 각도에서 사유하려는 시도이다. 글쓰기를 통해 사유한다는 것은 어떤 대상에 대해 명확하게 설명하는 것으로 그치지 않고 주어진 파편들을 수집해

60　프리모 레비는 화학에서의 증류를 변신의 단계를 거쳐 영혼을 얻는 과정으로 표현한다. 아우슈비츠에서 겪은 고통이 어떤 사유를 낳게 되는지를 보여준다.(Primo Levi, 이현경 옮김, 「칼륨」, 『주기율표』, 돌베개, 2007, 89쪽)

61　Robert Antelme, 고재정 옮김, 『인류』, 그린비, 2015. 2차 세계대전 중 독일 강제수용소의 체험을 기록한 앙텔므의 저작에서 우리가 주목할 것은 표류하는 그의 의식 속에서 '수용소' 자체를 '생각'하고 인간성에 대해 성찰한 점이다.

62　Samuel Beckett, 「이름 붙일 수 없는 것」(1949), Alain Badiou. ed, 서용순·임수현 옮김, 『베케트에 대하여』, 민음사, 2013, 248~249쪽.

분석하고 해석하는 과정에서 새로운 사실들을 추출하고 무엇인가를 새롭게 알아가는 과정이다. 그런 점에서 "글쓰기는 어떤 기호작용(signification)에 의한 명시나 증명이 아니라 의미와 닿기 위한 제스처"[63]라고 말할 수 있다.

---

63 Jean-Luc Nancy, 김예령 옮김, 『코르푸스—몸, 가장 멀리서 오는 지금 여기』, 문학과지성사, 2012, 21쪽.

참고문헌

1. 문학 작품

공선옥, 「씨앗불」, 『창작과비평』, 1991년 겨울호, 창작과비평사.

공선옥, 『그 노래는 어디서 왔을까』, 창비, 2013.

김남주, 「바람에 지는 풀잎으로 오월을 노래하지 말아라」, 『조국은 하나다』(백낙청
· 염무웅 · 황석영 엮음), 도서출판 남풍, 1988.

김시종, 김경례 옮김, 『광주시편』(1983), 푸른역사, 2014.

김준태 · 홍성담, 판화시집 『오월에서 통일로』(오월민중항쟁자료집 5), 빛고을출판사,
1989.

문병란, 「그대의 무덤 앞에 서면-다시 불러 보는 부활의 노래」, 박호재 · 임낙평, 『들불의
초상』, 1991; 『윤상원 평전』, 풀빛, 2007.

임철우, 『백년여관』, 한겨레출판, 2004.

임철우, 『황천기담』, 문학동네, 2014.

임철우, 「봄날」, 『그리운 남쪽』, 문학과지성사, 1985.

임철우, 『봄날』(5권), 문학과지성사, 1997 · 1998.

한강, 『소년이 온다』, 창비, 2014.

2. 대담

김연수 · 한강, 「사랑이 아닌 다른 말로는 설명할 수 없는-한강과의 대화」, 『창작과비평』
42권 3호, 창비, 2014.

임철우 · 김정한, 「역사의 비극에 맞서는 문학의 소명」, 『실천문학』 112호, 실천문학사,
2013.

최정운 · 임철우 · 정문영, 「절대공동체의 안과 밖: 역사, 기억, 고통 그리고 사랑」, 『문학
과 사회』 27(2), 문학과지성사, 2014.

3. 자료

광주전남여성단체연합 기획, 이정우 편집, 『광주, 여성-그녀들의 가슴에 묻어 둔 5.18
이야기』, 후마니타스, 2012.

서울대학교 사회발전연구소, 국가인권위원회 인권상황실태조사 연구용역보고서, 『한

센인 인권 실태조사』, 2005.

5.18민주유공자유족회 엮음, 『꽃만 봐도 서럽고 그리운 날들 4: 5.18민중항쟁 증언록－상이 후 사망자편』, 5.18기념재단, 2008.

5월문학총서간행위원 엮음, 『5월문학총서2－소설』, 문학들, 2012.

전남사회운동협의회 엮음, 황석영 기록, 『죽음을 넘어 시대의 어둠을 넘어』, 풀빛, 1985.

한국현대사사료연구소 엮음, 『광주5월민중항쟁사료전집』, 풀빛, 1990.

광주트라우마센터 집단상담 결과 발표회 "5·18민주화운동 트라우마, 치유의 첫발을 내딛다", 2013.4.3. http://www.hani.co.kr/arti/society/area/581203. html 참조(검색일: 2013.4.4.)

『한겨레신문』 2005년 9월 2일.

『서울신문』 2005년 10월 30일.

4. 논문과 저서

공선옥, 「간첩처럼 숨어서 귀신처럼 기도하는 할머니」, 『귀신 간첩 할머니－근대에 맞서는 근대』(SeMA 비엔날레 '미디어시티서울' 2014, 서울시립미술관, 2014. 9.2－11.23), 현실문화연구, 2014.

교수신문·부산대학교 한국민족문화연구소 로컬리티의 인문학 연구단, 『한국 근현대사 역사의 현장 40－근대의 심장 경복궁에서 분단의 상징 판문점까지』, 휴머니스트, 2016.

권헌익, 유강은 옮김, 『학살, 그 이후: 1968년 베트남전 희생자들에 대한 추모의 인류학』, 아카이브, 2012.

권헌익, 「친근한 이방인」, 『귀신 간첩 할머니－근대에 맞서는 근대』(SeMA 비엔날레 '미디어시티서울' 2014, 서울시립미술관, 2014.9.2.－11.23.), 현실문화연구, 2014.

김상봉, 『철학의 헌정－5·18을 생각함』, 길, 2015.

김원, 「한국 현대사와 르포－망각된 목소리와 공감하다」(해설), 『민중을 기록하라－작가들이 발로 쓴 한국 현대사: 전태일에서 세월호까지』(박태순·황석영 외), 실천문학사, 2015.

김정한, 『1980 대중 봉기의 민주주의』, 소명출판, 2013.

김준태, 『5월과 문학』, 남풍, 1988.

김진균·정근식, 「광주5월민중항쟁의 사회경제적 배경」, 『광주5월민중항쟁』, 풀빛, 1990.

김형수, 「흩어진 '중심'의 향기」, 『평론-5월문학총서·4』(5월문학총서간행위원회), 5.18기념재단, 2013/2015.

김형중, 「『봄날』 이후」, 『5·18민중항쟁과 문학·예술』, 5·18기념재단, 2006.

김형중, 「오월문학과 실어증-야콥슨, 바디우, 랑시에르를 중심으로」, 『인문학연구』 45집, 계명대학교 인문과학연구소, 2011.

나간채·정근식·강창일·권귀숙, 『기억 투쟁과 문화운동의 전개』, 역사비평사, 2004.

노영기, 「총을 든 시민들 , 시민군」, 『역사비평』 107호, 역사비평사, 2014.

박경섭, 「항쟁의 에토스와 공동체-1980년 5월 광주의 마음을 찾아서」, 『한국언론정보학보』 71호, 한국언론정보학회, 2015.

박구용, 『부정의 역사철학: 역사상실에 맞선 철학적 도전』, 한길사, 2012.

박준상, 「무상(無想) 무상(無償)-5·18이라는 사건」, 『빈 중심』, 그린비, 2008.

방민호, 「광주항쟁의 소설화, 미완의 탑」, 『평론-5월문학총서·4』(5월문학총서간행위원회), 5.18기념재단, 2013/2015.

손호철, 「80년 5.18항쟁-민중항쟁인가, 시민항쟁인가?」, 『현대 한국정치-이론과 역사 1945-2003』, 새길, 2003.

신형기, 『시대의 이야기, 이야기의 시대』, 삼인, 2015.

심영의, 『5.18과 문학적 파편들-5.18 민중항쟁의 기억과 재현, 그리고 계승』, 한국문화사, 2016.

오승용·한선·유경남, 『5.18 왜곡의 기원과 진실』, 심미안, 2012/2015.

윤재걸, 「광주, 그 비극의 10일간」(1985), 『민중을 기록하라-작가들이 발로 쓴 한국현대사: 전태일에서 세월호까지』(박태순·황석영 외), 실천문학사, 2015.

이수인·전원하, 「광주5월민중항쟁 전후의 국제정세와 미국의 대한정책」, 한국현대사사료연구소, 『광주5월민중항쟁』, 한길사, 1990.

이종범, 「'5.18항쟁'에 나타난 '기층민중'의 경험과 생활」, 『한국근현대사연구』 29집, 한국근현대사학회, 2004.

임종명, 「5월항쟁의 대중적 참여와 그 계기 및 의식성」, 『역사학연구』 32집, 호남사학회, 2008.

정근식, 「광주민중항쟁에서의 저항의 상징 다시 읽기―시민적 공화주의를 중심으로」, 『기억과 전망』 16호, 2007.

정명중, 「증오에서 분노로: 임철우의 『봄날』 읽기」, 『민주주의와 인권』 13권 2호, 전남대학교 5.18연구소, 2013.

정문영, 「침묵의 고고학, 혹은 '유언비어'에 관하여」, 『민주주의와 인권』 14권 1호, 전남대학교 5.18연구소, 2014.

정문영, 「의의 소망을 기다리며: 소망의 재현, 재현의 소망」, 조선대학교 인문학연구원 이미지연구소 학술대회 "트라우마, 그 재현 (불)가능한 것들의 이미지" 자료집, 2016.2.15.

조정환, 『공통도시: 광주민중항쟁과 제헌권력』, 갈무리, 2010.

조진태, 「절대공동체의 소환과 심미적 확장―오월의 감정학 1」, 『문학들』 43호, 문학들, 2016.

최영태 외, 『5·18 그리고 역사』, 도서출판 길, 2008.

최정기, 「국가폭력과 대중들의 자생적 저항―5.18에서의 국가폭력과 저항을 중심으로」, 『5.18민중항쟁과 정치, 역사, 사회―1권』(5.18기념재단 엮음), 심미안, 2007.

최정운, 『오월의 사회과학』, 오월의 봄, 1999/2015.

한순미, 「주변부의 역사 기억과 망각을 위한 제의―임철우 소설에서 역사적 트라우마를 서사화하는 방식과 그 심층적 의미」, 『한국민족문화』 38, 부산대학교 한국민족문화연구소, 2010.

한순미, 『미적 근대의 주변부: 추방당한 자들의 귀환』, 문학들, 2014.

황현산, 「광주 5월 시의 문학사적 위상」, 『평론―5월문학총서·4』(5월문학총서간행위원회), 5.18기념재단, 2013/2015.

조르조 아감벤, 정문영 옮김, 『아우슈비츠의 남은 자들: 문서고와 증인』, 새물결, 2012.

장 뤽 낭시, 김예령 옮김, 『코르푸스―몸, 가장 멀리서 오는 지금 여기』, 문학과지성사, 2012.

로베르 앙텔므, 고재정 옮김, 『인류』, 그린비, 2015.

사무엘 베케트, 「이름 붙일 수 없는 것」(1949), 알랭 바디우, 서용순·임수현 옮김, 『베케트에 대하여』, 민음사, 2013.

프리모 레비, 이현경 옮김, 『주기율표』, 돌베개, 2007.

제3부

애도의 공동체를 위한 정치

분단폭력 트라우마의
치유와 '불일치'의 정치

김종곤

1. 두 개의 목소리

요즘 "빨갱이는 죽여도 된다."는 목소리가 더 공공연하게 그리고 강하게
들린다. 단지 시대의 흐름을 읽지 못하는 낡은 생각이거나 혹은 착각 속에
있는 몇몇 사람들이 외치는 거리의 구호로만 느껴지지 않는다. 과거 그 목소
리가 폭력과 죽음을 부르는 주술이었던 것처럼 오늘날에도 여전히 그 목소리
는 북한뿐만 아니라 우리 내부의 '누군가'를 순식간에 오염된 내부로 색출·
발굴·창조하고 "'죽어도 싼 빨갱이', '타도되어야할 괴뢰'"로 지목한다. 아
니나 다를까 그 목소리는 과거를 재현이라도 하듯 물리적인 폭력(주관적 혹
은 가시적 폭력)으로 이어지기도 한다. '빨갱이'라는 발화는 재판관의 판결문

---

1   홍민, 「분단과 예외상태의 국가: 분단의 행위자–네트워크와 국가폭력」, 『북한학연구』 8권
    1호, 동국대학교 북한학연구소, 2012, 80쪽.

이 되어(그래서 스스로 폭력 행위의 정당성을 확보하면서) 순식간에 그 '빨갱이'를 처형대 위에 세운다. 태극기를 단 국기봉은 예전 누군가의 심장과 폐부를 찔렀던 죽창처럼 단죄의 도구로 변모한다.[2]

비단 그 목소리는 산 자만이 아니라 죽은 자에게도 향한다. 충분하지는 않지만 이미 어느 정도 진상규명이 이루어졌고 특별법마저 제정된 과거사에 대해서도 좌익, 폭동, 간첩(무장대)과 같은 빨갱이의 다른 이름을 거들먹거리면서 진상규명이 조작·왜곡되었다고 힐난한다. 배상을 받을 자격을 운운하고 국가의 세금이 공산폭도들에게 낭비되었으며 따라서 특별법이 수정되어야 한다고 주장한다. 한번 빨갱이는 죽어서도 빨갱이인 것이다. '빨갱이'라는 기표가 낙인과 단죄의 정치적 효과를 가지는 한에 있어 산 자도 죽은 자도 안전하지 못하다.

이런 상황에서 벤야민이 「역사의 개념에 대하여」에서 인용하고 있는 브레히트의 『서푼짜리 오페라』 3막 9장의 마지막 대사 -"비탄의 소리가 진하게 울려 퍼지는 이 골짜기의 어둠과 혹한을 생각하라"[3]-는 무색하다. '비탄의 소리'가 제대로 들리기 만무하기 때문이다. 그 소리가 지닌 고통의 무게를 가늠하기도 어렵다. 분단체제 속에서 죽음이 다 같은 무게를 지니지 못한 탓에 선량한 희생자(양민)이었음을 증명하지 못한다면 '과거에도' 그랬듯이 고통의 신음은 반역(反逆)으로 번역될 뿐이다. 자신이 과거 국가권력의 희생양이었

---

2 〈'빨갱이는 죽여도 좋다'는 극우집회, '증오범죄'로 처벌해야〉, 2017.02.27. (http://the
   impeter.com/39270/) 한나 아렌트는 폭력과 말의 관계에 대해 다음과 같이 지적한다. "대부
   분의 정치적 행위는 그것이 폭력의 영역 밖에서 이루어지는 한, 말을 통해 실행되며 또 더
   나아가 적절한 순간에 적절한 말을 발견하는 것이 - 이 말에 담겨 있는 정보와 의사소통의
   내용과 상관없이 - 행위라는 점이다. 말로 하지 않는 것은 단지 폭력이다. 이런 이유 때문에
   폭력은 결코 위대할 수 없다."(한나 아렌트, 이진우·태정호 역, 『인간의 조건』, 한길사,
   2015, 78쪽.)
3 발터 벤야민, 최성만 역, 「역사의 개념에 대하여」, 『발터 벤야민 선집 5』, 길, 2015, 335쪽
   재인용; Bertolt Brecht, Gesammelte Werke, Werkausgabe, Frankfurt a. M., 1967,
   Bd. 2, p.486.(강조 : 필자)

다는 점이 재판을 통해 밝혀진다 하더라도 그/그녀는 '여전히' 빨갱이로 고통받아도 마땅한 그 무엇(what)[4]으로 남는다. 폭력의 시간은 지나간 것이 아니라 지금도 재연되고 있는 것이다. 기계적이고 연대기적인 시간은 곧 '어둠과 혹한'의 시간을 넘어서지 못했다.

바로 이 지점에서 이 글은 시작한다. 이 글이 핵심적으로 문제 삼는 것은 역사는 진보한다는 관점에서 과거의 시간은 현재의 시간과 다르다고 선언하는 것이다. 보았듯이 분단체제를 유지하고 있는 한반도에서 분단폭력은 결코 과거의 문제가 될 수 없다. 또 그것은 분단폭력이 낳은 트라우마를 치유할 수 있는 사회적 조건의 형성을 방해한다. 거기에는 분단폭력이 재연/반복되는 어떤 조건이 있기 때문이다. 다시 말해 그 조건 자체를 바꾸지 않는다면 과거와 다르게 민주화가 되었다고 선언한다고 하더라도 폭력은 다르게 반복될 수밖에 없는 것이다. 그럼에도 불구하고 분단폭력의 문제를 전쟁이나 군사정권 시절의 문제로 환원하는 것은 분단폭력의 역사를 솔질하고 그 재연/반복의 조건들에 본원적으로 접근할 수 없게 하면서 종국적으로 분단폭력 트라우마의 치유마저 요원하게 만든다.

이에 이 글은 첫째, 분단폭력이 분단의 구조에 밑바탕을 둔 자생적인 메커니즘에 따라 재생산되며 따라서 분단폭력 트라우마의 치유는 개인적인 문제가 아니라 구조적 차원의 문제라는 점을 지적한다. 그래서 이 글은 병리학적 관점에서 분단폭력 트라우마의 치유에 접근하는 것은 피해자를 사회로부터 분리하고 개별화하며 '설명 없는 치유'라는 결과를 놓는다고 비판하면서 둘

---

4   사이토 준이치는 '누구'(who)와 '무엇'(what)을 구별하는 아렌트를 따라 '무엇'은 예를 들어 여성, 장애인, 노인, 동성애자, 노숙사와 같이 어떤 사람의 정체성을 '속성'과 '사회적 지위'로 환원하는 표상의 시선이다. 그런데 "표상의 시선은 정치적·경제적·사회적·문화적·신체적으로 우위에 있는 사람들이 열위에 있는 사람들에게 부정적인 정체성을 부여하는 것과 밀접하게 결부되어 있는 경우가 대부분이다. 그것은 표상을 통해 보여지고 부정적 정체성을 각인받은 사람들에게는 심신에 깊은 상처를 주는 폭력의 명백한 원천이기도 하다."(사이토 준이치, 윤대석·류수연·윤미란 역, 『민주적 공공성』, 이음, 2014, 60~61쪽.)

째, 분단폭력 트라우마의 치유는 곧 사회적 치유이며 더 나아가 '정치'라는 점을 논의한다. 하지만 여기에는 또 하나의 난점이 놓여 있는데 그것은 과거의 시간과 현재의 시간을 단절시키는 '정상화 담론'이다. 이는 분단폭력을 재생산하는 낡은 조건을 그대로 둔 채 의장을 두르고 새것으로 보이게 하는 '환상공간'을 창출하고 트라우마의 치유를 요원하게 만든다는 문제를 지닌다. 마지막으로 이 글은 분단폭력 트라우마의 치유를 위해서는 시간의 단락을 통해 국가의 역사 속에 상처들을 묻어버리는 것이 아니라 그것이 지속적으로 보이고 들리게 하는, 감각되게 하는 '정치'가 필요하다고 주장한다.

2. 분단폭력의 메커니즘과 두 가지 트라우마

1) 분단폭력의 자생적 메커니즘

막스 베버는 폭력이 국가의 유일한 수단은 아니지만 폭력의 사용권은 오로지 국가가 독점하고 있다고 말한다. 하지만 막스 베버만이 '국가=폭력의 독점체'라고 말하는 것은 아니다. 기든스 역시 국민국가가 통치에 대한 일종의 제도적 형태라 보면서 법적 제재와 폭력수단의 통제를 통해 행정적 독점권을 가진다고 본다. 이들과 마찬가지로 R. 페트만의 경우에도 "국가통치의 가장 중요한 점은 국가가 갖는 조직된 폭력의 명령성"이라고 말한다. 이때 '조직된 폭력'은 안보(security)라는 이름으로 국가 내의 정치적 그룹이나 개인을 권위적인 통제 하에 복종하도록 하며, 푸코가 일찍이 말하였던 훈육과 감시를 합법성이라는 명제로 포장하여 전체적 통제(totalitarian control)를 행하면서 가능해진다. 또 한 가지를 덧붙이자면 공동체와 개인의 안전과 번영은 국가를 통해서만 가능하다는 점을 내세우고 국가 법질서의 준수를 강조하면서 자기 결정성(self determination)을 제한하는 가운데 폭력을 정당화하는 것이다. 이들은 모두 공통적으로 폭력을 국가의 본원적 특성으로 꼽고 있다.

그래서 '국가=폭력'이라는 점에서 '국가폭력'은 동어반복인 것이다.[5]

그렇다면 분단폭력이 상당부분 국가에 의해 자행되었다는 점에서 그것을 국가폭력과 같은 것으로 여겨도 되는가? 앞선 페트만의 논의만 놓고 보면 분단국가는 '안보'에 기대어 학살, 고문 등을 자행했고, 자국민에 대한 일상적인 감시와 통제를 지속해왔다는 점에서 이것이 여느 근대국가가 지닌 폭력성으로 설명하는 데에는 별 문제가 없어 보인다. 하지만 이럴 경우 개념적인 차원에서 분단폭력은 단지 분단되어 있는 '국가'의 폭력이라는 그 이상의 의미를 지니지 못한다. 또 그럴 경우 한반도의 분단이 지닌 고유한 역사성과 사회/문화적 조건을 반영한 폭력의 메커니즘을 설명할 수 없게 된다. 또 분단의 적대성이나 이데올로기가 원천이 되어 일반적인 사람들 사이에서도 폭력이 이루어진 여러 사례들을 미루어본다면 분단폭력이 전적으로 국가폭력의 범주에 들어가는 것이라고 보기는 힘들다. 따라서 한반도의 분단에 대한 나름의 이해를 바탕으로 분단폭력을 규정하려 했던 최근의 논의들을 살펴볼 필요가 있다.

우선 김동춘은 한반도의 분단을 전쟁체제라는 관점에서 "일상화, 제도화된 내전상태"라 규정하고 남북은 통상적인 국가와 다르게 대외적으로는 상호 대결과 경쟁을 지속하면서 대내적으로는 전쟁 승리를 위한 국민동원과 통제를 해왔다고 본다. 그래서 그는 남과 북은 병영국가이면서 안보국가에 다름 아니라고 말한다. 특히 남한은 병영국가와 안보국가의 성격도 지니지만 여기에 더해 반공국가의 성격도 동시에 지닌다는 것이 그의 설명이다.[6]

하지만 그는 이러한 논의에도 불구하고 분단폭력이 무엇인지 그 개념을 명확하게 규정하지는 않는다. 다만 요한 갈퉁의 직접적, 구조적, 문화적 폭력 구분에 따라 각종 사례들을 분류하고 있을 뿐이다. 분류된 사례들을 살펴보

---

5   김동춘, 「분단이 낳은 한국의 국가폭력」, 『민주사회와 정책연구』 통권 23호, 민주사회정책연구원, 2013, 112쪽.
6   김동춘, 앞의 책, 111쪽.

면, 직접적 폭력에는 '분단된 가족'의 간첩사건, '정치적 적'에 대한 고문, 테러, 살해와 같은 가시적이고 물리적인 폭력이 속한다. 구조적 폭력에는 일상적인 사찰과 감시, 연좌제, 강제징집, 군대 내에서의 가혹행위와 자살 그리고 북파공작원에 대한 폭력이, 마지막으로 문화적 폭력(사설폭력)에는 반공주의 신화에 기초하여 빨갱이 낙인과 그에 따른 물리적 폭력이 여기에 해당된다.[7]

반면 김병로는 이와 다르게 좀 더 적극적으로 분단폭력을 개념화하려 한다. 그는 분단으로 인해 야기된 폭력 행위와 구조 그리고 문화와 담론을 포괄하면서 분단폭력을 "분단이 빚어낸 물리적·구조적·문화적 폭력의 총체"로 규정한다.[8] 그가 보기에 분단폭력은 자본주의와 공산주의 이데올로기를 통해 정당화되고 남북이 정전 상태에 있음으로 해서 가해지는 폭력이라는 점을 들어 한반도에서 발생하는 여느 폭력과는 다른 특성을 지니고 있다고 강조한다. 그러면서 김동춘과 동일하게 요한 갈퉁의 3가지 폭력 구분에 따라 분류를 시도한다. 직접적인 폭력에는 남북 간의 군사적 충돌 속에 발생한 인명 살상과 인권유린, 학살, 구타, 고문 등을 포함시킨다. 구조적 폭력으로는 분단폭력의 발생에 가장 결정적인 역할을 하는 남북의 군사적 대결체제를 들고 있다. 또 문화폭력으로는 국가 안보 제일주의와 적대와 배제, 흑백논리를 낳는 빨갱이 혹은 종북 담론이 해당된다.[9]

7　김동춘 앞의 책, 122~135쪽.

8　김병로·서보혁, 『분단폭력: 한반도 군사화에 관한 평화학적 성찰』, 아카넷, 2016, 14쪽. 김병로의 이러한 관점은 「한반도 통일과 평화구축의 과제」(2014)에서 밝히고 있는 내용을 더 보완하고 발전시킨 것으로 보인다. 이 글에서 그는 분단폭력을 단지 "분단상황이 남북한 구성원들에게 가하는 중대하고 부당한 인명 살상이라" 규정하고 갈퉁의 폭력의 3차원을 적용하여 직접적 폭력(한국 전쟁 당시의 살육과 집단학살, 고문과 전쟁 이후 안보를 빌미로 내부 구성원에게 가해지는 물리적 폭력(구타, 고문, 살인))과 그러한 직접적 폭력을 야기하는 장치들로서 구조적 폭력(남북한의 군사적 대결체제와 남북한의 경제발전 수준과 빈부격차)를 언급하였다.

9　김병로·서보혁, 앞의 책, 43~50쪽.

하지만 이 둘은 공통적으로 분단폭력이 그것을 지속적이고 반복적으로 생산하는 어떤 자생적 메커니즘에 의해 이루어진다는 점을 간과하고 있다. 이런 이유로 이병수는 이들의 논의가 "분단체제에 대한 사유를 결여하고"있다고 비판한다. 특히 김병로가 말하는 분단폭력 개념이 "한반도 내의 다른 일반적 폭력과 구별될지라도 이데올로기적, 군사 정치적으로 적대관계에 있는 국가들 사이의 일반적 폭력과는 근본적으로 구별되지 않는다"고 지적한다. 그가 보기에 분단폭력이 지닌 독특성은 남북의 군사적 적대관계에 있는 것이 아니라 백낙청이 제시하였던 '분단체제'에 있는 것이다.[10] 알다시피 백낙청의 '분단체제'는 한반도의 분단구조가 (구조적 단위가 아닌 남북의 구조적 관계로서) '체제'(system)라 불릴 만큼 자생력과 안정성을 확보하고 있다는 의미로서, 남과 북은 공생적 적대관계 혹은 적대적 공생관계를 유지하면서 상대에 대한 적대성을 통해 지배자들의 권력을 강화한다는 것이 핵심이다. 그렇다면 분단폭력은 단순히 남과 북이 분단되어 있고 정치·군사적으로 대치하고 있기에 발생하는 것이 아니라 분단체제라는 독특한 생산메커니즘 속에서 발생하는 결과물인 것이다. 분단체제와 분단폭력 사이의 관계성을 좀 더 구체적으로 설명하자면 다음과 같다.

해방과 함께 둘로 나눠진 남과 북은 둘 중 어느 하나도 민족 전체를 온전히 대표하지 못하는 '결손국가'였다. 그래서 '민족 동일화의 욕망'을 지닌 남과 북에게 상대는 곧 자신이 결핍한 부분이면서 온전히 하나가 되기 위한 보충체이자 욕망의 대상인 것이다. 한국전쟁은 그 욕망이 왜곡되고 폭력적인 방식으로 드러났던 비극이었다. 하지만 전쟁은 오히려 남북 모두에게 씻을 수 없는 마음의 상처만을 남기고 정전협정을 맺으면서 막을 내렸다. 3년간 서로 죽고 죽이는 전쟁을 겪었지만 여전히 남과 북은 반쪽짜리 국가로서 민족을 온전히 대표할 수 없었던 것이다. 그렇기에 전후 남북이 시급히 해결해야 할

---

10 이병수, 「한반도 평화실현으로서 '적극적 평화'」, 『시대와 철학』 제28권 1호, 한국철학사상연구회, 2017, 128~129쪽.

과제는 각자가 지닌 내적 결핍을 은폐하고 균열을 메우는 것이었다. 분단국가는 상호 대립과 체제 경쟁 속에서 민족보다 국가를 전면에 내세우고 상대를 민족의 순수성을 훼손하는 비순수이자 악으로 그래서 삭제해야 할 대상으로 규정한다. 반면 자신은 스스로 민족의 정통성을 계승하는 적자이자 선으로서 절대적인 사랑의 대상이 된다. 여기에서 폭력은 필연적일 수밖에 없다. 국가의 폭력은 적으로서 북을 향하기도 하지만 국가의 단일성을 유지하기 위한 수단으로 작동한다. 국민은 일상적인 감시의 대상으로 때로는 상대에 대한 적대성을 강화하고 위기를 형성하기 위한 도구로 전락한다. 그렇다고 이러한 폭력이 국가의 강압적인 힘에 의해서만 이루어진 것은 아니다. 반북, 반공을 윤리로서 신체에 내면화한 분단국가의 국민은 그 스스로 분단의 적대성을 재생산하고, 일상적인 삶의 공간 속에서 적대적 감정의 실천을 수행한다. 분단폭력의 자생적 메커니즘은 분단국가주의와 사회·심리적 토양이 상호 결합하고 보완하는 가운데 형성되는 것이다. 이를 이병수는 요한 칼퉁의 논의와 결합시켜 "분단폭력의 메커니즘은 분단체제 형성기의 직접적 폭력이 원천이 되어 구조적, 문화적 폭력으로 발전하였고, 구조적 폭력은 다시 직접적 폭력을 강화하고, 문화적 폭력은 이러한 폭력을 정당화되는 폭력의 악순환을 이루면서 작동해왔다"[11]고 정리한다.

2) 폭력의 삼각형 이미지와 두 가지 트라우마

갈퉁은 3가지 유형의 폭력이 지닌 관련성을 폭력의 삼각형(violence tri-angle) 이미지로 제시한다. "삼각형이 '직접적 폭력'과 '구조적 폭력'을 하향하여 서 있을 때, 여기서 떠오르는 이미지는 문화적 폭력이 그 둘을 정당화한

---

11 이병수, 앞의 글, 132쪽. 이병수의 이 부분에 대한 논의는 백낙청의 분단체제론과 요한 갈퉁의 평화론을 결합하여 분단폭력을 정의하고 있는 박영균의 「한반도의 분단체제와 평화구축의 전략」(『통일인문학』 68권, 건국대 인문학연구원, 2016)을 참조하고 있다.

다는 것이다. '직접적 폭력'을 밑으로 한 그 삼각형을 거꾸로 세우면 직접적 폭력에 대한 구조적 원천과 문화적 원천이라는 이미지가 얻어진다."[12] 이를 통해 갈퉁이 말하고자 하는 바는 3가지 폭력이 별개가 아니라 상호 작용한다는 점이다. 하지만 여기에서 우리가 발견하고자 하는 것은 분단폭력의 자생적 메커니즘 속에서 반복적으로 형성되고 유지되며 또 상호 교차하고 충돌하는 두 가지 성격의 트라우마와 그 관계이다. 그것은 통시적이고 공시적 차원에서 분석될 수 있다.

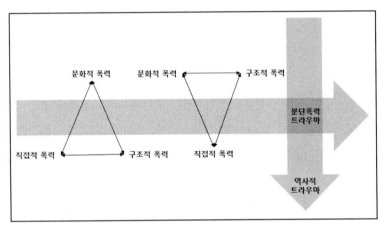

폭력의 삼각형과 두 가지 트라우마

그 중 하나는 통시적 관점에서 구조적 폭력과 문화적 폭력의 원천이 되고 역으로 이 둘의 존속을 보증하는 역사적 트라우마(분단 트라우마, 전쟁 트라우마)[13]이다. 미·소 중심의 냉전과 좌우 이데올로기 대립을 바탕으로 이루어

---

12 요한 갈퉁, 강종일 외 역, 『평화적 수단에 의한 평화』, 들녘, 2000, 419쪽.

13 이 논문에서 사용하고 있는 '분단 트라우마'와 '분단폭력 트라우마'는 다른 개념이라는 점을 미리 밝혀둔다. 분단 트라우마는 하나의 민족이 두 개의 국가로 분단되고 '민족=국가'를 향한 열망이 좌절되면서 발생한 코리언의 집단적인 트라우마라고 한다면, 분단폭력 트라우마는 분단체제의 자생적 메커니즘이 작동하면서 국가와 사회에 의해 자행된 폭력을 경험한 사람들이 경험한 트라우마이다.

진 남북분단은 하나의 민족국가 건설에 대한 민족적 열망을 좌절시킨 사건이었다. 특히 한국전쟁은 수많은 폭력과 죽음을 낳았을 뿐만 아니라 동족을 살해하였다는 죄의식을 남겼다. 하지만 문제는 사건 자체가 외상적이라는 점에 있지 않다. 자연주의적 외상 이론을 거부하는 제프리 C. 알렉산더가 말하듯 "사건들이 본질적으로 외상적인 것이 아니"라 "외상은 사회적으로 부여되고 귀속된 특성"을 지닐 수 있기 때문이다.[14] 문제는 분단국가가 분단과 전쟁의 역사를 집단적인 '상상의 외상적 기억'[15]으로 관리하는 방식에 있다.

실제로 분단국가는 정전협상을 맺은 7.27이 아니라 '잊지 말자 6.25!'라는 슬로건을 앞세우고 그 날을 상대에 의해 불법적으로 자신들의 평화와 안정성이 파괴된 날로 기억하라고 주문한다. 각종 매체를 통해 상대를 반복적으로 악마화하고 공포스럽고 괴기스러운 이미지를 (재)생산한다. 그러면서 다른 한편으로는 같은 민족을 살해하였다는 자기 내부의 죄의식을 억압한다. 자신들이 죽였던 상대는 전쟁의 논리에 따라 자신들의 삶을 침범하고 파괴하였던 적이자 가해자일 뿐이며, 그것은 분단국가에서 표출되어서는 안 되는 반국가적 의식인 것이다. 반면에 자신은 그러한 가해자에 의해 상처 입은 피해자이거나 악에 맞서 투쟁을 전개했던 숭고함이 된다. 이는 분단국가가 사람들이 입었던 마음의 상처를 치유하는 것이 아니라 오히려 상대에 대한 적대적 원한과 증오의 심리를 생산하기 위한 에너지원으로 삼아왔으며, 그 기억을 통해 분단국가주의를 강화해왔던 것을 말해준다.

하지만 문제는 여기에서 그치지 않는다. 문제는 외상적 기억이 단지 분단과 전쟁을 직접 경험하였던 그 세대에서 끝나는 것이 아니라 세대를 거듭하여 전승된다는 점에 있다. 이는 에릭 홉스봄이 말하는 사회적 성격 구조 자체

---

14 제프리 C. 알렉산더, 박선웅 역, 『사회적 삶의 의미: 문화사회학』, 한울, 2007, 209쪽.
15 알렉산더는 베네딕트 앤더슨의 『상상의 공동체』에서 이 개념을 읽어내고 있다. 비록 앤더슨이 민족적 외상 그 자체에 주목하지는 않지만 그의 논의 속에서 집단적 신념으로 형성된 민족적 외상의 존재를 확인할 수 있다고 본다.(제프리 C. 알렉산더, 앞의 책, 209쪽.)

가 외상성을 지니고 있으며, 우리 사회의 문화 역시 분단 적대성을 주요 토대로 삼아 형성되었다는 것을 말해준다. 그런 이유로 분단과 직접적인 관련성이 없는 문제들조차 마치 블랙홀에 빨려들어 가듯 분단의 잣대 속에서 판단된다. 예를 들어 헌법에서도 보장하고 있는 노동자들의 파업과 생존권의 보장 요구가, 국가의 신자유주의적 생명정치에 대한 문제제기들이 심지어 합법적 의회 정당이 국가의 안전을 위협하고 내란을 선동하고 파괴하려는 행위로 해석되어 국가폭력과 사회폭력의 대상이 된다.

그렇기에 공시적인 차원에서 분단폭력으로서 국가폭력과 사회폭력은 본원적으로 역사적 트라우마가 자양분을 제공하는 구조적이고 문화적인 폭력인 것이다. 이 지점에서 또 하나의 트라우마, 즉 분단폭력 트라우마는 역사적 트라우마와 만나 발생하는 것이다. 이는 갈퉁이 폭력 개념들 사이에는 시간적 차이가 존재한다고 보면서 이미지화하고 있는 폭력의 현상학에 대한 '폭력의 지층'(violence stata)에도 상응한다.

그는 우선 "직접적 폭력은 하나의 사건(event)이고, 구조적 폭력은 오르내림이 있는 하나의 과정(process)이며, 문화적 폭력은 오랜 기간 동안 본질적으로 같은 것으로 남아 있으면서 기본적인 문화의 점진적인 변화를 초래하는 하나의 불변형체(invariant)이자 '영구불변의 것'(permanent)"으로 파악한다. 그리고 지질학적으로 이들 사이에 지층을 구분한다. 가장 밑바닥에 그가 놓고 있는 것은 문화적 폭력이다. 문화적 폭력은 시간을 관통하여 끊임없이 흐르면서 직접적 폭력과 구조적 폭력에 자양분을 제공하는 토대(substra-tum)가 된다. 그리고 그 다음 층에 구조적 폭력이 놓인다. 이것의 특징은 문화적 폭력을 토대로 '규칙적이고 반복적인 폭력'을 가능하게 한다는 것이다. 또 그러면서 "의식의 형성을 방지하는 침투-분할과, 착취와 억압에 대항하는 조직화를 방지하는 분열-주변화 등"이 이에 의해 수행된다. 마지막으로 최상층에는 가시적인 직접적 폭력이 위치한다. "인류가 상호간에 일반적으로 다른 형태의 생명과 자연에 대해 잔인하게 행사한" 바로 그 폭력 말이다.[16]

이를 적용하면 다음과 같이 정리할 수 있다. ① 역사적 트라우마는 시간이 지나더라도 분단체제 혹은 분단의 구조와 분단 적대성의 문화를 통해 전승되며 역으로 분단의 구조와 문화의 존속과 강화를 보증하는 역할을 해왔다. ② 분단폭력은 문화적 폭력의 시간적 지속성 속에서 에너지를 얻어 정당화되고, 구조적 폭력의 규칙성과 반복성 속에서 저항 가능성을 차단하면서 지속되어 왔으며 때로는 물리적인 형태로 자행되기도 하였던 것이다. 따라서 분단폭력은 앞의 그림에서 보았듯이 시간 축을 가지고 있는 역사적 트라우마와 만나 발생하며 바로 그 지점에서 또 다른 트라우마를 파생시킨다. 즉, 분단폭력 트라우마는 역사적 트라우마와 '절합'(articulation)적 관계에 있는 것이다.

3. 분단폭력 트라우마의 치유와 정치

1) 분단폭력 트라우마와 사회적 치유

분단폭력 트라우마가 역사적 트라우마와 절합적 관계에 있다는 것은 그 치유가 결코 개인이 아니라 사회적이라는 것을 의미한다. 이는 우선 치유를 위한 첫 번째 조건인 '사회적 안정망' 확보와 관련되어 있다. 분단폭력 트라우마는 분단국가와 사회가 가해자로서 폭력을 행사한 결과라는 점에서 피해자가 국가와 사회에서 여전히 살아가고 있다면 피해자와 가해자가 분리되지 못하고 하나의 공간에 있게 된다. 이는 분단폭력의 경험자들이 치유는커녕 오랜 시간 고통의 굴레 속에 방치될 뿐만 아니라 때로는 가해자인 국가에 의해 또다시 폭력을 경험할 수 있다는 것을 말한다.[17] 이 뿐만이 아니다. 피해자는

---

16 요한 갈퉁, 앞의 책, 419~420쪽. 폭력의 지층 이미지는 3가지 폭력의 통시성과 공시성을 모두 포괄하고 있다. 하지만 갈퉁은 직접적 폭력이나 구조적 폭력이 모두 필요의 결손 (needs-deficit)을 만들고 그것이 곧 외상을 낳으며 그러한 필요의 결손이 단체나 집단에서 발생할 때 집단적 외상(collective trauma)이 된다고 말할 뿐이다.(요한 갈퉁, 앞의 책, 421 쪽.)

17 예를 들어 1954년 제주 조천읍 북촌리에서 마을장례를 치르던 중 '아이고'라는 곡소리를 내었

분단국가주의를 체화한 공동체 내에서도 사회적 관계를 맺지 못하고 소외되거나 상징적 폭력을 겪으면서 외상 경험을 반복하기도 하였다. 더 나아가 이는 분단폭력 트라우마 치유를 위한 '안전망 확보'가 일반적인 외상 경험과 같이 피해자를 가해자로부터 공간적으로 분리시키는 것에만 그치지 않으며 분단폭력을 개인적인 차원에서 경험하였다 하더라도 그 국가와 사회가 여전히 분단폭력 가해자의 정체성을 유지하고 있다면 그 치유는 기대하기 어렵다는 결론에 이르게 한다. 분단폭력 트라우마의 가해자가 분단체제를 작동시키는 메커니즘을 지닌 국가와 사회인만큼 이 공간 전체가 분단폭력의 역사를 부인(否認)하고 정당화를 시도하면서 피해자들의 트라우마를 자극하지 않는 안전지대로 그 성격이 바뀌어야만 그에 대한 치유도 기대할 수 있다는 것이다.

따라서 둘째, 분단폭력 트라우마가 사회적이라는 것은 그 치유가 결코 정신병리학적 차원에서 질병처럼 다룰 수 있는 문제가 아니라는 점을 말해준다. 정신병리학적 접근은 '정상성 vs 비정상성'이라는 프레임 속에서 트라우마를 지닌 사람들을 비정상성의 정상화라는 목적에 따라 '치료'(therapy)해야 하는 개인으로 개별화한다. 그리고 그 개인이 가진 트라우마는 오직 그 사람의 문제로 축소된다. 예를 들어 정신병리학적 개념으로 통용되고 있는 '외상 후 스트레스 장애'(PTSD) 진단 기준에 따라 분단폭력 트라우마에 접근할 경우 범하게 되는 오류가 그러하다. PTSD 진단 기준인 과각성, 불안, 우울, 의욕 저하, 수면장애 등과 같은 증상은 비단 분단폭력 트라우마에만 해당하는 문제가 아니다. 그것은 열차나 비행기 사고를 당한 후 트라우마를 가지게 된 사람에게도 나타나는 증상이다. 그럼에도 분단폭력 트라우마를 PTSD

다고 마을 사람들이 경찰서 불려가 고초를 겪어야 했다. 상처가 내는 신음 소리마저 '반역(反逆)'으로 번역된 것이다. 그것은 마치 폭력의 가해자가 피해자를 향해 '무엇을 잘했다고 우느냐'고 윽박지르고 울음을 그치지 않는다고 또다시 폭력을 행사하는 것과 같다. 물론 민주화 과정을 거치면서 상황은 그 이전과 동일하지는 않다. 하지만 여전히 과거의 부당하게 이루어졌던 국가폭력의 정당성을 주장하면서 과거사를 부인(否認)하는 행태는 공공연하게 이루어지고 있다.

의 기준에 따라 진단하고 치료하고자 한다면 분단폭력 트라우마의 (재)생산에 관여하고 있는 역사적, 사회적, 구조적 인과관계와 고통의 유발 경로를 간과할 수밖에 없게 된다.

그것은 오로지 증상의 제거만이 주목적이 되는 '설명 없는 치유'일 뿐이다. 일찍이 제프리 알렉산더는 이러한 맥락에서 '일반 외상 이론'(lay trauma theory)[18]에 대해 비판한 바가 있다. 그에 따르면 일반 외상 이론은 "도덕적 혹은 심리학적 의미에서 고지식하게 '자연주의적'" 관점을 취하기에 외상이 어떤 "해석적 축(grid)"을 통해 "감성적·인지적·도덕적으로 조정된다는 점"을 인식하지 못한다. 외상은 개인이 아니라 초개인적인 문화적 입장에서 "상징적으로 구조화되어 있으며 사회학적으로 결정"된다는 것이다.[19] 그래서 그는 외상 사건과 사건의 재현 사이에 간극(gap)으로 놓여 있는 외상 과정(Trauma Process)에 주목해야 한다고 주장한다. 외상적 사건을 경험한 사람들이 오히려 그 사건의 원인을 제공한 일탈자나 범법자로 낙인 되고 마음의 상처를 인정받지 못하며 고통을 호소하지 못하는 과정이 외상을 구성한다는 것이다.

그렇다면 셋째, 사회적 차원에서 이루어지는 분단폭력 트라우마의 치유는 두 말할 것도 없이 외상 경험자들의 단절된 사회적 관계를 회복하는 데에 그 핵심이 있는 것이다. 분단폭력의 역사를 말하지 못하는 '묻힌 기억'(imme-

---

18 제프리 알렉산더는 일반 외상 이론에 대해 다음과 같이 말한다. "일반 이론에 의하면, 외상이란 자연 발생적인 사건으로서 개인이나 집단 행위자의 안녕(well-bing) 의식을 산산조각 낸다. 다시 말해서 산산조각 내는 효력('외상')이 사건 자체에서부터 생겨나는 것으로 간주된다. 이러한 산산조각 내는 사건에 대한 반응('외상을 입음')은 즉각적이며 비성찰적인 대응이다. 일반 이론의 시각에 의하면, 외상을 입히는 사건이 인간의 특성과 상호작용할 때 외상 경험이 일어난다. 사람은 안정성, 질서, 사랑과 교감을 필요로 한다. 이러한 욕구에 심한 해를 끼치는 일이 발생하면, 일반 이론에 따르면 그 결과 사람들이 외상을 입게 된다는 것은 자연스러워 보인다."(제프리 C. 알렉산더, 앞의 책, 200쪽.)

19 제프리 C. 알렉산더, 앞의 책, 75~77쪽. 이해를 돕기 위해 과거의 경험이 전혀 상처가 아니었는데, 사람들의 관계 속에서 사후적으로 상처가 되는 경우를 떠올려보라.

moral)이 아니라 공공의 기억으로 만들어가는 가운데 외상 경험자들을 '국민 or 비국민(=좌파, 빨갱이)'이라는 이분법적 분류에 따라 인권이 유린당한 피해자이자 생존자로 그래서 그들의 고통에 귀 기울이는 것이 역사적 정의를 회복하고 폭력의 시간을 우리 사회에서 반복되지 않는 길임을 인정할 때 외상 경험자들은 비로소 공동체의 일원으로 관계를 맺고[20] "손상되고 변형되었던 심리적 기능, 즉 신뢰, 자율성, 주도성, 능력, 정체성, 친밀감 등의 기본 역량을 되살려" 낼 수 있는 가능성이 열리는 것이다.[21]

하지만 분단폭력 트라우마의 치유가 초개인적이고 문화적인 차원에서 이루어지고 사회적 관계성을 회복하는 것이라는 논의는 큰 틀에서 축을 옮겨 놓는 것은 될 수 있으나 여전히 구체적인 방법론에 대해서는 충분한 설명을 다하지 못한 것이다. 그렇기에 여기에서 다시 '어떤 실천이 분단폭력 트라우마의 치유가 될 수 있는가?'라는 물음을 던질 필요가 있다.

2) 분단폭력 트라우마의 치유와 불일치의 현시로서 '정치'

분단폭력 트라우마의 치유가 사회적이 되어야 한다는 점은 제주 4.3, 보도연맹, 간첩조작 사건 등에 대한 진상규명 및 특별법 제정 과정을 살펴보면 그 의미가 더욱 명료해진다. 80년대의 민주화 과정 이후 과거사에 대한 증언이 쏟아져 나오고 그에 대한 진상규명을 요구하는 목소리가 커지기 시작하였다. 이에 민간차원을 넘어 국가차원에서 진상규명위원회가 설치되고 진실을 규명하는 작업이 이루어졌다. 그리고 그러한 진상규명에 바탕을 두고 국가를 대표하여 대통령이 직접 과거 국가가 자행한 폭력에 대해 사과를 하기도 하였다. 오랜 세월 동안 한(恨)맺힌 삶을 살아야 했던 사람들에게 그러한 일련의 과정은 충분하지는 않지만 일정정도 마음의 상처를 치유하는 것이 되었다.

---

20 이는 반드시 '국민'으로의 관계성을 의미하는 것이 아니다.
21 주디스 허먼, 최현정 역, 『트라우마』, 플래닛, 2007, 225쪽.

이는 첫째, 우리 사회가 그 이전과 다르게 민주화가 되면서 말(Logos)의 권리를 가지지 못하였던 상처받은 사람들이 비로소 말을 할 수 있게 되었고, 우리 사회는 그것을 들을 수 있는 귀를 가지게 되는 감각적 조건을 창출하였다는 것을 의미한다. 그리고 동시에 그렇게 말하고 듣는 감각의 열림은 둘째, 묻혀있던 역사의 진실을 파헤치고 그 동안 빨갱이, 폭도, 일탈자로 낙인 되었던 사람들이 사실상 국가폭력의 피해자이자 생존자임을 인정하고 가해자로서 국가는 과거의 잘못을 시인하고 용서를 구하는 사죄를 하게 하는 힘으로 작동하였다는 것이다.

물론 이러한 일련의 과정이 있었다고 해서 분단폭력 트라우마가 완전히 극복되었다고 말할 수 없다. 한번 새겨진 마음의 상처는 지워버리거나 망각할 수 없으며 그것은 필히 상흔을 남기기 마련이다. 치유를 상처의 흔적을 지워버리고 고통 없는 상태로 만든다는 것과 동일시하는 것은 마음의 문제를 병리학적 논리에 따른 것일 뿐이다. 마음의 상처를 치유한다는 것은 그 기억을 지워버리는 망각도 아니며 고통이 완전히 사라진 상태를 의미하지 않는다. 오히려 치유는 자신의 내부에서 낯설고 기괴한 형체로 출현하면서 괴롭히던 괴물 같은 존재, 자크 라캉식으로 말하자면 외상적 실재의 파편을 자신의 것으로 통합하는 과정일 뿐이다. 자크 데리다는 이를 상처와의 '합체'라 불렀다. 그것은 그 괴물 같은 존재에게 마음 한켠의 공간을 마련해주고 자신의 일부로 인정하는 것이다.

오해해서는 안 되는 점은 그렇게 자신의 일부로 인정하였다고 해서 문제가 깔끔하게 사라지는 것은 아니라는 점이다. 그것은 단지 좀 더 잘 버티는 것에 불과하다. 그리고 트라우마로 인해 현재적 삶을 방해받는 증상의 반복을 줄이는 것을 말할 뿐 완치에 도달할 수 없는 것이다. 괴물 같은 외상적 실재의 파편은 조건이 주어지면 언제든지 그 이전처럼 자신을 침범해 들어올 수 있는 것이다. 그렇기에 치유에 있어 또 하나 중요한 점은 증상이 반복되지 않는 상태의 지속가능성(분단폭력의 재발방지)에 있는 것이다.

그것은 치유가 사회적이게 하는 메타적 조건과 관련이 있다. 이재승은 회복적 정의의 한계를 지적하면서 다음과 같이 말한다. "회복은 항상 잃어버린 어떤 것, 파괴되었지만 좋았던 것을 돌이켜 놓겠다는 함축을 갖기 때문에 그릇된 연상을 낳는다. 정치적 제노사이드(poiticide)나 이데올로기적 제노사이드(ideologicide)를 야기한 구조를 전면적으로 해체하지 않은 상황에서, 회복이란 상처의 치유를 바라는 막연한 기도와 같다."고 말한다.[22] 그의 말처럼 분단폭력 트라우마는 무엇보다 역사적 트라우마를 분단의 적대성을 전화하는 분단체제의 전면적 '해체'에 대한 고려가 없다면 치유를 위한 조건의 지속가능성을 보증할 수 없기에 공허한 것이 된다.

그렇다면 그러한 해체를 위한 실천은 무엇이겠는가? 1960년 4.19혁명과 1980년대 후반에서부터 2000년대 초반까지 과거사 진상규명을 위해 진행되었던 다양한 투쟁과 실천들의 역사를 들여다본다면 가능한 대답은 바로 '정치'이다. 하지만 이때의 정치는 단지 어떤 제도적 혹은 의회정치로 축소된 의미가 아니다. 그것은 앞서 말하였듯이 상처 입은 자가 고통을 표현하는 말을 가지고 사회적으로 그 말을 듣게 하는 감각적 조건의 창출과 긴밀하게 연결된다.[23] 그것은 여전히 분단된 한반도에서 분단국가주의의 논리가 안정과 평화를 보증하는 것이 아니라 안보라는 이름으로 위장된 폭력과 죽음의 논리라는 것을 분단폭력의 역사를 통해 증언하고 그에 대해 끊임없이 문제를 제기하는 것이다. 즉, 이때의 정치는 자크 랑시에르가 말하듯 "고유한 공간을 짜

---

22 이재승, 「화해의 문법—시민정치가 희망이다」, 『트라우마로 읽는 대한민국』, 역사비평사, 2014, 172쪽.

23 그것은 마치 조르조 아감벤 『아우슈비츠의 남은 자들』에서 설명하고 있는 "이슬람교도"가 자신의 존재성을 회복하는 것과 같지 않을까. 아감벤이 설명하고 있는 이슬람교도는 아우슈비츠 내에서 다른 유대인 보다 더 극한의 상황(완전한 기아상태)에 내몰리면서 의지를 상실하고 마치 자폐를 지닌 것처럼 행동하며 인간과 비인간의 구별이 불가능한 이들이다. 여기에서 아감벤의 정치적 의미를 읽어낸다. 그 이슬람교도들의 존재는 바로 "인간에 대한 권력의 완승을 증거"인 것이다.(조르조 아감벤, 정문영 역, 『아우슈비츠의 남은 자들』, 새물결, 2012, 71쪽.)

는 것", "두 세계가 하나의 유일한 세계 안에 현존하는 불일치를 현시하는 것"이라는 의미를 지닌다.[24]

핵심은 바로 '불일치'이다. "불일치는 이해나 의견들의 대결이 아니"라 "감각적인 것과 그 자체 사이의 틈을 현시하는 것이다." 즉, "보이지 않았던 것을 보게 만드는 것, 그저 소음으로만 들릴 뿐이었던 것을 말로서 듣게 만드는 것, 특수한 쾌락이나 고통의 표현으로 나타났을 뿐인 것을 공통의 선과 악에 대한 느낌(감각)으로서 나타나게 만드는" 것이 정치인 것이다.[25] 그래서 단지 분단폭력의 역사를 과거의 비정상적인 상태에서 발생하였던 일회적인 사건 정도로 치부하면서 피해자들에게 몇몇 위로를 던지는 것이 치유의 본원적 의미가 되어서는 안 된다. 그것은 분단폭력을 유발하는 분단체제에 대한 이의 제기 없이 균열을 메우고 역사의 평탄화 작업을 시도하는 것에 불과하다. 우리가 분단폭력의 치유를 이러한 정치의 개념을 통해 사유해야 하는 이유는 바로 여기에 있다.

4. 정상성의 담론과 역사의 천사

다시 벤야민으로 돌아가 보자. 벤야민은 파울 클레의 그림 〈새로운 천사〉(Angelus Novus)를 다음과 같이 해석한다.

"천사는 머물고 싶어 하고 **죽은 자들**을 불러일으키고 또 산산이 부서진 것을 모아서 다시 결합하고 싶어 한다. 그러나 천국에서 폭풍이 불어오고 있고 이 **폭풍**은 그의 날개를 꼼짝달싹 못하게 할 정도로 세차게 불어오기 때문에 천사는 날개를 접을 수도 없다. 이 **폭풍**은, 그기 등을 돌리고 있는 미래 쪽을 향하여 간단없이 그를 떠밀고 있으며, 반면 그의 앞에 쌓이는 **잔해의 더미**는 하늘까지 치솟고 있다. 우리가 **진보**라고 일컫는 것은 바로

---

24 자크 랑시에르, 양창렬 역, 『정치적인 것의 가장자리에서』, 길, 2008, 249쪽.
25 자크 랑시에르, 앞의 책, 253쪽.

이러한 **폭풍**을 두고 하는 말이다."**26**

오늘날 분단폭력과 그 치유의 문제에 있어 따라다니는 하나의 난점은 벤야민이 말하는 '진보'라는 '폭풍'이다. 글의 머리에서 옮겼던 브레히트의 대사 역시 이와 맥락을 같이하는 것이다. 벤야민이 경계했던 것은 "역사에서 나오는 '비탄'의 메아리를 모두 제거"하고 "현대적 개념의 역사 아래에 역사를 궁극적으로 종속시"키는 것, 즉 역사는 '진보'한다는 사유였다. 비극적인 역사를 문명의 진화과정에서 겪었던 야만의 시대, 혹은 끝나버리고 흘러가버린 하나의 사건으로서 예외상태(비상상태)라 볼 때 폭풍에 간단히 떠밀려 버리는 천사와 같이 죽은 자들과 함께 머무르고 싶어도 그럴 수 없게 된다. 상처의 잔해 더미는 '과거의 시간'에 잔해의 더미가 되어 부유하게 된다. 정상성의 담론과 함께 우리 역시 역사는 진보한다는 사유에 떠밀려가는 것은 아닐까?

2003년 10월 31일 노무현 전 대통령은 제주 4.3에 대해, 2008년 1월 24일에는 보도연맹 사건에 대해 "국정을 책임지고 있는 대통령으로서 **과거 국가권력의 잘못**(강조는 필자)에 대해 (…) 진심으로 사과와 위로의 말씀을 드립니다."고 공식적으로 사과를 하였다.**27** 그로부터 10년 후 문재인 대통령은 "**국가폭력**(강조는 필자)으로 말미암은 그 모든 고통에 대해 대통령으로서 다시 한 번 깊이 사과"하면서 "화해와 상생"을 미래적 가치로 제시하는 추념사를 하였다. 국가는 비로소 피해자를 말하는 주체로 다시 말해 죽여도 되는 비국민에서 국민으로 비로소 인정한 것이다. 그래서 가해자인 국가가 사과를 하였다는 점은 유족과 피해자의 "마음에 차갑게 덮여 있던 살얼음이 조금은 풀리는 날이었"**28**는지 모른다.

---

26 발터 벤야민, 앞의 책, 339쪽.(강조는 필자)

27 노무현 전 대통령은 2006년 4월 3일 '제58주년 4·3희생자 위령제'에서 참석했을 때에도 그 이전과 유사한 맥락에서 "무력충돌과 진압과정에서 국가권력이 불법하게 행사되었던 잘못에 대하여 제주도민에게 다시 한 번 사과드린다."며 추도사에서 밝혔다.

28 허영선, 『제주 4.3을 묻는 너에게』, 서해문집, 2014, 227쪽.

그러나 그 추념사에서 우리가 주목해야 하는 것은 과거와 현재를 '예외상태와 상례상태'로 나누고 '비정상성과 정상성'의 구도와 동일시하는 관념이다. 이는 두 대통령 개인의 진정성을 따지는 것과는 상관이 없다. 중요한 점은 '과거=예외상태=비정상성'과 '현재=상례상태=정상성'와 같은 의미계열화가 '분단폭력의 시간'과 '비−분단폭력 시간' 사이에 단락을 만들어내고 있다는 점이다. 그리고 그 단락을 통해 현재를 과거와 비교하게 하면서 현재는 곧 고통을 양산했던 요인들이 제거되고 안전한 곳으로 표상된다. 대통령이 사과한 마당에 분단폭력의 역사는 이제 과거의 사건으로 끝난 것이 되며 현재는 그래서 문제가 마치 해소된 시간대인 것으로 받아들여진다는 것이다. 이는 마치 악몽으로부터 벗어나기 위해 '이것은 꿈이야! 잠을 깨면 고통으로부터 벗어날 수 있어'라고 말하는 것과 같다. 현실은 악몽으로부터 벗어날 수 있는 도피처가 되면서 안전한 곳이 된다. 하지만 악몽의 요인은 바로 '현실'에 있지 않는가. 분단폭력은 단지 비정상적인 국가권력과 공권력이 낳은 문제로 환원되고 자국민을 감시의 대상으로 삼고 언제든지 폭력에 노출되게 하는 분단체제 그 자체를 문제 삼지 않는 것이 현실이라고 한다면 악몽은 여전히 재연될 가능성을 가지고 있는 것이다. 다시 안락하고 안전하게 여겨지는 현실에서 잠자리에 들었을 때 악몽은 반복적으로 삶을 침식해 들어올 것이다.

따라서 현재를 과거와 다른 '비−분단폭력의 시간'으로 보는 것은 환상에 불과하다. 그것은 '나는 아프지 않다. 왜냐하면 아프지 않다고 생각하니까'와 같은 의미 없는 주술을 외우는 것과 다름없다. 시간적 단락이 가져온 결과는 분단폭력을 재생산하는 낡은 조건을 그대로 둔 채 의장(儀裝)을 두르고 새것으로 보이게 하는 '환상 공간'의 창출인 것이다.

비극은 문제가 사라진 것처럼 보이는 환상 공간에 '정치'가 들어설 자리는 없다는 점이다. 환상 공간은 다름의 목소리를 내는 소요(騷擾), 불일치로서 정치가 아니라, 악에 대한 승리의 도취감에 젖은 역설적인 침묵(沈默)이 대신하기 때문이다. 정치가 탈각된 기념과 의례로 집중하는 것은 (그것의 중요성을 부정하거나 비하하는 것은 아니지만) 한편으로는 그 침묵의 수행이지 않는가. 그것이 치유라고 말하는 것은 트라우마로 고통 받는 사람들을 죽음에 이를 때까지 고통의 감옥에 격리하는 역설을 낳는 것이다.

그래서 그람시가 '낡은 것이 가되 새것이 오지 않는 것이 위기이다'라 말하면서 우려했던 바를 상기해야 한다. 위기는 '낡은 것' 그 자체에 있는 것이 아니라 낡은 것을 새것으로 교체하지 못하는 공백기에 있다.[29] 필요한 것은 '폭력의 종말'이라는 국가의 선언에 이의를 제기하는 것이다. 그리고 상처의 목소리를 빌려 분단체제를 지속시키는 분단국가의 논리에 계쟁을 멈추지 않는 것이다.

---

29 김항, 『종말론 사무소』, 문학과지성사, 2016, 12쪽.

참고문헌

Bertolt Brecht, Gesammelte Werke, Werkausgabe, Frankfurt a. M., 1967, Bd. 2.

김동춘, 「분단이 낳은 한국의 국가폭력」, 『민주사회와 정책연구』 통권 23호, 민주사회 정책연구원, 2013.

김병로 · 서보혁, 『분단폭력: 한반도 군사화에 관한 평화학적 성찰』, 아카넷, 2016.

김항, 『종말론 사무소』, 문학과지성사, 2016.

박영균, 「한반도의 분단체제와 평화구축의 전략」, 『통일인문학』 68권, 건국대 인문학 연구원, 2016.

발터 벤야민, 최성만 역, 「역사의 개념에 대하여」, 『발터 벤야민 선집 5』, 길, 2015.

사이토 준인치, 윤대석 · 류수연 · 윤미란 역, 『민주적 공공성』, 이음, 2014.

요한 갈퉁, 강종일 외 역, 『평화적 수단에 의한 평화』, 들녘, 2000.

이병수, 「한반도 평화실현으로서 '적극적 평화'」, 『시대와 철학』 제28권 1호, 한국철학 사상연구회, 2017.

이재승, 「화해의 문법—시민정치가 희망이다」, 『트라우마로 읽는 대한민국』, 역사비평 사, 2014.

자크 랑시에르, 양창렬 역, 『정치적인 것의 가장자리에서』, 길, 2008.

제프리 C. 알렉산더, 박선웅 역, 『사회적 삶의 의미: 문화사회학』, 한울, 2007.

조르조 아감벤, 정문영 역, 『아우슈비츠의 남은 자들』, 새물결, 2012.

주디스 허먼, 최현정 역, 『트라우마』, 플래닛, 2007, 225쪽.

한나 아렌트, 이진우 · 태정호 역, 『인간의 조건』, 한길사, 2015.

허영선, 『제주 4.3을 묻는 너에게』, 서해문집, 2014.

홍민, 「분단과 예외상태의 국가: 분단의 행위자—네트워크와 국가폭력」, 『북한학연구』 8권 1호, 동국대학교 북한학연구소, 2012.

〈'빨갱이는 죽여도 좋다'는 극우집회, '증오범죄'로 처벌해야〉, 2017.02.27. (http://theimpeter.com/39270/)

사상·양심의 자유와 국가안보

: '불온할 수 있는 자유'를 옹호함

오동석

1. 실마리로서 '불온함'

2004년, 노무현 당시 대통령이 "국가보안법을 역사박물관으로 보내야 한다"고 할 정도로 국가보안법 개폐논의가 최고조에 달했다. 그러나 2018년 현재까지 국가보안법은 여전히 건재하다. 9월 5일 서울중앙지검 공안1부(부장 양중진)는 '경제적 목적으로 북한 기술을 이용했다'고 주장하는 '대북 사업가'를 구속기소했다.[1] 한반도에서 사상·양심의 자유는 아직도 짓눌려 있다.

사상·양심의 자유와 관련하여 제일 먼저 떠오르는 단어는 '불온'이다. 사상이나 생각 또는 표현의 불온함이 그것이다. 10년 전의 일이긴 하지만, 2008년 7월 22일 국방부가 '군대 불온도서 차단 대책 강구 지시'[2]를 통하여

---

1   〈경찰 '거짓증거' 제출 논란 '대북 사업가' 구속기소〉, 『한겨레』 2018. 09. 05. (http://www.hani.co.kr/arti/society/society_general/860815.html)

2   국방부는 그 근거를 '군인복무규율'(대통령령 제20282호) "제16조의2 (불온표현물 소지·전파 등의 금지) 군인은 불온유인물·도서·도화 기타 표현물을 제작·복사·소지·운반·전파 또는 취득하여서는 아니되며, 이를 취득한 때에는 즉시 신고하여야 한다.[본조신설 98·12

불온서적을 지정한 것은 사상·양심의 자유와 국가안보 관계에서 국가안보의 과잉 현실을 적나라하게 드러낸 것이었다.

불온서적 차단을 옹호하는 주장의 논거는 군의 특수성, 분단 상황, 북한의 존재 등일 것이다. 그러나 시중에서 버젓이 판매되고 있는 서적에 대하여 군이 시민사회로부터 독립하여 독자적으로 불온하다는 판단을 내리는 것은 헌법상 문민원칙과 군의 정치적 중립성 의무에 비추어 볼 때 헌법적으로 허용된다고 보기 어렵다.[3] 헌법규범을 벗어난 군대는 '국가 속의 국가'[4]로서 꼴이 될 수 있으며, 군사독재의 망령을 연상케 한다.[5] 2016년 6월에는 군 마트에서 판매하던 책을 갑자기 퇴출시킨 일도 있었다.[6]

다음으로 결정적으로 중요한 것은 불온의 개념인데, 국방부의 불온서적 지정에 대한 헌법소원심판에서 국방부대리인 정부법무공단은 "NAVER국어사전"을 원용했다.[7] 즉 불온은 "(일부 명사 앞에 쓰여) 사상이나 태도 따위가 통

·31]"에서 찾는다.

3 이재승, 「불온서적 지정의 위헌성」, 『민주법학』 40, 2009, 45~78쪽.

4 김경일, 「서부독일의 방위법제: 군사독재에 대한 특이한 예방적 규제」, 『지역사회개발논총』 9, 대구대학교새마을지역사회개발연구소, 1989, 61~81쪽.

5 2007년 7월 2일부터 한 달 동안 서울대 중앙도서관은 '금서의 역사'를 주제로 도서 전시회를 열었다. 유신시대 금서에는 제주 4·3 사건을 소재로 한 소설가 현기영의 『순이삼촌』, 현장 노동자의 수기인 유동우의 『어느 돌멩이의 외침』 등 7권이, '5공화국' 시대 금서에는 서울대 한국현대사연구회가 펴낸 『해방정국과 민족통일전선』 등 35권이 있었다. 국가보안법 위반 혐의의 단골 메뉴 중 하나인 『철학에세이』는 '6공화국' 금서로, 파격적인 성 묘사로 판매금지 처분을 받았던 마광수의 『즐거운 사라』와 장정일의 『내게 거짓말을 해봐』는 전시회 당시의 금서였다. 외국 도서 중에는 종교적 금서로서 『코란』, 『탈무드』, 『올리버 트위스트』, 정치적 금서로서 조지 오웰의 『1984』, 존 스타인벡의 『분노의 포도』, 외설적 금서로서 제임스 조이스의 『율리시스』, 귀스타브 플로베르의 『마담 보바리』, 조반니 보카치오의 『데카메론』 등이 금서목록에 올랐다. 『한겨레』, 2007. 06. 29. (http://www.hani.co.kr/arti/culture/culture general/219301.html), 최근검색일: 2018. 09. 14.

6 『한겨레』 2016. 7. 1. (http://www.hani.co.kr/arti/society/society_general/750477 .html) 최근검색일: 2018. 09. 14.

7 정부법무공단, 「이해관계인 국방부장관의 대리인 정부법무공단이 제출한 의견서」, 2009. 02, 69쪽의 주 130.

치 권력이나 체제에 순응하지 않고 맞서는 성질이 있음."[8]을 뜻한다. 사전대로라면, '불온'이야말로 민주시민의 헌법적 책무다. '순응'은 '신민(臣民)'의 것이다. 사상·양심(또는 그 표현물)의 단순한 불온함을 문제 삼는 것은 헌법이 인정한 사상·양심의 내용적 개방성 및 개인 자유 의미를 부인하는 것이므로 사상·양심의 자유를 유명무실하게 하여 그 본질적 내용을 침해하는 것이다.

불온서적의 위헌성을 지적하며 2008년 헌법소원심판을 제기한 군법무관들은 징계를 받았다. 이들은 9년여의 법정 공방 끝에 2018년 7월 30일 징계가 위법한다는 법원의 판결을 받아냈다.[9] 군복을 입었을지언정 민주시민으로서 헌법상 권리를 행사한 것인데, 그것을 다시 '불온'하다고 불이익을 준 것이니, 국가의 헌법위반이다. 책임지는 이는 없었고 당사자들만 고초를 겪었다.

세 번째로는 사상·양심의 형성에 대한 것인데, 국방부의견서는 양심을 형성하는 경로에 대하여 "직접 경험 내지 간접 경험을 통해 가능할 뿐만 아니라 스스로 내적인 성찰에 의해 양심의 형성과 변화, 소멸이 가능하겠지만, … 책을 통한 인식은 직접적으로 알 권리의 영역에 속하고, 양심의 자유와는 간접적으로 관련되거나 관련조차 없다"[10]고 보았다. 사상·양심의 형성과정에

---

8   NAVER 국어사전, ⟨http://krdic.naver.com/detail.nhn?docid=18120200⟩, 최근 검색일: 2018. 10. 07. 문학작품에서 선별한 예문 또한 한국 사회에서의 불온의 의미를 정확하게 보여준다. "박 군의 일기를 보니 불온한 사상이 엿보였어. 그래 경찰에서 취조를 한 것인데….", 윤한용은 일본 경응 대학 재학 중 방학에 귀성해 있다가 불온서적을 소유하고 있는 사실이 발각되어 대전 형무소에 수감되었오."(출처: 이병주, 〈지리산〉); "공사비를 둘러싸고 불미한 일이 생겼는데 교장도 거기 한몫 끼어들었다는 것이다. 전투적인 교원 몇 명이 말썽을 일으키고 교장을 규탄한다는 불온한 공기가 떠돌았다."(출처: 선우휘, 〈불꽃〉); "급기야 야학당은 불온하다 하여 폐쇄되고 학생들은 밤낮으로 감시를 당했다."(출처: 최명희, 〈혼불〉); "일제는 불온사상을 가진 자를 엄벌한다는 명목으로 많은 애국지사를 감옥으로 보내는 만행을 서슴지 않았다."

9   당사자들은 2011년 9월에 대법원에 상고했는데, 대법원은 6년이 넘도록 판결하지 않았다. 양승태 대법원장이 물러나고서야 대법원은 징계 처분이 적법하다는 원심 판결을 파기했다. 서울고법 행정3부(재판장 문용선)는 징계 처분이 위법하다고 판결했고, 군을 대리한 검찰이 재상고하지 않으면 징계 사건은 일단락되었다. 『한겨레』, 2018. 07. 30. ⟨http://www.hani.co.kr/arti/society/society_general/855505.html⟩, 최근검색일: 2018. 09. 14.

10   정부법무공단, 앞의 책, 57쪽.

서 불온함을 이유로 한 내용 뿐 아니라 그 방법에 있어서도 제약을 가하고 있음을 인정한 것이다. "이 사건에서 양심 비슷한 그 무엇은, 우리 사회에서 비주류 혹은 익숙하지 않은 이념이나 사상, 역사 등의 주제를 다룬 책을 읽기를 원하는 것"인데, 이는 양심의 자유의 보호영역에 포섭되지 않는다고 주장했다.[11]

마지막으로 헌법상 사상·양심의 자유가 단순히 불온함 때문에 제한 또는 제재 받는 상황의 배경이다. 한마디로 요약하면 '분단체제'다. 지배권력은 헌법을 해석할 때 분단의 형성사적·현실적 의미를 과잉 또는 왜곡 반영·평가하여 성문헌법(成文憲法) 규범으로부터 일탈한 헌법해석 규범을 재생산한다. 이것은 일제로부터의 해방 후 미군정 속에서 친일청산 없이 잉태된 대한민국정부의 수립 그리고 남북분단과 한국전쟁을 거치면서 생사를 건 생살(生殺)투쟁이 남긴 트라우마, 즉 '외상 후 스트레스 장애'[12]를 치유하기는커녕 악용하는 것이다.

결론적으로 필자는 한국 사회에서 사상의 자유와 양심의 자유는 헌법해석 규범으로나 헌법현실에서나 존재하지 않았고 여전히 그러하다고 본다.[13] 이러한 주장을 논증하기 위해서 먼저 불온의 잣대와 그 표현양태를 통하여 현실을 진단하고(Ⅱ), 두 번째로 불온한 사상·양심의 자유가 국가안보에 대하여 얼마나 위험한 것인지를 논증해보고(Ⅲ), 세 번째로 불온의 파급효로서 헌

---

11 정부법무공단, 앞의 책, 57쪽.

12 외상 후 스트레스 장애(post traumatic stress disorder)는 생명을 위협할 정도의 극심한 스트레스(정신적 외상)을 경험하고 나서 발생하는 심리적 반응이다. 정신적 외상은 충격적이거나 두려운 사건을 당하거나 목격하는 것이다. 이러한 외상들은 대부분 갑작스럽게 일어나며 경험하는 사람에게 심한 고통을 주고 일반적인 스트레스 대응 능력을 압도한다(국가건강정보포털 의학정보, NAVER지식백과, (https://terms.naver.com/entry.nhn?docId=2120 016&cid=51004&categoryId= 51004), 최근검색일: 2018. 10. 07.

13 같은 의견으로 한상범, 「사상·양심의 자유 짓밟아온 일제 치안유지법의 잔재」, 『역사비평』 23, 역사비평사, 1993, 278~296쪽, 홍윤기, 「양심과 사상의 자유와 국가보안법」, 『민주법학』 26, 민주주의법학연구회, 2004, 29~81쪽 참조.

법해석에서 사상·양심의 자유와 종교의 자유가 정신적 기본권으로 분류되면서도 어떻게 다르게 취급되는지를 비교하고(Ⅳ), 네 번째로 불온의 근원으로서 분단체제를 '국가보안헌법체제'로 자리매김한 뒤(Ⅴ), 맺음말로서 평화로운 사상·양심투쟁의 자유를 허용하는 '평시의 민주공화국 헌법체제'로 복귀하여 '불온할 수 있는 자유'를 허용할 것을 주장했다(Ⅵ).

2. 불온함의 현실: 그 잣대와 표현양태

한국 사회에서 사상의 불온함을 가르는 대표적인 법은 두 말 할 나위 없이 국가보안법이다. 국순옥은 '사상탄압법으로서의 국가보안법'[14]에 대하여 "인간사고의 결정체인 사상을 정통과 이단으로 가르고, 이단으로 못 박힌 사항에 국가폭력의 칼날을 무자비하게 휘두른다는 점에서 빼어난 의미의 체제유지법"[15]이라고 규정했다.

1) 불온함의 잣대

2018. 10. 7. 현재 법제처 홈페이지[16] '현행법령검색'에서 "불온"으로 검색한 결과, '근대법령'에서 '조선불온문서임시취체령'[17]을 발견할 수 있다. "불온문서의 단속에 관하여는 불온문서임시단속법에 의한다."는 표현으로 시작한다. 불온의 용어를 사용한 것은 그보다 훨씬 이전부터다. '경찰범처벌규칙'[18]

---

14 "국가보안법은 항상 우리 사회에서 가장 보편적이고도 최우선적인 효력을 갖는 사상규제법"이었다(홍윤기, 「양심과 사상의 자유와 국가보안법」, 『민주법학』 26, 민주주의법학연구회, 2004, 56쪽.).

15 국순옥, 「자유민주적 기본질서란 무엇인가」, 『민주법학』 8, 관악사, 1994, 126쪽.

16 〈http://www.moleg.go.kr/main.html〉

17 조선총독부제령 제13호, 1936. 8. 8. 제정.

18 조선총독부법령 제40호, 1912. 3. 25. 제정.

제1조제20호는 "불온한 연설을 하거나 불온한 문서·도서·시가의 게시·반포·낭독 또는 방음을 한 자"를 구류 또는 과료에 처한다고 규정하고 있다.

현재 '불온'이라는 용어는 국가정보원법에 따른 '정보및보안업무기획·조정규정'[19]에 남아 있다.[20] 판례 역시 불온 개념이 불명확하거나 시대착오적인데, "전체적인 내용에 있어서는 공산주의를 찬양하는 불온서적",[21] "반국가단체인 북한공산집단의 선전, 선동활동을 이롭게 하는 불온서적"[22] 등의 용례가 있다. 한편 헌법재판소는 전기통신사업법 제53조에서 "공공의 안녕질서 또는 미풍양속을 해하는"이라는 불온통신의 개념을 전제로 하여 규제를 가하는 것은 불온통신 개념의 모호성, 추상성, 포괄성으로 말미암아 필연적으로 규제되지 않아야 할 표현까지 규제하게 되어 과잉금지원칙에 어긋난다고 판시한 바 있다.[23]

불온서적 사건에서 국방부의견서는 불온에 대한 판례 및 법령이 "일정 정도의 '이적성'을 그 개념적 징표"로 하고 있는데, "'북한찬양' 성격의 표현물은 국가보안법상 이적표현물에 해당되어 반국가단체 등의 활동을 찬양, 고무, 선전 또는 동조하는 것을 내용으로 하는 표현물"[24]로 정의하고 있다. 그런데 여기에는 현기영의 소설 『지상에 숟가락 하나』[25]가 포함되어 있다. 이어서 "'반정부, 반미, 반자본주의' 표현물은 국가보안법상 이적표현물의 정도에 이

---

19 2017. 07. 26. 대통령령 제28211호로 개정된 것.

20 2009년 당시에는 '비밀보호규칙'(2009. 2. 9. 대법원규칙 제2213호로 개정된 것)과 '경찰청과 그 소속기관 직제'(2008. 10. 15. 대통령령 제21085호로 개정된 것)에도 불온 용어가 있었다. 비밀보호규칙의 〈별표 1〉 제1조에서 '불온통신'은 "① 북한통신소와의 교신, ② 국내 침투 간첩과의 교신, ③ 적성국 통신소와의 교신, ④ 비수교 공산국가 통신소와의 교신, ⑤ 기타 반국가적인 불온통신"이었다. 같은 규칙 제5조 '정보·첩보의 누설' 내용 중 "사상불온자 수사활동"을 비롯하여 다른 규정들에서 "불온문건 투입자", "불온문건", "불온유인물의 수집·분석 및 관리" 등이 있었다.

21 대법원 1982. 10. 26. 선고 82도1861 판결.

22 대법원 1986. 9. 23. 선고 86도1547 판결.

23 헌재 2002. 6. 27. 선고 99헌마480 결정.

24 정부법무공단, 앞의 책, 71쪽.

25 현기영, 『지상에 숟가락 하나』, 실천문학사, 2009.

르지 않더라도 반국가단체의 사상 및 가치와 어느 정도 그 맥을 같이하며 헌법에 의하여 국군에게 부여된 국가의 안전보장, 국토방위의 신성한 의무 또는 헌법상 보장된 대통령의 국군통수권의 행사에 배치 또는 저해되는 가치를 표방함으로써 결과적으로 반국가단체를 이롭게 하는 '이적성'을 징표로 하는 표현물"로 정의하고 있다. 예를 들면, 반정부·반미 표현물에는 장하준 영국 케임브리지대 교수의『나쁜 사마리아인들』[26]이, 반자본주의 표현물에는『삼성왕국의 게릴라들』[27]이 포함되어 있다. 불온 개념을 시중 판매도서에 적용한 점에서 국방부 인식은 헌법 관점에서 문제가 심각하고 일관성도 없다.

2) 불온함의 표현양태: 국가보안법상 찬양·고무를 중심으로

1990년 4월 2일의 헌법재판소 결정[28]과 1991년 5월 31일 국가보안법 개정법률(제4373호)에서 국가보안법상 찬양·고무죄에 주관적 요건으로 추가한 "국가의 존립·안전이나 자유민주적 기본질서를 위태롭게 한다는 정을 알면서"라는 구성요건은 미흡하나마 판례의 변화를 꾀할 수 있는 계기였다. 예를 들면, 그 이전 대법원 판결은 국가보안법상 반국가단체 찬양·고무죄를 적용하면서 다음과 같은 논리를 전개했다. "의식화학습의 교재로 사용된 책자가 불온서적이 아니라 일반시중에 판매되고 있는 것이라 하더라도 그 책자 중의 일부 내용에 반국가단체의 활동을 찬양, 고무하거나 동조하는 대목이 있고 위 부분만이 발췌되어 의식화 학습에 교재로 이용되었고, 피고인이 그 토론에 참가하여 동조하고 이 사건 범죄사실과 같은 언사를 한 이상, 특별한 사정이 없는 한 그와 같은 언사와 토론이 반국가단체를 찬양, 고무 또는 이에 동조하는 행위라는 인식이 있었다고 봄이 상당하다할 것"이므로 찬양·고무죄

---

26 장하준, 이순희 옮김,『나쁜 사마리아인들』, 부키, 2009.
27 〈프레시안〉특별취재팀 엮음,『삼성왕국의 게릴라들』, 프레시안북, 2008.
28 헌재 1990. 4. 2. 선고 89헌가113 결정.

적용은 정당하다는 것이다.[29]

헌법재판소 판례와 개정 국가보안법을 충실하게 따르면, 북한이 반국가단체라는 근거 위에서 북한의 주장과 외형상 동일·유사한 표현으로 북한의 주장을 찬양·고무한 것이라 인정할 수 있다고 하더라도, 주관적 구성요건을 충족하지 못하면 구성요건에 해당하지 않아 국가보안법 제7조 위반으로 처벌할 수 없다. 그런데도 국가보안법 제7조 위반 사건에서 법원의 판결문은 검찰의 공소장과 그 구성이 거의 동일하다. 첫째, 피고인의 인적 사항과 활동상황을 나열하고 이에 비추어 피의자에 대해 일정한 예단을 한다. 둘째, 문제된 표현의 내용을 나열하고, 이것이 북한의 주장과 외형상으로 동일하거나 유사하며 따라서 북한의 주장을 찬양·고무한 것이라고 한다. 셋째, 피고인은 이런 표현 내용이 국가의 존립·안전이나 자유민주적 기본질서를 위태롭게 한다는 정을 알면서 국가보안법 제7조 소정의 행위를 한 것이라고 결론 내렸다. 정리하자면 "갑은 북한의 주장과 외형상 동일·유사한 표현을 하였으니 이는 이들 표현이 자유민주적 기본질서를 위태롭게 한다는 정을 알면서 한 것"이라는 것이다.[30]

사실 추가된 주관적 구성요건은 입증하기가 매우 어려울 수밖에 없다. 헌법재판소는 그것을 자유민주적 기본질서에 대한 위험성이라는 객관적 구성요건과 일체를 이루는 것으로 보았다. 그 인식은 일반 범죄에서 요구하는 주관적 구성요건처럼 어떤 객관적 사실을 알았느냐 몰랐느냐가 아니라 위험성이 있느냐 없느냐 하는 데 대한 인식을 의미한다. 따라서 스스로 인식이 있었음을 고백하지 않는 한 이를 객관적으로 추론해낼 수 있는 방법은 없다. 결국 이때의 주관적 구성요건은 자유민주적 기본질서에 대한 객관적 위험성이 입증되었음을 전제로 하여 표현을 하게 된 동기나 배경, 목적, 경위 등을 종합적으로 고찰하여 판단하는 방법밖에 없다.[31]

---

29 대법원 1983. 11. 22. 선고 83도2528 판결.

30 김종서, 「국가보안법의 적용논리 비판: 제7조를 중심으로」, 『민주법학』 16, 관악사, 1999, 71쪽.

그러나 친북, 반자본주의적 요소가 조금이라도 있으면 '적극적이고 공격적인 표현'으로 보아 처벌하는 것은 실제로는 구체적, 객관적으로 이익이 되었다는 명백한 증거를 필요로 하는 것이 아니라, 추상적으로 이익이 될 수 있는 "개연성"만 있으면 충분하다고 보았던[32] 과거의 기준에 비해 달라진 게 없는 결과를 낳는다.[33] 국가보안법 제7조제5항의 주관적 요건인 '이적 목적'에 대해서 적극적 의욕이나 확정적 인식까지는 필요 없고 이적행위가 될 지도 모른다는 미필적 인식만으로도 족하다는 전제 아래 이적표현물을 취득·소지 또는 제작·반포하는 행위가 있으면 이적표현물 소지 등의 죄가 성립하는 것으로 보는 것은 더욱 국가보안법의 개정취지를 반영하고 있지 못하다.[34]

3. 불온함의 위험성?: 사상·양심의 자유와 국가안보

1) 국가안전보장의 추상화 및 절대화

사상과 양심의 불온함의 유형화(有形化)된 실체는 죽느냐 사느냐의 양자택일적 적대성의 화신인 북한[35]이라는 악마와 그 불온함의 진지인 공간적 장소로서의 '군사분계선 이북'[36] 그리고 불온함의 상징으로서의 내부의 적인

---

31 김종서, 앞의 책, 85~86쪽.

32 대법원 1984. 11. 27. 선고 84도2310 판결.

33 민주사회를 위한 변호사모임·민주주의법학연구회(민변·민주법연), 「국가보안법을 없애라! 민주사회를 위한 변호사모임」, 민주주의법학연구회, 2004, 90쪽.

34 헌법재판소 판결 이후에도 큰 변화가 없었던 대법원 판결에 대하여는 장호순, 「국가안보를 위협하는 이적표현의 범위: 유엔인권이사회, 헌법재판소, 대법원의 국가보안법 제7조에 관한 판결」, 『한국언론학보』 제43-4호, 한국언론학회, 1999, 211쪽 참조.

35 국가보안법이 명시하고 있지는 않지만 그 제정 이래 전제하고 있는 처벌대상의 근거에는 북한이 자리 잡고 있다.(김상겸, 「국가보안법 개정론: 헌법국가의 관점에서」, 『헌법학연구』 10(4), 한국헌법학회, 2004, 159쪽.)

36 국가보안법 제6조의 잠입·탈출죄는 헌법해석규범상 대한민국영토에서 대한민국영토로의 이동을 처벌하는 것인데, 결국 현실적으로는 대한민국영토가 아님을 인정하는 셈이다.

'친북좌파빨갱이'[37]가 삼위일체를 형성하고 있다. 국가안보는 이들 모두와 맞서는 절대선(絶對善)으로 관념되고, 헌법 제37조제2항의 국가안전보장은 질서유지와 공공복리를 거느리고 사상과 양심 그리고 그로부터 파생되는 모든 기본권 위에 군림한다. 헌법재판소는 양심적 병역거부 관련 결정에서 국가안보를 절대화하여 강조한다.

"… 국가의 존립과 모든 자유의 전제조건인 '국가안보'라는 대단히 중요한 공익으로서, 이러한 중대한 법익이 문제되는 경우에는 개인의 자유를 최대한으로 보장하기 위하여 국가안보를 저해할 수 있는 무리한 입법적 실험을 할 것을 요구할 수 없다. 한국의 안보상황, 징병의 형평성에 대한 사회적 요구, 대체복무제를 채택하는 데 수반될 수 있는 여러 가지 제약적 요소 등을 감안할 때, 대체복무제를 도입하더라도 국가안보라는 중대한 헌법적 법익에 손상이 없으리라고 단정할 수 없는 것이 현재의 상황"[38]이라는 것이다.[39]

국가의 안전을 보장한다고 할 때, 기초적인 질문은 먼저 '누구의 안전인가?'에서 시작할 수 있다. 문언으로는 국가일 터인데, 과연 국가는 무엇인가? 사실 "공화국·국민(민족)·주권·시장은 단일성을 표방하지만 그것에는 언제나 모순과 균열이 존재"하기 때문에 "그 균열을 봉합하고 매끈하게 만드는 기술"이 존재한다.[40] 그런 점에서 국가는 단일한 국민의 주권적 의사와 동일한 단일한 실체로서의 존재일 수 없다. 과거 한국의 헌정사에서 볼 수 있듯 정권은 스스로를 국가와 동일시하여 단순한 정권의 의사 또는 이익을 국가의 의사 또는 이익으로 치환한다. 그렇기 때문에 국가의 안전에 반하는 일이 실제로는 정권의 정책 또는 정권의 유지에 반하는 것에 그치는 경우가 많다.[41]

---

37 국가보안법 제7조제3항의 이적단체 조항을 중심으로 한 일련의 조항들이 이에 해당한다.
38 헌재 2004. 8. 26. 선고 2002헌가1 결정.
39 헌법재판소는 2018. 6. 28. 대체복무제를 규정하지 않은 병역법에 헌법불합치 결정을 내리면서 병역거부자가 국방력에 미치는 영향이 크지 않다고 판단했지만(헌재 2018. 6. 28. 선고 2011헌바379 결정), 이것만으로 국가안보 지상주의 자체를 폐기한 것으로 볼 수는 없다.
40 이기라·양창렬 외, 『공존의 기술: 방리유, 프랑스 공화주의의 이면』, 그린비, 2007, 6쪽.

두 번째는 누구로부터의 안전인가? 안전을 위협하는 적은 과연 누구인가? 여기에는 외부의 적과 내부의 적이 있다. 외부의 적의 존재 그리고 그것의 위협 정도는 국가가 창출하는 공포에 의해 조작되는 경우가 많다. 외국의 경우 외부의 적은 가변적임에 대하여 한국은 적어도 현재의 패러다임 속에서는 북한이라는 절대적인 적을 가지고 있다. 정전협정 아래의 휴전상태임이 강조된다.

한편 내부의 적 또한 외부의 적을 빌미로 또는 내부의 분열을 통하여 국가권력이 만들어내는 경우가 많다. 2005년 가을 프랑스의 도시 외곽인 방리유(banlieue)에서 발생한 소요에 관한 책에서 이기라는 국가권력이 국가의 안전을 위협한다고 가정되는 '내부의 적' 혹은 '위험한 계급들'을 만들어내고 낙인찍음으로써 스스로를 정당화하고 강화하는지를 보여준다.[42] 한국에서 북한의 존재는 항시 이적단체로서의 내부의 적이 가지는 위험성을 입증하는 유력한 증거다.

세 번째로 안전의 내용은 무엇인가? 그것은 국가의 안전이기 때문에 질서유지와 달리 국가의 존립 자체 또는 그 근간을 흔드는 일일 터이다. 그런데 그것이 외부의 적이 아니라면, 내부의 적 여부는 국민 다수의 뜻에 따라 판단되어야지 정권의 판단에 의존할 일은 아니다.

한편 국가안보와 사상 및 양심의 자유를 대립항으로 설정할 때 과연 불온함이란 무엇이며 불온한 사상과 양심은 어떻게 국가안보를 저해하는가는 더욱 신중하게 접근해야 한다. 대부분의 경우 그 과정에는 논리적인 비약이 있다. 국가는 역사적 체험을 증폭하는 작업을 통하여 그 감당할 수 없는 간극을 메우려 한다. 즉 권력을 건 사투(死鬪)와 생존을 건 전쟁이 낳은 '외상 후 스

---

41 이명박 정부가 가진 '매뉴얼'의 첫 번째는 "1. 이 정부와 코드가 맞지 않는 사람들은 제거해야 한다."는 것이라는 주장도 있다(조광희, 〈한예종을 지켜라〉, 『창비: 주간논평』, 2009. 6. 10. (http://magazine.changbi.com/%ed%95%9c%ec%98%88%ec%a2%85%ec%9d%84 -%ec%a7%80%ec%bc%9c%eb%9d%bc/?cat=475) 최근검색일: 2018. 09. 12.). 적어도 그 매뉴얼이 학문·예술의 자유 그리고 대학의 자치 영역에까지 사용된다는 점에서 문제가 심각하다.
42 이기라·양창렬 외, 『공존의 기술: 방리유, 프랑스 공화주의의 이면』, 그린비, 2007, 7쪽.

트레스 장애(trauma)'가 사상투쟁을 그 자체의 평화적 장이 아니라 생사의 기로를 결정하는 실전(實戰)으로 재생하는 것이다.[43] 그것을 실전으로 보이게 하는 장치가 바로 사상에 대한 국가의 폭력이다. 바둑의 수읽기가 바로 평화로운 사상투쟁일 것인데, '훈련을 실전 같이'가 아니라 실전을 곧바로 행하고 있기 때문이다. 사상과 양심의 자유는 헌법이 보장하는 기본적 인권이 아니라 목숨을 담보로 해야만 누릴 수 있는 가치로 승화한다. 개인들이 그걸 되찾기 위해서는 목숨을 걸어야 한다.

2) 사상의 세뇌 또는 전향?

사생결단의 사상과 양심의 자유는 일상화된 국가폭력이 사상과 양심의 자유를 전면적으로 억압하면서 축적된다. 2009년 6월 3일 한국예술종합학교 문제와 관련하여[44] 문화체육관광부 앞에서 1인 시위를 하는 학부모에게 당시 장관은 '세뇌' 때문이라는 '말'을 건넸다.[45] 그것이 바로 실마리다.

세뇌(洗腦)는 "사람이 본디 가지고 있던 의식을 다른 방향으로 바꾸게 하거나, 특정한 사상·주의를 따르도록 뇌리에 주입하는 일"[46]이다. 장관의 발언은 두 가지 점에서 문제가 있는데, 하나는 학부모가 독자적 판단에 의하여

---

43 홍윤기는 "일제 시대 사상범의 관념이 범죄시되고 건국 이후 오랜 기간 사상이라는 단어 아래 공산주의를 통칭하는 언어습관이 고착되면서 "사상"(思想)이라는 말에서는 피냄새가 나는 연상작용이 늘 동반한다."고 적절히 지적하고 있다.(홍윤기, 「양심과 사상의 자유와 국가보안법」, 『민주법학』 26, 민주주의법학연구회, 2004, 52~53쪽.)

44 2009년 5월 18일 문화관광부는 한국예술종합학교에 이론학과 축소, 전공 무관 교수 초빙, 통섭 교육 중단과 연관 교수 중징계, 서사창작과 폐지 처분을 내렸다. 총장 황지우 시인은 학교를 떠났고, 학교의 교수, 학생, 학부모들은 문화관광부의 조치에 반발하였다.

45 〈유인촌 장관이 '세뇌당한 학부모' 취급한 아빠의 1인시위 영상, 차마 볼 수 없었어요〉, 『오마이뉴스』, 2009. 06. 12. (http://www.ohmynews.com/NWS_Web/View/ at_pg.aspx? CNTN_CD=A0001155195&PAGE_CD=N0000&BLCK_NO=3&CMPT_ CD=M0001& N EW_GB=), 최근검색일: 2018. 10. 22.

46 NAVER 국어사전, (https://ko.dict.naver.com/detail.nhn?docid=21522000), 최근검색일: 2018. 10. 22.

가치를 형성하고 그것을 표현하고 있음을 부정한 것이다. 즉 학부모의 인격적 자율권을 부정하여 다른 사람의 세뇌에 의하여 판단하고 행위하고 있다고 평가하고 있다. 다른 하나는 그 이면에는 학부모의 사상 또는 양심 자체에 대한 부정적 평가이다. 그것은 국가적 판단으로서의 장관의 판단에 순응하지 않은 것으로부터 유래한다. 그래서 불온한 것이 된다. 불온한 사상을 전향시켜야 한다는 의지와 전향시킬 수 있다는 신념으로 이어질 가능성 또한 커진다. 1970년대 사상전향제도의 어두운 그림자다.[47]

한편 세뇌의 이면에는 여지없이 북한이 자리 잡고 있다. 2009년 초여름에 이어지는 교수들의 시국선언에 대하여 인터넷언론은 다음과 같이 평가한다.

> "북은 "대중을 교양 개조하여 당과 수령의 두리(주위)에 묶어세우며 대중의 힘과 지혜를 동원하여 혁명과업을 수행하는 당의 일관되게 견지하고 있는 노선을 군중노선"이라고 정의하고 있다.(김일성저작선집) 따라서 군중노선이라는 것은 무의식대중을 선전선동으로 학습 세뇌시켜 北 김정일을 위해서 촛불폭동과 같은 대남폭력혁명투쟁에 동원한다는 것을 의미한다."[48]

3) 불온한 사상의 위험성?

그런데 사상, 그것도 집단적으로 공유되는 사상은 얼마나 위험한 것일까? 사실 비전향장기수의 사례에서 볼 수 있듯이 인간의 사상은 국가권력의 폭력에 의해서도 쉽게 바뀌지 않는다. 일반적으로 개인이 가지는 사상과 양심은 자신의 인격적인 자율적 판단에 의하여 형성되는데, 타인의 사상과 양심을 수용하는 과정 또한 당연히 동일한 과정을 밟는다.

---

47 사상전향제의 연원에 대하여는 조국, 『양심과 사상의 자유를 위하여』, 책세상, 2004, 23쪽 참조.

48 〈시국선언교수들 정체를 밝혀라: 김정일은 6.25를 북침이라 우기고 민교협은 盧 자살을 타살이라 강변〉, 『독립신문』, 2009. 6. 10. (http://www.independent.co.kr/news_01/n_view.html?id=26192&kind=menu_code&keys=1), 최근검색일: 2018. 10. 22.

1. 갑(甲)이 반체제적인 사상A를 가지고 있다.

2. 갑이 을(乙)에게 사상A를 표현한다.

 2.1. 을은 자신의 자율적 판단에 의하여 사상A를 수용하지 않는다.

 2.2. 을이 자신의 자율적 판단에 의하여 사상A를 수용한다.

  2.2.1. 을은 사상A를 표현하지 않는다.

  2.2.2. 을이 사상A를 표현한다.

3. 갑이 사상A를 실현하기 위하여 반체제적인 표현행위B를 한다.

 3.1. 을은 갑과 달리 사상A를 실현하기 위하여 표현행위B를 하지 않는다.

    → 갑의 처벌 무의미

 3.2. 을이 갑과 함께 사상A를 실현하기 위하여 표현행위B를 한다.

    → 4.1로 직결될 때 갑과 을의 처벌 가능성

  3.2.1. 이 표현행위B에 다수의 사람들은 동조하지 않고 무시하거나
    비판한다.

  3.2.2. 이 표현행위B에 다수의 사람들이 동조하여 표현행위B를 한다.

   3.2.2.1. 체제가 바뀌지 않는다. → 4.2.2.1.로 직결될 때 관련자 처벌
     가능성, 그러나 정당성 문제가 대두된다.

   3.2.2.2. 평화적으로 체제가 바뀔 수 있다.

4. 갑이 체제를 바꾸기 위하여 물리력을 동원하여 직접행위C를 한다.

 4.1. 을은 갑과 달리 행위C를 하지 않는다. → 갑의 처벌

 4.2. 을이 갑과 함께 행위C를 한다.

  4.2.1. 이 행위C에 다수의 사람들은 동조하지 않고 공권력이 진압한다.
    → 갑과 을의 처벌

  4.2.2. 이 행위C에 다수의 사람들이 동조하여 함께 행위C를 한다.

   4.2.2.1. '공권력'이 이를 진압한다. → 관련자 처벌, 그러나 정당성
     문제가 대두된다.

   4.2.2.2. 물리력의 동원에 의해 체제가 바뀔 수 있다.

　

　반체제적인 비폭력적 선전·선동을 처벌하지 않는 것은 자유민주주의의 전제조건이다. '폭력행위의 이론적 정당성을 주장하는 것이 설사 궁극적으로 폭력혁명으로 이어진다 하더라도 구체적인 행동과는 시간적으로 너무나 거

리가 멀어 처벌할 수 없다'[49]는 미연방대법원의 견해가 그 헌법적 판단의 시금석이 되어야 할 것이다. 이것이 "가장 이성적이며 가장 효율적인 절차방식"이며 "법 및 자유에 대한 기본적인 신념을 해하지 아니할 것"인데, 그 결과는 "사실 '입헌적 국가이성'을 '형법' 속으로 흡수"[50]하는 것이다.[51]

다수의 구성원에 의한 체제 자체의 교체가 혁명을 의미하는 것으로서 주권자에 의한 새로운 헌법질서의 형성을 의미하는 것이라면, 사상·양심에 따른 표현행위 자체는 민주주의적 변혁 또는 혁명의 가능성을 담고 있다. 민주공화국에서 국가권력이 형사적으로 처벌해야 할 것은 다수가 아닌 소수에 의한 폭력적 체제전복 행위 또는 그것과 명백하고 급박하게 직결된 표현행위일 것이다. 그 범위를 넘어선다면 권력은 폭력을 사용하는 것이고, 한나 아렌트가 말하듯 오히려 권력은 그러한 폭력에 대항하는 자들에게 있다. 권력은 많은 사람들이 함께 토론하고 함께 행동하는 그 순간에, 바로 그곳에 존재하기 때문이다.[52]

4. 불온함의 파급효과: 사상·양심의 자유와 종교의 자유의 '차별'

일반적으로 정신적 자유권으로서 사상·양심의 자유와 종교의 자유를 꼽는다. 그런데 헌법학 교과서를 보면 종교의 자유에 비하여 사상·양심의 자유는 그 내용이 빈약해 보인다. 또한 해석상 사상의 자유가 양심의 자유에 포함되어 보장된다고 말하면서도 그 보호내용에 대하여는 침묵하고 있다. 불온한 사상을 넘어 사상 자체를 불온시하는 것은 아닌지 의구심을 가질 정도로 경시하고 있다. 예컨대 1970년대 유신체제에서 '국민교육헌장'의 암송 경험은

---

49 장호순, 『미국 헌법과 인권의 역사』, 개마고원, 1998, 123-124 재인용.

50 칼 프리드리히, 최대권 옮김, 『입헌적 국가이성: 안보와 헌법의 수호』, 동성사, 1987, 144쪽.

51 오동석, 「20세기 전반 미국 국가보안법제의 형성과 전개」, 『공법학연구』 9(3), 2008, 395쪽. (국가보안법 폐지 후 형법상 대안에 대하여는 한인섭, 「국가보안법 폐지론」, 『헌법학연구』 10(4), 한국헌법학회, 2004, 146쪽 참조.)

52 한나 아렌트, 김정한 옮김, 『폭력의 세기』, 이후 1999, 18쪽.

마치 사상·양심의 불온함을 세척하는 느낌으로 되살아난다. 박근혜 정권에서 역사교과서 문제는 그것의 또 다른 모습이다.

양심에 대하여도 헌법재판소는 먼저 양심적 병역거부 관련 결정[53]에서 '반헌법적 양심을 허용치 않는 것은 양심의 자유를 침해하는 것이 아니다'라는 논증방식으로 양심의 자유에서 "국법질서나 헌법체제"에 맞지 않는 행동의 자유를 배제하였다.[54] 여기에 덧붙여 헌법재판소는 헌법이 보호하는 양심의 개념에 대하여 단순히 주관적 가치판단으로 해석하지 않고, "헌법이 보호하려는 양심은 어떤 일의 옳고 그름을 판단함에 있어서 그렇게 행동하지 아니하고는 자신의 인격적인 존재가치가 허물어지고 말 것이라는 강력하고 진지한 마음의 소리"[55]라는 엄격한 기준을 적용하고 있다. 종교와 예술 개념에 대한 정의와 비교할 때 양심의 자유를 주장하는 경우에 대비하여 미리 제한의 가능성을 폭넓게 확보하려 한다는 느낌을 지울 수 없다.[56]

〈표 1〉은 사상·양심의 자유와 종교의 자유의 내용을 비교한 것인데, 밑줄 친 부분은 그 맥락상 인정될 수 있다고 생각하여 내가 보충한 것이다. 특이한 점은 종교적 자유도 분단체제에서 국방의 의무에 밀려 집총거부권을 얻지 못한 것이다.

그런데 학설은 사상과 양심의 자유에 대하여 종교의 자유와 비교할 때 과도하게 내심작용의 절대적 기본권으로서의 성질을 강조하고 있다. 상대적으로 사상과 양심을 실현하는 자유의 상대적 기본권으로서의 성격이 두드러진다. 이재승은 "어떠한 자유가 상대적 자유인가 절대적 자유인가라는 판단을 통해서 해결할 수 있는 헌법문제는 없다."고 말한다. 사실 "인간의 삶이 사회

---

53 헌재 2004. 10. 28. 선고 2004헌바61, 2004헌바62, 2004헌바75(병합) 결정.

54 김욱, 「양심의 자유와 법치주의」, 『공법연구』 33(3), 한국공법학회, 2005, 161쪽.

55 헌재 1997. 3. 27. 선고 96헌가11(병합) 결정.

56 양심적 병역거부에 대한 판례 비판으로는 이재승, 「판례를 통해 본 양심적 병역거부」, 이석우, 『양심적 병역거부: 2005년 현실진단과 대안모색』, 사람생각, 2005, 61~86쪽.

적 차원을 갖고 있는 한에서 자유는 언제나 상대적 자유."[57]다.

<표 1> 기존 학설의 사상·양심의 자유와 종교의 자유의 내용 비교[58]

	양심[사상]의 자유	종교의 자유
내심의 자유	- 양심결정(양심형성)의 자유	- 신앙의 자유
내심 유지의 자유	- 양심적 침묵의 자유 1) 양심추지의 금지 2) 정부에 대한 충성선서 금지 3) 반양심적 행위의 강제금지: 사죄광고	- 종교적 침묵의 자유 1) 신앙추지의 금지 2) 정부에 대한 충성선서 금지 3) 반종교적 행위의 강제금지: 사죄광고
내심 실현의 자유	1) 사상·양심의 표현 (언론·출판·집회·결사)의 자유 2) 교육의 자유	1) 종교적 행사의 자유 2) 종교적 집회·결사의 자유 3) 선교와 종교교육의 자유 4) 종교이념 지향의 정당활동
보호 범위 밖	- 양심[사상]의 결정을 [평화적으로] 표명하거나 실현할 자유 (예컨대 양심적 집총거부, 준법서약 거부, 특정 사상정당의 결성·유지·활동·참가) - 사상의 폭력적 실현의 자유	- 종교적 집총거부, 준법서약 거부 - 종교조직에 의한 정치활동[정교분리] - 종교의 폭력적 실현의 자유

무엇보다 양심의 자유는 "양심형성과정―양심유지과정―양심실현과정"[59]의 삼위일체적 과정으로 이루어지는 것임을 확인해야 한다. 이렇게 사상·양심의 자유와 종교의 자유를 달리 취급할 까닭이 없다면 진하게 강조하여 밑줄 친 내용을 종교의 자유로부터 유추하여 사상·양심의 자유에도 인정하지 못할 까닭이 또한 없다(<표 2>).

---

57 이재승, 앞의 책, 67쪽.

58 권영성, 『헌법학원론』 법문사, 2009, 479~488쪽; 김철수, 『헌법학개론』, 박영사, 2007, 792~804쪽; 허영, 『헌법이론과 헌법』, 박영사, 2007, 577~595쪽; 성낙인, 『헌법학』, 법문사, 2017, 476~484쪽; 정종섭, 『헌법학원론』, 박영사, 2009, 539~557쪽 등에 근거하여 작성한 것임. 아래의 <표 2>와 <표 3>도 마찬가지임.

59 홍윤기, 「양심과 사상의 자유와 국가보안법」, 『민주법학』 26, 민주주의법학연구회, 2004, 52쪽.

<표 2> 사상·양심의 자유와 종교의 자유의 평등한 헌법해석규범적 보장 내용

	양심[사상]의 자유	종교의 자유
내심의 자유	- 양심결정(양심형성)의 자유	- 신앙의 자유
내심 유지의 자유	- 침묵의 자유 1) 양심추지의 금지 2) 정부[국가]에 대한 충성선서 금지 3) 반양심적 행위의 강제금지: 사죄광고	- 침묵의 자유 1) 신앙추지의 금지 2) 국가의 종교 강요 금지 3) 반종교적 행위의 강제금지: 사죄광고
내심 실현의 자유	1) 사상·양심의 표현 　[언론·출판·집회·결사]의 자유 2) 사상전파와 사상교육의 자유 3) 사상적 학문·예술활동의 자유 4) 합헌적 사상정당 결성·유지·활동· 　참가의 자유	1) 종교적 행사의 자유 2) 종교적 집회·결사의 자유 3) 선교와 종교교육의 자유 4) 종교적 학문·예술활동의 자유 5) 종교이념 지향의 정당활동
보호 범위 밖	1) 양심적 집총거부 2) 준법서약 거부 3) 특정 사상정당 결성·유지·활동· 　참가의 자유 4) 사상의 폭력적 실현의 자유	1) 종교적 집총거부 2) 준법서약 거부 3) 종교조직에 의한 정치활동[정교분리] 4) 종교의 폭력적 실현의 자유

　종교의 자유와 관련하여 "종교의 본질적 부분은 신앙이지만, 신앙은 단지 내심의 작용으로 머무는 것이 아니고 외부적 행위로 표현되기 마련이다. 외부적 표현행위의 자유까지 보장될 때에 비로소 종교의 자유는 완전한 것이 될 수 있다."[60]

　그렇다면 논리적 일관성을 위해 사상·양심의 자유와 관련하여 사상·양심은 '단지 내심의 작용으로 머무는 것이 아니고 외부적 행위로 표현되기 마련'이므로 '외부적 표현행위의 자유까지 보장될 때에 비로소' 사상·양심의 자유는 '완전한 것이 될 수 있다'고 서술하는 것이 옳다.

　그에 따라 사상·양심의 자유와 종교의 자유를 다음과 같은 내용으로 평등

60　권영성, 『헌법학원론』 법문사, 2009, 487쪽.

하게 헌법규범적으로 보장해야 한다(〈표 3〉).

〈표 3〉 사상·양심의 자유와 종교의 자유의 평등한 헌법규범적 보장 내용

	양심[사상]의 자유	종교의 자유
내심의 자유	양심형성·결정의 자유: 내적인 성찰과 직·간접 경험 그리고 일반적으로 접근가능한 모든 표현물 등에 의한 양심형성·결정의 자유	신앙의 자유
내심 유지의 자유	침묵의 자유 1) 양심추지의 금지 2) 정부[국가]에 대한 충성선서 금지 3) 반양심적 행위의 강제금지: 사죄광고; 양심적 집총거부; 준법서약 거부	침묵의 자유 1) 신앙추지의 금지 2) 국가의 종교 강요 금지 3) 반종교적 행위의 강제금지: 사죄광고; 종교적 집총거부; 준법서약 거부
내심 실현의 자유	1) 사상 표현[언론·출판]의 자유 2) 사상적 집회·결사의 자유 3) 사상전파와 사상교육의 자유 4) 사상적 학문·예술활동의 자유 5) 사상정당 결성·유지·활동·참가의 자유	1) 종교적 행사의 자유 2) 종교적 집회·결사의 자유 3) 선교와 종교교육의 자유 4) 종교적 학문·예술활동의 자유 5) 종교이념 지향의 정당활동
보호 범위 밖	- 사상의 폭력적 실현의 자유	- 종교조직에 의한 정치활동[정교분리] - 종교의 폭력적 실현의 자유

5. 불온함의 근원: 국가보안법에 포섭된 헌법해석규범

1) 국가보안법과 '자유민주적 기본질서'

본래 국가보안법은 그 법안명이 내란행위특별처벌법 또는 내란행위방지법으로 출발했다가 여순사건 이후에 국가보안법으로 변경되었으며, 국가보안법 또한 "국법을 위배하여 정부를 참칭하거나 그에 부수하여 국가를 변란할 목적으로 결사 또는 집단을 구성한 자"[61]를 처벌하는 법이었는데, 그 이듬해

---

61 법률 제10호, 1948. 12. 1. 제정.

"정부를 참칭하거나 변란을 야기할 목적으로 결사 또는 집단을 조직한 자 또는 그 결사 또는 집단에 있어서 그 목적수행을 위한 행위를 한 자"[62]로 확대된다.[63] 그 이후 한국전쟁을 거치면서, 특히 5·16군사쿠데타 세력이 반공을 제일의 국시로 내세우면서[64] 국가보안법은 "헌법외재적 체제이데올로기인 반공산주의"[65]를 그 토대로서 확고하게 다져왔다.

국순옥[66]은 국가보안법에 대한 1990년 6월 25일 헌법재판소의 한정합헌결정[67]으로부터 "헌법의 틀밖에서 초헌법적 법률로 기능해 오던 국가보안법을 헌법의 틀안으로 끌어들임으로써 이의 이데올로기적 토대에 관한 논의가 헌법내재적 관점에서 보다 구체적으로 전개될 수 있는 기틀을 마련하였다는 점에서 각별한 의미"를 찾았다. 즉 그것은 헌법의 최고규범으로 하는 단일지주적 법체계로 국가보안법을 포섭하는 일이었는데,[68] 그는 그 매개고리 역할을

---

62 법률 제85호, 1949. 12. 19. 전부개정, 1950. 1. 9. 시행.

63 박원순은 여순사건 이후 국가보안법이 그 중심점을 내란행위 관련 예방으로 옮기는 '변질'이 있었다고 보는 반면에 변동명은 처음부터 선동·선전 내지 방조하는 행위를 처벌함으로써 예방까지를 그 목적으로 한 것이었다고 분석한다(변동명, 「제1공화국 초기의 국가보안법 제정과 개정」, 『민주주의와 인권』 7(1), 전남대학교 5·18연구소, 2007, 92쪽.). 그러나 이와 관련하여 중요한 점 하나는 여순사건이 단지 "자본주의와 사회주의의 경쟁으로만 일어난 것이 아니"라 "억압, 친일파 문제, 민생 문제, 토지 문제, 부정·부패 문제, 사회혼란 문제 등과 중첩"(서중석, 「이승만과 여순사건」, 『역사비평』 86, 역사비평사, 2009, 302쪽.)되어 있었다는 것이다. 즉 국가보안법 탄생의 계기가 국가보안법의 적용만큼이나 이념적 대립이라는 명목에 한정되지 않고 중첩적인 성질을 띠고 있음을 알 수 있다.

64 이성택(이성택, 「민주화 이후의 「국가보안법」: 제도화와 담론화의 전체주의 경향성을 중심으로」, 『사회와이론』 8, 이학사, 2006, 158쪽.)은 반공과 반공주의를 구별하면서 반공은 가치중립적 용어로서 규범적으로 아무런 문제가 없다고 말한다. 물론 그것이 개인적 관점에서 공산주의에 반대함을 뜻하는 것이라면, 공산주의에 찬성하는 것만큼 기본적 인권으로 보장되어야 할 것이다. 그러나 "반공은 국시이다"는 헌법규범상 허용되지 않는다. 그것은 'A종교가 국교이다'라고 말하는 것과 같은 의미이기 때문이다.

65 국순옥, 앞의 책, 126쪽.

66 국순옥, 앞의 책, 127쪽.

67 헌재 1999. 06. 25. 선고 89헌가113 결정.

68 이러한 시도는 김상겸, 「국가보안법 개정론: 헌법국가의 관점에서」, 『헌법학연구』 10(4), 한국헌법학회, 2004, 166–177쪽 참조.

자유민주적 기본질서의 정식이 담당할 수 있다고 보았던 것이다.[69]

그런데 헌법재판소는 자유민주적 기본질서의 구체적 내용으로서 독일연방 헌법재판소와 유사한 "기본적 인권의 존중, 권력분립, 의회제도, 복수정당제도, 선거제도", "사법권의 독립" 외에 "사유재산과 시장경제를 골간으로 한 경제질서"[70]를 덧붙여 포함시켰다. 이것은 덧붙여진 내용만 본다면, "국체를 변혁하거나 또는 폭행·협박 기타 불법수단에 의하여 헌법상의 통치조직 또는 납세·병역 또는 사유재산제도를 변혁할 목적으로 결사를 조직하거나 또는 정을 알면서 그에 가입하는"것을 처벌했던 '치안유지법'을 떠올리게 한다.

"자유민주주의와 시장경제"[71]로 요약한 헌법체제는 곧 "국가보안법의 핵심적 정체성"이며, 이에 대한 사상 고백 없이는 대한민국의 참된 국민의 범주에서 배제된다.[72] 그런데 문제는 자유민주적 기본질서를 뒤리히(Dürig)식(式) "소거방식"[73]으로 이해하면, 그것은 그때그때 상황에 따라 반(反)[파시즘+공산주의+사회주의+전체주의+'북한과 유사한 주장'+테러리즘+반(反)신자유주의+ ⋯ n]으로 확장될 가능성이 있다는 점이다.

국방부가 반자본주의적이어서 불온서적으로 선정한 것은 『세계화의 덫』(Martin & Schumann, 1998)[74]과 『삼성왕국의 게릴라들』 두 권의 책이다. 전자는 신자유주의에 대한 비판서이고, 후자는 삼성재벌에 대한 비판서다.

---

69 국순옥, 앞의 책, 127~128쪽.

70 헌재 1990. 04. 02. 선고 89헌가113 결정.

71 같은 표현은 대법원 2004. 08. 30. 선고 2004도3212 판결.

72 예를 들면 이진우(이진우, 『국가보안법 개폐론의 허와 실』, 서문당, 2001, 47쪽.)의 이러한 견해에 대한 문제점 지적은 홍윤기(홍윤기, 「양심과 사상의 자유와 국가보안법」, 『민주법학』 26, 민주주의법학연구회, 2004, 58~59쪽)는 이진우의 주장에 대하여 "우물에 독뿌리는 오류"를 범한 불공정한 논증 전술이라고 비판한다.

73 국순옥, 앞의 책, 138쪽.

74 이 책은 '지식인들이 선정한, 한국 사회에 영향을 준 해외서적 목록 10위'였다. 『경향신문』, 2007. 04. 29. (http://news.khan.co.kr/kh_news/khan_art_view.html?artid=2007 04291736261&code=210000), 최근검색일: 2018. 10. 22.

국가보안법상 찬양·고무죄를 적용함에 있어서 사상·양심의 표현행위에 대한 불온함의 잣대로서 이러한 내용의 자유민주적 기본질서 정식이 사용된다면, 사상·양심의 표현행위가 크게 위축될 수밖에 없다.

2) '국가보안헌법체제'

국방부의견서의 분단체제에 대한 인식은 다음과 같다.

> "우리 민족은 냉전체제의 시작과 함께 이념에 의한 분단과 동족상잔의 비극을 체험하였고, 지금 이 순간에도 비무장지대를 사이에 두고 남과 북의 막강한 군사력이 첨예하게 대치하고 있는 세계 유일의 분단국가이자 이념대립의 현장에서 살고 있습니다."[75]

북한은 동반자인 동시에 반국가단체라는 이중적 성격을 지니고 있다고 하지만,[76] 입법과 판례가 이해하고 있는 북한의 본질은 반국가단체다. 이러한 이해에서는 북한은 한국과 양립할 수 없는 존재다. 북한은 적화통일의 목표를 유지하고 있기 때문에 그에 대한 대비를 항상적으로 해야 하기 때문이다. 그러한 본질은 남북한관계나 국제정세의 변화에도 불구하고 북한이 사회주의국가로 존재하는 한 변하지 않는다.[77] 북한은 "한반도 공산화라는 대남전략의 불변 속에서 이를 수행할 혁명적 무장력(인민군)을 앞세운 선군정치를 지속하고 있는 "직접적이고 심각한 위협"의 대상"[78]이다.[79]

---

75 정부법무공단, 앞의 책, 2쪽.
76 헌재 1997. 1. 16. 선고 92헌바6등(병합) 결정.
77 "지금의 현실로는 북한이 여전히 우리나라와 대처하면서 우리나라의 자유민주주의 체제를 전복하고자 하는 적화통일노선을 완전히 포기하였다는 명백한 징후를 보이지 않고 있고, 그들 내부에 뚜렷한 민주적 변화도 보이지 않고 있는 이상"(대법원 2004. 08. 30. 선고 2004도 3212 판결).
78 정부법무공단, 앞의 책, 25쪽.

국가안보를 본질적으로 위협하는 존재로서 북한을 인식하는 것은 헌법상 사상·양심 표현행위의 자유의 범위를 북한 또는 이적단체의 활동에 종속시키는 결과를 낳는다. 국방부가 불온서적을 지정한 것도 국군기무사령부 예하 부대원이 실천연대에 대해 수사를 하던 경찰청 보안국의 직원과 전화 통화를 하던 중 구두로 한총련 활동에 대한 사실을 통지 받고 세부적인 서적의 목록을 전달받은 데서 비롯된 것이었다. 즉 한총련이 "장기복무자와 여군 장교를 대상으로 의식화하는 사업을 강조"하고 "입대 예정자를 이념적으로 교육하기 위하여 현역 장병을 대상으로 '교양서적(23종) 보내기 운동'을 할 것을 적극 독려하였"다는 것이다.[80] 한국 사회에서 개인의 사상·양심은 자율적 판단에 의하여 자유롭게 형성되지 못하고, 제일차적으로는 북한 또는 이적단체가 지향하는 가치를 공제하는 핸디캡을 안고 출발한다.[81]

또한 국가보안헌법체제는 언제라도 비밀정보기관이 그 활동영역을 확장할 수 있는 체제다. 예컨대 2008년 10월 1일 국가정보원 2차장은 사정당국의 공안 수사와 관련, "한국 내에 친북좌익세력 척결 없이 선진국을 향해 한 걸음도 나아갈 수 없다"고 말했다.[82] 국가정보원은 '정보는 국력이다'라는 원훈 (院訓)을 10년 만에 '자유와 진리를 향한 무명(無名)의 헌신'으로 바꾸었다. "기존 원훈이 정보기관의 기능과 사명감을 충분히 반영하지 못했다"며 새 원훈에서 '자유와 진리'는 정보기관의 지향점을, '무명의 헌신'은 정보활동의 원칙과 사명감을 담았다는 것이다.[83] 사상·양심의 자유가 부재한 사회에서는

---

79 그러나 유엔인권이사회는 "국가보안법의 존재이유인 한반도의 분단과 북한의 위협을 과대평가"하고 있다고 대한민국 정부의 주장을 반박하고 있다(CCPR/C/79/Add.6).

80 이해관계인 국방부장관의 대리인 정부법무공단, 추가의견서, 2009. 5, 1~2쪽.

81 홍윤기는 "국가보안법의 가장 큰 문제는 그것이 근본적으로 북한에 대한 패배주의와 공포를 전제로 하는 법"이라고 평가하는데, 대한민국의 국가권력은 그 공포감을 지배기법으로서 적절히 활용하면서도 우월성을 과시하는 자기모순의 상을 표출하였다.

82 민주노동당 의원들이 실천연대 수사와 관련하여 항의 방문을 한 자리에서 "실정법이 있는 한 충실히 하는 것이 맞다"며 이같이 밝혔다(『경향신문』, 2008. 10. 02).

83 1961년 국정원 전신 중앙정보부가 창설된 이래 국가안전기획부 시절까지 37년간 부훈(部訓)

정보기관이 지향하는 자유와 진리만이 남는다는 말인가.[84]

그것은 또한 헌법재판소가 국가보안법상 불고지죄에 대하여 "여러 가지 국내외 정세의 변화에도 불구하고 남·북한의 정치·군사적 대결이나 긴장관계가 여전히 존재하고 있는 우리의 현실" 등 "제반사정에 비추어 볼 때" "양심의 자유를 제한하고 있다 하더라도 그것이 헌법 제37조 제2항이 정한 과잉금지의 원칙이나 기본권의 본질적 내용에 대한 침해금지의 원칙에 위반된 것이라고 볼 수 없다."고 판시한 까닭이기도 하였다.[85]

한편 국방부의견서는 청소년 대다수를 대한민국 국군의 주역으로서 군복무 대상자로 이해하고, 입대장정들이 "확고한 국가관과 대적관을 확립하고 투철한 군인정신으로 무장되어야" 한다고 주장한다.[86] 비록 군복무 중에 한정된다고 하더라도 이러한 의식이 스스로의 자율적 판단이 아니라 상명하복의 위계체계 속에서 '명령'된다면, 이것이야말로 자유로운 토론과 균형 잡힌 사고를 배제하는 세뇌일 것이며, 헌법이 보장하는 국제평화주의와 평화통일 원칙 그리고 사상·양심의 자유에 대한 중대한 위협이 될 것이다.

국가보안법 폐지에 대한 논의가 활발했던 2004년 8월 30일의 대법원 판결은 반국가단체로서의 북한관, 자유민주적 기본질서관, 기본적 인권 보장보다 국가안보에 더 철저하였음을 보여준다.

은 '우리는 음지에서 일하고 양지를 지향한다'였는데, 1998년 김대중 정부 출범 이후 국정원으로 이름이 바뀌면서 원훈도 '정보는 국력이다'로 변경됐다. 기관 명칭과 원훈의 변경은 크게 봐서 군사독재정권과 민주화자유주의정권, 신보수주의정권 등을 상징하는 것이기도 하다(손동우, 〈어색한 '자유와 진리'〉, 『경향신문』, 2008. 10. 08). 2016년 6월 부터는 '소리 없는 헌신(獻身), 오직 대한민국 수호(守護)와 영광(榮光)을 위하여'라고 바꿨다.

84 오동석, 「2008년 국가보안법체제의 고찰」, 『인권이론과 실천』 4, 영남대학교 인권교육연구센터, 2009, 174~175쪽.
85 헌재 1998. 07. 16. 선고 96헌바35 결정.
86 정부법무공단, 앞의 책, 2쪽.

"그러나, 북한은 50여년 전에 적화통일을 위하여 불의의 무력남침을 감행함으로써 민족적 재앙을 일으켰고 그 이후 오늘에 이르기까지 크고 작은 수많은 도발과 위협을 계속해 오고 있다는 경험적 사실을 잊어서는 안될 뿐만 아니라, 향후로도 우리가 역사적으로 우월함이 증명된 자유민주주의와 시장경제의 헌법 체제를 양보하고 북한이 주장하는 이념과 요구에 그대로 따라 갈 수는 없는 이상, 북한이 직접 또는 간접 등 온갖 방법으로 우리의 체제를 전복시키고자 시도할 가능성은 항상 열려 있다고 할 것이다. 이러한 사정이라면 스스로 일방적인 무장해제를 가져오는 조치에는 여간 신중을 기하지 않으면 안된다. 나라의 체제는 한번 무너지면 다시 회복할 수 없는 것이므로 국가의 안보에는 한 치의 허술함이나 안이한 판단을 허용할 수 없다."[87]

헌법은 전시와 그에 준하는 상황을 염두에 두고 일정한 규정들을 두면서 평시와 다른 기본권 제한의 가능성을 명시적으로 허용하고 있다.[88] 한편 명백하고 현존하는 위험의 기준을 제시한 홈즈는 "전쟁이 바로 국가와 공동체에 대한 위험한 상황을 의미하는 것이라고 보지 않았"기 때문에 "법의 기준 그 자체는 평상시나 전쟁시나 동일하다"고 보았다. "다만 전쟁시에는 특유한 혼란상황이 있기 때문에, 그 결과로서 나타난 행위와 그 행위가 나타난 상황과의 관계에서 위험한 해악의 발생가능성이 높은데 지나지 않는다고 판단"[89]하였다.[90]

반면 한국의 판례는 분단체제에서 북한의 존재 자체로부터 거의 전시 상황에 준하는 정도로 강한 기본권 제한을 용납하는 논리를 확립하고 있다. 이러

---

87 대법원 2004. 8. 30. 선고 2004도3212 판결.

88 예를 들면, 헌법 제27조제2항 비상계엄시 군사재판을 받는 경우, 제77조제2항 비상계엄시 영장제도, 언론·출판·집회·결사의 자유에 대한 특별한 조치, 비상계엄하 군사재판에서 단심의 경우 등이다.

89 김민배, 「표현의 자유와 사상의 자유시장」, 『토지공법연구』 33, 한국토지공법학회, 2006, 318쪽.

90 미국에서 '명백·현존하는 위험의 원칙' 관련 판례에 대한 소개로는 김응종, 「존 로크와 피에르 벨의 관용론: '관용'을 넘어 양심의 자유로」, 『프랑스사 연구』 19, 한국프랑스사학회, 2008, 171쪽 참조.

한 논리는 그대로 이적단체 및 이적표현물을 판별하는 기준으로 사용된다.

헌법 제37조제2항의 국가안전보장은 기본권 제한을 정당화하는 구체적 목적으로서 그 헌법적 가치가 특히 사상·양심의 자유에 대해서는 신중하고 엄격하게 판단되어야 한다. 그런데 국가안전보장이 분단체제를 배경으로 추상적 목적으로서 과대평가되어 사상·양심의 자유를 '절대적인' 내면적 영역에 머물게 함으로써 사상·양심의 자유는 종교의 자유와 달리 그 실현에 있어서 '특별법적 지위'를 상실하고 오히려 일반적 표현의 자유보다도 더 위축됨으로써 결과적으로는 '사상·양심의 내면(비밀)유지 의무'로 전화한다.[91] 적어도 그러한 패러다임 속에서는 북한이 존재하는 한 그 상황이 달라지지 않을 것이며, 그것을 성문헌법과 배치되는 헌법해석규범체제로서 민주공화국헌법체제가 아니라 '국가보안헌법체제'다.

6. '불온할 수 있는 자유'

사상·양심을 표현할 자유 자체가 절대적 기본권은 절대 아니다. 정당하지 않은 폭력행위와의 명백·현존의 긴밀한 연계에 있는 사상·양심의 표현은 헌법 제37조제2항에 따라 제한될 수 있음은 자명하다. 그러나 그 밖의 범주에 속하는 사상·양심의 자유는 '절대적 기본권'이어야 한다. 이와 관련하여 이재승은 "우리나라 사법부에 의해 상대적 자유로 규정받은 자유는 국가안보 앞에서는 자유로서 빛을 잃는다. 그래서 상대적 자유는 권위주의적인 세계관에서는 진정한 의미에서 자유가 아니다."[92]라고 말하고 있다.

'국가안보를 위한 부분적 사상제약'[93]은 위헌이다. 위헌으로 선언하지 못한

---

91 정부 수립 초기 또는 한국전쟁 시 낮과 밤이 바뀜에 따라 지배체제가 바뀌고, 자칫 자신의 사상·양심을 잘못 드러내는 경우, 정확하게는 표현을 강요하는 쪽의 답을 맞히지 못하는 경우 죽음에 이르렀던 체험이 이것을 증폭시킨다.

92 이재승, 앞의 책, 67쪽.

93 이에 반대하는 의견으로는 제성호, 「국가안보 위한 부분적 사상제약은 합헌」, 『통일한국』

까닭이 '내전과 냉전 그리고 전쟁'의 체험 때문이라면,[94] 전시 헌법이 아닌 평시 헌법으로서 대한민국헌법이 비로소 탄생하는 기점은 국가보안법을 폐지하는 때다. 국가보안법을 폐지해야 양심적 병역거부권도 명실상부하게 기본적 인권으로 인정할 수 있을 것이다.[95]

어떤 사람들은 '민주주의는 피를 먹고 자라나는 나무'라고 비유한다. 과거의 인류 역사가 피로써 지키고 또 펼치고자 했던 사상·양심을 표현하고 그에 따라 행위를 한 결과로서 발전한 것이라면, 사상·양심의 자유는 현재 그리고 미래의 인류 역사의 발전을 담보하는 자양분임에 틀림없다. 다만 그 발전이 평화로운 사상·양심투쟁의 자유로써 이루어질 때 진정한 발전이라고 말할 수 있다. 현재적 관점에서 불온한 사상·양심의 '평화로운 투쟁'을 권리로서 보장하는 것이 그 길이다. 불온한 사상·양심의 평화로운 표현과 행위를 단순히 관용하는 것에 그치지 않고 그것을 권리로서 존중하고 그러한 권리를 누구나 향유할 수 있을 때 국가는 비로소 안전한 것이고, 설령 국가의 안전이 외부로부터 위협받는 경우 그 자유를 위하여 국가인 국민은 최후의 수호자가 될 것이다.

250, 평화문제연구소, 2004, 11~13쪽 참조.

94 서희경은 국가보안법이 통상적인 정치가 더 이상 존립할 수 없는, 생존과 소멸의 경계선에 놓인 정치전쟁의 산물이라고 이해한다. 서희경, 「한계상황의 정치'(politics of extremity)와 민주주의: 1948년 한국의 여순사건과 국가보안법 관련 논의를 중심으로」, 『한국정치학회보』 38(5), 2004, 19~20쪽.

95 양심적 병역거부권의 국제 사례에 대하여는 장복희, 「양심적 병역거부에 관한 국제사례와 양심의 자유」, 『헌법학연구』 12(5), 한국헌법학회, 2006, 329~357쪽 참조.

참고문헌

국순옥, 「자유민주적 기본질서란 무엇인가」, 『민주법학』 8, 관악사, 1994.

권영성, 『헌법학원론』 법문사, 2009.

김경일, 「서부독일의 방위법제: 군사독재에 대한 특이한 예방적 규제」, 『지역사회개발
    논총』 9, 대구대학교새마을지역사회개발연구소, 1989.

김민배, 「표현의 자유와 사상의 자유시장」, 『토지공법연구』 33, 한국토지공법학회,
    2006.

김상겸, 「국가보안법 개정론: 헌법국가의 관점에서」, 『헌법학연구』 10(4), 한국헌법학
    회, 2004.

김선택, 「공화국원리와 한국헌법의 해석」, 『헌법학연구』 14(3), 한국헌법학회, 2008.

김욱, 「양심의 자유와 법치주의」, 『공법연구』 33(3), 한국공법학회, 2005.

김응종, 「존 로크와 피에르 벨의 관용론: '관용'을 넘어 양심의 자유로」, 『프랑스사
    연구』 19, 한국프랑스사학회, 2008.

김종서, 「국가보안법의 적용논리 비판: 제7조를 중심으로」, 『민주법학』 16, 관악사,
    1999.

김철수, 『헌법학개론』, 박영사, 2007.

민주사회를 위한 변호사모임·민주주의법학연구회(민변·민주법연), 「국가보안법을
    없애라! 민주사회를 위한 변호사모임」, 민주주의법학연구회, 2004.

박진애, 「표현의 자유와 국가안보: 국가안보와 관련한 독일기본법상 표현의 자유의
    제한에 대한 비교법적 고찰」, 『헌법학연구』 14(1), 한국헌법학회, 2008.

변동명, 「제1공화국 초기의 국가보안법 제정과 개정」, 『민주주의와 인권』 7(1), 전남대
    학교 5·18연구소, 2007.

서중석, 「이승만과 여순사건」, 『역사비평』 86, 역사비평사, 2009.

서희경, 「'한계상황의 정치'(politics of extremity)와 민주주의: 1948년 한국의 여순사
    건과 국가보안법 관련 논의를 중심으로」, 『한국정치학회보』 38(5), 2004.

성낙인, 『헌법학』, 법문사, 2017.

손동우, 〈어색한 '자유와 진리'〉, 『경향신문』, 2008. 10. 08.

오동석, 「20세기 전반 미국 국가보안법제의 형성과 전개」, 『공법학연구』 9(3), 2008.

오동석, 「2008년 국가보안법체제의 고찰」, 『인권이론과 실천』 4, 영남대학교 인권교

육연구센터, 2009.

이기라·양창렬 외, 『공존의 기술: 방리유, 프랑스 공화주의의 이면』, 그린비, 2007.

이성택, 「민주화 이후의 「국가보안법」: 제도화와 담론화의 전체주의 경향성을 중심으로」, 『사회와이론』 8, 이학사, 2006.

이재승, 「불온서적 지정의 위헌성」, 『민주법학』 40, 관악사, 2009.

이재승, 「판례를 통해 본 양심적 병역거부」, 이석우, 『양심적 병역거부: 2005년 현실진단과 대안모색』, 사람생각, 2005.

이진우, 『국가보안법 개폐론의 허와 실』, 서문당, 2001.

이해관계인 국방부장관의 대리인 정부법무공단, 「의견서」, 2009. 2.

이해관계인 국방부장관의 대리인 정부법무공단, 「추가의견서」, 2009. 5.

임지봉, 「명백·현존하는 위험의 원칙과 표현의 자유」, 『공법연구』 34(4), 2006.

장복희, 「양심적 병역거부에 관한 국제사례와 양심의 자유」, 『헌법학연구』 12(5), 한국헌법학회, 2006.

장호순, 『미국 헌법과 인권의 역사』, 개마고원, 1998.

장호순, 「국가안보를 위협하는 이적표현의 범위: 유엔인권이사회, 헌법재판소, 대법원의 국가보안법 제7조에 관한 판결」, 『한국언론학보』 제43-4호, 한국언론학회, 1999.

정부법무공단, 「이해관계인 국방부장관의 대리인 정부법무공단이 제출한 의견서」, 2009. 2.

정종섭, 『헌법학원론』, 박영사, 2009.

제성호, 「국가안보 위한 부분적 사상제약은 합헌」, 『통일한국』 250, 평화문제연구소, 2004.

조광희, 〈한예종을 지켜라〉, 『창비: 주간논평』, 2009. 06. 10. (http://magazine.changbi.com/%ed%95%9c%ec%98%88%ec%a2%85%ec%9d%84-%ec%a7%80%ec%bc%9c%eb%9d%bc/?cat=475) 최근검색일: 2018. 09. 12.

조국, 『양심과 사상의 자유를 위하여』, 책세상, 2004.

최정기, 「감옥 체제와 인권의 정치: 1950년대 이후 1980년대까지의 한국 사례를 중심으로」, 『사회와역사』 59, 문학과지성사, 2001.

최정기, 「총체적 통제시설과 수형자의 일상문화: 1960년대 이후 한국의 비전향 장기수를 중심으로」, 『형사정책』 13(1), 한국형사정책학회, 2001.

최정기, 「정치적 민주화와 정치범에 대한 처벌의 변화: 1960년대~1980년대 한국 상황을 중심으로」, 『법과사회』 22, 법과사회 이론학회, 2002.

최정기, 「근현대 정치범의 다양한 이름들」, 『역사비평』 73, 역사비평사, 2005.

최정기, 「국가폭력과 트라우마의 발생 기제」, 『경제와사회』 77, 한울, 2008.

〈프레시안〉 특별취재팀 엮음, 『삼성왕국의 게릴라들』, 프레시안북, 2008.

한상범, 「사상·양심의 자유 짓밟아온 일제 치안유지법의 잔재」, 『역사비평』 23, 역사비평사, 1993.

한인섭, 「국가보안법 폐지론」, 『헌법학연구』 10(4), 한국헌법학회, 2004.

홍윤기, 「양심과 사상의 자유와 국가보안법」, 『민주법학』 26, 민주주의법학연구회, 2004.

허영, 『헌법이론과 헌법』, 박영사, 2007.

조르지오 아감벤, 박진우 옮김, 『호모사케르: 주권 권력과 벌거벗은 생명』, 새물결, 2008.

한나 아렌트, 김정한 옮김, 『폭력의 세기』, 이후 1999.

칼 프리드리히, 최대권 옮김, 『입헌적 국가이성: 안보와 헌법의 수호』, 동성사, 1987.

다음세대에 의한 과거청산

: 의문사유가족 아카이브 작업을 중심으로

정원옥

1. 의문사진상규명운동 30주년의 의미

2018년은 의문사진상규명운동이 시작된 지 30주년을 맞는 해다. 의문사진상규명운동은 1988~1989년 종로구 기독교회관에 모인 의문사 사건 유가족들의 '135일 농성'으로 시작되었다. 1998~1999년 여의도 국회 앞에서 '422일 천막농성'을 벌인 의문사진상규명운동은 김대중 정부로 하여금 '의문사진상규명에관한특별법'(이하 의문사특별법)과 '민주화운동관련자명예회복및보상등에관한 법률'(이하 명예회복법)을 수용하게 만들었다. 2000년 10월, 최초의 민관합동기구로 의문사진상규명위원회(이하 의문사위)가 발족하여 의문사 조사를 시작한 것은 "역사적 과거청산의 중요한 시금석"[1]이자, "국가적 차원의 진상규명을 통한 과거청산의 첫 포문을 연"[2] 것으로 평가될 만큼 과

---

1   박래군, 「의문사진상규명 활동의 한계와 전망: 1기 의문사진상규명위원회 활동 평가」, 『민주법학』 24, 2003, 64쪽.

2   홍석률, 「의문사 발생의 역사와 배경」, 『법과 사회』 21, 2001, 105쪽.

거청산운동에서 중요한 의미를 갖는다.

하지만, 의문사진상규명운동에 주목해야 하는 이유는 법과 국가기구를 만드는 데는 성공하고도 진실규명에는 실패를 반복해온 대표적 사례라는 데 있다. 1기 의문사위(2000~2002), 2기 의문사위(2003~2004), 진실·화해를위한과거사정리위원회(2005~2010, 이하 진화위)에 이르기까지 세 차례 국가기구에 의한 조사가 이루어졌지만, 많은 의문사 사건의 진실이 규명되지 못했다. 의문사 사건에 대한 국가의 '인정' 결정은 1기 의문사위 22%, 2기 의문사위 25%, 진화위에서는 10%에 불과하며, 의문사로 인정받은 경우에도 책임자와 가해자가 적시된 사건은 단 한 건도 없기 때문에 사실상 진실규명에 실패하였다고 봐야 한다.

또한 의문사진상규명운동은 의문사 희생자의 명예회복에 있어서도 성공하였다고 말하기 어렵다. 명예회복법에 따르면, 민주화운동은 "자유민주적 기본질서를 문란하게 하고 헌법에 보장된 국민의 기본권을 침해한 권위주의적 통치에 항거하여 민주헌정질서의 확립에 기여하고 국민의 자유와 권리를 회복·신장시킨 활동"(제2조 제1호)으로 정의된다. 이러한 정의에서 민주화운동 관련자로 인정받는 요건은 권위주의적 통치에 항거한 행위로 '인하여' 침해를 당했다는 것을 입증할 수 있어야 한다. 하지만 의문사는 희생자를 죽음에 이르게 한 침해가 권위주의적 통치에 항거한 행위로 '인하여' 발생하였다는 것을 입증하는 것이 원천적으로 불가능한 사건이라는 점에서 명예회복법이 요구하는 조건을 결코 충족시킬 수 없다. 이러한 이유로 의문사위에서 민주화운동 관련성을 인정받은 경우에도 '민주화운동관련자명예회복및보상심의위원회'(이하 민보상위)에서는 기각되는 사태가 대거 빚어졌다. 특히, 이명박 정부 하의 민보상위에서는 민주화운동 활동 경력이 명백한 경우에도 죽음과 민주화운동 관련성을 백분율로 계산하여 '기여도'로 인정하여 보상액을 깎고, 노동운동은 생존권 싸움으로 폄하하여 기각하는 사례가 속출했다.[3] 이러한 결과는 '열사'로 추앙받아온 희생자에 대한 사회적 평가를 크게 훼손시켰을 뿐만 아니라, 국가의 인정 여부를 둘러싸고 의문사진상규명운동 내부를 갈등과 분열에 휩싸이게 하였다는 점에서 제도화의 역설이라고 할 수 있다.

결론적으로, 진실규명과 명예회복만을 바라며 20~30년을 싸워왔던 의문사 유가족들 대다수에게 국가기구의 조사결과는 큰 실망과 좌절을 안겨주었다. 그럼에도 불구하고 법과 국가기구를 만들어 사건을 의문사를 다시 조사하겠다는 노력을 포기할 수 없는 것은 유가족의 입장에서는 선택이 여지가 없는 일이기도 하다.

2010년 12월 31일, 진화위의 활동 종료와 함께 과거청산이 실질적으로 중단된 이후에도 진화위법의 개정을 촉구하며 국회 앞에서의 1인 시위를 이어오고 있는 것은 여전히 피해자 유가족들이다. 19대 국회에서는 이낙연 전 의원이 대표 발의한 '한국전쟁전후 민간인희생 사건 진상규명 및 명예회복 등을 위한 기본법안' 등 13개 법안이 발의되었지만, 논의조차 제대로 되지 못하고 폐기되었다. 20대 국회에서는 진선미 의원이 대표 발의한 '진실·화해를 위한 과거사정리 기본법 일부개정 법률안'(이하 과거사정리법) 등 6개 법안이 발의되어 있지만, 아직까지 국회 안전행정위원회 법안소위를 통과하지 못하고 있다.

2017년 7월 19일, 문재인 정부가 발표한 '100대 국정과제'에서 "국민 눈높이에 맞는 과거사 해결"은 세 번째로 꼽혔다. 정부의 과거청산 의지가 높은 만큼, 어쩌면 과거사정리법은 연내에 제정될 수도 있다. 2기 진화위가 발족한다면 한국전쟁기 민간인 학살사건에 대한 조사를 비롯해 의문사 등 인권침해사건에 대해서도 조사가 재개될 것이다. 하지만 지난 30년 동안 의문사진상규명운동이 노정해온 실패의 경험은 법과 국가기구가 설립된다고 하더라도 의문사의 진실이 제대로 밝혀질 수 있을지에 대해 의구심을 갖게 한다. 촛불혁명이 문재인 정부를 탄생시켰을 만큼 민주주의가 성숙되었다고 하더

---

3   정원옥, 『국가폭력에 의한 의문사 사건과 애도의 정치』, 중앙대학교 문화연구학과 박사학위
    논문, 2014, 81~87쪽.

라도 의문사를 발생시켰던 정치·사회적인 구조가 바뀌지 않은 상태에서 의문사의 진실규명이 과연 가능할 것인가 묻지 않을 수 없기 때문이다.

의문사의 발생 원인은 흔히 식민잔재가 청산되지 못한 채 폭력에 기초해 전개되어온 현대사로부터 그 기원을 찾는다. 청산되지 못한 식민주의 문제와 분단체제라는 역사적 조건 속에서 구조화된 국가폭력과 '사회적 침묵의 카르텔'이 결합되면서 발생한 죽음으로 설명된다.[4] 구조화된 국가폭력이 의문사를 발생시킨 정치적 조건이라고 한다면, 사회적 침묵의 카르텔은 의문사가 수십 년 동안 양산될 수 있었던 사회적 조건이라고 할 것이다.

그런데 국가폭력에 의한 죽음들을 외면하고, 방관하고, 암묵적으로 동의해온 '사회적 침묵의 카르텔'은 의문사에 대해서만은 아니다. 이른바 '사회적 침묵의 카르텔'이 한국사회의 한 특성으로 형성된 것은 식민주의와 분단체제가 낳은, 국가폭력의 경험으로 낳은 역사적 트라우마와 관련된 것으로 봐야 한다.

해방 이후 국가폭력을 정당화하는 기제로 동원되었던 것이 레드콤플렉스라고 한다면, 최대의 희생양으로 탄생한 것이 다름 아닌 '빨갱이'다. "빨갱이는 친일과 단선단정 세력이 자신들을 '청산'하려는 자기-아닌 존재들을 적과 이단으로 만들기 위해 활용하기 시작한 이름이었다."[5] 한국사회에서 빨갱이로 낙인찍힌다는 것은 언제든 희생양이 될 수 있다는 뜻이고, 공동체로부터 고립·소외된 채 불가촉천민으로 살아가야 한다는 것을 의미한다. 빨갱이로 찍히면 죽는다는 트라우마적 경험은 폭력적 국가권력에 대해 외면하고 침묵하고 망각하는 것을 부끄러워하지 않는 문화를 낳는다. "국가 혹은 준 국가조직이 '좌익'으로 지목된 사람을 연행, 투옥, 고문, 학살을 가할 경우, 그것은 주변의 모든 사람을 공포로 얼어붙게 하고, 사회관계에서 연대와 신뢰를

---

4   홍석률, 앞의 글, 27~32쪽; 조희연·조현연, 「국가폭력, 민주주의 투쟁, 그리고 희생에 대한 총론적 이해」, 『한국 민주주의와 사회운동의 동학(2): 국가폭력, 민주주의 투쟁, 그리고 희생』, 함께읽는책, 2002, 159쪽.

5   강성현, 「'아카'(アカ)와 '빨갱이'의 탄생: '적(赤-敵) 만들기'와 '비국민'의 계보학」, 『사회와 역사』 100, 2013, 272쪽.

파괴시키는 효과를 만들기 때문이다."[6]

의문사 유가족들 역시 사건 발생 이후 경찰의 감시를 받았으며, 친척과 이웃들로부터 냉대를 받거나 고립되었고, 직장의 이동을 강요받았으며, 거주 이전의 부자유 등의 피해를 입었는데, 이는 희생자와 유가족들에게도 예외 없이 '빨갱이'라는 낙인이 찍혔기 때문이다.[7]

의문사 사건의 진상규명 조사가 이루어지는 과정에서도 '빨갱이'라는 낙인이 찍히면서 피해자가 가해자로 둔갑되는 상황이 벌어졌는데, 비전향 장기수 사례가 대표적이다. "전쟁이라는 역사적 체험으로 형성된 적대감이 유례없이 장기화된 분단체제에서 지속적으로 재생산되고 바로 그 적대감이 분단체제를 지속시키는 동력이기도 한 사회에서, 북한과 연결된 행위는 낙인찍기에 최적의 대상이다. 낙인찍힌 자들의 권리는 묵살됨으로써 차별하고, 차이에 따르는 증오감을 정당화하고, 이를 통해 사람들이 스스로의 정상성을 확인하게 되는, 낙인찍기의 전형적인 현상들이 비전향 장기수 사례에서 나타나고 있다는 것을 확인할 수 있다.[8]

이렇듯 청산되지 못한 식민주의와 분단체제라는 역사적 조건으로, 폭력적 국가권력과 '사회적 침묵의 카르텔'이 결합하여 의문사가 양산되었다고 할 때, 의문사는 국가가 저지른 범죄인 동시에 국가폭력에 대해 침묵하고 묵인했던 사회가 함께 만들어낸 사회범죄라고도 할 수 있다. 이것이 현재까지도 진실이 밝혀지지 않고 있는 의문사 문제 해결의 책임을 국가에만 물을 수 없는 이유다.

지난 과거청산의 경험은 국가가 자신이 저지른 폭력의 문제를 스스로 해결

---

6   김동춘, 「분단이 낳은 한국의 국가폭력: 일상화된 내전 상태에서의 타자에 대한 폭력 행사」, 『민주사회와 정책연구』 23, 2013, 116쪽.

7   의문사진상규명위원회 보고서 발간위원회, 『의문사진상규명위원회 보고서 1차·Ⅰ권』, 대통령 소속 의문사진상규명위원회, 2003, 286쪽.

8   박현주, 『한국 이행기 정의의 딜레마: 세 가지 사례의 의문사 진상규명 과정을 중심으로』, 성공회대학교 사회학과 석사학위논문, 2015, 171쪽.

하는데 한계를 갖는다는 것을 분명히 보여주었다. 조사 권한만 가진 한시적 국가기구에 의한 과거청산으로는 의문사의 진실을 밝히는 것이 어려울 뿐만 아니라, 사건의 재발을 막기 위한 후속조치들이 책임감 있게 진행되리라고 기대하기 어렵다.[9] 물론 이 말은 국가 주도의 과거청산을 포기하자는 뜻이 아니다. "국가 주도의 과거청산을 통해 국가폭력의 반복 가능성을 현저하게 낮추는 것 또한 과거청산의 중요한 목표다. 이를 위한 법과 국가기구의 구성, 예산, 인력, 조사권한, 수사 및 기소권, 활동 기간 등 목표를 달성할 수 있도록 제도 안에서 싸우는 것 또한 매우 중요하다."[10] 이러한 이유에서 법과 국가기구에 의한 과거청산을 포기해서도 안 되는 것이 의문사진상규명운동이 처한 아포리아(aporia)라고 할 때, 국가주도 과거청산과 유가족을 중심으로 하는 시민사회 주도의 과거청산을 병행하기 위한 실천적 과제를 발굴하는 것이 의문사진상규명운동 30주년의 의미가 되어야 하는 것이 아닐까.

하지만, 안타깝게도 의문사진상규명운동 30주년의 현주소는 초라하기 짝이 없다. 대부분 80대가 된 유가족들이 더 이상 진상규명운동의 주체로 나설 수도 없는 형편에서 문재인 정부 하에서 의문사가 다시 조사될 수 있으리라는 마지막 희망으로 법 제정이 되기만을 기다리고 있는 것이 전부인 것이다. 의문사유가족을 대변하는 유일한 시민단체인 민족민주열사희생자추모단체 연대회의는 의문사 희생자를 기억하는 위령탑을 건립하겠다는 계획 외에 30주년을 기념하는 어떤 의미 있는 실천도 보여주지 못하고 있다.

의문사진상규명운동 30주년의 의미는 희생자들을 기억하고 유가족들의 노

---

9   1기 의문사위는 국가기구 조사 이후의 후속조치로 51가지의 권고를 국가에 제출하였다. 권고는 크게 네 가지 주제로 나눌 수 있다. 첫째, 사회정의의 실현과 피해자의 명예회복을 위한 조치, 둘째, 유족피해에 대한 보상, 셋째, 의문사 재발 방지를 위한 국가제도 개선, 마지막으로 진상이 규명되지 않은 의문사 사건에 대한 국가의 조치다(의문사진상규명위원회, 『의문사진상규명위원회 보고서 I』, 2003, 271~343쪽).

10 강성현, 「『다음세대의 과거청산: 의문사유가족 아카이브 작업을 중심으로』 토론문」, 통일인문학 제33회 국내학술심포지엄 자료집, 『분단폭력 트라우마의 치유』, 2018. 3. 24.

고에 존경을 표하는 데만 있지 않다. 그것은 의문사진상규명운동이 노정해온 실패의 경험을 성찰하며, 국가 주도의 과거청산이 시민사회 주도의 과거청산과 병행되어 서로 상승효과를 낼 수 있는 다양한 접근과 실천적 과제들을 발굴하는 데서 찾아야 할 것이다.

이 글은 의문사 문제해결의 책임을 국가에만 물을 수 없다는 문제의식으로부터 출발하여 의문사진상규명운동의 실패 경험을 통해 국가 주도 과거청산에서 시민주도 과거청산으로의 전환을 상상하고, 모색하려 한다. 이를 위해서는 먼저 시민사회가 의문사 문제 해결을 시민사회의 과제로 받아들여야 하는 이유에 대해 살펴보고, 의문사유가족 디지털 아카이브 작업을 진행하고 있는 이내창기념사업회[11]의 사례를 '애도의 공동체'라는 관점에서 살펴봄으로써 시민사회 주도 과거청산의 가능성을 타진해볼 것이다. 이 글의 목적은 유가족들만의 고립된 싸움이 아닌, 시민사회 주도의 사회운동으로서 과거청산운동이 가능할 것인가를 탐색하는 데 있다.

2. 의문사유가족은 왜 민주화운동 유가족이 되었나

의문사는 흔히 민주화운동과 관련한 죽음으로 이야기된다. 그것은 의문사가 독재정권에 대한 저항운동이 가장 격렬했던 1980년대에 집중적으로 발생했기 때문이다.[12] 하지만 민주화운동과 관련한 죽음, 이른바 민주화운동 관련

---

11 1989년 8월 15일, 중앙대학교 안성캠퍼스 총학생회장이었던 이내창은 아무런 연고가 없는 거문도 유림해수욕장에서 익사체로 발견되었다. 이 사건은 당시 경찰이 실족 익사로 발표하였으나, 국가안전기획부(현재 국가정보원)의 공작이 의심될 만한 여러 정황이 있다. 의문사위 1기와 2기는 이 사건에 대해 진상규명 '불능' 결정을 내렸고, 진화위에서는 사건을 취하하였다. 민보상위는 이내창에 대해 60%의 기여도로 그가 민주화운동 관련자임을 인정했다. 이내창기념사업회는 이내창의 진실규명 및 정신계승과 관련한 활동들을 하고 있는 추모기념단체다.

12 1기 의문사위에 접수된 의문사의 사망연도별 현황을 보면, 70년대에 14명, 80년대에 55명, 90년도에 16명으로 1980년대에 발생한 의문사 사건의 비중이 64.7%를 차지한다(의문사진상규명위원회 보고서 발간위원회, 『의문사진상규명위원회 보고서 1차·Ⅰ권』, 대통령소속의문사진상규명위원회, 2003, 140쪽).

성이 의문사의 진상규명에서 반드시 필요한 일은 아니라는 데 주목할 필요가 있다. 엄밀히 말해, 그것은 국가폭력이 행사된 '정치적 동기'를 유추하는 한 과정일 뿐이지, 의문사를 성립시키는 필수 요건은 아니기 때문이다. 더욱이 전체 의문사에서 민주화운동과 관련이 있는 죽음은 절반 남짓이다. 1999년, 유가협이 집계한 총 42건의 의문사 가운데, 절반 정도가 '정치적 의문사'로 분류 된다. 이러한 통계는 민주화운동과 관련이 없는 의문사 역시 절반이나 된다는 것을 뜻한다.[13]

이렇듯 민주화운동과 관련이 없는 의문사가 절반인데 어떻게 의문사유가족은 전국민족민주유가족협의회(이하 유가협) 산하 조직으로 반독재민주화운동의 최전선에서 싸우게 되었을까. 그 과정을 살펴보는 일은 현재까지도 의문사의 진실규명이 요원해 보이는 이유와 무관하지 않다. 의문사가 국가범죄인 동시에 사회가 함께 양산해낸 범죄라고 할 때, 의문사 진실규명이 지연되고 있는 것은 권력기관이 근본적으로 바뀌지 않았기 때문이기도 하지만, '사회적 침묵의 카르텔' 또한 여전히 견고하게 작동되고 있기 때문이라고 할 수 있기 때문이다.

좀 더 구체적으로 살펴보면, 의문사진상규명운동은 1988년 10월 6일 '군대내의문사사건진상규명을위한공동대책위'의 발족과 함께 시작되었다. 같은 해 10월 17일 '의문사유가족협의회'가 결성되었고, 10월 25일 '민주화운동유가족협의회' 산하 의문사진상규명대책위원회로 개편되면서 의문사진상규명운동은 반독재민주화운동의 최전선에 서게 된다. 1988년 10월 17일 '의문사유가족협의회'의 결성되었던 날로부터 시작되어 1989년 2월 27일까지 기독교회관에서 전개된 '135일 농성'은 "그 동안의 의문사 사건에 대한 개별적이고 일시적인 대응을 극복하고 '의문사진상규명운동'이 상시적인 조직운동으

---

13 정원옥, 『국가폭력에 의한 의문사 사건과 애도의 정치』, 중앙대학교 문화연구학과 박사학위
    논문, 2014, 22~23쪽; 정원옥, 「의문사의 진실규명에서 민주화운동 관련성 요건의 기능과
    효과: '애도의 정치' 관점」, 『민주주의와 인권』15-3, 2015, 352~353쪽.

로 나아가는 결정적인 계기가 되었다는 점"에서 중요하다.[14] 하지만, 더 눈여겨보아야 할 점은 민주화운동과 아무런 관련이 없는 사건의 의문사유가족들까지도 왜 민주화운동유가족이 되어야만 했는가 하는 것이다.

의문사유가족들에게 중요한 것은 희생자가 민주화운동을 했느냐 아니냐의 여부가 아니라 가족이 국가폭력에 의해 살해되었다는 것을 밝히는 것이다. 그런데, 이웃으로부터 냉대 받고 사회로부터 외면당한 의문사유가족들의 손을 잡아준 유일한 사회세력이 민주화운동유가족뿐이었기 때문에, 그리고 의문사의 진실을 밝히기 위해서는 민주화된 세상을 먼저 만들어야만 했기 때문에 의문사유가족들은 선택의 여지없이 민주화운동유가족으로서 반독재민주화운동에 나설 수밖에 없었다고 할 수 있다.

그렇다면, 유가협은 왜 의문사 진실규명을 자신들의 과제로 받아들이게 되었을까. 유가협 창립선언문에 따르면, "민주제단에 희생이 된 (…) 고인들이 하나뿐인 생명을 바쳐가면서 목말라 외치던 바를 살아 있는 가족들이 함께 실천해 나가는 것"을 설립 취지로 밝히고 있다.[15] 이러한 설립취지로부터 유가협이 의문사유가족들과 함께 싸우게 된 이유를 짐작할 수 있다. 즉, 유가협의 입장에서는 의문사가 국가폭력에 의한 죽음인지 아닌지는 알 수 없으나, '민주화운동과 관련한 죽음'이었기 때문에 유가협이 함께 해결할 책임이 있다고 본 것이다.

의문사유가족들과 유가협의 이러한 입장의 차이는 '135일 농성'에 이어 '422일 농성'을 전개하는 동안에도 크고 작은 내부 갈등의 요인이 되었지만, 의문사특별법과 명예회복법의 제정이 가시화되기 전까지는 큰 문제가 되지 않았다. 하지만, 이러한 입장의 차이가 결국 의문사특별법이 제정되는 과정에서 의문사를 민주화운동과 관련한 죽음으로 한정한 정부 여당의 법안을 진

---

14 김유진, 『민주주의 이행기 과거청산운동의 동학: 의문사진상규명운동을 중심으로』, 성공회대학교 시민사회복지대학원 석사학위논문, 2002, 53쪽.

15 http://blog.naver.com/pppbbbggg

상규명운동 진영이 수용하도록 하는 결과를 낳게 만들었다.[16] 즉, 의문사를 민주화운동과 관련한 죽음으로 한정한 당시 정부 여당이 제시한 의문사특별법 법안에 대해 의문사 유가족들은 의문사 진상규명과 명예회복을 위해 함께 싸워왔기 때문에 민주화운동 관련성을 삭제하자는 입장이었다. 반면, 유가협의 지도부는 민주화운동과 관련하여 의문사한 사람들의 문제로 싸워왔기 때문에 의문사의 범위를 확대하면 안 된다는 입장이었다. 민주화운동 관련성이 의문사에 접목된 것은 정부 여당과 진상규명운동 각각의 이해관계가 작용한 정치적 타협의 산물이라고 할 수 있지만, 의문사 유가족들이 의문사를 민주화운동으로 한정한 특별법을 수용할 수밖에 없었던 것은 시민사회의 관심과 지지를 받지 못하였기 때문이다.[17] 일부 진보적 언론을 제외하고는 대부분의 언론이 의문사에 대해 침묵했으며, 시민단체와 사회운동단체들 또한 의문사 문제에 무관심하였던 것이다.

결론적으로, 사회적 침묵과 무관심 속에서 의문사유가족들은 기대에 미치지 못하는 법이라도 일단 수용하여 통과시키는 데 만족할 수밖에 없었는데, 의문사를 민주화운동과 관련한 죽음으로 한정한 의문사특별법의 제정은 법 설립의 취지와 목적을 심각하게 왜곡·희석시켰을 뿐만 아니라, 내부 갈등과 분열을 불러일으키는 요인이 되어 진상규명운동의 동력을 크게 약화시키는 결과를 낳았다.[18]

물론 법과 국가기구에 의한 의문사 진실규명이 실패한 이유를 의문사특별법의 제정 과정에서 정부 여당의 법안을 받아들이도록 강요한 유가협의 편협

---

16 의문사특별법 제2조(정의)에서는 의문사를 "민주화운동과 관련한 의문의 죽음으로서 그 사인이 밝혀지지 아니하고 위법한 공권력의 직·간접적인 행사로 인하여 사망하였다고 의심할 만한 상당한 사유가 있는 죽음"으로 정의하고 있다. 1기 의문사위 출범 이후 의문사진상규명운동 진영은 의문사특별법의 독소조항이 된 민주화운동 관련성 요건을 개정하려는 노력을 기울였고, 진화위에서는 민주화운동 관련성을 더 이상 의문사의 구성 요건으로 보지 않았다.

17 정원옥, 앞의 박사학위논문, 25~28쪽.

18 정원옥, 앞의 박사학위논문, 59~75쪽.

함이나, 시민사회의 침묵과 무관심 탓으로만 돌릴 수는 없다. 그럼에도 불구하고 우리 사회는 언제까지 국가폭력의 피해자인 유가족들만 거리에 서게 할 것인지, 그리고 그들의 힘을 빌려 법과 국가기구를 만들고 난 이후에는 유가족들을 민원인으로 전락시키는 과거청산을 반복할 것인지 물어야 한다.[19]

민주화운동과 관련이 없는 의문사 사건의 유가족들이 민주화운동유가족이 되어야 했던 이유 또한 바로 여기에 있다. 어디에도 귀를 기울이고 손을 맞잡아주는 시민사회가 없었기 때문에 의문사유가족들은 손을 내밀어준 민주화운동유가족의 일원이 되어, 반독재민주화운동 최전선의 투사로 싸우는 수밖에 없었던 것이다.

의문사는 정치·사회적인 조건들에 의해 죽임에 이르게 된 과정의 진실을 밝히지 못하고 있는 사건이기 때문에 무엇을 슬퍼해야 하는지, 무엇을 기억하고 기념해야 하는지 알 수 없게 된 죽음이다. 한 마디로 애도가 불가능한 죽음이라고 할 수 있는데, 죽음의 진실을 밝힘으로써 죽은 자의 신원을 풀고 명예를 회복시킴으로써 제대로 슬퍼할 수 있게 해달라는 유가족들의 호소와 탄원을 설명하고자 하는 개념이 곧 '애도의 정치'다. 필자의 개념에서 '애도의 정치'란, 의문사의 죽음에 접근할 수 없게 하는 정치·사회적인 조건에서 의문사의 진실을 밝히고 사회정의를 실현하도록 국가와 사회에 호소하고, 촉구하고, 압박을 가함으로써 죽은 자에 대한 충실을 다하려고 하는 남은 자들의 모든 실천적 행동을 함축하는 것으로 정의된다.[20] '애도의 정치'는 시민사회의 관심과 지지를 받지 못한 채 고립된 싸움을 벌여야 했던 의문사유가족들이 의문사를 알리고 진실규명을 호소할 수 있는 실천적 전략으로 효과적이었다고 할 수 있지만, '사회적 침묵의 카르텔'을 깨지는 못했다.

---

19 경순 감독의 의문사진상규명운동에 대한 두 편의 다큐멘터리, 〈민들레: 한 많은 어버이의 삶〉(2000)과 〈사람은 무엇으로 사는가〉(2004)는 시민사회는 어디로 가고, 왜 항상 피해자 유가족들만 거리에서 싸우고 있는가를 통렬하게 묻고 있는 것이다.

20 정원옥, 앞의 박사학위논문, 19쪽.

의문사 사건이 집중적으로 발생했던 1980년대는 물론이고, 현재까지도 피해자인 유가족이 나서지 않으면 국가폭력 문제에 대해 누구도 책임지지 않는다는 것은 '사회적 침묵의 카르텔'이 여전히 견고히 작동되고 있음을 방증한다. 쌍용자동차, 용산참사, 세월호 참사에 이르기까지 시민사회가 함께 해결해야 할 책임이 있는 국가범죄에 대해 시민사회가 무관심하거나 침묵하고 있기 때문에 또다시 유가족들이 거리로 나서야 하는 일이 반복되고 있다. 유가족들이 남은 생을 다 걸고 싸우더라도 시민사회의 관심과 지지를 받지 못하는 고립된 싸움의 결과는 의문사진상규명운동의 사례가 가장 극명하게 보여준다. 법과 국가기구의 설립에는 성공하더라도 진실규명과 명예회복, 사건의 재발을 막는 후속조치들을 이끌어내는 데는 실패를 반복할 수밖에 없다.

3. 다음세대의 과거청산

필자에게 '다음세대'에 의한 과거청산이라는 화두를 던진 것은 의문사유가족들이다. 2009년 10월, 의문사유가족들이 진화위의 조사 의지에 불만을 터뜨리며 진정했던 사건을 철회하면서 던진 화두가 다름 아닌 '다음세대'의 과거청산이었던 것이다. 당시 의문사유가족들은 "우리 유가족은 오늘의 초라한 현실에 절망하지도 포기하지도 않는다. 다만 **다음세대가 제대로 진실규명을 할 수 있도록** 오늘의 과거사위원회가 실패한 지점을 정확히 표시해"줄 것을 진화위에 요구하면서 사건을 철회하였다.[21] 이는 의문사진상규명운동이 자신들의 세대에서는 실패했다는 것을 인정하는 백기이자, 의문사 문제를 다음세대로 상속한다는 명령이기도 했다는 점에서 과제로 받아들여지지 않을 수 없다.

자크 데리다에게 상속은 그 자체로 이미 과제다. 그에 따르면, 상속은 "결코 주어진 어떤 것이 아니며, 항상 하나의 과제다"[22]우리가 인간인 한 언어의

---

21   올바른 진상규명 촉구 농성단, 『올바른 의문사진상규명 촉구 농성자료집』, 2009. 10. 26.
7쪽. 강조는 필자.

상속을 거부할 수 없듯이, 과거로부터의 명령에 대해 우리가 상속을 포기하거나 거부할 방법은 사실상 없다는 것이 그의 주장이다. 이러한 의미에서 의문사유가족이 말한 '다음세대'는 반드시 사건 이후에 태어난, 사건을 경험하지 않은 후속 세대 또는 젊은 세대를 지칭하는 것이 아니다. 의문사의 진실규명을 제대로 하라는 의문사유가족들의 명령을 과제로 받아들이는 사람들은 누구나 다음세대로 호명된 것이라고 할 수 있다.

하지만, 상속이 피할 수 없는 것이라고 해서 모든 사람들이 의문사 문제 해결을 자신의 과제로 상속받는 다음세대로 구성되지는 않을 것이다. 얼굴 한 번 본 적도 없는 죽은 이들의 억울함에 귀를 기울이고, 자신이 경험하지 않은 유가족의 고통에 함께 아파하며 죽은 이들을 애도할 수 있는 정치·사회적인 조건을 만들기 위해 말하고 행동할 수 있는 다음세대 애도의 주체가 구성될 수 있는 조건은 무엇일까.

에티엔 발리바르가 주장한 '시빌리테(civilité)의 정치' 혹은 '반폭력의 정치'라는 개념은 의문사를 우리 자신의 문제로 받아들이고 행동할 수 있게 하는 데 도움을 준다. 그의 주장은 근대국가에서 일반화된 제도적 폭력에 대항 폭력으로 저항하기보다는 "시민권(궁극적으로는 항상, 권리들을 가질 권리의 "구성적 봉기들"에 기초를 둔)과 시빌리테의 정치의 접합"을 모색하자는 것이다. 시빌리테의 정치, 곧 시민다움의 정치란 다양한 '운명 공동체'를 만들려는 노력이라고 할 수 있다. "우리는 함께 살아가는 것을 '선택하지' 않았지만, 그럼에도 서로 간의 상호 의존관계를 폐지할 수 없는 집단들이 서로 만나게 되는 현실의 공동체에 속해" 있기 때문에 함께 저항하고 연대할 필요성이 제기되는 것이다. 이러한 '운명'공동체에서 우리 모두의 정체성은 물려받은 것도, 고정된 것도 아니며, 항상 우리 자신의 선택에 의해 현재 시점에서 재구성되는 것이다. 이러한 관점에서 시빌리테의 발명이란, "개인들 및 집단들

---

22 데리다, 자크. 진태원 옮김. 『마르크스의 유령들: 채무국가, 애도작업 그리고 새로운 인터내셔널』, 이제이북스, 2007, 122쪽.

에게 자신을 정체화하고 탈정체화할 수 있는, 정체성 속에서 이동할 수 있게 해주는 수단들을 부여하는 것"이 된다.[23] 시민다움의 정체성으로, 운명공동체로서 함께 저항하고 연대하는 반폭력의 정치란 "지배 구조들을 근원적으로 변혁하고 국가를 민주화하고 문명화하려는 노력과 동시에 혁명, 반역, 봉기를 문명화하려는 노력"들을 포함하는 것이다.[24]

최근 엄기호는 김일란·이혁상 감독의 〈공동정범〉에 대한 비평문에서, '공동'이란 무엇인가에 대해 질문하며, 아픔을 같이 겪지 않은 사람들 간의 공감과 연대가 어떻게 가능할지에 대해 다음과 같이 제시한 바 있다. 즉, 공동이란, "그 누구도 진실을 소유하고 있지 않으며, 그 소유하지 않은 진실은 누구에 의해 독점되며 선포되는 것이 아니라 우리 각자가 가진 사실/진실의 파편들로 머리를 맞대고 퍼즐을 맞추며 나가야하는 하나의 과정이라는 것을 말이다. 가운데를 비우고, 서로 머리를 맞대고 진실을 향해 조각을 맞춰가는 것, 이것을 민주주의라고 말하고 그것을 사회운동이라고 할 수 있을 것이다."[25] 내가 겪지 않은 고통이라 할지라도 희생자들의 들리지 않는 목소리에 귀에 기울이며 '공동'을 형성해가는 과정이야말로 다음세대에 의한 의문사의 진실규명과 민주주의를 가능하게 하는 조건은 아닐까.

이렇듯 시빌리테의 정치가 우리 자신의 정체성을 어떠한 운명 공동체에 소속되게 할 것인가를 선택하도록 하고, '공동'의 형성이 진실규명을 가능하도록 하는 사회운동의 출발이라고 할 때, 의문사의 과제를 상속받는 일은 나의 정체성을 '다음세대'로 구성하는 일이며, 의문사유가족은 물론 죽은 이들과도 '공동'을 형성하며 함께 살 길을 모색하지 않을 수 없는 운명공동체로서

---

23 발리바르, 에티엔, 진태원 옮김, 『정치체에 대한 권리』, 후마니타스, 2011, 169쪽, 252~254
    쪽.

24 발리바르, 에티엔, 진태원 옮김, 『우리, 유럽의 시민들?: 세계화와 민주주의의 재발명』, 후마
    니타스, 2010, 252~253쪽.

25 엄기호, "공동정범: 세 개의 공동과 각각의 언어인 공감, 고백 그리고 증언", 웹진 『제3지대』,
    2018. 2.14. 이 글은 〈인권연구소 창〉에도 게재되어 있다.

행동하는 일이 된다. 내가 만나본 일도 없는 어떤 억울한 죽음들, 가족을 잃고도 마음껏 슬퍼할 수조차 없었던 의문사유가족들과 공동을 형성하며 죽음의 진실을 밝히고 의문사를 자행한 권력기관을 민주화하고 문명화하기 위해 행동하는 다음세대 '애도의 정치'는 더 이상 유가족들만의 고립된 싸움이 아니라, 새로운 '애도의 공동체'로서 시민사회가 주도하는 과거청산운동의 출발이 될 수 있지 않을까.

4. 애도의 공동체: 의문사유가족 아카이브 작업

이내창기념사업회가 진행하고 있는 의문사유가족 아카이브 작업에 주목하는 이유는 의문사유가족의 목소리를 수집·보존한다는 기록의 중요성 외에도 아카이브 작업을 통해 다음세대 과거청산운동의 주체가 구성될 수 있는 가능성, 다시 말해 시민사회 주도의 '애도의 공동체'가 형성되는 과정을 탐지할 수 있게 한다는 데 있다.

이내창기념사업회의 '의문사유가족 아카이브'는 의문사유가족의 목소리를 구술과 영상으로 기록·보존하고, 유가족들이 소장하고 있는 사진 및 기록물들을 수집, 디지털화하여 정리·보존하는 한편, 의문사 사건의 자료와 정보를 누구나 쉽게 접근하고 활용할 수 있도록 오픈 디지털아카이브로 구축하는 모든 과정을 포함한다.

이내창기념사업회에 따르면, 의문사유가족의 구술·영상·사진·기록물들을 디지털 아카이브의 구축하려는 목적은 크게 세 가지로 나뉠 수 있다. 첫째, 증거가 부족한 의문사 사건의 특성상 유가족의 증언은 가장 강력한 증거로 기록되고 보존될 필요가 있다. 유가족들이 돌아가시고 나면 다시 들을 수 없다는 점에서 아카이브는 의문사유가족의 목소리를 의문사 사건의 중요한 자료로 남길 수 있게 한다. 둘째, 유가족들의 삶과 투쟁을 보여주는 사진과 기록물들을 디지털로 복원하여 영구보존하고, 오픈 아카이브의 구축을 통해 연구자, 학생, 시민 등 의문사에 관심이 있는 사람들은 누구나 쉽게 자료와 정보를 활용할 수 있게 한다. 셋째, 반독재민주화운동의 선봉에서 우리 사회의 진보를 이끈 운동의 주체로 의문사유가족들의 삶과 투쟁을 재조명하고, 진상규명운동 30년의 기록이 미해결 인권침해 사건의 진실규명과 명예회복을 위한 사회적 실천의 전환점이 되도록 한다.[26]

의문사유가족 아카이브 작업에는 15명이 참여하고 있다. 그 가운데 구술작업과 영상작업에 참여하는 여덟 명 중 여섯 명이 대학생이거나 대학을 졸업한 지 얼마 안 된 20대다. 20대에게 의문사유가족을 만나고, 유가족의 목소리를 기록하는 것은 어떤 의미가 있는 일일까. 의문사한 정경식[27]의 어머니인 김을선(85세)을 만나 영상촬영을 한 장민경의 후기는 다음세대에 의한 '애도의 공동체'가 어떻게 형성될 수 있는지를 잘 보여준다.

> 87년에 대한 기억이 나에게는 없다. '문민정부'가 시작된 해에 태어나, 어릴 적 자주 접한 단어는 '청산', '기념'과 같은 것이었다. 의문사라는 것은 그 사이 어디 즈음 위치한 것이었고, 꽤 오랫동안 나에게, 아니 어쩌면 '우리'에게, 그것은 어디까지나 과거의 죽음이었다. 두세 명을 제외하고는 이름도 얼굴도 몰랐다. 최루탄에 맞았다거나, 어느 날 아침 물 위로 시체가 떠올랐다는 '이야기'에만 익숙했을 뿐이다. 당대 폭압적인 정권의 거울상, 혹은 그림자로 생각하고 넘어갔을 뿐, 해당 인물들에 대해 더 깊이 관심 가진 적은 없었다. (아카이브 작업을) 시작하는 시점에서 드는 걱정은 꽤 컸다. 다만, 사라질 증언을 기록하는 것은 필요한 일이라는 당위와, 그러한 일에 함께 해보고 싶다는 욕심, **그동안 인지하지 못했던 것을 같이 '잃고' 싶다는 마음이 조금 더 앞섰다. 그 시절에 대한 기억이나 상실한 것이 없는 나도, 슬퍼하는 사람들 옆에서 '구체적으로' 애도하고 싶었다.** 그래서 만나고 싶었다.

---

26 이내창기념사업회, 『끈덕지게 어깨동무』 11. 2017, 39쪽.

27 대우중공업 창원공장 노동자였던 정경식은 1987년 6월, 민주노조 활동을 하던 중 실종되었다가 9개월 만에 창원 소재 불모산에서 유골 상태로 발견되었다. 1기, 2기 의문사위, 진화위는 이 사건에서 '불능' 결정을 내렸고, 민보상위는 민주화운동 관련자로 인정했다. 정경식의 장례는 2010년 9월 8일, 사건이 발생한 지 23년 만에 '전국민주노동자장'으로 치러졌다.

만약, 어느 날 길을 걷다 모르는 분이 의문사 진상규명과, "우리 쪽이 자유로운 세상!"이라고 외치셨을 때, 나는 3초 정도만 주춤거리다 곧바로 스쳐지나갔을지 모른다. 무슨 일인가 궁금하다면 스마트폰을 켠 뒤 검색 정도 했을까. 그분들의 언어가 무엇을 뜻하는 지 좀처럼 모르기에, 외치는 대상의 삶도, 외치는 분의 삶도 아는 바가 없기에 스쳐지나가는 나에게는 그분들을 알아볼 눈과 귀가 없었을 것이다.

그러나 이번 과정에서, 유가족의 오래된 삶의 맥락을 조금이나마 파악할 수 있었다. 일단 만났고 들었기 때문에. 그 과정에서 듣게 된 한숨과 바람은, 이제는 결코 쉽게 지나칠 수 있는 것이 아니게 되었다. **그분들이 어떤 삶을 살아왔고 살고 있는지는, 내가 발 딛고 선 시간대와 살아가는 사회와 긴밀히 연관되어 있다. 사건의 '스토리'만을 아는 것이 아니라, 어떤 사람들이 실재하고 있는지를 안다는 것, 관계를 맺는다는 것은, 나를 더 이상 관조적인 사람으로 두지 못하게 만든다. 그러니까 '우리 쪽'에서 만들었으면 하는 세상에 대해 생각하게 된다. 무엇이 '우리 쪽에 자유롭고, 마음 포근한 세상'인지를, 공감 속에서 구체적으로 고민하게 되는 것이다. 익숙해져 잃은 것인지도 몰랐던 관계, 권리, 감각 같은 것을 상상해보는 것이다.**[28]

80년대 민주화운동에 대한 기억도, 사랑하는 사람을 국가폭력에 의해 잃은 고통도 겪어보지 못한 20대의 장민경에게 의문사유가족을 만나는 일은 국가폭력에 의해 자식을 잃은 어머니의 고통을 구체적으로 공감하기 위해 자신이 결코 잃어버린 적이 없는 것을 능동적으로 잃는 경험, 시간과 공간을 뛰어넘어 의문사유가족의 삶과 나의 삶을 연결된 것으로 만드는 관계 맺기의 경험, 그래서 '우리 쪽'에서 만들었으면 하는 세상을 함께 고민하게 만드는 공동의 경험이자 자기 정체성을 새롭게 재구성하는 경험이 되었다는 점에 주목할 필요가 있다. 그의 이러한 성찰은 사건을 경험하지 않았더라도, 아니

---

[28] 장민경, 「잃기 위해 시작한 아카이브, 고민과 출발」, 이내창기념사업회, 『끈덕지게 어깨동무』 11, 2017, 58~65쪽. 강조는 필자.

경험하지 않기 때문에 오히려 더 공감하고 행동할 수 있는 다음세대 과거청산의 가능성을 탐색할 수 있게 해주기 때문이다.

다음세대 '애도의 공동체'가 형성될 수 있는 가능성은 장민경이 그러했듯, 잃지 않았던 것을 잃는 아픔, "익숙해져 잃은 것인지도 몰랐던 관계, 권리, 감각"을 상상해보는 것에서 시작될 수 있지 않을까. 법과 국가기구를 통한 과거청산의 실패를 반복하지 않기 위해, 더 이상 국가폭력을 용납하지 않는 사회를 만들기 위해, 시민사회가 참여하는 과거청산은 국가 주도 과거청산과 병행되어야 한다. '애도의 공동체'를 형성하기 위한 공감과 공동, 연대의 확장이야말로 의문사진상규명운동 30주년을 맞은 과거청산운동의 새로운 과제가 될 수 있다.

참고문헌

강성현, 「'아카'(ｱｶ)와 '빨갱이'의 탄생: '적(赤-敵) 만들기'와 '비국민'의 계보학」, 『사회와 역사』 100, 2013.

강성현, 「『다음세대의 과거청산: 의문사유가족 아카이브 작업을 중심으로』토론문」, 통일인문학 제33회 국내학술심포지엄 자료집, 『분단폭력 트라우마의 치유』, 2018. 3. 24.

김동춘, 「분단이 낳은 한국의 국가폭력: 일상화된 내전 상태에서의 타자에 대한 폭력 행사」, 『민주사회와 정책연구』 23, 2013.

김유진, 『민주주의 이행기 과거청산운동의 동학: 의문사진상규명운동을 중심으로』, 성공회대학교 시민사회복지대학원 석사학위논문, 2002.

데리다, 자크. 진태원 옮김, 『마르크스의 유령들: 채무국가, 애도작업 그리고 새로운 인터내셔널』, 이제이북스, 2007.

박래군, 「의문사진상규명 활동의 한계와 전망: 1기 의문사진상규명위원회 활동 평가」, 『민주법학』 24, 2003.

박현주, 『한국 이행기 정의의 딜레마: 세 가지 사례의 의문사 진상규명 과정을 중심으로』, 성공회대학교 사회학과 석사학위논문, 2015.

발리바르, 에티엔. 진태원 옮김, 『우리, 유럽의 시민들?: 세계화와 민주주의의 재발명』, 후마니타스, 2010.

발리바르, 에티엔. 진태원 옮김, 『정치체에 대한 권리』, 후마니타스, 2011.

엄기호, 「공동정범: 세 개의 공동과 각각의 언어인 공감, 고백 그리고 증언」, 『제3지대』, 2018. 2. 14. http://minjungtheology.tistory.com/928.

올바른 진상규명 촉구 농성단, 『올바른 의문사진상규명 촉구 농성자료집』, 2009. 10. 26.

이내창기념사업회, 『끈덕지게 어깨동무』 11, 2017.

의문사진상규명위원회 보고서 발간위원회, 『의문사진상규명위원회 보고서 1차·Ⅰ권』, 대통령 소속 의문사진상규명위원회, 2003.

정원옥, 『국가폭력에 의한 의문사 사건과 애도의 정치』, 중앙대학교 문화연구학과 박사학위논문, 2014.

정원옥, 「의문사의 진실규명에서 민주화운동 관련성 요건의 기능과 효과: '애도의 정치'

관점」, 『민주주의와 인권』 15-3. 2015.

조희연·조현연, 「국가폭력, 민주주의 투쟁, 그리고 희생에 대한 총론적 이해」, 『한국민
　　주주의와 사회운동의 동학(2): 국가폭력, 민주주의 투쟁, 그리고 희생』, 함께읽는
　　책, 2002.

홍석률, 「의문사 발생의 역사와 배경」, 『법과 사회』 21, 2001.

원문 출처

- 김종군의 「분단체제 속 국가폭력과 분단 트라우마의 혼재―속초지역의 사례」는 『통일인문학』 제74권(2018)에 실린 논문을 일부 수정·보완한 글이다.

- 임유경의 「낙인과 서명―1970년대 문화 검역과 문인간첩」은 『상허학보』 제53호 (2018)에 게재된 논문을 수정·보완한 글이다.

- 전수평의 「〈붉은 방〉에 드러난 국가폭력 양상 고찰」은 『배달말』 제59집(2016)에 실린 원고를 수정·보완한 글이다.

- 남경우의 「제주 4.3을 기억하는 방법―제주 4.3평화기념관을 중심으로」은 『탐 라문화』 제58권(2018)에 실은 논문을 수정한 글이다.

- 박재인의 「분단체제 속 5.18과 국가폭력에 맞선 사람들의 얼굴― 영화 〈꽃잎〉, 〈화려한 휴가〉, 〈택시운전사〉를 중심으로」은 『문학치료연구』 제47권(2018)에 실린 「역사 왜곡에 대한 저항으로서 5.18 영화와 그 사회 치유적 힘」을 수정한 글이다.

- 한순미의 「나무―몸―시체: 5.18 전후의 역사 폭력을 생각하는 삼각 운동」은 『인문 학연구』 제52권(2016)에 게재한 논문을 일부 수정한 글이다.

- 김종곤의 「분단폭력 트라우마의 치유와 '불일치'의 정치」은 『통일인문학』 제74권 (2018)에 실린 논문을 일부 수정한 글이다.

- 오동석의 「사상·양심의 자유와 국가안보 : '불온할 수 있는 자유'를 옹호함」은 『헌법학연구』(2009) 제15권 3호에 실린 논문을 현재적 시점에 맞게 수정하고 보완한 글이다.

- 정원옥의 「다음세대에 의한 과거청산: 의문사유가족 아카이브 작업을 중심으로」 은 『통일인문학』 제74권(2018)에 실린 논문을 일부 수정한 글이다.

저자 소개

- **김종군**은 국문학을 전공했으며, 현재 건국대학교 인문학연구원 통일인문학연구단 HK교수로 근무하고 있다. 연구 관심분야는 남북한 문학예술 분야의 통합, 코리언의 민속 및 정서 통합, 역사적 트라우마 치유 방안 등이다. 주요 논문으로 「통합서사의 개념과 통합을 위한 문화사적 장치」, 「북한의 현대 이야기문학 창작 원리 연구」, 「코리언의 혼례 전통 계승과 현대적 변용」, 「남북 주민의 정서 소통 기제로서 대중가요」 등이 있으며, 저서로는 『고전문학을 바라보는 북한의 시각』(3권), 『고난의 행군시기 탈북자 이야기』, 『남북이 함께 읽는 우리 옛이야기』 등이 있다.

- **임유경**은 연세대학교 국학연구원 HK연구교수이다. 연세대학교에서 한국문학을 전공했으며, 주로 남북한 현대문학과 냉전문화사를 연구하고 있다. 대표 저서로 『불온의 시대: 1960년대 한국의 문학과 정치』, 『한국현대 생활문화사 1960년대』(공저) 등이 있고, 주요 논문으로 「소련기행과 두 개의 유토피아: 해방기 "새조선"의 이상과 북한의 미래」, 「'신원'의 정치: 권력의 통치 기술과 예술가의 자기 기술」, 「일그러진 조국: 검역국가의 병리성과 간첩의 위상학」, 「외설과 법, 판례의 탄생: 1960년대 '문예 재판'과 외설 담론 연구」 등이 있다.

- **전수평**은 순천대 여순연구소 연구원이다. 현대소설을 전공했으며 현대 순천대학교에서 강사로 재직 중이다. 연구 관심 분야는 국가폭력을 그려낸 작가들과 그들의 작품들이다. 저자는 벌교에 살고 있으면서 지역민들과 함께 소설 『태백산맥』 문학기행단을 만들어 8년 동안 매월 둘째 주 토요일에 문학기행단을 모집하여 문학기행을 하고 있다. 이 기행의 특징은 단순한 해설만으로 이루어진 문학기행이 아니라 소설 『태백산맥』에 등장하는 장소에서 소설 속 장면을 상황극으로 보여준다는 것이다.

- 박재인은 문학치료학(고전문학)을 전공했으며 현재 건국대 통일인문학연구단 HK연구교수로 있다. 「한중일 조왕서사를 통해 본 가정 내 책임과 욕망의 조정 원리와 그 문학치료학적 의미」로 박사학위를 받았다. 현재 문학치료학 방법론으로 통일교육 및 역사적 트라우마 치유에 대한 연구를 진행하고 있다. 주요 논저로 『청소년을 위한 통일인문학: 소통·치유·통합의 통일 이야기』, 「낯선 고국에 대한 막연한 동경과 이산 트라우마의 단면: 고향을 떠나 영주귀국한 사할린 한인C의 생애담을 중심으로」, 「탈북여성의 부모밀치기서사성향과 죄의식」 등이 있다.

- 남경우는 고전문학과 통일인문학을 전공했으며 현재 건국대학교 통일인문학연구단 HK연구원으로 있다. 연구 관심분야는 고전문학을 통한 남북한 소통, 구술을 통한 역사적 트라우마 치유, 청소년을 위한 인문학적 통일교육 등이다. 「제주 4·3을 기억하는 방법-제주 4·3평화기념관을 중심으로-」, 「문학치료를 통한 초등학생 통일교육 사례 연구—극본 〈들판에서〉의 감상과 창작 활동을 중심으로-」 등 관심분야에서의 연구를 이어오고 있다. 『(청소년을 위한) 통일인문학: 소통·치유·통합의 통일 이야기』, 『통일을 상상하라: 통일에 관한 13가지 색다른 상상력』, 『(남북이 함께 읽는) 우리 옛이야기』 등을 공저하였다.

- 한순미는 전남대학교에서 「이청준 소설의 언어 인식 연구」로 박사학위를 받았고 현재 조선대학교 자유전공학부 조교수로 지내고 있다. 관심분야는 구술과 증언 문학 속의 한센병, 5·18 광주 민주화운동 등 역사적 트라우마, 지역문학 연구 등이다. 주요 논저로는 「한센인의 삶과 역사, 그 증언 (불)가능성」, 「고독의 위치: 폭력과 저항의 유착(流着)」, 「나무—몸—시체: 5·18 전후의 역사 폭력을 생각하는 삼각 운동」, 『미적 근대의 주변부: 추방당한 자들의 귀환』 등이 있다.

- 김종곤은 사회심리철학을 전공했으며 현재 건국대 통일인문학연구단 HK연구교수로 있다. 「'역사적 트라우마'에 대한 철학적 재구성」으로 박사학위를 받았다. 연구 관심분야는 코리언의 역사적 트라우마와 그 치유방법론 등이며 주요 논문으로는 「분단폭력 트라우마의 치유와 '불일치'의 정치」, 「통일문화의 세 가지 키워드: 분단문화, 헤테로토피아, 문화—정치」, 「분단국가주의에 맞선 주체로서 '문학가': 류연산의 〈인생숲〉을 바탕으로」, 「기억과 망각의 정치, 고통의 연대적 공감: 전상국의 소설 〈아베의 가족〉, 〈남이섬〉, 〈지뢰밭〉을 통해 본 통합서사」 등이 있다.

- 오동석은 아주대학교 법학전문대학원 헌법 담당 교수다. 한국헌법학회 부회장, 인권법학회 부회장, 한국경찰법학회 부회장, 경기도인권위원회 위원장을 맡고 있다. 민주주의법학연구회 회장, 국회 헌법연구자문위원회 위원, 동국대학교 법정대학 교수 등을 역임했다. 대학자치원리와 총장선임제도, 분단체제와 국가보안법, 병역거부권과 헌법, 유신헌법의 불법성, 교사의 정치적 기본권, 한국전쟁과 계엄법제 등의 논문이 있다.

- 정원옥은 중앙대학교 문화연구학과에서 「국가폭력에 의한 의문사 사건과 애도의 정치」로 박사학위를 받은 후 국가폭력, 재난이 야기한 사회적 고통의 문제에 접근하기 위한 정동, 기억, 연대의 정치에 관심을 갖고 글쓰기를 해왔다. 문화연대 집행위원, 『문화/과학』 편집위원으로 활동 중이며, 최근에는 대한출판문화협회 정책연구소에서 출판계 블랙리스트 사건 대응 및 출판정책의 개선 과제를 연구하고 있다.

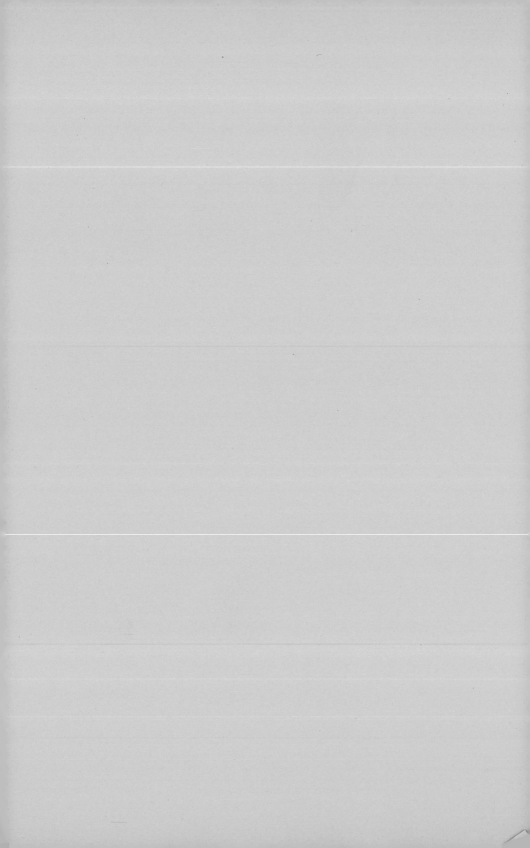